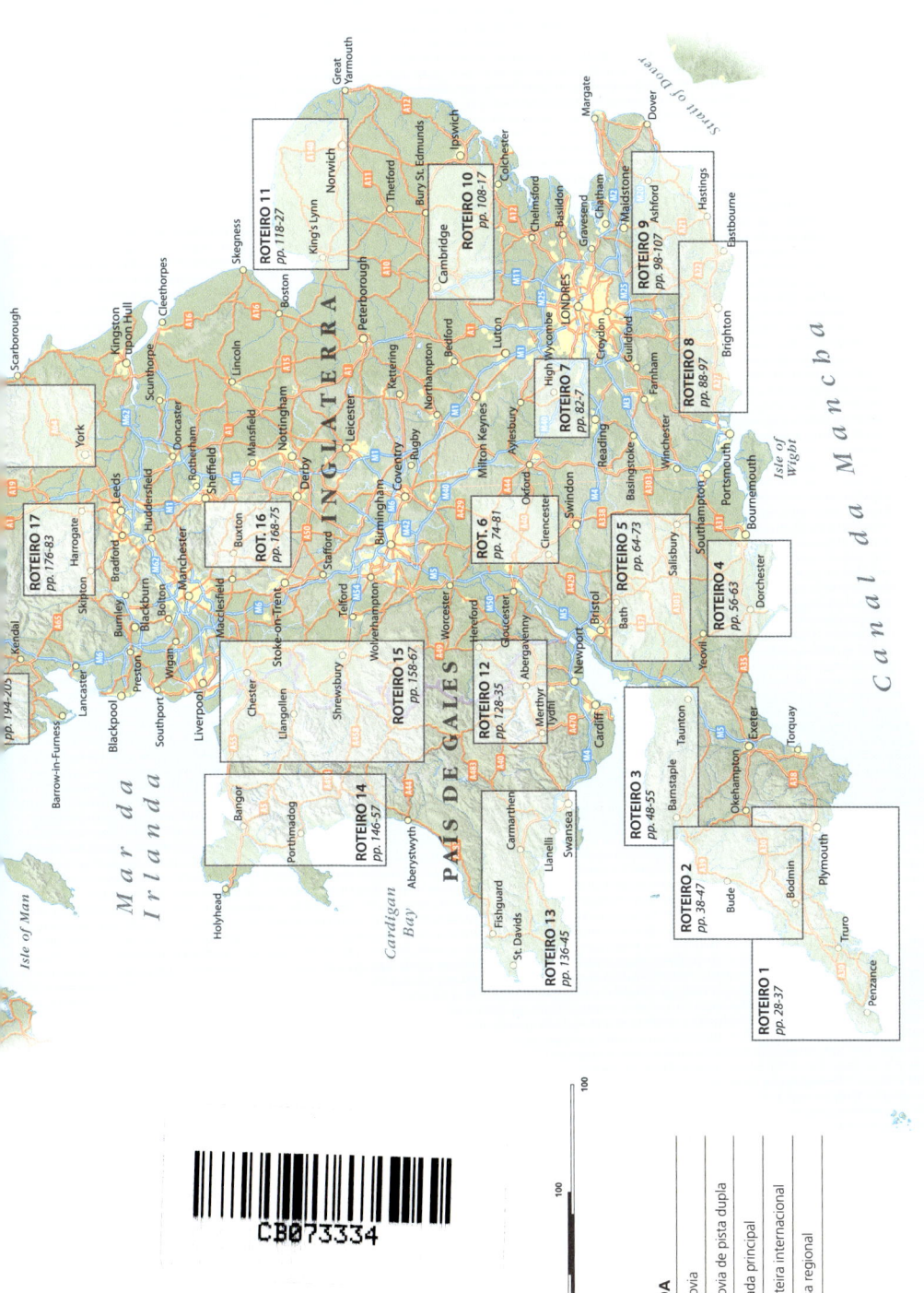

GUIA VISUAL - FOLHA DE S.PAULO

ESTRADAS DA
INGLATERRA
ESCÓCIA E PAÍS DE GALES

UM LIVRO DORLING KINDERSLEY
www.dk.com

Copyright © 2010 Dorling Kindersley Limited, Londres, uma companhia da Penguin. "Back Roads Great Britain" foi publicado originalmente na Grã-Bretanha em 2010 pela Dorling Kindersley Limited, 80 Strand, Londres, WC2R 0RL, Inglaterra.

Copyright © 2012 Publifolha – Divisão de Publicações da Empresa Folha da Manhã S.A.

Todos os direitos reservados. Nenhuma parte desta publicação pode ser reproduzida, arquivada ou transmitida de nenhuma forma ou por nenhum meio sem permissão expressa e por escrito da Empresa Folha da Manhã S.A., por sua divisão de publicações Publifolha.

Proibida a comercialização fora do território brasileiro.

PUBLIFOLHA
Divisão de Publicações do Grupo Folha
Al. Barão de Limeira, 401, 6º andar,
CEP 01202-900, São Paulo, SP
Tel.: (11) 3224-2186/2187/2197
www.publifolha.com.br

COORDENAÇÃO DO PROJETO
PUBLIFOLHA
EDITORA-ASSISTENTE: Paula Dume
COORDENAÇÃO DE PRODUÇÃO GRÁFICA: Mariana Metidieri

PRODUÇÃO EDITORIAL
EDITORA PÁGINA VIVA
EDIÇÃO: Mariana Zanini
TRADUÇÃO: Anna Maria Quirino
PRODUÇÃO GRÁFICA: José Rodolfo Arantes
REVISÃO: Letícia Pieroni e Pedro Ribeiro

DORLING KINDERSLEY
PUBLISHER: Douglas Amrine
GERÊNCIA DE LISTAS: Vivien Antwi
GERENTE DE ARTE: Jane Ewart
EDIÇÃO: Michelle Crane, Alastair Laing, Georgina Palffy, Hugh Thompson, Vicki Allen
EDIÇÃO DE ARTE: Shahid Mahmood, Kate Leonard
CONTROLE DE PRODUÇÃO: Linda Dare
PESQUISA ICONOGRÁFICA: Ellen Root, Rhiannon Furbear
DIAGRAMAÇÃO: Jason Little, Jamie McNeill
GERÊNCIA DE CARTOGRAFIA: Uma Bhattacharya
EDIÇÃO DE CARTOGRAFIA: Casper Morris
CARTOGRAFIA: Stuart James, Schchida Nand Pradhan, Zafar-ul-Islam Khan, Hassan Mohammad
CAPA: Tessa Bindloss, Meredith Smith
ILUSTRAÇÕES: Arun Pottirayil, Pallavi Thakur, Dev Datta

Impresso na South China, Ltd.

Dados Internacionais de Catalogação na Publicação (CIP)
(Câmara Brasileira do Livro, SP, Brasil)

Estradas da Inglaterra, Escócia e País de Gales / [Dorling Kindersley ; tradução Anna Maria Quirino] . – São Paulo : Publifolha, 2012. – (Coleção guia visual : Folha de S.Paulo)

Título original: Back roads Great Britain.
ISBN 978-85-7914-375-5

1. Grã-Bretanha - Descrição e viagens - Guias I. Dorling Kindersley. II. Série.

12-04316   CDD-914

Índices para catálogo sistemático:
1. Grã-Bretanha : Guias de viagem 914
2. Guias de viagem : Grã-Bretanha 914

Este livro segue as regras do Acordo Ortográfico da Língua Portuguesa (1990), em vigor desde 1º de janeiro de 2009.

Foi feito o possível para garantir que as informações deste livro fossem as mais atualizadas disponíveis até o momento da impressão. No entanto, alguns dados como telefones, preços, horários de funcionamento e informações de viagem estão sujeitos a mudanças. Os editores não podem se responsabilizar por qualquer consequência do uso deste guia, nem garantir a validade das informações contidas nos sites indicados.

Os leitores interessados em fazer sugestões ou comunicar eventuais correções podem escrever para a Publifolha, Al. Barão de Limeira, 401, 6º andar, CEP 01202-900, São Paulo, SP, enviar um fax para: (11) 3224-2163 ou um e-mail para: atendimento@publifolha.com.br

Capa Rochedo das Seven Sisters perto de Beachy Head, visto de Seaford Head, Sussex

SUMÁRIO

SOBRE ESTE GUIA	6
INTRODUÇÃO À GRÃ-BRETANHA	8
COMO CHEGAR À GRÃ-BRETANHA	10
INFORMAÇÕES PRÁTICAS	12
COMO DIRIGIR NA GRÃ-BRETANHA	16
ONDE FICAR	22
ONDE COMER E BEBER	24
OS ROTEIROS	26

Roteiro 1
LIZARD POINT E O LITORAL SUL DA CORNUALHA
De St. Ives a Tavistock 28
4-5 dias

Roteiro 2
CABOS E ANGRAS
De Bideford a Bodmin Moor 38
3-4 dias

Roteiro 3
LITORAL NORTE DE DEVON E EXMOOR
De Taunton a Barnstaple 48
2-3 dias

Roteiro 4
TERRA DE HARDY E O LITORAL JURÁSSICO
De Swanage a Sherborne 56
3 dias

Acima A praia de Porthmeor, com a capela de St. Nicholas ao longe, St. Ives, Cornualha

Roteiro 5
UMA JORNADA ESPIRITUAL
De Salisbury a Glastonbury 64
4 dias

Roteiro 6
AS VILAS DE COTSWOLDS
De Cirencester a Broadway 74
2-3 dias

Roteiro 7
NOS CHILTERNS
De Chalfont St. Giles a Henley-on-Thames 82
2 dias

Roteiro 8
EXPLORANDO OS SOUTH DOWNS
De Beachy Head a Chichester 88
3-4 dias

Roteiro 9
O JARDIM DA INGLATERRA
De Ashdown Forest a Battle 98
3-4 dias

Acima The Circus, elegante esplanada do século XVIII projetada por John Wood, Bath

Acima Silbury Hill, monumento mais antigo feito pelo homem na Europa, Avebury

Acima King's College Chapel vista a partir de The Backs, Cambridge

Roteiro 10
O RIO CAM E A TERRA DE CONSTABLE
De Cambridge a East Bergholt 108
3-4 dias

Roteiro 11
BROADS E O LITORAL NORTE DE NORFOLK
De Norwich a Heacham 118
3 dias

Roteiro 12
DE BORDERLANDS A BEACONS
De Hereford a Blaenavon 128
3 dias

Roteiro 13
MARAVILHAS DE GALES OCIDENTAL
De Llandovery a Newport 136
4 dias

Roteiro 14
SNOWDONIA NATIONAL PARK
De Machynlleth a Llandudno 146
4 dias

Roteiro 15
NO DIQUE DE OFFA
De Ludlow a Holywell 158
4 dias

Roteiro 16
O PEAK DISTRICT
De Ashbourne a Matlock Bath 168
2-3 dias

Roteiro 17
VALES E ABADIAS DE YORKSHIRE
De Harrogate a Bolton Abbey 176
3 dias

Roteiro 18
LITORAL E CHARNECAS DE NORTH YORKSHIRE
De York a Sutton Park 184
4 dias

Roteiro 19
A POESIA DOS LAGOS
De Carlisle a Coniston 194
5 dias

Roteiro 20
A AGRESTE NORTHUMBRIA
De Kielder Water a Lindisfarne 206
2 dias

Roteiro 21
HISTÓRIA E ROMANCE NAS BORDERS
De Edimburgo à Rosslyn Chapel 212
2-3 dias

Roteiro 22
O REINO DE FIFE
De St. Andrews a Culross 220
1-2 dias

Roteiro 23
O SELVAGEM LITORAL OESTE DA ESCÓCIA
De Inveraray a Plockton 228
5-6 dias

Roteiro 24
O CORAÇÃO DA ESCÓCIA
De Perth a Loch Lomond 236
3-4 dias

Roteiro 25
NA TRILHA DO UÍSQUE DAS HIGHLANDS
De Inverness a Aberdeen 244
3-4 dias

ÍNDICE 254
FRASES 261
FRASES ÚTEIS AO DIRIGIR 263

Abaixo, da esq. p/ dir. Florada em Crescent Gardens, Harrogate, North Yorkshire; Placas rodoviárias perto de Aysgarth, Wensleydale, nos montes verdes de Yorkshire Dales; Porto pesqueiro de Whitby, com a St. Mary's Church ao fundo, litoral norte de Yorkshire

Página anterior A Ardnamurchan Forest no litoral oeste da Escócia
Página de rosto Caminho que cruza os campos perto de St. Abb's Head, nas Borders escocesas

Sobre Este Guia

Longe de rodovias com pistas rápidas e de centros urbanos, estes roteiros por estradas pouco movimentadas levam a algumas das cidades e vilas menos visitadas da Grã-Bretanha. Realizados em ritmo moderado, permitem que o motorista possa apreciar o que a Grã-Bretanha tem de diferente – paisagens, vilas, grandiosas casas de campo, castelos e jardins. Este guia vai além das atrações turísticas badaladas e abrange locais menos conhecidos que revelam uma experiência intensa quanto ao povo e à arquitetura britânicos. Composta de ilhas, esta nação conta com três países: Inglaterra, Escócia e País de Gales, cada um com história e tradições diferentes. As paisagens vão desde pastos em morros até picos montanhosos, litorais rústicos e charnecas. Traços de culturas antigas podem se revelar nos menires pré-históricos e nas ruínas romanas. Castelos e vilas são testemunhas do surgimento, no decorrer de muitos séculos, de uma nação. Prepare-se para se surpreender com a cultura milenar da Grã-Bretanha.

Primeiros passos

Logo no início, o guia apresenta as informações necessárias para planejar uma viagem de carro pela Grã-Bretanha. Como chegar, o que observar ao alugar um carro, quais os documentos exigidos pela lei e como funcionam as estradas são algumas das orientações, além de explicações sobre como abastecer o veículo e o que fazer em caso de problemas mecânicos. Há ainda indicações sobre como procurar socorro e usar os meios de transporte. As sugestões de hospedagem e alimentação incluem desde hotéis de luxo a hospedarias estilo bed and breakfast, de restaurantes estrelados a lugares que servem comida de pub. No final do livro há uma parte sobre o idioma, com palavras e frases úteis, incluindo termos ligados à condução de carro.

Os roteiros

A principal seção do guia está dividida em 25 roteiros, com duração de dois a cinco dias, e que vão desde a ponta da Cornualha até o norte da Escócia. Todos os passeios podem ser feitos em veículos normais. Não é preciso habilidade especial para percorrer essas rotas.
Os roteiros cobrem todas as regiões do país. Cada um começa com uma visão geral dos destaques e com um mapa do percurso. Há orientações sobre o melhor momento do ano para ir, as condições das estradas, os mercados locais e as festas.
Os roteiros descrevem cada atração, com horários de funcionamento, endereço e telefone, além de instruções sobre o trajeto de carro. Painéis laterais dão informações sobre lugares autênticos para se hospedar e comer. Boxes coloridos mostram dados adicionais e curiosidades. Cada roteiro apresenta ao menos uma caminhada com mapa, programada para levar até três horas com ritmo moderado e paradas para descanso. Algumas caminhadas cobrem os pontos altos de cidades, enquanto outras exploram o interior por caminhos seguros e sinalizados.
Os passeios são flexíveis e podem ser conectados, a fim de criar um roteiro mais longo, ou, então, usados para viagens de um dia por uma região.

Como usar o mapa desdobrável

No final deste guia há um mapa desdobrável da Grã-Bretanha. Ele contém todas as informações necessárias para dirigir pelo país e passar de um roteiro a outro. É muito fácil localizar nele as rodovias, estradas principais, aeroportos domésticos e internacionais e portos. Por isso, é um complemento excelente aos mapas de itinerários ao longo do livro. Há também um índice para facilitar a localização dos lugares. O viajante encontra ainda um quadro de quilometragem, para identificar sem dificuldade a distância entre as principais cidades do país.

No alto, esq. A igreja de St. Peter e St. Paul, Northleach **No alto, dir.** Angra em St. Abb's Head, Berwickshire, Escócia **No meio, esq.** Barcos de pesca em Whitby **No meio, dir.** Edimburgo, local de famosos festivais **Abaixo, esq.** Tradicional loja de doces, Rye **Abaixo, dir.** Campo de girassóis, Cornualha

Acima De carro por Langstrothdale Chase, perto de Oughtershaw, North Yorkshire

Introdução à Grã-Bretanha

As estradas britânicas são um antídoto contra o burburinho de suas grandes cidades. Embora se possa pegar uma rodovia e ir em poucas horas de Londres a Manchester, Cardiff, Glasgow ou Edimburgo, as estradas menores é que chegam ao verdadeiro âmago do país. A rica história das regiões britânicas aguarda para ser revelada por meio de castelos e ruínas de abadias, de vilas mineiras, agrícolas e pesqueiras. Reserve tempo para apreciar as paisagens, desde as Highlands (Terras Altas) escocesas até as Yorkshire Dales e os úmidos Fens. Os morros e campos agrícolas, separados por muros de pedras e cercas vivas, são de uma beleza tranquila. Tudo aqui é impressionante, desde o litoral de Kent até as montanhas galesas. Siga pelas estradas menores e encontre mercados agrícolas, pubs, festas, jardins e a vida silvestre, que formam o verdadeiro coração do país.

Quando ir

Os roteiros indicam o período ideal para cada visita. Algumas regiões são famosas por seus jardins; outras, pela produção sazonal; e há as que se destacam por atividades ao ar livre. Participar de festivais e eventos pode ser algo inesquecível; por isso, verifique as datas com os centros turísticos locais e planeje seu roteiro de acordo com as festas. O clima varia conforme a região. Julho e agosto são mais quentes e ensolarados, mas se quiser menos aglomeração de gente, de abril a junho e de setembro a outubro são as melhores épocas. Mais horas de sol por dia é uma vantagem do verão (junho a setembro), ainda mais na Escócia, onde a noite cai às 22h ou 23h. As paisagens são outra atração – a primavera é incrível, com floradas coloridas e verdes mais intensos. O outono tinge as árvores de vermelho e dourado, e as urzes púrpuras florescem nas charnecas. O inverno costuma ser mais úmido e frio, mas os preços da baixa temporada diminuem e a maioria das atrações funciona o ano inteiro.

Épocas a evitar

Julho e agosto são os meses mais agitados para a visita, quando os alunos britânicos estão em férias e a maior parte dos turistas estrangeiros chega à região. Os preços sobem e o trânsito se complica, ainda mais ao redor de balneários concorridos. Durante o verão, são comuns as mordidas de mosquito-pólvora na parte ocidental das Highlands escocesas. De novembro a março o clima fica mais chuvoso e frio, e os dias encurtam, principalmente se você for para o norte – onde anoitece por volta das 16h.

Clima

Graças à corrente do Golfo, o clima da Grã-Bretanha é moderado o ano inteiro e raramente a temperatura cai abaixo de 0°C. É difícil nevar, exceto em áreas montanhosas. As temperaturas médias no inverno são de 5-10°C, e no verão atingem 18-25°C, mas podem ultrapassar os 32°C. Em geral, no norte as temperaturas são alguns graus mais baixas do que no sul. A primavera chega antes no sudoeste, e os jardins em Devon e na Cornualha florescem em fevereiro e março. O litoral oeste costuma ser mais chuvoso e quente do que o leste.

Festas

Os muitos eventos e festas em vilas e cidades-mercado giram em torno de produtos regionais, a exemplo de maçãs, ostras, queijos e vinhos, além de artesanato, música e artes. Algumas comemorações tradicionais datam de séculos – entre elas, sapateado com tamancos e esportes bizarros. Entre os eventos famosos estão o Hay Festival of Literature (mai), o Cambridge Folk Festival (jul) e os Highland Games, realizado em cidades escocesas em jun-ago. Em todo o país, fogos e fogueiras fazem parte da noite de Guy Fawkes (5 de nov).

Feriados

Ano-Novo (1º jan)
Sexta-feira Santa (sexta-feira antes da Páscoa)
Segunda-feira de Páscoa
May Day Holiday (1º mai)
Feriado Bancário de Primavera (últ. seg de mai)
Feriado Bancário de Verão (últ. seg de ago)
Natal (25 dez)
Boxing Day (26 dez)

Acima A agradável cidade-mercado de Ashbourne, nas Derbyshire Dales

À esq. Estradinha tranquila que atravessa as florestas antigas e intocadas de Argyll, Escócia

Como Chegar à Grã-Bretanha

A Grã-Bretanha é um polo de viagens internacionais. Os maiores aeroportos britânicos recebem voos transatlânticos sem escala e serviços diretos de boa parte do mundo. Londres é o terminal ocidental do Eurostar, a ferrovia de alta velocidade que vem de Paris, Lille e Bruxelas; há outros serviços de trens ligados a ferryboats que cruzam o Canal da Mancha e o mar da Irlanda. Muitos ferryboats ligam a Grã-Bretanha à Europa continental e à Irlanda, e o Eurotúnel oferece acesso rodoviário ao continente via Calais, na França. Há também ônibus de baixo custo da Eurolines.

Acima Colorido canteiro de flores em Dovedale, no Derbyshire Peak District

AGENDA

DE AVIÃO
Aeroporto de Gatwick
www.gatwickairport.com
Aeroporto de Glasgow
www.glasgowairport.com
Aeroporto de Heathrow
www.heathrowairport.com
Aeroporto de Luton
www.london-luton.co.uk
Aeroporto de Manchester
www.manchesterairport.co.uk
Aeroporto de Stansted
www.stanstedairport.com
Aeroporto London City
www.londoncityairport.com
Air France
4003 9955; www.airfrance.com.br
American Airlines
4502 4000 (São Paulo); www.aa.com.br
British Airlines
0800 761 0885; www.ba.com.br
easyJet
www.easyjet.com
Iberia
(11) 3218 7130; www.iberia.com.br
Lufthansa
(11) 3048 5800; www.lufthansa.com.br
Ryanair
www.ryanair.com
TAM
4002 5700 (capitais)
0800 570 5700 (outras localidades)
www.tam.com.br
TAP
0300 210 60 60; www.flytap.com

De avião

O país é servido pela maioria das empresas aéreas internacionais. Há voos diretos entre Brasil e Grã-Bretanha (saindo de São Paulo e do Rio de Janeiro), operados pela **British Airways** e pela **TAM**, além de opções de voos com conexão em alguma capital europeia. Do Brasil partem voos com apenas um destino na Grã-Bretanha – Londres –, aterrissando no aeroporto de Heathrow. A duração do voo é de cerca de 11 horas (de São Paulo ou do Rio de Janeiro). Fazer uma conexão para chegar à Grã-Bretanha também é uma opção do turista brasileiro, por companhias como **Air France**, **American Airlines**, **Iberia**, **Lufthansa** e **TAP**.

As empresas de transporte aéreo econômicas, como a **easyJet** e a **Ryanair**, voam da Irlanda e do continente europeu para Londres, Glasgow e aeroportos regionais britânicos, em geral com muitos voos por dia na alta temporada.

Londres dispõe de cinco aeroportos. Os voos internacionais de longa duração chegam a **Heathrow**, 24km a oeste do centro, ou a **Gatwick**, 43km do sul. Heathrow é o maior aeroporto britânico; possui cinco terminais. O mais novo, o Terminal 5, destina-se à British Airways. Grande parte dos outros voos longos e alguns da Europa chega aos Terminais 3 e 4. O Terminal 2 recebe principalmente voos europeus, ao passo que todos os voos domésticos e alguns europeus e de longa duração vão para o Terminal 1. Os trens do metrô e o trem Heathrow Express ligam o aeroporto ao centro de Londres.

Gatwick tem dois terminais. O North Terminal serve a British Airways e voos fretados; o South Terminal recebe quase 50 empresas aéreas. O Gatwick Express até Victoria Station é o meio mais rápido de chegar ao centro.

O aeroporto de **Luton**, 48km ao norte de Londres, e o de **Stansted**, 56km a nordeste, têm muitos voos que chegam e partem para a Irlanda, a Europa continental e outros pontos. Ambos têm boas conexões com o centro. O **London City Airport**, a leste de Londres, serve destinos domésticos e da Europa continental.

O aeroporto de **Glasgow** fica a 13km do centro da cidade, já o de **Manchester** está 16km ao sul da sua cidade; os dois também recebem voos internacionais. Bristol, Cardiff, Birmingham, Liverpool, Newcastle e Edimburgo figuram entre os muitos aeroportos regionais britânicos.

De barco

O modo mais fácil de comparar os diversos serviços, rotas e preços é pelo site www.directferries.com.

Da França: a **Seafrance** e a **P&O Ferries** fazem travessias frequentes entre Calais e Dover (tempo de viagem 1h e 30min). A **Transmanche Ferries/LD Lines** tem serviço de ferryboat entre os portos franceses de Dieppe e Le Havre até Newhaven e Portsmouth, no litoral sul da Inglaterra. A LD Lines trafega entre Dover e Boulogne. A **Condor Ferries** tem serviços rápidos de ferryboats (4h e 30min-5h e 30min) de St. Malo e Cherbourg para Weymouth, Poole e Portsmouth, e a **Brittany Ferries** navega por rotas semelhantes para o litoral sul britânico, com pernoite ou travessia rápida. A **Norfolkline** faz cruzamentos frequentes de Dunquerque a Dover (2 horas).

Do restante da Europa: a P&O Ferries serve a Grã-Bretanha a partir da Bélgica, Holanda, Espanha e Irlanda, ao passo que a **DFDS Seaways** sai da Alemanha, Polônia, Holanda, Dinamarca, Noruega e Suécia. A **Stena Line** tem travessias diárias do Canto da Holanda até Harwich (6h e 15min). A P&O North Sea Ferries navega à noite saindo de Zeebrugge, Bélgica (13h e 30min), e de Roterdã, Holanda (11 horas) até Hull. A Brittany Ferries tem travessias com pernoite de Santander, na Espanha, até Plymouth (18 horas) ou Portsmouth (24 horas), enquanto a P&O faz a rota Bilbao a Portsmouth (29 horas).

Da Irlanda: a Norfolkline navega entre Belfast e Liverpool (8 horas). Há também serviços de Belfast a Stranraer, no sudoeste da Escócia (2 horas), e de Larne a Fleetwood, no noroeste da Inglaterra (8 horas), com a Stena Line, e de Larne a Cairnryan (1 hora) ou Troon (2 horas), no sudoeste da Escócia, com a P&O Irish Sea. A **Irish Ferries** faz travessias de 2 horas de Dublin a Holyhead, em Gales do Norte, e a Stena Line vai de Dublin a Dun Laoghaire. A Irish Ferries atravessa de Rosslare para Pembroke, em Gales do Sul (4 horas), enquanto a Stena Line faz a travessia diária de Rosslare a Fishguard em 2 horas.

De trem

O **Eurostar** é o modo mais rápido e fácil de sair de trem do continente europeu e entrar na Grã-Bretanha. Esse trem veloz cruza os 52km do Eurotúnel. Os passageiros embarcam em Bruxelas, Paris, Lille ou Calais e vão até Ashford, em Kent, Ebbsfleet International ou a estação de St. Pancras, em Londres. A viagem de Paris a Londres leva cerca de 2h e 15min. De Londres há conexões ferroviárias para todas as partes do país pela rede da British Rail.

Se a viagem de trem sair da Irlanda, há bilhetes combinados de trem e ferryboat direto para a maioria dos destinos britânicos. Informe-se na **Irish Rail**.

De carro e ônibus

Os carros podem ser transportados pelo serviço ferroviário do **Eurotunnel**, que trafega entre Sangatte, perto de Calais, e Folkestone, em Kent. O tempo de viagem é de 35 minutos e os passageiros ficam no carro. Veículos movidos a GLP não são permitidos. Os terminais se ligam à rodovia A16 na França e à M20 na Inglaterra.

A **Eurolines** tem ônibus de longa distância para a Grã-Bretanha que partem de cidades da Irlanda e da Europa. O tempo de viagem é longo, mas as tarifas são relativamente baratas.

Abaixo, da esq. p/ dir. Saguão de embarque, aeroporto de Gatwick; Terminal de ferryboat, porto de Dover; Boeing 747, aeroporto de Heathrow

AGENDA

DE BARCO

Brittany Ferries
0871 244 0744 (RU); 08 25 82 88 28 (França); www.brittany-ferries.com

Condor Ferries
0845 609 1024 (RU); 08 25 13 51 35 (França); www.condorferries.co.uk

Direct Ferries
www.directferries.com

DFDS Seaways
+45 3342 3010;
www.dfdsseaways.co.uk

Irish Ferries
0818 300 400; www.irishferries.com

Norfolkline
0870 870 1020 (RU); 03 28 59 01 01 (França); www.norfolkline.com/ferry

P&O Ferries
08716 645 645 (RU); 08 25 12 01 56 (France); www.poferries.com

Seafrance
0871 423 7119 (RU); 08 25 08 25 05 (França); www.seafrance.com

Speedferries
0871 423 7119 (RU); 08 25 08 25 05 (França); www.speedferries.com

Stena Line
08705 70 70 70; www.stenaline.co.uk

Transmanche
0800 917 1201 (RU);
0800 650 100 (França);
www.transmancheferries.com

DE TREM

Eurostar (ferrovia)
08705 186 186 (RU); +44 (0)1233 617 575 (da França); www.eurostar.com

Irish Rail (Iarnród Éireann)
353 (0)1 703 4070 (Irlanda);
www.irishrail.ie

DE CARRO

Eurolines
08717 818181 (RU);
www.eurolines.com

Eurotunnel
08705 35 35 35 (RU); 0810 63 63 04 (França); www.eurotunnel.com

Informações Práticas

É fácil viajar pela Grã-Bretanha, graças à infraestrutura quase sempre moderna. Os serviços públicos operam com regularidade e o sistema de saúde está entre os melhores do mundo. O policiamento e a segurança parecem simples, mas recebem treinamento para enfrentar qualquer emergência. A rede de comunicações, desde internet banda larga e Wi-Fi até os serviços de telefonia celular, é boa, e a maior parte dos bancos tem caixas eletrônicos 24 horas. Nas cidadezinhas e vilas, as lojas costumam fechar aos domingos.

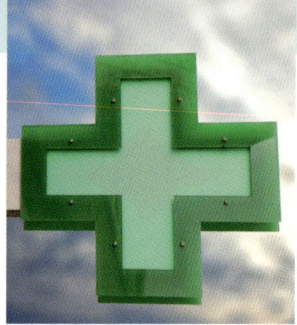

Acima Símbolo de farmácia, fácil de identificar, colocado no lado de fora de uma drogaria

Passaporte e visto

O brasileiro que viaja a turismo para a Grã-Bretanha não precisa de visto para ficar até seis meses. Sua entrada depende, no entanto, da decisão do Serviço de Imigração britânico na hora. Além de mostrar um passaporte válido, você talvez tenha de comprovar sua intenção de apenas fazer turismo. Pode ser obrigado a provar, por exemplo, onde vai se hospedar durante a sua viagem ou que tem trabalho ou estudo no Brasil que justifique seu retorno. Os oficiais também podem exigir-lhe a apresentação da passagem de volta com data marcada e de recursos financeiros suficientes para cobrir todas as despesas durante a sua estadia. Para evitar contratempos, vale a pena se prevenir e levar comprovantes de estudo, de trabalho e de hospedagem, além de ter planos e datas de viagem bem definidos. Confira no consulado mais próximo se as exigências não mudaram antes de viajar. A lei britânica permite que o turista seja entrevistado e revistado. As autoridades diplomáticas brasileiras podem intervir quando há abuso, mas não exigir a entrada do turista brasileiro.

Seguro de viagem

Aconselha-se aos visitantes que façam um seguro de viagem abrangente. Além do seguro médico *(veja abaixo)*, uma apólice completa costuma cobrir perda e roubo de bagagens ou pertences, acidentes pessoais, danos a terceiros, atraso ou cancelamento de voos e, em alguns casos, o cancelamento da viagem em caso de doença pessoal ou de um membro da família. A maioria das apólices também cobre alguns custos legais. Uma apólice padrão não cobre acidentes com esportes radicais; por isso, se quiser surfar, esquiar ou praticar alpinismo, verifique o que está coberto – em geral, por um valor um pouco maior esses itens podem ser adicionados. Leia os termos para avaliar o que foi acrescentado e qual a cobertura para objetos valiosos, como câmeras e joias. Algumas empresas de cartão de crédito oferecem seguro de viagem limitado. Mas esses seguros não costumam ser tão bons quanto as apólices específicas de viagem.

Saúde

Para entrar na Grã-Bretanha, atualmente, não se exige comprovante de vacinação, a menos que você venha de um país onde existam doenças infecciosas, como a febre amarela.

Não há grandes riscos à saúde na Grã-Bretanha. A água da torneira é segura para o consumo e existe água engarrafada em qualquer lugar. No verão, as Highlands escocesas ficam infestadas de insetos como o mosquito-pólvora; por isso, convém levar um repelente se você quiser caminhar ou acampar na região.

Medicamentos vendidos sem receita podem ser comprados em drogarias ou farmácias, mas traga de casa uma quantidade suficiente de remédios que exijam receita, para que durem a viagem toda. Caso contrário, você terá de consultar um médico britânico para obter a receita. Deixe esses remédios na bagagem de mão, junto às receitas e bulas originais, a fim de evitar problemas com a segurança nos aeroportos.

Se você tiver problemas de saúde durante a viagem, a equipe do hotel pode localizar um médico ou dentista. Se houver emergência médica, ligue para 999. O National Health Service ou **NHS Direct** presta atendimento médico 24 horas por telefone e possui centros em cidades médias e grandes.

A maioria das farmácias – indicadas por uma cruz verde – abre de segun-

Informações Práticas

Acima, da esq. p/ dir. Passaportes da União Europeia; Caixas eletrônicos (ATM); Policiais britânicos em patrulha em uma estação de trem

da a sábado, em horário comercial. Se uma estiver fechada, costuma haver uma indicação de onde fica a farmácia de plantão mais próxima. Os farmacêuticos são formados e treinados, e podem prescrever medicamentos em questões médicas sem gravidade.

Os visitantes da Irlanda e de outros países da União Europeia têm cobertura para tratamento médico na Grã-Bretanha, conforme os regulamentos da seguridade social da UE, mas precisam consultar um médico do NHS.

Viajantes de outros países são aconselhados a fazer um seguro-saúde particular, pois só serão atendidos gratuitamente em casos de emergência. Sem seguro, terão de pagar pelo atendimento, por visitas médicas e uso de medicamentos. Consulte os planos de saúde brasileiros para saber quais os tipos de cobertura para viagem. O seguro-viagem com cobertura médica é uma opção simples e oferece tranquilidade, embora custe um pouco mais caro.

Segurança pessoal

A Grã-Bretanha é um país relativamente seguro. Apesar de a maioria dos crimes graves ocorrer em áreas urbanas que os turistas não costumam frequentar, deve-se tomar as precauções normais contra crimes menores, como os que acontecem em qualquer cidade grande.

As áreas em que há muitos turistas costumam ser alvo de ladrões. Se for possível, deixe passaporte, joias e objetos de valor no cofre do hotel. Fique de olho em bolsas e carteiras, especialmente no meio da multidão ou no transporte público, e não carregue muito dinheiro. Nunca deixe bolsas, câmeras ou bagagens visíveis dentro do carro, mesmo trancado. Guarde-os no porta-malas antes de chegar ao destino, pois os estacionamentos às vezes são sondados pelos ladrões.

Em geral, os policiais britânicos são agradáveis e prestativos. Os de rua usam uniforme azul-escuro (muitas vezes com o famoso chapéu de copa redonda), mas não costumam carregar armas de fogo. Se for vítima de algum crime, chame a polícia, que fornece apoio à vítima. Para contatar os **Emergency Services** – polícia, bombeiros, ambulância –, ligue para 999.

Abaixo, da esq. p/ dir. Faixa de pedestres, conhecida como *zebra crossing*; Ambulância para atendimento de emergência; Policiais a cavalo, um fato comum em partidas de futebol; Cena no movimentado Barnstaple's Pannier Market

AGENDA

PASSAPORTE E VISTO

Embaixada do Brasil em Londres
32 Green St, London W1K 7AT;
020 7399 9000; www.brazil.org.uk

Consulado-Geral do Brasil em Londres
3 Vere St W1G 0DG; 020 7659 1550;
www.consbraslondres.com

Embaixada Britânica em Brasília
SES Quadra 801 Cj. K Lote 8;
(61) 3329 2300; www.ukinbrazil.
fco.gov.uk

Consulado-Geral no Rio de Janeiro
(21) 2555 9600

Consulado-Geral em São Paulo
(11) 3094 2700

Consulado Honorário em Curitiba
(41) 3322 1202

Consulado Honorário em Salvador
(71) 3247-8216

Consulado Honorário em Manaus
(92) 3613 1819

SAÚDE
NHS Direct
0845 4647; www.nhsdirect.nhs.uk

SEGURANÇA PESSOAL

Emergency Services (Emergência)
Para chamar a polícia, os bombeiros ou uma ambulância, ligue para 999

Comunicações

O serviço de telefonia é fornecido pela British Telecom (BT). Os números de telefone na Grã-Bretanha têm código de área de quatro ou cinco dígitos, começando com "0", seguido do número local. Dentro do país, use o código de área completo. Ao ligar para o exterior, não digite o "0" inicial. Quando falar dentro do mesmo código de área, basta digitar o número local. Ao ligar para a Grã-Bretanha do exterior, primeiro digite o código de acesso às ligações internacionais de seu país seguido do código britânico (44), do código de área local (sem o "0") e do número.

Os telefones públicos aceitam moedas ou cartões telefônicos. Este é o modo mais barato de telefonar e você pode adquirir cartões em bancas de jornal ou agências dos correios. Cartões telefônicos internacionais são um meio ainda mais barato de ligar para o exterior. Fazer chamadas do hotel costuma ser caro, pois muitos hotéis cobram uma sobretaxa. Verifique as tarifas na recepção antes de usar o telefone.

O período de pico para ligações vai de seg-sex, 8h-18h. Há uma taxa para o uso do Directory Enquiries (Auxílio à lista), mas você pode achar de graça os números na internet. As ligações para celular são mais caras. Os números que começam com 0845 são taxados com uma tarifa local e os que têm 0870 recebem uma tarifa nacional. Os números iniciados com 0800 e 0808 têm ligação gratuita. Evite números que comecem com 09, que custam até £1,50 por minuto. Celulares são muito úteis, mas cheque o preço das tarifas de roaming. Na Grã-Bretanha são usados aparelhos de três ou quadro bandas – verifique se o seu celular funciona aqui. Se for fazer muitas ligações, talvez seja melhor comprar um celular *pay-as-you-go* na Inglaterra, a preços módicos.

Internet e correios

Há cibercafés em todas as cidades grandes e médias. Muitos hotéis e hospedarias possuem acesso à internet e existem pontos de Wi-Fi em cafeterias e outros locais públicos.

O **Royal Mail** é o sistema postal nacional, com caixas de correio vermelhas. Além dos postos de correios principais existem os menores, em lojas e bancas de jornal, de onde se podem enviar pacotes, cartas e cartões – esses locais também vendem selos. A correspondência de primeira classe dentro do país leva de 1 a 2 dias para chegar. Cartas aéreas internacionais demoram de 3 a 10 dias, conforme o destino final.

Bancos e dinheiro

A moeda da Grã-Bretanha é a libra esterlina. Uma libra se divide em 100 pence (p). Há notas de £5, £10, £20, £50 e £100, e moedas de 1p, 2p, 5p, 10p, 20p, 50p, £1 e £2. A Escócia emite as próprias notas, aceitas na Inglaterra. Mas algumas lojas ao sul da fronteira não as aceitam; por isso, é melhor pedir troco em moeda inglesa, se estiver no final da estadia.

Traveller's cheques são um meio seguro de levar dinheiro para o exterior, mas eles foram em grande parte substituídos por Cash Passports – um cartão pré-pago na moeda local. Podem ser carregados com dinheiro antes da viagem e usados em muitas lojas e caixas eletrônicos no exterior. Estão disponíveis no **Thomas Cook**, **Travelex** e em diversos bancos. A maioria dos aeroportos tem balcões de câmbio, mas é mais fácil usar um cartão de débito ou crédito para retirar dinheiro em um dos caixas eletrônicos. Veja com seu banco ou sua operadora de cartão as taxas para uso dos cartões no exterior. Os caixas eletrônicos exibem os cartões aceitos.

Cartões de crédito como Visa, Mastercard e American Express são aceitos na maioria dos hotéis, restaurantes, lojas e postos de gasolina, mas você vai precisar de dinheiro vivo em pubs, lojas pequenas e hospedarias tipo bed and breakfast. As empresas de cartão estão cada vez mais atentas às fraudes; por isso, avise sua operadora que usará seu cartão no exterior, para que não bloqueiem o uso. Também vale a pena levar um cartão diferente por segurança.

Em boa parte da Grã-Bretanha foi adotado o sistema Chip-and-Pin, que faz o comprador digitar uma senha em vez de colocar a assinatura. Se o seu cartão não tem um chip e usa o sistema de fita magnética e assinatura, talvez ele não seja aceito.

Acima Jornais estrangeiros expostos para venda em uma banca

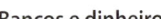

Logo de Centro de Informação Turística

Informações Práticas

Acima, da esq. p/ dir. Logo do Scottish Tourist Board; Um caixa eletrônico que exibe os cartões aceitos; Relógio antigo, Cambridge.

Informações turísticas

Visit Britain é a agência nacional de turismo, cujo site tem muitas informações, como guias para diversos destinos, mapas e reserva de hospedagem. Os sites de **Enjoy England**, **Visit Scotland** e **Visit Wales** (em inglês) dão informações semelhantes. Há centros locais de informação turística (TIC) na maioria das cidades e áreas turísticas; os horários variam e alguns só abrem na alta temporada. No **Britain & London Visitor Centre** há informações sobre a maioria das regiões do país. Para achar castelos e residências suntuosas fale com **English Heritage**, **The National Trust** e **National Trust for Scotland**.

Horários de funcionamento

Em geral, o horário comercial vai de segunda a sexta, das 9h ou 9h30 até às 17h30 ou 18h. As lojas abrem aos sábados e algumas mantêm as portas abertas até as 20h ou 21h às quintas. Supermercados abrem até mais tarde, e alguns funcionam 24 horas. Aos domingos, os horários comerciais quase sempre vão das 11h ou 12h até as 16h ou 17h; em locais menores as lojas não abrem aos domingos.

Os bancos funcionam de segunda a sexta, das 9h30 às 16h30. As grandes filiais têm horários mais amplos e podem abrir aos sábados. Nos dias úteis, os postos de correio abrem das 9h às 17h30 e aos sábados das 9h às 12h30 ou até mais tarde. Pequenos subpostos podem fechar para almoço e nas tardes de quarta.

Portadores de deficiência

Muitas atrações têm acesso para cadeirantes, e um número crescente de hotéis e restaurantes oferece recursos para portadores de necessidades especiais. O **Holiday Care Service** ajuda essas pessoas e viajantes idosos, oferecendo orientação e informação.

Fuso horário e eletricidade

A Grã-Bretanha está no Horário Médio de Greenwich (GMT). No verão, os relógios são adiantados em uma hora, de meados de março ao fim de outubro. Há diferença de três horas a mais em relação ao horário de Brasília.

A corrente elétrica britânica é de 220-240 volts. As tomadas têm três pinos. Para ligar aparelhos estrangeiros, use transformador e tomada adaptadora, disponíveis em aeroportos e lojas de produtos elétricos.

Abaixo, da esq. p/ dir. Antigas cabines telefônicas; Rua comercial refletida na vitrine de loja com suvenires para turistas; Caixa de correio tradicional embutida em uma parede; Uma das ruelas comerciais de York.

AGENDA

COMUNICAÇÕES

Códigos de países
Brasil: 55; Irlanda: 353; EUA e Canadá: 1

Directory Enquiries (Auxílio à lista)
118 500 (BT), www.bt.com; para números comerciais, www.yell.com

International Directory Assistance
118 505 (BT)

INTERNET E CORREIOS

Royal Mail
www.royalmail.com

BANCOS E DINHEIRO

Thomas Cook
www.thomascook.com

Travelex
www.travelex.co.uk

INFORMAÇÕES TURÍSTICAS

Visit Britain
www.visitbritain.com

Enjoy England
020 8846 9000;
www.enjoyengland.com

Visit Scotland
0845 22 55 121;
www.visitscotland.com

Visit Wales
08708 300 306; www.visitwales.com

Britain and London Visitor Centre
1 Regent St, Piccadilly Circus, London SW1; sem telefone

English Heritage
0870 333 1181;
www.english-heritage.org.uk

The National Trust
0844 800 1895;
www.nationaltrust.org.uk

The National Trust for Scotland
0844 493 2100; www.nts.org.uk

PORTADORES DE DEFICIÊNCIA

Holiday Care Service
0845 124 9971; www.holidaycare.org.uk

Como Dirigir na Grã-Bretanha

É fácil cruzar o país pelas principais estradas da Grã-Bretanha. Embora muitas delas sejam panorâmicas e cubram a bonita área campestre, você apreciará as vistas mais impressionantes nas estradinhas menos percorridas. Ao dirigir pelas vias de pista única nas Terras Altas da Escócia e pelos caminhos sinuosos da Inglaterra rural e ao atravessar as montanhas de Gales, você descobrirá muito mais aspectos deste país diversificado. Para aproveitar bem sua viagem, aprenda o básico para dirigir na Grã-Bretanha.

Acima Uma placa típica de estrada B aponta para as vilas e indica as distâncias

Seguro e cobertura para quebras
Para conduzir um veículo, o seguro contra terceiros é obrigatório na Grã-Bretanha, com cobertura mínima de £1.000.000. Não será preciso um green card (seguro estrangeiro contra terceiros) se você for cidadão da UE, mas é bom verificar com sua seguradora antes de viajar, para ter certeza de que estará coberto durante a viagem. A maioria das empresas dá cobertura automática nos países da UE por até 90 dias. Cidadãos de outros países precisarão do seguro do green card. Se a sua apólice tiver cobertura para quebra, verifique se ela vale no exterior; se não, adquira uma cobertura adicional para quebra e acidente. Organizações como a AA e a RAC *(p. 18)* podem fornecer ajuda.

O que levar
Para dirigir na Grã-Bretanha você precisa de carteira de habilitação válida emitida em seu país ou habilitação internacional. Se os documentos não estiverem em inglês, o motorista deve trazer uma tradução oficial de sua embaixada ou de uma associação automobilística mundialmente reconhecida. Se a habilitação não tiver foto, ande sempre com o passaporte ou outra identidade oficial com foto. Se vier com seu próprio carro, trailer ou motocicleta, traga também o registro do veículo. Se ele não estiver registrado em seu nome, providencie carta de autorização do dono.

A Grã-Bretanha ainda não exige que você use o colete de visibilidade, obrigatório em muitos países da UE, embora isso logo possa se expandir por toda a comunidade. Apesar de não ser obrigatório, é aconselhável ter um kit de primeiros socorros. Triângulo, lanterna e um frasco para combustível são recomendáveis.

Malha rodoviária
As estradas da Grã-Bretanha são classificadas em três categorias. As rodovias de alta velocidade têm o prefixo "M". Teoricamente, constituem o modo mais rápido de dirigir por longas distâncias, mas são comuns os congestionamentos perto de grandes cidades, como Londres e Birmingham. As estradas principais são indicadas pelo prefixo "A" e têm pistas simples ou duplas. As estradas "B", ou secundárias, costumam ter só uma pista (em cada direção), e junto com as estradas menores em áreas rurais, sem classificação, proporcionam passeios muito agradáveis. Atualmente, há apenas uma rodovia pedagiada na Grã-Bretanha: a M6, que passa ao lado de Birmingham. O pedágio é cobrado na travessia de diversos rios, em pontos como o Dartford Tunnel, a Humber Bridge e a Severn Suspension Bridge. Se você tiver de dirigir no centro de Londres, terá de pagar a **Congestion Charge** (£8 por dia). As informações sobre o pagamento estão no site do Transport for London.

Esquemas semelhantes estão sendo considerados para outras cidades e para rodovias movimentadas, a fim de reduzir o volume do trânsito.

Limites de velocidade e multas
Os limites de velocidade são dados em milhas por hora em todo o país. Em geral, os limites são de 70m/h (112km/h) nas rodovias e estradas de duas pistas, 60m/h (96km/h) em estradas de pista única, e 30m/h (48km/h) em cidades e áreas urbanas.

A polícia não pode multar no local por excesso de velocidade. Mas as câmeras registram a infração; as multas são automáticas e os boletos de pagamento são enviados para o endereço do registro do veículo. Você não escapa da multa em um carro alugado. A locadora cobrará a multa de você,

Como Dirigir na Grã-Bretanha

Acima, da esq. p/ dir. Rua estreita na Cornualha durante o verão; A M6 é a única rodovia pedagiada da Grã-Bretanha e passa ao lado de Birmingham

mais uma taxa de administração. Os detectores de radar são ilegais e serão confiscados. Quando beber, não dirija. As leis são muito severas, e as multas, altas. O limite legal é de 80mg por 100ml de sangue – o equivalente a um *pint* (500ml) de cerveja forte. A polícia pode fazer o teste do bafômetro ou exame de sangue a qualquer momento, e você poderá ser processado caso se recuse a passar pelo teste.

Regras da estrada

Na Grã-Bretanha, dirige-se pela esquerda. A maioria dos visitantes se acostuma rapidamente, porém preste mais atenção em cruzamentos e rotatórias, onde é fácil (e perigoso) se confundir. Vire sempre à esquerda em uma rotatória, e dê passagem aos veículos que já estão trafegando e se aproximando pela direita. Dirija no sentido horário, permanecendo na pista da direita até se aproximar da saída à sua esquerda. Ultrapasse pela direita. Não ultrapasse se houver uma linha branca contínua no centro da pista. Em um entroncamento em que não há prioridades, dê passagem ao trânsito que vem da direita.

O cinto de segurança deve ser usado o tempo todo por motorista e passageiros, na frente e atrás. Enquanto você dirige, o uso de celular é ilegal e dá multa e sanções. A travessia para pedestres é marcada por faixas brancas no chão. Muitas têm luzes alaranjadas de cada lado para deixá-las bem visíveis à noite. Os motoristas têm de dar passagem ao pedestre que puser o pé na faixa e também nas travessias com sinal verde intermitente, quando é seguro atravessar. Para mais informações, compre um exemplar do *British Highway Code* em posto de combustível ou banca de jornal. Atenção: algumas placas em Gales podem estar escritas em galês *(veja à direita)*.

Combustível

Há postos com bombas de gasolina sem chumbo e diesel – se alugar um carro, veja que tipo de combustível ele aceita. A maioria dos postos tem autosserviço e quase todos aceitam os principais cartões de crédito. Muitos postos em rodovias ficam abertos 24 horas. Em áreas mais afastadas, o horário de funcionamento é mais curto e alguns postos fecham aos domingos.

O litro da gasolina é caro porque inclui muitos tributos. Os postos em supermercados, na periferia das grandes cidades, são os lugares mais baratos para encher o tanque; os das rodovias são os mais caros.

AGENDA

MALHA RODOVIÁRIA
London Congestion Charge
www.cclondon.com

ALGUMAS PLACAS RODOVIÁRIAS EM GALÊS

Araf *Devagar*
Arafwch Nawr *Reduza a velocidade agora*
Bwsiau yn unig *Só para ônibus*
Canol y dref *Centro da cidade*
Cerddwyr ymlaen *Pedestres à frente*
Dim Mynediad *Proibido entrar*
Dim o gwbl *A qualquer momento*
Gyrrwch yn ofalus *Por favor, dirija com cuidado*
Ildiwch *Dê passagem*
Un Ffordd *Mão única*
Ramp o'ch blaen *Declive à frente*
Rhybudd *Perigo*

Abaixo, da esq. p/ dir. Sinalização na entrada de uma popular cidade de Cotswolds; Preços marcados em um posto de combustível; Autosserviço em um posto; Estrada que serpenteia pelo espetacular Cheddar Gorge; Estrada de pista única atravessa uma pontezinha no interior

Acima, da esq. p/ dir. Placa de aviso em estrada; Máquina para adquirir tíquete de estacionamento; Carros estacionados na rua de uma vila em Cotswolds

Condições das estradas

A maioria das estradas britânicas é bem pavimentada, tem boa manutenção e sinalização. As distâncias são marcadas em milhas. Muitas partes do país têm congestionamentos, não apenas as grandes cidades e seus arredores, mas também destinos procurados em férias e fins de semana. No verão, o trânsito no oeste (Dorset, Devon e Cornualha) pode ficar extremamente lento. Muita gente sai de casa para os fins de semana prolongados, o que resulta em estradas lotadas desde a tarde de quinta até a noite de segunda. O tempo chuvoso também atrasa tudo. Informe-se sobre as condições do trânsito on-line ou por telefone, em **Met Office**, **Highways Agency** ou **AA Roadwatch**.

Nas Terras Altas da Escócia e em algumas áreas rurais, as estradas têm pista única. Vá devagar por causa de ovelhas, gado e outros animais que podem surgir na frente de seu carro. Essas estradas são tão estreitas que um carro terá de entrar no acostamento para dar passagem a outro que vem em sentido contrário. A cortesia diz que quem espera é o carro mais próximo ao ponto mais largo. Há locais próprios para passagem ao longo dessas estradas. Quando outro veículo se aproximar de você, desvie para a esquerda. Talvez você tenha de dar ré; é mais fácil um carro dar ré do que um veículo maior. Sempre acene para agradecer quem lhe der passagem.

Paradas

Se você estiver cansado ou perdido, convém parar e dar um tempo. Muitas estradas têm áreas sinalizadas onde se pode parar e esticar as pernas, tomar um lanche ou consultar um mapa. A vista pode ser uma distração; por isso, se achar difícil manter os olhos na estrada, é melhor dar uma parada e admirar o panorama. Parques e áreas com trilhas naturais são ótimos para piquenique. Em geral, os postos de combustível são bem sinalizados ao longo das estradas. Eles contam com lanchonetes, restaurantes, fast-food, toaletes, lojas e outros recursos, além das bombas de combustível. Nas estradas A e B há menos serviços, e os banheiros públicos ficam em restaurantes e postos de combustível.

Quebras e acidentes

Se o carro apresentar problema, procure estacionar em segurança e ligue o pisca-alerta ou coloque o triângulo para alertar outros motoristas. Há telefones SOS ao longo do acostamento das rodovias de alta velocidade. É perigoso caminhar ao lado de qualquer estrada; por isso, tenha cuidado ao sair do carro para verificar problemas.

As locadoras de veículos costumam dar ao cliente um número para ligar em caso de quebra ou problemas com o carro. Eles lhe darão orientação ou chamarão ajuda, e quase sempre fornecem um veículo substituto. Você não deve contratar nenhum conserto para um carro alugado sem autorização da locadora. Se, no seu país, você for sócio de alguma instituição automobilística, os serviços desse tipo no RU – **Automobile Association** (AA) e **Royal Automobile Club** (RAC) – talvez tenham algum contrato de reciprocidade. Verifique isso antes de viajar.

Caso se envolva em um acidente, pare e troque nome, endereço e detalhes do registro do carro com as partes envolvidas. A polícia precisa ser notificada dentro de 24 horas se alguém ficou ferido, e é necessário fazer um boletim de ocorrência. Ligue para o serviço de emergência (p. 13) se houver alguém ferido gravemente. Pegue os detalhes sobre o seguro do outro motorista e dê-lhe os seus. Avise a locadora assim que for possível.

A situação pode ficar confusa no momento do acidente. Por isso, não admita culpa nem aceite a responsabilidade pelo acidente, e não dê dinheiro a nenhuma das partes

Como Dirigir na Grã-Bretanha

Acima, da esq. p/ dir. Tradicional poste de placas e indicação turística marrom em Avon Valley; Antigos chalés de pedra em West Witton, Yorkshire Dales

envolvidas. Se possível, anote dados de testemunhas. Convém fotografar os veículos e a cena do acidente.

Estacionamento
Achar local para estacionar é um dos aspectos mais desgastantes quando se dirige na Grã-Bretanha. É proibido estacionar sempre que houver uma linha dupla amarela no chão. Uma linha única significa que não se deve estacionar em horário comercial (especificado em uma placa próxima). Placas com um "P" vermelho em círculo cruzado por uma linha diagonal também indicam zona onde é proibido estacionar. Uma linha vermelha indica que não se pode nem parar no local. Não estacione ilegalmente, nem mesmo por alguns minutos. Os guardas de trânsito adoram dar multas caras. Empresas de guincho e de imobilização de rodas são ainda mais caras.

Pare em locais específicos, indicados por uma placa azul com um "P" branco. Em geral, eles são do tipo *pay and display* (parquímetro): compre um bilhete numa máquina próxima e coloque-o no para-brisa. O estacionamento com disco é outro sistema usado em cidades médias; você adquire um cartão em uma loja e raspa a data e a hora, deixando-o visível no carro. Nas cidades maiores há garagens para estacionamento, como a NCP; elas são mais caras, mas você não se preocupa com o tempo, pois paga pelo período utilizado.

Muitas vezes é possível estacionar na rua, mas preste atenção às marcações no chão. Muitas ruas têm estacionamento apenas para moradores, e o visitante fica restrito a horários específicos e/ou a recibos para estacionar – se for visitar alguém que mora ali, ele fornece o recibo para você. Outras ruas adotam o sistema *pay and display*, com marcadores na calçada.

Em cidadezinhas e vilas rurais há pouco espaço para estacionar no centro, mas existem estacionamentos, geralmente gratuitos, na periferia da cidade. No campo, cuidado para não bloquear porteiras de fazendas ou estradas particulares. Em vias de pista única nunca pare, pois é um perigo para o tráfego.

Mapas
Os mapas turísticos gratuitos raramente servem para estradas menos usadas. Vale a pena adquirir um atlas rodoviário atualizado para ter uma cobertura bem detalhada. São publicados pela Michelin, pela AA e pela A-Z, e são vendidos em livrarias, bancas de jornal, centros de informação turística e postos de combustível.

AGENDA

CONDIÇÕES DAS ESTRADAS

Met Office
0870 900 0100; www.metoffice.gov.uk

Highways Agency
08700 660 115;
www.highways.gov.uk/traffic

AA Roadwatch
401100 (de celulares);
www.theaa.com/travelwatch/travel_news.jsp

QUEBRAS E ACIDENTES

Automobile Association (AA)
0870 600 0371 (RU) ou +44 161 495 8945 (do exterior); www.theaa.com

Royal Automobile Club (RAC)
08705 722 722; www.rac.co.uk

Abaixo, da esq. p/ dir. Placa de fazendeiro pede aos motoristas que fechem a porteira em terras de pastagem perto de Oban, Escócia; Preços em posto de combustível; Estrada interiorana entre Cirencester e Chedworth, em Gloucestershire; Cavaleiros em uma pista tranquila, ladeada por cerca viva, próxima a Lower Slaughter, nos Cotswolds

Acima Trailer puxado por um carro em um camping na saída de Brecon, em Powys, Gales

Trailers e motorhomes

Os trailers e motorhomes estão sujeitos às mesmas regras que valem para outros veículos. Porém, têm velocidade restrita a 50 mph (80km/h) em estradas comuns e a 60 mph (96km/h) em rodovias. Muitas estradinhas rurais da Grã-Bretanha, principalmente nas partes remotas da Escócia, são estreitas e sinuosas, pouco indicadas para trailers, motorhomes e veículos rebocados. Existem avisos quanto a isso, mas é fácil ignorá-los. Pergunte no local sobre as condições das estradas antes de se aventurar por elas. Pontes estreitas, curvas fechadas e declives pronunciados são perigosos para veículos grandes; preste atenção aos avisos na estrada.

Se chegar com trailer ou motorhome à Grã-Bretanha, verifique se o gás (GLP) está devidamente desligado durante a travessia de ferryboat. No Eurotúnel, as válvulas têm de ser lacradas e os ventiladores de teto precisam ficar abertos, por segurança.

É possível alugar motorhomes e trailers. Alguns, como os oferecidos pela **Just Go**, vêm com XBox 360, DVD/CD player e outros recursos. A **Motorhomes Direct** tem muitas opções de modelos de luxo no país inteiro, enquanto a **Cool Campervans** atende viajantes mais econômicos. Existe uma grande rede de campings e parques para trailers. Para informações on-line procure a **Camping and Caravanning UK** e a **UK Caravan Parks and Campsites Directory**.

Motocicletas

Todos os motociclistas e passageiros precisam usar capacete. O motorista deve ter habilitação válida para dirigir motocicleta e apólice de seguro. Quem tem apenas a habilitação provisória não pode levar passageiros; é preciso habilitação completa e apólice de seguro que lhe permita fazer isso. As motocicletas têm de ter a placa traseira iluminada. Transitar com o farol baixo ligado durante o dia não é obrigatório, mas recomendável.

As regras da estrada são as mesmas que as aplicadas a outros motoristas, mas deve-se tomar mais cuidado. Vá devagar e sinalize quando mudar de pista. Dê bastante espaço no momento de ultrapassar outro veículo e fique atento, pois nem sempre ele enxerga você.

Crianças

Os motoristas são responsáveis pelo uso de cinto de segurança por menores de 14 anos ou pelas cadeirinhas especiais. Adolescentes mais velhos devem usar cinto de adultos. Se a criança tiver menos de 1,35m, deve se sentar em cadeirinha de bebê, assento infantil ou adaptador adequado à altura e ao peso. Bebês nunca devem ser colocados em cadeirinhas viradas de costas no banco do passageiro se houver airbag instalado, pois isso pode provocar ferimentos graves no caso de acidente. As crianças não devem ficar atrás dos bancos traseiros de uma van ou de outro veículo, a menos que tenham sido instalados assentos especiais. Lembre-se de solicitar com antecedência o assento adequado para crianças ao reservar um carro para locação.

Portadores de deficiência

Entre em contato com a **Mobilise**, instituição beneficente que promove a mobilidade e representa os interesses de motoristas com deficiência. Eles informam sobre a obtenção do distintivo azul do RU que garante lugar para estacionar ou o uso do cartão de estacionamento no RU. Se você vier de carro pela Irlanda, pode ter desconto no ferryboat em algumas travessias. Contate sua associação automobilística (ou a **Disabled Drivers' Association** na Irlanda) e peça um formulário.

Aluguel de carros

As grandes locadoras internacionais, como a **Budget**, a **Avis** e a **Hertz**, têm balcão nos aeroportos e portos de ferryboat e em todas as cidades grandes, com muitas opções de veículos. Uma boa empresa local, com escritório na Escócia e no norte da Inglaterra, é a **Arnold Clark Car and Van Rental**. Para alugar um carro você precisa de habilitação válida e cartão de crédito. Em geral, o motorista deve ter entre 21 ou 23 e 75 anos, mas verifique as

Como Dirigir na Grã-Bretanha 21

Acima, da esq. p/ dir. Placa de hospedaria em Bude, Cornualha; Camping protegido pela vegetação em uma área de Dorset

restrições etárias antes de reservar. Recomenda-se que você faça a reserva com antecedência, principalmente para a alta temporada – e sempre conseguirá algum desconto. As tarifas costumam incluir quilometragem ilimitada, mas cheque antes. A maioria dos carros alugados na Grã-Bretanha tem câmbio manual. Há carros automáticos, mas são mais caros e exigem reserva antecipada. Alugue um carro pequeno, pois será mais fácil de manobrar nas ruas estreitas. Se quiser um assento para criança, isso deverá ser reservado com boa antecedência.

O seguro contra terceiros é obrigatório e está incluído no preço. Alguns contratos de locação também incluem a Collision Damage Waiver (CDW), que limita sua responsabilidade por danos ao carro alugado, cobre roubo e seguro de ferimentos pessoais; outros contratos cobram taxas adicionais por esses itens. Leia o contrato com muita atenção para entender qual é sua cobertura e quais são suas responsabilidades. Alguns motoristas talvez possam usar o seguro de cartão de crédito pessoal para pedir o CDW, mas verifique cuidadosamente com sua operadora, para ter certeza de que ela cobre sua viagem ao exterior, e esteja preparado para apresentar o comprovante de cobertura.

Como dirigir com mau tempo

Quando as condições climáticas reduzirem a luminosidade, use farol baixo. Acenda os faróis de neblina sempre que a visibilidade for menos de 100m. Se o veículo tiver comandos à esquerda, ajuste os faróis. Compre ajustadores de feixes de luz nos terminais de ferryboat, ou verifique com um mecânico. Reduza a velocidade sempre que as condições forem adversas, pois será preciso uma distância maior para frear o carro, e a visibilidade prejudicada dá menos tempo para reagir. Na Escócia e em áreas montanhosas é provável que você encontre gelo e neve no inverno. Diminua a marcha em curvas e viradas e dirija com atenção para evitar deslizamentos. Se o carro derrapar, tire o pé do acelerador – não freie – e controle a direção para que o carro corrija o posicionamento sozinho. Cuidado com o *black ice*, uma camada fina de gelo, especialmente em pontes e passagens. Se encontrar uma, não freie nem gire o volante, mantendo-o o mais reto possível até ultrapassá-la.

Abaixo, da esq. p/ dir. Placas em Kennet e Avon Canal; Placa de parquímetro, Penwith, Cornualha; Sinais antigos em Lacock, Cotswolds; Ovelhas ao lado de uma estrada em Ashdown Forest, terra do Ursinho Pooh, Sussex

AGENDA

TRAILERS E MOTORHOMES

Camping and Caravanning UK
http://camping.uk-directory.com

Cool Campervans
01332 661 342;
www.coolcampervans.com

Just Go
0870 240 1918 (RU); +44 1582 842 888 (do exterior); www.justgo.uk.com

Motorhomes Direct
0800 612 8719 (RU); +44 1954 718750 (do exterior); www.motorhomesdirect.co.uk

UK Caravan Parks and Campsites Directory
www.uk-sites.com

PORTADORES DE DEFICIÊNCIA

Disabled Drivers' Association
+353 (0) 94 936 4054; www.ddai.ie

Mobilise
01508 489 449; www.mobilise.info

ALUGUEL DE CARROS

Arnold Clark Car and Van Rental
0844 576 5425;
www.arnoldclarkrental.com

Avis
0844 581 0147; www.avis.co.uk

Budget
0844 544 3407; www.budget.co.uk

Hertz
0870 844 88 44; www.hertz.co.uk

Onde Ficar

Ao dirigir pelas estradas britânicas apreciando as vistas pitorescas deste belo país, é inevitável pensar: como seria morar aqui? A hospedagem em cada passeio foi selecionada para oferecer uma amostra da vida nesta nação variada, seja em um acolhedor bed and breakfast nas Terras Altas da Escócia, em um hotel-butique no litoral da Cornualha ou até em um castelo antigo. Há também diversos resorts luxuosos, com spa e campo de golfe, e campings com belas vistas de florestas montanhosas ou do mar.

Acima Na entrada para este chalé pode-se ver sua classificação

Hotéis e hospedarias

A Grã-Bretanha é conhecida por seus hotéis tradicionais, muitos em funcionamento há mais de um século. As hospedarias históricas oferecem algumas das opções de hospedagem mais típicas, em pubs de vila, fábricas adaptadas ou paradas de descanso que atendiam os viajantes no século XVII. Em razão da idade das construções, alguns quartos podem ser pequenos se comparados aos dos hotéis modernos. Muitas hospedarias têm restaurantes excelentes ou comida de pub.

Em geral, os hotéis em casa de campo ficam em belos terrenos e possuem quartos maiores. Sua comida costuma ser o ponto alto, com sala de jantar formal, menu criativo e chefs de alto nível. Atenção, pois alguns talvez não aceitem crianças pequenas.

Os hotéis-butique não mais se limitam às cidades. Chiques e bem conceituados, espalham-se por cidades menores e balneários oferecendo tudo o que há de melhor em design moderno. Em geral, tais estabelecimentos também têm bares e restaurantes animados.

Hotéis de rede nacional e internacional oferecem hospedagem em todos os níveis de preço, e podem ser encontrados nas cidades maiores e ao longo das rodovias. Conforme o nível de qualidade, os hotéis têm ao menos um restaurante e um bar. O café da manhã costuma ser incluído na diária, mas há quem o cobre à parte. Boa parte dos quartos conta com banheiro.

Estalagens

As estalagens são menores e quase sempre mais baratas que hotéis. Muitas eram grandes residências e tiveram todos ou alguns quartos reformados para hóspedes, com decoração simples e charmosa. Nas de classificação mais alta os quartos têm banheiro. Em geral, o café da manhã está incluído na diária, mas esses locais não têm restaurante ou bar – apesar de alguns oferecerem lanches e bebidas para os hóspedes. Na zona rural, os pubs e alguns restaurantes alugam quartos – pode ser uma boa maneira de aproveitar a vida noturna sem se preocupar em dirigir na volta.

Bed and Breakfasts (B&Bs)

No país inteiro existem bed and breakfasts em casas particulares, das grandes cidades às casas de fazenda. Eles costumam ter diversos quartos – muitas vezes com banheiro privativo, mas há alguns com banheiro compartilhado. Os recursos e a decoração variam, mas em geral são limpos e confortáveis. Alguns oferecem refeição noturna por uma taxa adicional, o que deve ser combinado antes. Mais baratos que hotéis e hospedarias, são um modo excelente de conhecer pessoas do local e conseguir dicas valiosas.

Castelos e casas históricas

Os castelos e casas históricas que abrem alguns cômodos para o visitante pernoitar são uma forma espetacular de hospedagem. O preço é proporcional ao privilégio, mas uma ou duas noites em uma dessas construções fantásticas pode ser algo inesquecível. Reserve com boa antecedência.

Resorts de luxo

Os resorts de golfe são muito concorridos, especialmente na Escócia. Os mais luxuosos também têm recursos de spa. Eles oferecem atividades variadas, além de ótima comida e restaurantes informais – opção atraente quando se quer fazer uma pausa relaxante na viagem.

Reservas

Reserve com boa antecedência para julho e agosto, e durante festivais, eventos e períodos de férias. Reserve por telefone ou (na maioria dos casos) on-line, diretamente com o estabelecimento, usando cartão de crédito.

Onde Ficar

Acima, da esq. p/ dir. Em Chipping Campden, hospedaria tradicional feita com pedras do local; Interior moderno em hotel de Chipping Campden

Você também pode aproveitar o serviço dos centros de informação turística *(p. 15)*. Alguns centros de turismo da Escócia reservam seu próximo pernoite por um depósito e uma pequena taxa de serviço. Encontre propriedades típicas e luxuosas por meio de organizações como **Great Inns of Britain**, **Welsh Rarebits**, **Scotland's Hotels of Distinction** e **Distinction Hotels**.

Verifique se a diária marcada é por pessoa ou por quarto – quase sempre, os B&Bs e as hospedarias são por pessoa, como em muitos hotéis. Os preços na Grã-Bretanha geralmente incluem imposto (VAT), mas verifique com atenção antes de se hospedar em hotéis mais caros.

Instalações e preços

Em geral, os quartos de hotel britânicos têm uma cama de casal ou duas de solteiro; se precisar de berço ou cama de criança, solicite ao fazer a reserva. Itens para fazer chá e café são um padrão de boas-vindas. Quase todos os lugares servem café da manhã "inglês" completo, com ovos, bacon, salsicha e todos os acompanhamentos, embora o café da manhã continental também possa ser servido.

Todos os tipos de hospedagem, dos campings aos hotéis de luxo, têm de uma a cinco estrelas, conforme a categoria. O sistema de classificação foi padronizado por diversos centros turísticos. As propriedades são visitadas e avaliadas todos os anos. Muitos estabelecimentos que perderam estrelas ainda oferecem qualidade excelente, mas têm menos recursos e serviços. Quanto mais estrelas o quarto tiver, mais caro ele será; mas os preços também variam conforme a temporada. Veja as ofertas especiais e lembre: as diárias mais baixas são oferecidas on-line, no site do hotel.

Camping

Os campings são muito populares na Grã-Bretanha, e há uma ampla rede de locais para acampar por todo o país. Eles são classificados pela qualidade e pelas instalações, semelhantes a outros tipos de hospedagem. O **Camping and Caravanning Club** é uma boa fonte de informações. Acampar fora dos espaços para camping e para instalação de trailers e motorhomes é ilegal na Inglaterra e em Gales. É permitido na Escócia, mas você tem de obter autorização do dono da propriedade antes de estacionar seu trailer ou montar sua barraca.

Abaixo, da esq. p/ dir. Sala aconchegante no Abbotsbury Hotel, Dorset; Cama com dossel no hotel em Amberley Castle, Sussex; Hotel Ees Wyke Country House, nos Lakes; Camping ao lado de Glencoe, Escócia

AGENDA

CATEGORIAS DE PREÇO

Hotéis
Preços da diária de um quarto de casal standard, com impostos e café da manhã incluídos.

barato: menos de £80
moderado: £80-£150
caro: acima de £150

RESERVAS

Distinction Hotels
www.distinctionhotels.com

Great Inns of Britain
01423 770 152; www.greatinns.co.uk

Scotland's Hotels of Distinction
www.hotels-of-distinction.com

Welsh Rarebits
01686 668 030; www.rarebits.co.uk

CAMPING

Camping and Caravanning Club
0845 130 7632 ou 024 7647 5448;
www.campingandcaravanningclub.co.uk

Onde Comer e Beber

O caso de amor dos britânicos com a culinária explodiu nos últimos anos, inspirado por chefs da TV e *restaurateurs* criativos. E há uma boa variedade de lugares para comer, com alta qualidade e em todos os níveis de preço. Os chefs britânicos estão obtendo estrelas do guia Michelin em restaurantes de vilarejos e há inúmeras casas com temas internacionais, além de notáveis pubs gastronômicos não muito caros. Cada vez mais os menus apresentam produtos locais e sazonais, e há lojas e mercados nos quais é possível adquirir iguarias sofisticadas. Contudo, opções tradicionais como o chá com creme e geleia e o famoso peixe com fritas continuam populares.

Acima Lista de comidas e comodidades da Castle Coffee House, Dunster

Informações práticas

Um café da manhã completo pode prepará-lo para o dia – e não tenha medo de experimentar especialidades locais, como *black pudding* (morcela), *kippers* (arenque defumado) ou *laverbread* galesa (alga marinha processada). O almoço costuma ser servido das 12h às 14h ou 15h; os restaurantes e cafés menores param de servir às 14h30. O jantar é a principal refeição do dia na Grã-Bretanha. Os horários de funcionamento de restaurantes variam muito. A maioria abre às 18h-19h. Nas grandes cidades e áreas turísticas, costumam servir até 22h-23h, mas em cidadezinhas e vilas quase sempre fecham às 21h; os últimos pedidos são feitos meia hora antes. Muitos pubs servem comida da hora do almoço até as 21h. Restaurantes chiques muitas vezes fecham até dois dias por semana (quase sempre às segundas), e os menores, em áreas movimentadas, funcionam todo dia. Em lugares menos frequentados, talvez fechem na baixa temporada – ligue antes.

Cartões de crédito são bem aceitos, mas pubs, salões de chá e estabelecimentos que vendem comida para viagem talvez só aceitem dinheiro vivo.

O imposto está sempre incluído na conta, mas a taxa de serviço varia. Se ela estiver adicionada, estará listada em separado na conta; se não estiver, deixe 10%-15% para os garçons. Também se pode deixar uma gorjeta extra quando o serviço for excelente.

Trajes informais são aceitos na maioria dos restaurantes, mas você pode se vestir com mais elegância nos lugares mais caros. Grande parte dos restaurantes tem acesso a cadeiras de rodas, mas verifique antes. Alguns restaurantes sofisticados podem não aceitar crianças muito pequenas. As crianças são admitidas em pubs com os pais até as 21h. É proibido fumar dentro de restaurantes e bares. É costume expor o cardápio à porta, e casas sofisticadas, além do cardápio à la carte, quase sempre oferecem um menu a preço fixo, com ótima relação custo-benefício – isso permite a você aproveitar um restaurante especial a preços acessíveis.

Restaurantes

Os restaurantes britânicos variam de estabelecimentos acolhedores a salões imponentes, com mesas postas com requinte e candelabros de cristal. Chefs famosos comandam restaurantes finos especializados em frutos do mar, caça e produtos locais por todo o país – reserve bem antes. Procure símbolos de qualidade, como os restaurantes **Taste of Scotland**, com cardápios criativos baseados em produtos regionais. Quase todos os restaurantes servem uma opção vegetariana. Estabelecimentos sofisticados dispõem de uma carta de vinhos completa e costumam ter ampla variedade de uísques e outras bebidas alcoólicas.

Restaurantes étnicos e os especializados em culinária europeia são muito concorridos. Além de inúmeros restaurantes indianos e chineses, você encontrará italianos, franceses, gregos, turcos, poloneses, espanhóis e outros.

Pubs e bares

Muitos pubs oferecem refeições simples e baratas no almoço, e às vezes também no jantar. As opções mais comuns são *shepherd's pie* (bolo de batata com carne), lasanha, peixe com fritas e *ploughman's lunch* (queijo, pão e picles). O almoço de domingo é concorrido em muitos pubs, com um balcão que serve carnes assadas,

Onde Comer e Beber

Acima, da esq. p/ dir. O Pump Room Restaurant, Bath; Barraca de sorvete e algodão-doce, praia de Weymouth; Café em Bradford-upon-Avon, perto de Bath

yorkshire pudding (bolinho salgado) e legumes. E existem os *gastropubs* (ou pubs gastronômicos). São locais tradicionais que sofisticaram o menu com uma série de pratos inovadores da cozinha local. É possível saborear refeições com qualidade de restaurante a preços mais acessíveis.

Os bares, às vezes, servem sanduíches e refeições leves, em diversos momentos do dia.

Cafés e comida para viagem

O clima não favorece a popularidade dos cafés na Grã-Bretanha como em outras partes da Europa. Mas quando o tempo esquenta, você encontra mesas espalhadas pela calçada.

Em geral, os cafés abrem de manhã e no almoço, e muitos fecham às 18h. Diversos museus e atrações turísticas têm locais onde se pode consumir algo leve. A moda do café se espalhou pelo país, e as redes de cafeterias estão em todas as cidades maiores. Muitas oferecem sanduíches, bolinhos e doces. Não se pode perder os salões de chá, onde são servidos um bule de chá ou café com bolos caseiros, pães e especialidades regionais – geralmente em ambiente muito agradável. Prove o cream tea tradicional, com *scones* (bolinhos na chapa), *clotted cream* (tipo de coalhada) e geleia, principalmente se você passar por Devon e pela Cornualha. Há muitas redes de fast-food, mas as lanchonetes locais são melhores. Procure as lojas pequenas que vendem peixe com fritas, *cornish pasties* (pastelão) e até espetinhos – refeições rápidas, baratas e ótimas para levar para viagem.

Piqueniques

Em qualquer cidade há sempre uma lanchonete onde você pode se abastecer com suprimentos para piquenique. Supermercados também vendem sanduíches e lanches. As lojas de comida e as delicatéssens são mais variadas: oferecem frios, queijos e saborosas iguarias regionais. Mas os melhores são os mercados locais, que formam uma vitrine para os produtores da área. Procure artigos como pães artesanais, queijos regionais, mel, conservas ou variedades de maçã que você não acha em supermercados – aqui também é possível encontrar ótimos presentes ou suvenires. Cada roteiro deste guia indica a localização e os dias de funcionamento dos mercados da região.

Abaixo, da esq. p/ dir. Vitrine de salão de chá estilo retrô; Banca colorida, com frutas e vegetais frescos a bons preços; O encantador Rising Sun Hotel, Lynmouth; Café no centro de Hay-on-Wye; Restaurante de frutos do mar de Rick Stein, Padstow

AGENDA

CATEGORIAS DE PREÇO

Restaurantes
Preços de uma refeição de três pratos para uma pessoa, com meia garrafa de vinho da casa e imposto (VTA) incluído.

barato: menos de £25
moderado: £25-£50
caro: acima de £50

RESTAURANTES

Taste of Scotland
www.taste-of-scotland.com

ROCHESTER
Upchurch
Milton Chap.
More Str.
Milton
Murston
Chap. and Isle
The Welles
Woldham
Boxley
Wood
Capston
Lyding Chap.
Rainham
Bobbing
Newington
Tong
Bredherst
Hartlip
Borden
Borcham
Tenham
Guilsted Str.
Hill Green
Buckland
Sittingbourn
Bapchild
Luddingham
Stockbury
Aylesford
Sandling
Boxley
Stockb. Valley
Bredgate
Tunstall
Rodmersham
Norton
Allington
Detling
Hucking
Bicknor
Linsted
Hogshare
Ditton
Thornham
Wormsell
Kingsdown
Ospringe
Malling
Maidstone
Barsted
Hollingborne
Frinsted
Newnham
the Bower
Wichling
Eastling
Sheld
Otham
Leeds
Bromfield
Otterden
Throwley
E. Farley
Lenham
Dane Str.
Kings Wood
Stallsfield
W. Farley
Langley
Heslewood Str.
Loose
Ulcomb
Broughton
Charing
Linton
Chart juxta Sutton
Pete
Hunton
Boughton Munchelsea
Sutton Valence
Egerton
Challock
Muttenden
Frigin Fostle
Lit. Chart
Westwell
Eastwell
the Twist
Paveington
Crossa hand
Hedcorne
Pluckley
Wilmerton
Hothfield
Marden
Beuta R.
Smarden
Dowle Str.
Downe
Romden
Goddenton
Pensill
Staplehurst
Hamden
Great Chart
Willesborough
Fritenden
Surrenden
Shingleton
Goudhurst
New Street
Biddenden
WEALD
Camdens Hill
Biddenden Green
High Halden
Shadoxherst
Cranbrook
Bromley Green
Bilsing
Flimwell
Goford Green
OF KENT
Orleston
High Street
Woodchurch
Warhorn
Rolvenden
Tenderden
Benenden
Broad Tenterden
Sandhurst
Newenden
Smallhythe
Kenarton
Horn Pla.
Snave

OS ROTEIROS

ROTEIRO **1**

Lizard Point e o Litoral Sul da Cornualha

De St. Ives a Tavistock

Destaques

- **Refúgio de artistas**
  A pitoresca St. Ives tem museus nacionais e ótimas galerias.

- **Cape Cornwall e Lizard**
  Cenário litorâneo escarpado na extremidade da Inglaterra

- **Porthcurno**
  Angra perfeita nos rochedos na Cornualha, abaixo do Minack Theatre

- **Abundância de jardins**
  O sudoeste e alguns dos jardins mais bonitos do Reino Unido

- **Roseland Peninsula**
  Nesta linda e intocada península fica a pitoresca St. Justus Church

Angra clássica da Cornualha, em Porthcurno, com praia fantástica em área de exuberante beleza natural

Lizard Point e o Litoral Sul da Cornualha

O litoral do extremo sul da Grã-Bretanha é muito bonito – tem pequenas angras escarpadas que marcam a praia com rochedos de granito e do mineral serpentina. Aves marinhas como pombaletes, gansos-patola e cormorões dão voltas e gritam enquanto tubarões-elefante, focas e golfinhos costumam ser vistos quando o mar está calmo. Menires antigos e minas de rochas são pistas de que a área foi muito usada por humanos durante milênios. Os visitantes vêm para passar férias nas praias ou ao redor delas e nas velhas vilas de pescadores que anteriormente floresciam com enormes pescas de sardinha. O clima ameno da área também contribuiu para o rico legado de jardins exóticos, alguns plantados há séculos por dedicados jardineiros locais.

ATIVIDADES

Prove o *clotted cream* da Cornualha nos *scones* com geleia ou com sorvete

Pratique surfe no Atlântico, em St. Ives, ou kitesurfe em Marazion

Admire as belas-artes em St. Ives e invista em uma obra de uma das pequenas galerias locais

Em Geevor, entre nos subterrâneos da mina de Pendeen

Assista a uma peça no Minack Theatre, localizado no topo do rochedo, em Porthcurno

Explore um jardim exótico em Trebah, os Lost Gardens of Heligan ou o Eden Project

Passeie de barco a partir de Fowey para admirar a paisagem, a vida silvestre e as aves marinhas

Abaixo Farol de Lizard Point, no local mais meridional da Inglaterra *(p. 34)*

ROTEIRO 1: Lizard Point e o Litoral Sul da Cornualha

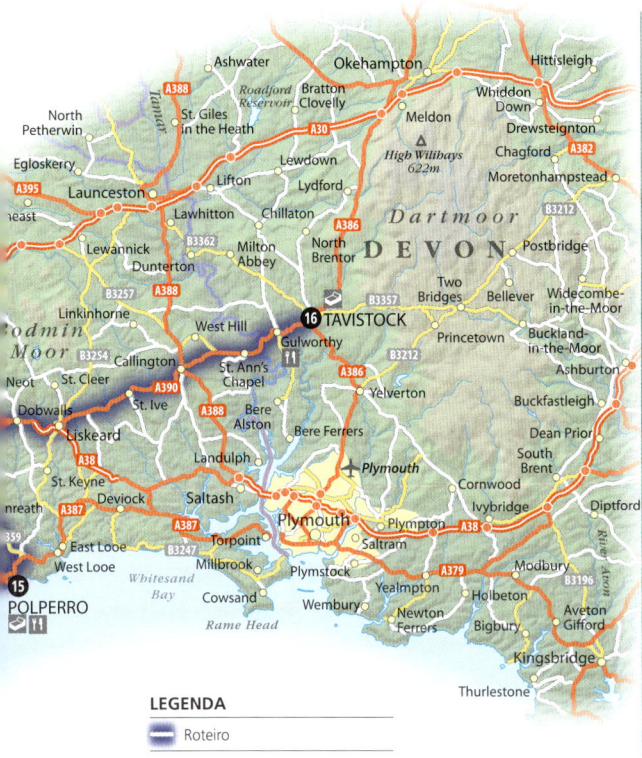

LEGENDA

— Roteiro

Abaixo Vista do belo estuário que vai de Polruan a Fowey, um movimentado destino para quem pratica iatismo *(p. 36)*

PLANEJAMENTO

Início/fim: De St. Ives a Tavistock.

Número de dias: 4-5, com reserva de meio dia para ver as galerias de St. Ives. A visita a um jardim, como o Heligan ou o Eden Project, leva ao menos meio dia, assim como um passeio a Dartmoor.

Distância: 275km (171 milhas).

Condições das estradas: Apesar de bem sinalizadas e pavimentadas, muitas estradas campestres são estreitas. As que levam a velhos portos pesqueiros costumam ser íngremes e tendem a ficar congestionadas na alta temporada.

Quando ir: A Cornualha é uma região turística movimentada, principalmente em julho e agosto. No inverno, quando o clima é ameno, as cidades talvez fiquem calmas demais. Em razão do número de turistas, a maioria dos lugares tem estacionamentos bem sinalizados, em geral com o sistema *pay and display*. Nos horários de pico, procure o esquema *park-and-ride* (você estaciona e completa o trecho no transporte público).

Horários de funcionamento: Museus e atrações costumam abrir das 10h-17h, mas fecham mais cedo (ou fecham totalmente) de nov-Páscoa. As lojas funcionam por mais tempo. As igrejas quase sempre abrem até o anoitecer.

Principais dias de mercado: St. Ives: qui; **Tavistock:** Pannier Market, ter-sáb; **Moretonhampstead:** último sáb do mês, abr-nov.

Compras: Artesanato, pinturas, pastelão da Cornualha e *clotted cream*.

Principais festas: St. Ives: September Festival; **Porthcurno:** temporada do Minack Theatre mai-set; **Helston:** Furry Dance Festival, no May Day (1º mai); **Widecombe:** Widecombe Fair, 2ª ter de set.

PASSEIOS DE 1 DIA

Aproveite as **praias** e as **galerias de arte** de St. Ives, e depois vá para o litoral explorar as antigas **minas de estanho**, o **topo dos rochedos** e o espetacular **Minack Theatre**. Em Lizard, nade no **Atlântico** ou visite o **santuário das focas**. Saindo de St. Austell ou Fowey, veja os **Lost Gardens of Heligan**, conheça os **restos de naufrágio** em Charlestown ou visite o incrível Eden Project, com os **biomas da era espacial**. Detalhes *p. 37*.

PARA VISITAR ST. IVES

Estacionamento
As ruas íngremes ficam muito congestionadas. Estacione no alto da cidade e desça a pé até o porto. A Upper Trenwith Car Park oferece ônibus circular.

Informação turística
The Guildhall, Street an Pol, TR26 2DS; 01736 796 297; www.visit-cornwall.com; fecha sáb à tarde, dom

ONDE FICAR

ST. IVES

Rivendell *barato*
De gestão familiar, esta hospedaria premiada fica perto do mar e do centro; almoço para viagem, jantar e estacionamento.
7 Porthminster Terrace, TR26 2DQ; 01736 794 923; www.rivendell-stives.co.uk

Boskerris Hotel *moderado-caro*
Hotel moderno com quinze quartos elegantes (a maioria com vista do mar), terraço com deque e jardim.
Boskerris Rd, TR26 2NQ; 01736 795 295; www.boskerrishotel.co.uk

ARREDORES DE ZENNOR

Gurnard's Head *moderado*
Hospedaria aconchegante perto do mar, em meio à paisagem silvestre da Cornualha. Restaurante excelente.
Treen, TR26 3DE (a 3km de Zennor); 01736 796 928; www.gurnardshead.co.uk

① St. Ives
Cornualha; TR26 2DS

Antigo porto pesqueiro da Cornualha, St. Ives sofreu quando as reservas de peixes diminuíram no início do século XX. A ajuda veio com a chegada da ferrovia, em 1877, já que os trens traziam turistas para a cidade. Vários artistas, como J. M. W. Turner, se sentiram atraídos pela luminosidade do local, e diversas casas ao lado do porto transformaram-se em ateliês. A pesca nunca se recuperou, mas os visitantes continuam a chegar, atraídos pelas galerias de arte e pelas ótimas praias de areia.

Passeio a pé de 2 horas

Ao sair do **Centro de Informação Turística (TIC)** ①, desça o morro. Vire à esquerda na St. Andrew's St e siga até o Market Place, contemplado por **St. Ia's** ②, do século XV, construída com granito local. Possui uma torre de 24m, pilares entalhados de arenito, coro, teto dourado e uma Nossa Senhora criada por Barbara Hepworth.

Vire à direita na **Wharf Road** ③, que rodeia o porto e vai até uma capelinha do século XVI no **Smeaton's Pier** ④, onde agora apenas alguns pescadores ainda descarregam seus produtos.

Um labirinto de ruas de pedra forma as ladeiras até Downalong, a parte mais velha da cidade, sede da antiga comunidade pesqueira. Pegue a Sea View Place e vá até o **St. Ives Museum** ⑤ *(Páscoa-out, fecha dom)*, em Wheal Dream, que conta a história da cidade – uma das galerias tem pinturas da década de 1880, quando foi inaugurada a consagrada St. Ives School of Artists. Continue a descer pela rua estreita até a escada acima do mar e ao redor do estacionamento, acima da pequenina Porthgwidden Beach, com seu ótimo café. Com o mar à direita, prossiga até o promontório gramado da ilha, que tem no alto a **St. Nicholas Chapel** ⑥. Desça novamente até o estacionamento. Continue pela Porthmeor Road e entre à direita na Back Road West, virando à direita na orla para ver a galeria **Tate St. Ives** ⑦ *(mar-out, diariam; nov-fev, fecha seg)*, que apresenta quadros de artistas da Cornualha de meados do século XX.

Caminhe de volta pela orla, dobrando à direita em The Digey e outra vez à direita na Fore Street, a rua principal. Suba o morro, seguindo as placas para o **Barbara Hepworth Museum and Sculpture Garden** ⑧ *(mar-out, diariam; nov-fev, fecha seg)*, em Barnoon Hill. Figura importante para a arte abstrata na Europa, a escultora trabalhou 26 anos nesta casa, e suas obras estão espalhadas pela residência e pelo jardim.

Do museu, vire à direita e suba a ladeira acompanhando a placa para Trewyn Gardens. Atravesse o jardim até a saída mais afastada que leva a um entroncamento. Vire à esquerda na direção de High Street. Volte ao TIC pela Tregenna Place e passe a Biblioteca, que, como diversas galerias da cidade, exibe obras de artistas locais ou criadas localmente.

🚗 *Saída pela B3306 rumo a St. Just e Land's End. Zennor fica na saída da estrada, à direita, depois de 8km.*

Acima, à esq. Loja vende tradicionais brinquedos de praia, St. Ives **Acima, centro** O prédio da galeria Tate St. Ives, voltado para a Porthmeor Beach **Acima** Palco e belo cenário do Minack Theatre, Porthcurno

❷ Zennor
Cornualha; TR26 3DA
Será que a sereia representada em um banco da igreja de **St. Senara**, do século XII, realmente seduziu um corista e o levou à morte com seu canto? Ou a história servia apenas para que estranhos não se aventurassem pelas angras, antros de contrabandistas? Seja qual for a verdade, o lado realista da história de Zennor desde a Idade do Bronze é mostrado no **Wayside Museum** (diariam, abr-out), instalado em um chalé do século XVI. O metodista John Wesley pregava em Zennor em meados do século XVIII; outro visitante ilustre foi o escritor D. H. Lawrence, na Primeira Guerra. Com Frieda, sua mulher alemã, ele ficou no pub Tinners Arms, ao escrever Mulheres apaixonadas. A câmara mortuária **Zennor Quoit**, ao sul da vila em Amalveor Downs, é uma das marcas pré-históricas da área.
🚗 Siga pela B3306 até Pendeen. O estacionamento Geevor Tin Mine fica à direita.

❸ Pendeen
Cornualha; TR19 7NL
As ruínas de mineração ao longo do litoral, um Patrimônio da Humanidade da Unesco, são uma reminiscência da época de prosperidade da área no século XIX. Em Pendeen, a **Geevor Tin Mine** (fecha sáb) mostra como o estanho era minerado e processado. Siga pela B3306 e passe pelas formações de granito, onde restos de construções pré-históricas, como menires e montículos funerários, muitas vezes são avistados no meio das samambaias. Vire à direita em St. Just e entre em **Cape Cornwall**, um promontório em que venta muito e onde há uma chaminé delgada que evoca uma sensação de fim do mundo. Na reali-

dade, o **Land's End** fica mais a oeste; boa parte da majestade do lugar perdeu-se com o crescimento da área.
🚗 Vá pela B3306 até St. Just e entre na A3071; dobre à direita na B3306 (com placas para Land's End). Vire à direita na A30. Após Sennen, vire à esquerda na B3315, e à direita para Porthcurno. Siga as placas e estacione no Minack Theatre.

❹ Porthcurno
Cornualha; TR19 6JX
O destaque desta angra arenosa é o **Minack Theatre**, encaixado no rochedo. Com o mar como pano de fundo, o teatro em estilo grego, criado na década de 1930, tem cenário incomparável. O centro de visitantes conta sua história (diariam; espetáculos mai-set; www.minack.com). Uma pequena pirâmide branca no rochedo marca o local em que, em 1880, foi lançado o primeiro cabo telefônico transatlântico. O **Porthcurno Telegraph Museum** (mar-out, fecha qua; nov-abr, abre apenas dom, seg) conta a história da telegrafia.
🚗 Volte à B3315; após 8 km, vire à direita para o estacionamento de Mousehole.

ONDE COMER E BEBER

ST. IVES

Sloop Inn barato
Famosa pelos frutos do mar, é uma das hospedarias mais antigas da Cornualha. Datada de 1312, tem vigas de madeira e piso de ardósia e de pedra.
The Wharf, TR26 1LP; 01736 796 584; www.sloop-inn.co.uk

Porthgwidden Café moderado
Pequena construção de pedra branca com terraço, em Porthgwidden Beach. Prove os bifes, peixes frescos e waffles.
Porthgwidden Beach, TR26 1PL; 01736 796 791

ARREDORES DE PORTHCURNO

Logan Rock Inn barato-moderado
Pub famoso pelas cervejas tipo ale e pela comida caseira – pastelão, bife e caranguejo. Tem lareira no inverno, jardim e jantar antes dos espetáculos no Minack.
Treen, TR19 6LG (1,5km a leste de Porthcurno); 01736 810 495

Abaixo Pier e porto de Smeaton na maré baixa, em St. Ives, Cornualha

ESTRADAS DA INGLATERRA, ESCÓCIA E PAÍS DE GALES

Wreckers da Cornualha
Como qualquer córnico pode lhe contar, os *wreckers* eram caçadores de recompensas, e não criminosos que atraíam navios deliberadamente para as pedras, colocando uma luz como "isca" na praia. O litoral da Cornualha, com pedras pontiagudas e correntezas violentas, nem precisava de ajuda para provocar naufrágios, como ocorreu a centenas de embarcações. Em noites de tempestade, os *wreckers* se preparavam para pilhar qualquer carga, embora os mais responsáveis salvassem primeiro os marinheiros. Muitas vezes, os naufrágios levavam a conflitos com funcionários da alfândega.

Acima O castelo domina o St. Michael's Mount, ao lado de Marazion **No alto, dir.** Porto pitoresco e casas de granito em Mousehole **À dir.** Placa em Lizard Point, ponto mais meridional da ilha principal da Inglaterra

ONDE FICAR

PENÍNSULA DE LIZARD
Mullion Cove Hotel *moderado-caro*
Construído para vitorianos ricos, este hotel no alto do rochedo oferece amplas vistas do mar.
Mullion Cove, TR12 7EP; 01326 240 328; www.mullion-cove.co.uk

ARREDORES DE TREBAH
Budock Vean *caro*
Hotel amplo no meio de um parque ao lado do rio Helford. Restaurante premiado, atividades esportivas e spa.
Helford Passage, Mawnan Smith, TR11 5LG (1km de Trebah); 01326 250 288; www.budockvean.co.uk

ST. JUST-IN-ROSELAND
Round House Barns *moderado*
Um cream tea da Cornualha saúda o hóspede neste B&B premiado, um celeiro do século XVII reformado com bom gosto.
St. Just-in-Roseland, TR2 5JJ; 01872 580 038; www.roundhousebarnholidays.co.uk

ST. MAWES
Tresanton *caro*
Premiado e elegante hotel criado em um grupo de casas antigas. Quartos e restaurante com vista do mar.
27 Lower Castle Rd, TR2 5DR; 01326 270 055; www.tresanton.com

5 Mousehole
Cornualha; TR19 6SD

Esta típica vila pesqueira da Cornualha conta com um porto que recebia mais de 400 barcos de pesca de sardinha no século XIX. Um emaranhado de ladeiras estreitas passa por bonitos chalés e vai até os pubs, cafés e lojas à beira-mar. O **Mousehole Bird Sanctuary**, em Raginnis Hill, cuida de aves marinhas machucadas *(diariam)*.

▶ Volte pela B3315 até Newlyn e entre na A30 (rumo a Truro). Vire à direita para Marazion na junção com a A394. Siga as placas até St. Michael's Mount.

6 St. Michael's Mount
perto de Penzance, Cornualha; TR17 0EF

Esta ilhota surge do mar perto de Marazion; tem no alto um **castelo** do século XII *(diariam abr-out)*, que já foi igreja, priorado, fortaleza e agora é residência particular. Na maré baixa, ela pode ser alcançada a pé, atravessando uma passagem usada por peregrinos na Idade Média; um ferryboat pequeno trafega a partir de Marazion, de vez em quando. Um caminho de pedra leva ao castelo, com esplanadas ajardinadas. Moradia da família St. Aubyn desde 1660, é um misto de estilos arquitetônicos.

▶ Volte pela A394 até Helston, depois vire à direita na A3083 até a península de Lizard. Dobre à direita nas placas para Kynance Cove após Mullion.

7 The Lizard Peninsula
A ponta desta península é o ponto mais meridional da Inglaterra. Caminhos cortam os rochedos deste litoral escarpado, descendo até angras e portos. Flores do campo crescem nas charnecas por onde pôneis pastam.

Na **Kynance Cove**, pináculos de pedra inclinados parecem gigantes que remam no mar, ao largo da praia arenosa cercada de rochedos. No final da A3083, o **farol de Lizard Point** é o mais poderoso da Inglaterra, visível a 34km em uma das rotas de navegação mais movimentadas do mundo. No verão, é possível avistar tubarões-elefante.

De volta à A3083, à direita, encaixado sob os rochedos, fica **Cadgwith**. Aqui, chalés pintados de branco e cobertos com palha rodeiam um pequeno porto, cujos pescadores teriam entrado para o livro dos recordes no século XIX por descarregar, em um só dia, 1,3 milhão de sardinhas. Agora, eles pegam sobretudo lagostas e caranguejos, que podem ser saboreados com um copo de cerveja tipo ale na Cadgwith Cove Inn.

Vá por Ruan Minor e Kuggar e vire à esquerda na B3293 até a **Goonhilly Satellite Earth Station** (com estacionamento). Aqui fica um grupo de enormes antenas parabólicas – a maior tem 46m de altura – que transmitem milhões de mensagens por dia. A exposição interativa **Future World** (ter-dom) sugere como seria a vida nos próximos cem anos. As visitas guiadas permitem uma espiada dentro da antena.

Siga pela B3293 e saia pela direita rumo a Gweek. Crianças de todas as idades vão adorar o **Gweek Seal Sanc-**

Onde Ficar: barato, menos de £80; moderado, £80-£150; caro, acima de £150

ROTEIRO 1: Lizard Point e o Litoral Sul da Cornualha | 35

tuary (diariam), que cuida de focas machucadas. Aqui há lontras, pôneis, cabras e área de lazer para crianças.
🚗 Vá até Falmouth; em Constantine vire à direita na placa para Mawnan Smith, onde estão marcados os Trebah Gardens (e o estacionamento).

Acima Estátua de querubim alado nos verdejantes Lost Gardens of Heligan

⑧ Trebah Gardens
Mawnan Smith, Cornualha; TR11 5JZ
Na década de 1830, Charles Fox, próspero agente de navegação e horticultor dedicado, juntou plantas e árvores subtropicais do mundo inteiro para criar os **Trebah Gardens** (diariam). Este paraíso verdejante, instalado em um barranco arborizado que desce 61m até uma praia particular no rio Helford, tem cascatas, um tanque de carpas gigantes e grandes blocos de hortênsias azuis e brancas. Os caminhos levam à sombra das folhas da *Gunneraceae* gigante e até um labirinto de bambu e canteiros de flores.
🚗 Volte a Mawnan Smith e siga as placas para Penryn. Vire à esquerda na A39. Depois pegue a B3289 à direita para o King Harry Ferry (com pedágio), atravesse o Fal e volte pela B3289 até St. Just-in-Roseland.

⑨ St. Just-in-Roseland
Cornualha; TR2 5HY
Considerada Area of Outstanding Natural Beauty (Área de Destacada Beleza Natural) por sua paisagem marinha e veredas arborizadas, a península de Roseland conta com **St. Just-in-Roseland**, cuja igreja do século XIII fica ao lado de uma enseada arborizada – cena típica de cartão-postal. O terreno em volta da igreja, acessado pela pas-

sagem coberta do século XVII ou pela praia, merece destaque pelas plantas subtropicais e pelas bordas de granito com inscrições de textos bíblicos.
🚗 Vá para o sul pela A3078 até St. Mawes. Na bifurcação, pegue a direita rumo ao castelo; pare no estacionamento.

⑩ St. Mawes
Cornwall; TR2 5DE
Os terraços de antigos chalés feitos de material similar ao adobe e de elegantes casas modernas têm belas vistas acima do porto. As vistas e as duas praias fazem de St. Mawes um lugar concorrido para férias e também para velejar e caminhar. O **castelo**, o forte litorâneo mais bem preservado de Henrique VIII, possui canhões nos três enormes bastiões circulares voltados para o canal de Carrick Roads, grande porto natural formado no Período Glacial.
🚗 Vá para o norte pela A3078. Após Ruan High Lanes, vire à direita e siga as placas para Mevagissey pela Tippetts Shop e Tubbs Mill. Os jardins (e o estacionamento) ficam à direita.

⑪ Lost Gardens of Heligan
Pentewan, Cornualha; PL26 6EN
Após 75 anos de negligência, os jardins "perdidos" de Heligan (diariam) foram restaurados na década de 1990. O projeto inicial, feito entre 1766 e a Primeira Guerra, contava com jardins italiano e neozelandês, casas de verão, ravina rochosa, gruta de cristal e poço dos desejos. Tim Smit é a força por trás da restauração (e do Eden Project, p. 36), que a assumiu depois de uma carreira de sucesso na música pop.
🚗 Vire à direita depois dos jardins, depois à esquerda na B3273 rumo a St. Austell. Dobre à direita para Charlestown.

Acima Os bonitos e viçosos jardins de Trebah, perto de Mawnan Smith

ONDE COMER E BEBER

MOUSEHOLE
2 Fore Street barato
Bistrô ao estilo francês famoso pelos peixes frescos, pudins interessantes e pães caseiros. No verão, use o pátio.
2 Fore St, TR19 6PL; 01736 731 164; www.2forestreet.co.uk

PENÍNSULA DE LIZARD
Gweek Inn barato
Pub simpático com boa variedade de cerveja tipo ale. Conta com pudins ingleses, sorvetes e *clotted cream*.
Gweek, TR12 6TU; 01326 221 502; www.gweekinn.co.uk

ARREDORES DE TREBAH
Red Lion barato
Pitoresco pub coberto de palha (1545) com três bares que oferecem comida de bar ao almoço e de restaurante à noite.
Goldmartin Sq, Mawnan Smith, TR11 5EP (1km de Trebah); 01326 250 026

ST. MAWES
The Victory barato
Pub tradicional com refeições de bar e restaurante com terraço no primeiro andar.
St. Mawes, TR2 5PQ; 01326 270 324; www.victory-inn.co.uk

HELIGAN
Lobbs Farm Shop moderado
Esta loja na entrada dos Lost Gardens vende produtos locais frescos e material para piquenique.
Pentewan, PL26 6EN; 01726 844 411; www.lobbsfarmshop.com

Acima Antena parabólica futurista na Goonhilly Satellite Earth Station, na península de Lizard

Onde Comer e Beber: barato, menos de £25; moderado, £25-£50; caro, acima de £50

Acima, da esq. p/ dir. Close de um dos biomas do Eden Project; Dentro do bioma "temperado" no Eden Project; Fowey vista do outro lado do estuário, a partir de Polruan

PARA VISITAR FOWEY

Informação turística
5 South St, PL23 1AR; 01726 833 616; www.fowey.co.uk

Serviços de ferryboat
Pegue o de carros de Bodinnick; depois siga as placas para Polruan Ferry (estacionamento). O de passageiros vai para Fowey a cada 15 minutos. Na volta, o último sai às 23h (www.looe.org/ferries.html).

ONDE FICAR

ARREDORES DO EDEN PROJECT

Boscundle Manor *caro*
Casa de campo confortável do século XVIII, com jardins e piscinas.
Boscundle, PL25 3RL (1,5 km ao sul do Eden Project); 01726 813 557; www.boscundlemanor.co.uk

FOWEY

Old Quay House *caro*
Hotel de 150 anos com interior moderno e elegante. Restaurante premiado virado para o estuário.
28 Fore St, PL23 1AQ; 01726 833 302; www.theoldquayhouse.com; não aceita menores de 12 anos

POLPERRO

Claremont Hotel *barato*
Hotelzinho tradicional gerido por família, do século XVII, no centro da vila.
The Coombes, PL13 2RG; 01503 272 241; www.theclaremonthotel.com

TAVISTOCK

Bedford Hotel *barato*
Construção magnífica, local de abadia beneditina, já foi moradia dos duques de Bedford.
1 Plymouth Rd, PL19 8BB; 01822 613 221; www.bedford-hotel.co.uk

Onde Ficar: barato, menos de £80; moderado, £80-£150; caro, acima de £150

⑫ Charlestown
Charlestown, St. Austell; PL25 3NJ

Há 250 anos, logo que se descobriu argila para porcelana ao norte de St. Austell, ali surgiu uma indústria importante. O "ouro branco" foi exportado para o mundo inteiro e embarcado nas docas de Charlestown, antes apenas um porto pesqueiro. O **Shipwreck Museum** *(mar-out, diariam)* conta a história local por meio de quadros, maquetes e fotos; o visitante também entra em túneis nos quais a argila era carregada em caminhões até as docas. Agora, o porto voltou à calma, e ali estão três réplicas de veleiros históricos usados na locação de filmes. Há passeios quando os navios estão nas docas *(Páscoa-out, diariam).*
🚗 Pegue A390, atravessando St. Austell. Siga as placas para o Eden Project.

⑬ The Eden Project
Bodelva, St. Austell, Cornualha; PL24 2SG

Mudando-se de Heligan, Tim Smit teve outra ideia visionária: o **Eden Project** *(diariam)*, que transformou uma área desativada de extração de argila em "teatro vivo de plantas e gente". Trata-se de uma série de "biomas" geodésicos incríveis, as maiores estufas do mundo, nas quais foram criados diferentes ambientes – florestas tropicais, temperadas e áridas, tudo rodeado de jardins. Há também uma programação de eventos e exposições sazonais.
🚗 Volte à A390, entrando à direita na A3082 até Fowey. Estacione na frente do Centro de Informação Turística em Albert Quay. Para uma visita sem carro, veja à esquerda.

⑭ Fowey
Cornualha; PL23 1AR

Dois fortins em ruínas, um em Fowey e outro no outro lado do estuário, em Polruan, constituem um lembrete dos tempos medievais, quando uma série de defesas se estendia entre eles para destruir os mastros de navios indesejáveis que tentassem entrar para ancorar. Agora o rio está cheio de embarcações de lazer e esplanadas eduardianas ligadas por ruas estreitas sobem a partir da orla

---

Passeio a Pé em Dartmoor

Boa parte do Dartmoor National Park só pode ser explorada a pé por gente acostumada a caminhar. Contudo, o passeio fica mais fácil nas beiradas, onde suaves trilhas nos bosques seguem ao lado de riachos, por exemplo ao longo de Lydford Gorge e pelo East Dart, em Bellever. O **High Moorland Visitor Centre** *(Tavistock Road, Princetown)* é um bom ponto de partida para passeios circulares, assim como os centros de visitantes em **Haytor**, **Postbridge** e **Newbridge**. Além disso, há um programa anual de trilhas guiadas, classificadas por extensão e dificuldade, veja **www.dartmoor-npa.gov.uk**.

Acima Embarcação histórica no porto de Charlestown, perto de St. Austell

ROTEIRO 1: Lizard Point e o Litoral Sul da Cornualha

movimentada. O destaque da cidade é a **St. Fimbarrus Church**, do século XV, com uma fonte normanda. Próximo, o **Daphne du Maurier Literary Centre** *(5 South St; diariam)* revela as conexões literárias locais e abriga o Centro de Informação Turística. Procure os painéis e os tetos elisabetanos na **Ship Inn** *(Trafalgar Square)*. Faça um passeio de barco pelas **Fowey Marine Adventures** *(35 Fore St, Fowey; 01726 832 300)* para ver as aves marinhas que fazem ninho nos rochedos e, talvez, golfinhos, focas e tubarões-elefante.

🚗 Tome o *ferryboat* de carros Bodinnick e siga as placas para Polperro. Na vila não é permitida a circulação de carros; por isso, pare no alto e desça a pé até o porto ou tome um dos bondes.

Acima A cidadezinha de Polruan vista do outro lado do estuário, rumo a Fowey

15 Polperro
Cornualha; PL13 2QR
Cheia de chalés caiados, velhas casas de moinhos, hospedarias e casas-barco, com o riozinho Pol ao lado, a única rua do lugar desce por um vale arborizado até o porto pesqueiro e a pequena ponte romana de pedra.

Com gaivotas rodeando e gritando, esta antiga vila pesqueira de sardinha do século XIII é muito bonita e lota no verão.

🚗 Saia de Polperro pela A387 (com placa para Looe) e vire à esquerda na B3359. No cruzamento com a A390, vire à direita rumo a Tavistock (40km). Estacione na Bedford Sq.

16 Tavistock
Devon; PL19 0AE
Porta para o Dartmoor National Park, Tavistock se tornou um mercado próspero no século XIX graças à descoberta de cobre em terras de propriedade do sétimo duque de Bedford. Ele pagou pela remodelação da prefeitura em estilo gótico e construiu outras edificações em volta da Bedford Sq com a pedra de Hurdwick, cinza-esverdeada, entre as quais o Bedford Hotel e o Pannier Market. Um pequeno **museu** de história *(Páscoa-out, diariam)* foi instalado na portaria do mosteiro, na praça.

A leste fica a charneca de **Dartmoor**, cheia de pôneis e ovelhas e dominada por rochedos de granito. No centro fica Princetown, a cidade mais alta da Inglaterra, famosa pela prisão construída nos tempos napoleônicos. Em seus limites estão interessantes cidades-mercado antigas, como **Moretonhampstead** e Chagford, além de vilas atraentes, como **Buckland-in-the-Moor** e **Drewsteignton**, ambas dotadas de chalés de pedra, com telhado de colmo, e igrejinhas de granito. O grande marco neste território é a torre da St. Pancras Church, com 36m, em **Widecombe-in-the-Moor**, vilarejo imortalizado por uma canção folclórica sobre sua feira.

Placa na prefeitura de Tavistock

Acima Tamar Valley visto de Kit Hill, perto de Tavistock

PARA VISITAR TAVISTOCK

Informação turística
Bedford Sq, PL19 0AE; 01822 612 938; www.devon-information.co.uk

---

ONDE COMER E BEBER

FOWEY
Sams *moderado*
Restaurantezinho concorrido, especializado em frutos do mar e jantar com pratos ao estilo americano.
20 Fore St, PL23 1AQ; 01726 832 273; www.samsfowey.co.uk

POLPERRO
Three Pilchards *barato*
Pub tradicional com jardim de cobertura, famoso pela comida e cerveja.
The Quay, PL13 2QZ; 01503 272 233

Couch's *moderado*
Restaurante elegante, mistura o charme europeu à influências modernas.
Big Green, PL13 2QT; 01503 272 554; www.couchspolperro.com; só à noite

ARREDORES DE TAVISTOCK
Chipshop Inn *barato*
Pub do século XVIII em uma vila com tradição mineira. Jardim, cervejas ale e comida baseada em produtos locais.
Gulworthy, PL19 8NT (4km a oeste de Tavistock pela A390)

PASSEIOS DE 1 DIA
Além do belo litoral, a Cornualha tem jardins maravilhosos, graças ao clima ameno.

Cultura e litoral
Explore St. Ives ❶ e suas galerias de manhã, depois compre uma torta e siga o litoral até Zennor ❷, Pendeen ❸ e Cape Cornwall – faça um piquenique no alto do rochedo. No fim do dia observe o sol mergulhar no mar em Minack Theatre, em Porthcurno ❹.

Siga a B3306 de St. Ives até St. Just e então pegue a B3315.

Lizard
A península de Lizard ❼ oferece muitas atrações para crianças e adultos. Mergulhe na Kynance Cove, visite o farol de Lizard Point e almoce em Cadgwith. Passe pela futurista Goonhilly Satellite Earth Station e veja as focas em Gweek. Se der tempo, explore os jardins em Trebah ❽.

Use a A3083; depois pegue a B3293 para Goonhilly e Gweek e dirija até Trebah.

Portos e jardins
Encontre os Lost Gardens of Heligan ⓫ e depois conheça os naufrágios em Charlestown ⓬. Visite o Eden Project ⓭ antes de voltar a Fowey e terminar o dia à beira d'água ⓮.

As rodovias B3273, A390 e A3082 ligam Fowey a Heligan com Charlestown, e o Eden Project tem o caminho bem sinalizado.

Onde Comer e Beber: barato, menos de £25; moderado, £25-£50; caro, acima de £50

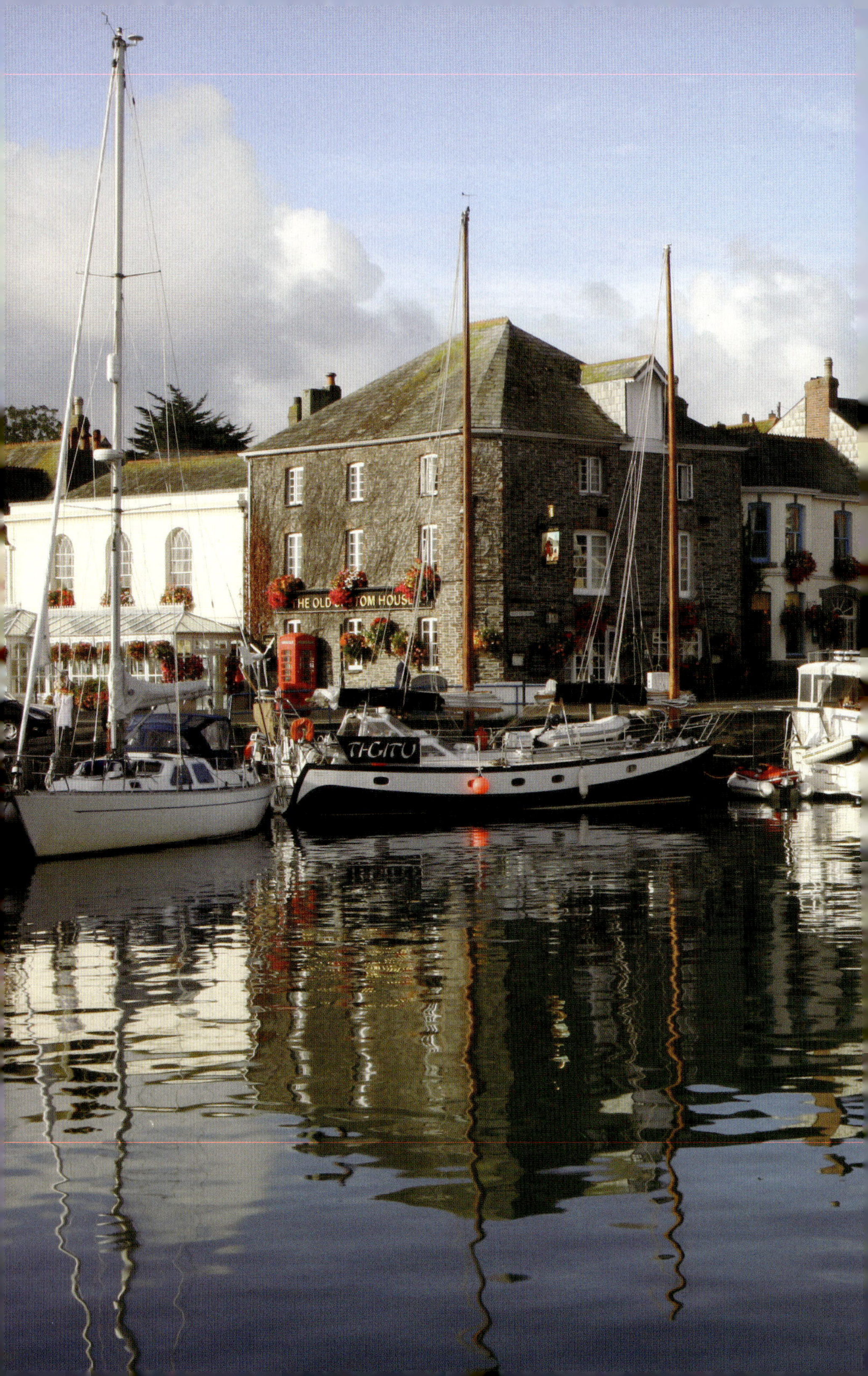

ROTEIRO **2**

Cabos e Angras

De Bideford a Bodmin Moor

Destaques

- **Magnífico cenário litorâneo**
  Caminhe pelos rochedos, onde as ondas do Atlântico quebram nas pedras e os cabos emolduram praias distantes

- **O lendário rei Artur em Tintagel**
  Em um promontório, explore as ruínas do castelo medieval que inspirou contos sobre a cavalaria

- **Cozinha gourmet**
  Delicie-se em Padstow, terra do chef Rick Stein, que transformou o porto pesqueiro em paraíso gastronômico

- **Conexões literárias**
  Visite os locais imortalizados pelos escritores Charles Kingsley, Daphne du Maurier e Henry Williamson

Traineiras de pesca e iates atracados no pitoresco porto de Padstow

Cabos e Angras

Espetacular é um bom adjetivo para definir o litoral que ruma para sudoeste a partir do norte de Devon até a Cornualha. Demarcados por grandes pedras, os verdejantes rochedos são lavados pelas ondas do Atlântico. Em alguns lugares eles se abrem em fantásticas praias de areia e angras, enquanto os cabos se projetam mar adentro nos dois lados. Ache um lugar para deixar o carro e caminhe ao longo de um trecho do South West Coast Path para aproveitar as melhores vistas, ou para obter um panorama contrastante da charneca, rume para o interior até Bodmin Moor e suba em um de seus rochedos assolados pelos ventos. O rico cenário da área é complementado por casas históricas e belos jardins. E você terá muitas oportunidades de provar alguns dos frutos do mar mais frescos e bem preparados da Inglaterra.

ATIVIDADES

Pedale pela Tarka Trail, entre Bideford e Great Torrington, ou ao lado do Camel Estuary, de Padstow a Bodmin

Descanse na praia em Bude ou surfe nas ondas que deslizam até a areia

Descubra o castelo em ruínas em Tintagel, local lendário onde se reuniam os cavaleiros do rei Artur

Dê uma volta de ferryboat de Padstow até Rock ou faça uma viagem de barco de um dia de Bideford até Lundy Island

Saboreie uma travessa de peixe fresco com batata frita em um restaurante à beira-mar em Appledore, Bude ou Padstow

Caminhe por um trecho do South West Coast Path ou suba até o topo de Brown Willy, no Bodmin Moor

À esq. Os rochedos mergulham na baía abaixo do castelo medieval de Tintagel (p. 45)

ROTEIRO 2: Cabos e Angras   41

PLANEJAMENTO

Início/fim: De Bideford a Bodmin Moor.

Número de dias: 3-4, com reserva de meio dia para uma caminhada no litoral de Bude.

Distância: 205km (128 milhas).

Condições das estradas: Todas bem pavimentadas e sinalizadas, desde as rodovias mais movimentadas até as estradinhas sinuosas do interior que, às vezes, são muito íngremes.

Quando ir: A área fica lotada de junho a setembro, sobretudo no litoral, que é procurado para férias familiares. Na primavera e no outono o clima é ameno, mas no inverno podem ocorrer tempestades. Muitas atrações e alguns locais para se hospedar e comer fecham de novembro até a Páscoa.

Horários de funcionamento: Em geral, museus e atrações funcionam das 10h às 17h, mas fecham mais cedo (ou nem abrem) de novembro até a Páscoa. As lojas costumam abrir por mais tempo, e as igrejas, até o anoitecer.

Principais dias de mercado: Bideford: ter e sáb; Great Torrington: Pannier Market, diariam; Bude: seg.

Compras: Pastelão e *clotted cream*; equipamento de praia e surfe.

Principais festas: Bideford: Regatta, set; Appledore: Visual Arts Festival, fim mai; Bude: reconstituição em Stratton da batalha de Stamford Hill, em 1643, mai; Jazz Festival, última semana de ago; Padstow: festa da primavera "Obby Oss", com desfile e danças pelas ruas, 1º mai.

LEGENDA

▬▬▬ Roteiro

Abaixo A cidade litorânea de Bude, cercada de morros cobertos por campos que lembram uma colcha de retalhos *(pp. 44-5)*.

PASSEIOS DE 1 DIA

Passe um dia visitando a tranquila **Hartland Peninsula** ou, como as crianças preferem, **explorando Tintagel** com seu castelo situado em um promontório espetacular. Dê-se ao luxo de saborear uma **refeição gourmet** em **Padstow**, depois gaste as energias **pedalando** ao longo do **Camel Estuary** rumo a Bodmin, ou **caminhando** pelo **South West Coast Path**. Detalhes p. 47.

PARA VISITAR BIDEFORD

Estacionamento
Pare no Victoria Park, ao lado do Centro de Informação Turística.

Informação turística
Burton Art Gallery, Kingsley Rd, EX39 2QQ; 01237 471 455; www.torridge.gov.uk

Aluguel de bicicleta, prancha de surfe e caiaque em Bideford
Torrington St, EX39 4DR; 01237 424 123; www.bidefordbicyclehire.co.uk

Passeio de barco até Lundy Island
De abril a outubro, até cinco passeios semanais de 2 horas. Bideford Quay, 01271 863 636; www.lundyisland.co.uk

ONDE FICAR

BIDEFORD

Orchard Hill *moderado*
Hotel elegante na encosta do morro. Restaurante com produtos locais.
Orchard Hill, EX39 2QY; 01237 472 872; www.orchardhill.co.uk

Yeoldon House *moderado*
Ex-residência vitoriana, este hotel à beira-rio tem ótimo restaurante.
Durrant Lane, EX39 2RL; 01237 474 400; www.yeoldonhousehotel.co.uk

PENÍNSULA HARTLAND

Hartland Quay Hotel *moderado*
Hotel em local espetacular sob os rochedos, ao lado do mar.
Hartland, EX39 6DU; 01237 441 218; www.hartlandquayhotel.com; fecha 20 dez-2 jan

Acima, da esq. p/ dir. Placa anuncia o tradicional pastelão; O Pannier Market de Bideford

❶ Bideford
Devon; EX39 2QQ

Há 150 anos Bideford foi descrita pelo escritor local Charles Kingsley como "a cidadezinha branca que sobe as encostas a partir de suas amplas águas fluviais". Hoje ela continua igual, movimentada com embarcações de pesca, barcos de lazer e o MS *Oldenburg*, que leva o visitante até o refúgio de aves da **Lundy Island**, a 17km. A calçada ao longo do estuário do Taw foi iniciada no século XIII ao lado da **Long Bridge**, de 24 arcos, construída em madeira e revestida de pedra a partir de 1535. Antigas ruas estreitas cheias de lojinhas e pubs vão desde a água até o **Victorian Pannier Market hall**, cujo nome vem das cestas em que as mulheres dos fazendeiros traziam produtos para vender. A **Burton Art Gallery** (ter-sáb e dom à tarde) em Victoria Park, ao lado do rio, possui seções sobre a história da cidade. Ali perto dá para alugar uma bicicleta e passear pela **Tarka Trail** até Great Torrington.
🚗 *Do estacionamento de Victoria Park, vire à direita na Kingsley Rd (B3235) e cruze a A39 até a A386, com placas para Appledore. Pare no estacionamento das docas.*

❷ Appledore
Devon; EX39 1QS

Ao longo de ruas minúsculas e vielas, chalés de cores pastel, com janelas curvas, alinham-se nos estuários dos rios Taw e Torridge. Appledore se tornou o local preferido dos artistas locais, e diversas galerias expõem as obras deles. A pesca e a construção naval foram os motores da cidade durante séculos, como é mostrado no pequeno **North Devon Maritime Museum**, em Odun Road (*Páscoa-out, diariam; mai-set, seg-sex*). Podem-se contratar passeios de pescaria no cais.
🚗 *Siga as placas para Westward Ho!*

❸ Westward Ho!
Devon; EX39 1QS

O nome do resort vem de um romance de Charles Kingsley sobre marinheiros. O local tem o mais antigo campo de golfe da Inglaterra, praia e espigão de seixos.
🚗 *Pegue a B3236 e a A39 para Bideford, vá pela A386 até Great Torrington e siga as placas para Dartington Crystal. Pare no estacionamento.*

Da esq. p/ dir. Barcos de pesca atracados no cais de Appledore; Esculturas criadas por um dos artistas de Appledore; Uma estátua do autor local Charles Kingsley, em Bideford

Onde Ficar: barato, menos de £80; moderado, £80-£150; caro, acima de £150

ROTEIRO 2: Cabos e Angras 43

Acima, da esq. p/ dir. Promontórios da Península Hartland, onde venta muito; Docton Mill Gardens **Abaixo** Lagoa do moinho nos Docton Mill Gardens

❹ Great Torrington
Devon; EX38 8AA
Roteiro panorâmico ao lado do rio Torridge até Great Torrington, terra do **Dartington Crystal**, onde se pode ver o vidro sendo soprado e comprar peças na loja *(visitas seg-sex; centro de visitantes e loja diariam)*. Nos **RHS Rosemoor Gardens** existem áreas dedicadas a rosas, frutas e vegetais, um lago e um arboreto *(diariam)*. A batalha de Torrington – uma derrota monarquista na Guerra Civil Inglesa – ganha vida no **centro de visitantes Torrington 1646**, com mostras de armamentos do século XVII *(fev-nov, ter-sex; jun-set, seg-sáb)*. 🚗 *De Great Torrington, pegue a B3227 até Stibb Cross; vire à direita em uma estrada secundária rumo a Woolfardisworthy até a A39 (com placa de Bude). Em Higher Clovelly, dobre à direita na B3248 para Hartland e siga as placas em uma estrada secundária de Stoke a Hartland Quay; pare no estacionamento. Volte a Stoke, vire à direita e desça a ruela até Docton Mill, em Milford.*

Lundy Island
Esta ilha sem carros com apenas 30 habitantes, a 17km da costa, é um refúgio de papagaios-do-mar. No verão recebe visitantes que vêm observar focas, visitar o castelo do século XIII e tomar algo na Marisco Tavern.

❺ Hartland Peninsula
North Devon; EX39 6DU
Este bolsão rural muito tranquilo é cortado por ruelas que levam ao **Hartland Quay**, assolado por ventos, onde rochedos dão lugar a um pequeno porto do século XVI, com um museu sobre naufrágios *(Páscoa-out diariam)*. Em **Stoke**, a igreja de St. Nectan, do século XIV, é conhecida como catedral por sua torre de 350m de altura. Ali perto fica a **Hartland Abbey**, do século XVI *(mar-out dom, qua e qui)*, e o bonito **Docton Mill Gardens** *(mar-out diariam)*. 🚗 *Em Docton Mill, pegue a estrada secundária que passa em Eddistone e Tosberry e volte pela A39 até Bude. Pare no estacionamento do Centro de Informação Turística, ao lado do canal.*

ONDE COMER E BEBER

APPLEDORE
Beaver Inn *barato*
Pub antigo e sugestivo, ao lado do Torridge Estuary, com vista panorâmica a partir do terraço. Famoso pelos pratos com peixes frescos.
Irsha St, EX39 1RY; 01237 474 822; www.beaverinn.co.uk

The Royal George *barato*
Este velho pub tem a área de refeições voltada para o estuário.
Irsha St, EX39 1RY; 01237 474 335

ARREDORES DE BIDEFORD
Boathouse *moderado*
Restaurante e bar animados voltados para o Torridge Estuary e Appledore.
Marine Parade, Instow, EX39 4JJ (saia de Bideford pela B3233 e siga pelo estuário rumo a Barnstaple); 01271 861 292; www.instow.net/boathouse; não faz reserva

Decks *caro*
Restaurante chique ao lado do Boathouse, especializado em cozinha inglesa e francesa. Usa produtos locais.
Marine Parade, Instow, EX39 4JJ; 01271 860 671; www.decksrestaurant.co.uk; ter-sáb

PENÍNSULA HARTLAND
Docton Mill Gardens Tea Room *barato*
Pequeno café nos belos jardins. Serve lanches e os premiados chás com *clotted cream* de Devonshire.
Lymebridge, EX39 6EA; 01237 441 369; www.doctonmill.co.uk; mar-out

Onde Comer e Beber: barato, menos de £25; moderado, £25-£50; caro, acima de £50

Acima Botes dispostos contra a parede no cais de Bude

PARA VISITAR BUDE

Estacionamento
Pare no Crescent, ao lado do canal, com placa à direita da cidade.

Informação turística
Estacionamento Crescent, EX23 8LE; 01288 354 240; www.visitbude.info

Raven Surf School
Aulas de surfe nas praias de Bude.
01288 353 693; www.ravensurf.co.uk; a partir de £25 por aula de 2h e 30min.

ONDE FICAR

BUDE

Falcon Hotel *moderado*
Antigo alojamento para comandantes de navio, este hotel tem jardim murado e vistas do mar e do canal.
Breakwater Rd, EX23 8SD; 01288 352 005; www.falconhotel.com

Stratton Gardens House *moderado*
Acolhedora hospedaria de seis quartos em uma casa do século XVI, com jardim e excelentes refeições caseiras.
Cot Hill, Stratton, EX23 9DN; 01288 352 500; www.stratton-gardens.co.uk

TINTAGEL

Lewis's Tea Rooms *barato*
Confortável B&B em uma casa de pedra erguida em 1586. Famoso pelos chás.
Bossiney Rd, TL34 0AH; 01840 770 427

Abaixo Marco de pedra assinala o caminho nos rochedos acima de Bude

❻ Bude
Estacionamento Crescent, Bude; EX23 8LE

Bude é mais que um balneário à beira-mar. Além de duas praias de areia, tem algumas das melhores caminhadas pela costa, ao longo dos rochedos. Há também lembranças do passado, quando foi campo de batalha, porto agitado e terra do "inventor esquecido" da Cornualha.

Passeio a pé de 2 horas

Esta caminhada circular começa no estacionamento no **Centro de Informação Turística** ① em Bude, onde estão à venda guias sobre o local *(diariam, exceto dom no inverno)*. O trecho restaurado do canal ao lado do centro é o que resta da obra de 56km construída no início do século XIX para transportar para o interior a areia rica em calcário usada como fertilizante.

Na direção do mar, atravesse a ponte do canal – originalmente giratória – e continue até passar pelo **Falcon Hotel** ②. Na frente, o castelo junto ao canal agora abriga o excelente **Castle Heritage Centre** ③ *(diariam)*, onde a história da cidade é contada com criatividade, acompanhada de maquetes em funcionamento das invenções vitorianas de sir Goldsworthy Gurney. Entre elas estão uma máquina a vapor, um sistema de ventilação de esgoto e luzes giratórias para farol.

Continue rumo ao mar até chegar a uma **comporta** ④ que permite aos barcos se prender para descarregar a carga no cais, em vez de fazê-lo na praia. Virando à esquerda, o caminho sobe até uma trilha litorânea, com placa para Widemouth, a 5km. De cima dos rochedos há vistas da praia de Bude Haven, onde o pequeno rio Neet corre para o mar. Antes do assoreamento, aqui havia um porto próspero. Por seu comércio, a vila de Stratton recebeu uma carta do rei João em 1207.

Um quebra-mar se estende até Chapel Rock, que nos tempos medievais acendia uma luz que guiava os navios até o porto. A curiosa **torre** ⑤ octogonal, conhecida como "pote de pimenta", era uma cabana da guarda costeira vitoriana, erguida em estilo

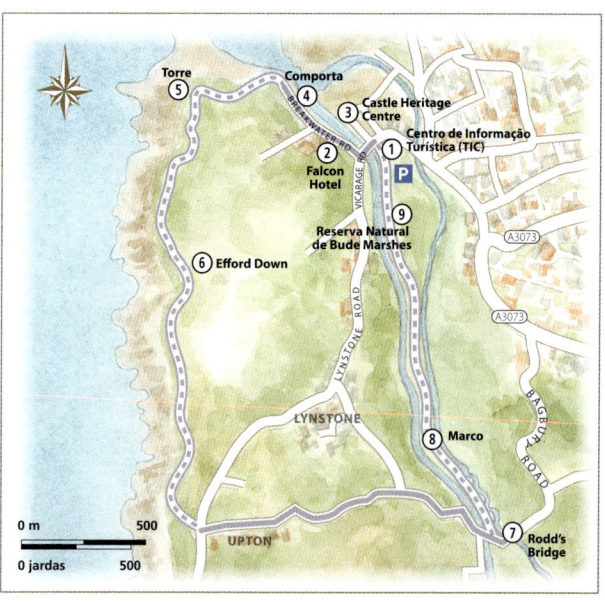

Baldes e pás de praia à venda em Bude

ROTEIRO 2: Cabos e Angras   45

grego. Observe o passado de Haven a partir de duas praias de areia: Summerleaze e Crooklets. Nos tempos vitorianos, Crooklets era de uso exclusivo de mulheres. O caminho sobre os rochedos atravessa **Efford Down** ⑥. Aqui, em 1643, soldados do exército monarquista da Cornualha acamparam na véspera da batalha de Stamford Hill, da Guerra Civil Inglesa, na qual derrotaram os parlamentaristas.

Em Upton, vire à esquerda pela pista que desce para o canal pela **Rodd's Bridge** ⑦. Dobre à esquerda e acompanhe o caminho por onde animais puxavam embarcações, e veja a **marco** ⑧ de pedra que data de 1820. Continue por esse caminho que passa ao lado da **reserva natural de Bude Marshes** ⑨, onde há flores e aves silvestres. Volte ao ponto inicial.

🚗 Ao sair do estacionamento vire à esquerda e deixe Bude por uma estradinha com placa para Widemouth Bay; retome a A39 rumo a Camelford. Dobre à direita na B3263 até Boscastle e depois Tintagel, onde há placas para estacionamentos na vila e perto do castelo.

⑦ Tintagel
Cornualha; PL34 0HE

Será que foi neste castelo acima do rochedo que nasceu o lendário rei Artur? Os reis medievais da Cornualha moraram aqui? O mistério envolve as ruínas no alto de um cabo rochoso, no outro lado da única rua importante da vila. As ruínas das defesas do **castelo** *(diariam)* datam do século XIII e valem a subida íngreme para se ter vistas maravilhosas do litoral. Na vila está o **Old Post Office** *(mar-out diariam)* e os **King Arthur's Great Halls** *(diariam)*, que contam a lenda do rei. Sobre o rochedo escarpado pode-se ver a igreja de St. Materiana, do século XII.

🚗 Volte à B3263 rumo a Camelford, virando à direita na placa para Delabole na B3314. A placa para a mina de ardósia de Delabole aponta para a esquerda da vila. Pare no estacionamento da mina.

⑧ Delabole Slate
Cornualha; PL33 9AZ

A maior escavação da Grã-Bretanha é uma mina de ardósia com mais de 600 anos. Ultrapassa 1km de largura e 1.500m de profundidade. Trata-se da pedreira de mineração constante mais antiga da Europa e produz 120 toneladas de ardósia por dia *(visita aos trabalhos de superfície mai-ago, seg-sex)*.

🚗 Quando sair de Delabole Slate, vire à esquerda na B3314 e à esquerda em Westdowns; entre na B3267 e pegue a A39 para Wadebridge. Após Wadebridge, vire à direita em St. Breock e siga a A389 até Padstow. Prideaux Place fica ao lado da B3276 rumo a Newquay. Pare no cais ou no estacionamento de Prideaux Place.

Acima, da esq. p/ dir. Rochedos verdejantes de Bude; O café Life's a Beach, em Summerleaze

ONDE COMER E BEBER

BUDE

Pengenna Pasties *barato*
Carne de boi e carneiro, queijo e cebola, vegetais ou vegan são as opções de recheio dos pastelões da Cornualha.
Arundell House, Belle Vue, EX23 8JL; 01288 355 169; www.pengennapasties.co.uk

The Castle *moderado*
Restaurante elegante com terraço virado para o mar no Castle Heritage Centre; destaque para produtos locais.
The Wharf, EX23 8LG; 01288 350 543; www.thecastlerestaurantbude.co.uk; fecha dom à noite

ARREDORES DE BUDE

Life's a Beach
de dia: barato; à noite: caro
De dia é um concorrido café praiano; às 19h vira restaurante sofisticado, especializado em peixes.
Siga as placas de Bude para Summerleaze Beach (1,6km), EX23 8HN; 01288 355 222; www.lifesabeach.info

TINTAGEL

Cornishman Inn *barato*
Pub interessante, com restaurante famoso pelos bifes; tem dez quartos.
Fore St, PL34 0DB; 01840 770 238; www.cornishmaninn.com

Abaixo, da esq. p/ dir. Cabos rochosos de Tintagel; Fortificações medievais no Tintagel Castle

Onde Comer e Beber: barato, menos de £25; moderado, £25-£50; caro, acima de £50

Acima As águas calmas do porto de Padstow refletem os iates e as construções do cais

PARA VISITAR PADSTOW

Estacionamento
Pare no cais ou em Prideaux Place.

Informação turística
Red Brick Building, North Quay, PL28 8AF; 01841 533 449; www.padstow-cornwall.co.uk

Padstow Cycle Hire
South Quay, PL28 8BL; 01841 533 533; www.padstowcyclehire.com

ONDE FICAR

PADSTOW

Old Ship Hotel *moderado*
Hotel central com vista do estuário. O bar tem música ao vivo e o restaurante é conhecido pelos peixes frescos. Mill Sq, PL28 8AE; 01841 532 357; www.oldshiphotel-padstow.co.uk

St. Petroc's Hotel *caro*
Bem perto do porto, este hotel de dez quartos, em uma construção georgiana forrada de glicínias, é uma das propriedades do chef Rick Stein. 4 New St, PL28 8BY; 01841 532 700; www.rickstein.com

Abaixo Fachada imponente do Bodmin Gaol, que agora abriga um pub e uma brasseria

⑨ Padstow
Cornualha; PL28 8AF

Este pequeno porto conquistou fama no Camel Estuary graças a um restaurante de peixes que fica em uma instalação vitoriana ocupada em 1975 por Rick Stein, chef local. Famoso por suas aparições na TV, ele possui quatro restaurantes na cidade, lojas de produtos gourmet e uma escola de culinária, o que faz de Padstow um paraíso gastronômico. Opções para depois de comer: caminhadas sobre os rochedos; um passeio de ferryboat até Rock; uma parada no intrigante viveiro de peixes *(diariam)* onde se criam lagostas, ou uma visita a **Prideaux Place** *(mai-out, dom-qui)*. Este solar elisabetano com decoração suntuosa foi usado muitas vezes como locação de filmes de época, como *Oscar e Lucinda*, *Noite de Reis* e em diversos romances de Rosamund Pilcher. Em Padstow é possível alugar bicicletas para andar ao longo do rio Camel até Bodmin.

🚗 **De Padstow, volte à A389 passando Wadebridge rumo a Bodmin. Há uma placa para Pencarrow à esquerda, 6km depois de Wadebridge. Pare no estacionamento.**

⑩ Pencarrow
Washaway, Cornualha; PL30 3AG

Coníferas do mundo todo ladeiam o caminho que leva a esta mansão georgiana, pertencente à mesma família desde que foi construída, na década de 1770. Na primavera, rododendros, camélias e azáleas conferem um colorido vivo aos jardins. A casa é notável pelos móveis Adam, estofados com seda adamascada que combina com as cortinas – um "tesouro" capturado de um navio espanhol em 1762. Joshua Reynolds pintou muitos dos retratos expostos *(Páscoa-meados out: casa, dom-qui; jardins, diariam)*.

🚗 **De Pencarrow, continue até Bodmin pela A389. Há diversos estacionamentos sinalizados – um deles fica à esquerda quando se entra na cidade, no fim da Camel Trail.**

Conexões literárias

Westward Ho! é a única cidade da Inglaterra que tem nome de livro – e com ponto de exclamação! Charles Kingsley escreveu o romance quando morava em Bideford; após a publicação, incorporadores criaram o balneário. Daphne du Maurier encontrou inspiração para o romance **Uma taberna na Jamaica** enquanto ficou em Bodmin Moor, famoso antro de contrabandistas, em 1930. O conto **Tarka the Otter**, de Henry Williamson (1927), é ambientado em North Devon. Os lugares que ele descreve estão agora ligados por uma trilha de quase 290km, que inclui uma seção entre Bideford e Great Torrington.

⑪ Bodmin
Cornualha; PL31 2DQ

Culpado ou inocente? Quem visita a Courtroom One em **Shire Hall** *(visitas seg-sáb)*, antigo tribunal do condado, pode decidir o veredito em uma reconstituição realista de um famoso julgamento realizado aqui em 1844, e depois ver as celas. A vida de um prisioneiro do século XVIII é retratada no **Bodmin Gaol**, construção assustadora que agora abriga diversos restaurantes. Com 500 anos, a **St. Petroc's Church**, que tem uma fonte do século XII e o esquife de marfim do santo, é a maior igreja medieval da Cornualha.

🚗 **Pegue a B3268, sinalizada para Lostwithiel, passando a estação. À esquerda, depois de 3km, há uma placa para Lanhydrock. Pare no estacionamento.**

Onde Ficar: barato, menos de £80; moderado, £80-£150; caro, acima de £150

ROTEIRO 2: Cabos e Angras

⑫ Lanhydrock
perto de Bodmin, Cornualha; PL30 5AD

Depois de um incêndio em 1881, esta casa do século XVII foi reconstruída, com defesas e tudo, para combinar com o que restou da ala norte e da portaria. O interior foi reprojetado para incluir recursos modernos, como aquecimento central, banheiros e alojamentos de empregados, tudo no mais típico estilo vitoriano. Os jardins, elaborados nos tempos da reconstrução, apresentam rododendros, magnólias e camélias, com bosques e uma área verde que desce até a margem do rio Fowey *(mar-nov ter-dom).*

🚗 Volte na direção de Bodmin e siga as placas para pegar a A30 rumo a Launceston. Blisland está sinalizada à esquerda, de onde estradas secundárias levam você até os rochedos. A A30 prossegue pela charneca, passando por Jamaica Inn, em Bolventor. Lá, vire à direita rumo a Liskeard e após 8km vire à esquerda para Minions.

⑬ Bodmin Moor
Blisland: PL30 4LT; Jamaica Inn: PL15 7TS; Minions: PL14 5LJ

Com sua igrejinha de St. Protus e St. Hyacinth, do século XI, **Blisland** é um vilarejo típico e calmo, instalado em um vale arborizado nas encostas ocidentais da charneca. Em total contraste, as terras mais altas e agrestes, muitas vezes desoladas, estão cobertas de blocos de pedras enormes e cheias de menires, tendo ao alto rochedos como o **Rough Tor**, um forte da Idade do Ferro, e **Brown Willy**, o ponto mais alto da charneca, com 420m. Nos arredores de **Minions**, no lado sul da charneca, é possível observar as pitorescas relíquias escurecidas da indústria da mineração – chaminés, casas de força, depósitos de entulho. A **Jamaica Inn**, em Bolventor, uma hospedaria do século XVIII forrada de ardósia que inspirou o romance homônimo de Daphne du Maurier, destaca-se mais pelo ambiente desolado, e fica lotada na alta temporada.

Acima, da esq. p/ dir. O ferryboat de passageiros parte de Padstow para Rock; As placas em Blisland indicam seus encantos antigos

ONDE COMER E BEBER

PADSTOW

Custard *moderado/caro*
Restaurante moderno especializado em comida simples, mas de boa qualidade. Oferece desde pastelões até refeições completas.
1A The Strand, PL28 8AJ; 0870 1700 740; www.custarddinner.com; fecha ter no inverno

Seafood Restaurant *caro*
Esta é a casa de Rick Stein, onde começou a fama culinária de Padstow na década de 1970. Clara e arejada, fica na frente do cais onde atracam traineiras e barcos de lagosta. Uma opção menos famosa (para viagem ou comer no local), mas muito boa, é o café **Stein's Fish & Chips** em *South Quay, PL28 8BL.* Outra possibilidade é aperfeiçoar seus talentos no império culinário do chef, com um curso de um, dois, quatro ou seis dias.
Riverside, PL28 8BY; 01841 532 700; www.rickstein.com

PASSEIOS DE 1 DIA
Neste percurso há grande variedade de passeios de um dia, com bicicletas, a lugares históricos e ao belo litoral.

Tarka
Alugue uma bicicleta em Bideford ❶ e passe um dia pedalando pela Tarka Trail, de Torridge Valley até Great Torrington ❹, observando as lontras à margem do rio. Visite o Dartington Crystal e os Rosemoor Gardens antes de voltar a Bideford. Vá de carro até os estuários dos rios Taw e Torridge, em Appledore ❷, e depois relaxe com um merecido drinque e uma ceia de peixes na antiga e sugestiva Beaver Inn ou no Royal George.

Pare no Victoria Park em Bideford e alugue uma bicicleta em Bideford Cycle, Surf and Kayak Hire. Siga as instruções para dirigir de Bideford a Appledore e estacione no cais.

Castelos e rochedos
Seja qual for o clima, o castelo de Tintagel ❼ é um ótimo lugar para explorar, e o caminho que margeia os rochedos oferece vistas magníficas do mar. Descubra a lenda do rei Artur, depois dirija até Bude ❻ para erguer castelos de areia inspirados em ruínas medievais, surfe ou simplesmente descanse em uma de suas duas praias de areia. Compre os tradicionais pastelões para um piquenique na Pengenna Pasties ou almoce no café Life's a Beach.

Pare no estacionamento mais próximo do Tintagel Castle, se puder, para visitar as ruínas. Pegue a B3263 até Boscastle, depois entre na A39 para Bude, saindo à esquerda em Widemouth.

Padstow gastronômica
Faça um passeio de barco pelo Camel Estuary até Rock, veja como as lagostas são criadas e prepare-se para almoçar peixes no Seafood Restaurant, de Rick Stein, ou peixe e fritas no cais. Os mais esportivos podem alugar uma bicicleta ao lado do rio Camel e ir até Bodmin, com seu passado judicial significativo; ou visitar o solar elisabetano em Prideaux Place.

Estacione no cais, em Padstow.

Onde Comer e Beber: barato, menos de £25; moderado, £25-£50; caro, acima de £50

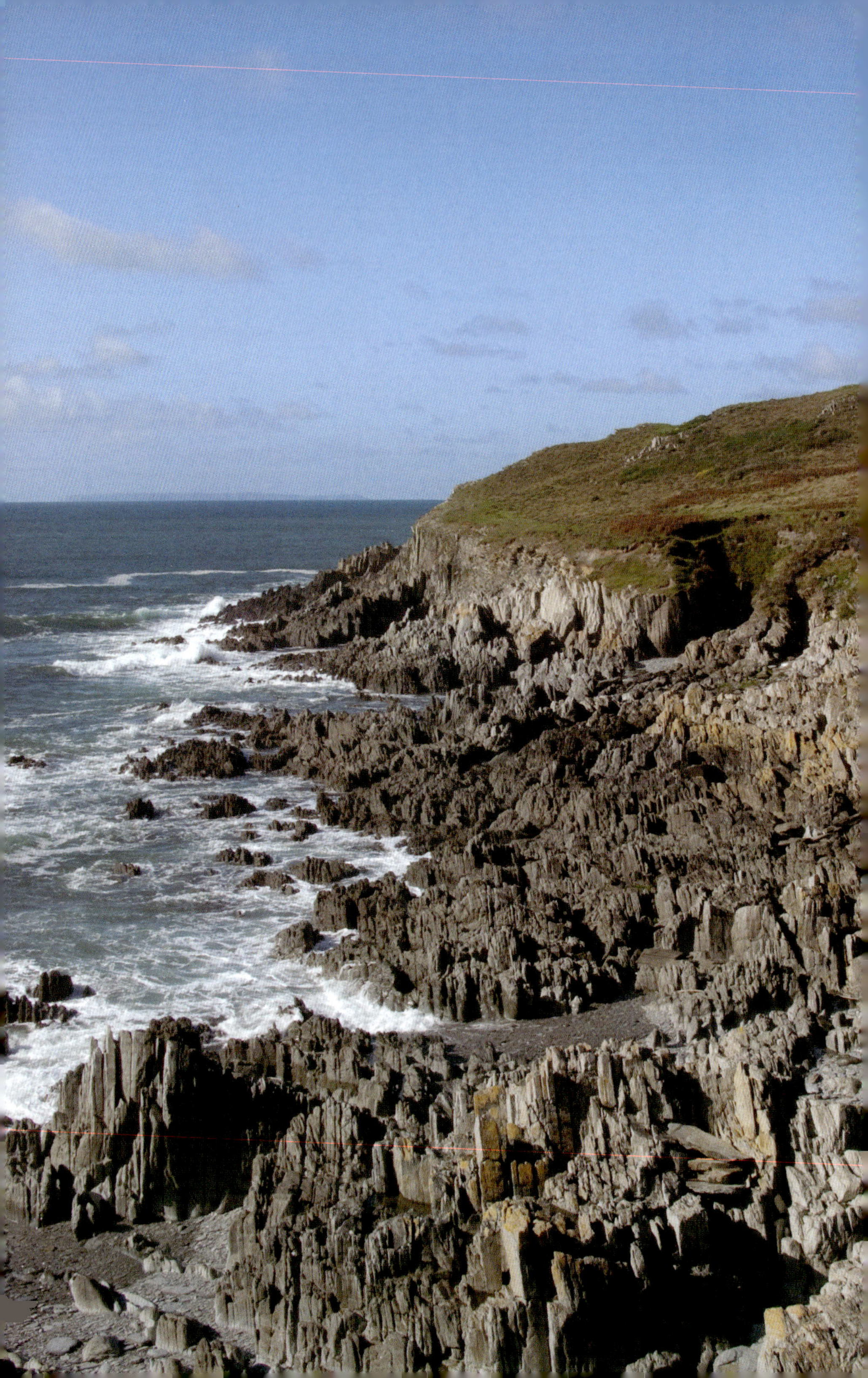

ROTEIRO 3

Litoral Norte de Devon e Exmoor

De Taunton a Barnstaple

Destaques

- **Passeio no histórico trem a vapor**
 Faça uma viagem ao passado e aprecie o belo interior em um trem da bem conservada West Somerset Railway

- **Exmoor e os fora da lei**
 Explore o inspirador cenário da charneca e conheça a lenda da família Doone e seus bandidos do século XVII

- **Prazeres do litoral**
 Relaxe em trechos de areia dourada ou admire os rochedos e a arrebentação das ondas no South West Coast Path

- **Os mercados**
 Descubra o rico patrimônio de históricas cidades-mercado, como Taunton, Dunster e Barnstaple

O South West Coast Path e a espetacular linha costeira a caminho de Morte Point, Devon

Litoral Norte de Devon e Exmoor

A área rural de Somerset e North Devon é bem variada. Angras isoladas, dunas e largas praias de areia varridas por poderosas ondas do Atlântico fazem da região uma excelente escolha para famílias e esportistas que gostam do litoral. As charnecas batidas pelos ventos no Exmoor National Park são cercadas por rochedos com topos verdejantes que seguem ao longo da linha litorânea. As terras são marcadas por campos que formam uma colcha de retalhos nos ondulantes morros cheios de bosques fechados e cortados por riachos de águas limpas. O interior é marcado por cidadezinhas e vilas. Este roteiro passa por excelentes áreas para caminhadas, com espetaculares trilhas litorâneas e uma rede de trilhas no interior.

LEGENDA
— Roteiro

Abaixo O Museum of Barnstaple and North Devon, Barnstaple *(p. 55)*

ATIVIDADES

Pegue um trem de época que sai de Washford e atravessa a área rural de Somerset

Delicie-se com um cream tea em Devon – scones macios cobertos de generosa porção de *clotted cream* e saborosa geleia de morango

Explore Exmoor a pé e encante-se com as belas vistas do Dunkery Beacon, seu ponto mais alto

Vá de bicicleta pela panorâmica Tarka Trail, parte da Cycle Route 27 que vai de Ilfracombe a Barnstaple

Pegue as altas ondas do Atlântico na Woolacombe Bay, mas não se esqueça de alugar roupas adequadas e prancha

Pechinche na compra de artesanato e antiguidades no arejado e interessante Pannier Market, de Barnstaple

ROTEIRO 3: Litoral Norte de Devon e Exmoor 51

Acima A bonita Woolacombe Bay – praia larga com ótima arrebentação (p. 55)

Abaixo O encantador Periwinkle Tearoom, Selworthy (p. 53)

PLANEJAMENTO

Início/fim: De Taunton a Barnstaple.

Número de dias: 2-3.

Distância: 134km (84 milhas).

Condições das estradas: Bem pavimentadas e sinalizadas, as estradas secundárias são estreitas e sinuosas. Prepare-se para parar em local de passagem, se houver trânsito em sentido contrário. Em Exmoor, cuidado com pôneis ou carneiros na estrada. A maioria dos lugares tem estacionamentos bem sinalizados, com parquímetro.

Quando ir: Em abr-mai, flores silvestres enfeitam as laterais das estradas; no outono as folhas mudam de cor e as charnecas se enchem de urzes púrpuras. Em jul-ago, muitas famílias passam férias na praia, e pode ficar muito movimentado. No inverno o clima é relativamente ameno e as cidades voltam ao normal; os vilarejos podem ficar calmos demais.

Horários de funcionamento: Museus e atrações costumam abrir das 10h às 17h, mas fecham mais cedo (ou nem abrem) de nov até a Páscoa. Em geral, as lojas funcionam por mais tempo e as igrejas abrem até o anoitecer.

Principais dias de mercado: Taunton: Feira do produtor, qui; **Barnstaple:** Pannier Market: produtos locais, ter, sex, sáb; antiguidades e livros, qua; também artesanato, abr-dez, seg e qui.

Compras: Procure o *clotted cream* de Devonshire, sidra local, equipamento de surfe e moda praia.

Principais festas: Taunton: Carnaval, out; **Exmoor:** Walking Festival, mai; **Mortehoe:** Scarecrow Festival, ago; **Barnstaple:** North Devon Festival, jun.

PASSEIOS DE 1 DIA

Quem gosta de praia pode aproveitar as **areias douradas** e as **ondas** em Woolacombe Bay antes de se deliciar com um **cream tea de Devon**. Os caminhantes podem explorar os **trechos batidos pelo vento** e **os vales escondidos** de **Exmoor**, terra de lendários bandidos, os **Doones**. De Taunton e Washford, volte no tempo ao visitar **igrejas antigas**, uma **abadia** e um **trem a vapor restaurado**. Detalhes p. 55.

PARA VISITAR TAUNTON

Estacionamento
Pare no estacionamento perto do terminal de ônibus e do castelo.

Informação turística
Paul St, TA1 3XZ; 01823 336 344; www.heartofsomerset.com

PARA VISITAR EXMOOR

Exmoor National Park Centre
Mais informações sobre o Exmoor National Park, caminhadas, eventos e atividades: mar-out.
Dunster Steep, Dunster, TA24 6SE; 01643 821 835; www.exmoor-nationalpark.gov.uk

ONDE FICAR

TAUNTON

The Castle caro
Hotel central de gestão familiar, forrado de glicínias, tem acomodações históricas, restaurante premiado e brasserie.
Castle Green, TA1 1NF; 01823 272 671; www.the-castle-hotel.com

DUNSTER

Luttrell Arms caro
Pequeno hotel do século XV, diante do Yarn Market. Usado na Idade Média como hospedaria pela Cleeve Abbey; os quartos têm camas com dossel.
32-6 High St, TA24 6SG; 01643 821 555; www.luttrellarms.co.uk

LYNMOUTH

Rock House Hotel moderado
Pequena hospedaria de gestão familiar em uma construção do século XVIII, na entrada do porto. Possui restaurante acolhedor com vista do mar.
Manor Green, EX35 6EN; 01598 753 508; www.rock-house.co.uk

Abaixo, da esq. p/ dir. O Luttrell Arms Hotel, do século XV, Taunton; Um dos intocados chalés de Selworthy, com cobertura de colmo

❶ Taunton
Somerset; TA1 3XZ
Esta cidade interiorana da região produtora de maçã e sidra cresceu ao redor do antigo mercado triangular, na Fore Street. O mercado de gado mudou-se dali em 1929, mas a **Market House**, construção de tijolo à vista com 200 anos, ainda se impõe. Partes do **Taunton Castle** sobreviveram e agora abrigam o **Museum of Somerset**. Ali perto, na Hammet Street, a torre da **St. Mary Magdelene Church**, de 1308, atinge 50m.

🚗 Vire à esquerda ao sair do estacionamento e pegar a Corporation St. Dobre à esquerda na rotatória para North St (A3207) e à esquerda na A358 e saia da cidade. Pegue a B3224 à esquerda logo após Bishop's Lydeard, depois a B3188 à direita para Washford. Pare na Cleeve Abbey, à esquerda na entrada da cidade.

❷ Washford
Somerset; TA23 0PS
A **Cleeve Abbey** (diariam abr-out), fundada por monges cistercienses em 1188, tem uma pequena capela, dormitório e um grande refeitório do século XV, com teto em arco, conhecido como abóbada de berço. Washford está na **West Somerset Railway** (diariam meados mar-out; www.west-somerset-railway.co.uk), trecho de 32km com passeios em vagões antigos às vezes puxados por locomotivas a vapor.

Acima Uma das entradas do Dunster Castle, Dunster

🚗 Vire à esquerda para sair do estacionamento e entrar na B3188, depois dobre à esquerda na A39 rumo a Minehead, virando à esquerda em Dunster. Estacionamentos ao lado da A39 e no terreno do castelo.

❸ Dunster
Somerset; TA24 6SL
O **Yarn Market** de 400 anos, octogonal e aberto nas laterais, lembra a indústria de lã que floresceu na cidade. O **Doll Museum** (diariam abr-set; sáb-dom só à tarde) exibe bonecas antigas e modernas. O **Dunster Castle** (diariam mar-dez), em estilo normando e com torres, foi residência da família Luttrell por 600 anos, até 1976. No alto de um morro e rodeado por jardins em terraços, foi reformado muitas vezes nos tempos vitorianos. Dunster é uma boa base para visitar Exmoor.

🚗 Continue pela A39, passe por Minehead e vá até Selworthy, com saída sinalizada à direita. Pare na frente da igreja.

ROTEIRO 3: Litoral Norte de Devon e Exmoor   53

④ Selworthy
Somerset; TA24 8TJ
Esta aldeia de cartão-postal tem chalés cobertos de colmo, bela vista do vale do Porlock e igreja do século XIV, com estrutura de madeira. Ela faz parte da propriedade Holnicote, que se estende de Porlock Bay até Dunkery Hill, em Exmoor, e sua charneca é pontilhada de bosques e vilas medievais. Terra de pôneis selvagens e carneiros com chifres, a charneca é recortada por trilhas. A caminho de Oare, **Dunkery Beacon** é o ponto mais alto de Exmoor (519m), com vistas em todas as direções.
🚗 *De Selworthy, pegue a A39 rumo a Porlock, virando à esquerda na placa para West Luccombe, depois à direita na placa para Dunkery Beacon. Volte à A39, na bifurcação à direita em Porlock para entrar na New Road (pedágio) a fim de evitar o íngreme Porlock Hill. Retorne à A39. Vire à esquerda na placa para Doone Valley após 1km. Siga até Oare.*

⑤ Oare
Somerset; EX35 6NU
A pequenina igreja de pedra cinza de Oare, num vale calmo voltado para Oare Water, serviu de cenário para *Lorna Doone*, famoso romance de R. D. Blackmore; bancos de igreja do século XVIII levam até o altar, onde o casamento da protagonista é interrompido por um tiro disparado de uma das janelas. Ao lado da porta de carvalho, uma placa homenageia o autor que trouxe tanta fama à região.
🚗 *Atravesse Malmsmead e Brendon e volte à A39 até Lynmouth. Siga as placas para os estacionamentos da cidade.*

⑥ Lynmouth
Devon; EX35 6EQ
Ao pé dos vales arborizados dos rios East e West Lyn, esta ex-vila pesqueira é mais lembrada pela terrível inundação de agosto de 1952. Após um temporal, a cheia destruiu o porto e as casas vizinhas, matando 34 pessoas. O **Flood Memorial Hall** relembra o desastre com uma maquete da vila como era. Partindo da orla, uma engenhosa estrada de ferro movida à água, inaugurada em 1888, sobe 263m por trilhos íngremes até **Lynton** – em um passeio fantástico de dois minutos com belas vistas do litoral *(diariam*

mente fev-out). Lynton é uma cidadezinha virada para o mar, com bela **igreja** dotada de uma fonte normanda e de uma torre do século XIII.
🚗 *Pegue a B3234 até Lynton, depois a A39 (com placa para Barnstaple). Vire à esquerda e entre em uma estrada secundária (sinalizada) para Arlington Court, 1,5km depois de Kentisbury Ford.*

⑦ Arlington Court
Arlington, Parracombe; Devon; EX31 4LP
Casa em estilo Regência *(mar-nov: dom-sex; 01271 850 296; www.national trust.org.uk)*, tem de miniaturas de navios a tapeçarias do século XVIII. Os estábulos têm mais de 50 carruagens; há passeios quase todos os dias.
🚗 *Volte a Kentisbury Ford na A39, vire à esquerda na B3229 e siga as placas para Ilfracombe pela A399. Pegue a A361 fora da cidade, dobre à direita na B3343 e siga as placas para Mortehoe pela estrada secundária à direita. Estacione na vila.*

A história de Lorna Doone
Histórias de uma família de bandidos, os Doones, que aterrorizaram Exmoor no século XVII, despertaram a imaginação do escritor local R. D. Blackmore. Em seu romance *Lorna Doone* (1869) ele conta a história de John Ridd, um fazendeiro de Oare que se apaixona por Lorna, filha adotiva dos Doones. Ele descreve vividamente o campo, disfarçando muitos locais reais. Atualmente, caminhos arborizados vão de Oare e Malmsmead até o chamado Doone Valley. Além do Blackmore Memorial de Badgworthy Water, procure Lank Combe Water – seria essa a cascata secreta que John Ridd escalou?

Acima A cidade portuária de Lynmouth, reconstruída após a enchente de 1952

ONDE COMER E BEBER

TAUNTON
Willow Tree *moderado*
Em construção de 300 anos, esta casa tem pratos criativos e decoração vibrante.
3 Tower Lane, TA1 4AR; 01823 352 835; abre às noites de ter-sáb; reservar

SELWORTHY
Periwinkle Tearoom *moderado*
Chalé do século XVII (National Trust) perfeito para chás e lanches.
Selworthy Green, TA24 8TP; 01643 862 769; abre de dia Páscoa-set; fecha seg Páscoa-jun

ARREDORES DE SELWORTHY
Piggy in the Middle *moderado*
Restaurante pequeno de gestão familiar, é especializado em carne de caça, de boi e frutos do mar.
2 High St, TA24 8PS (a 4km de Selworthy pela A39); 01643 862 647; abre à noite o ano todo e também para almoço Páscoa-set; fecha fev

Abaixo Visitantes dão uma volta de carruagem na área de Arlington Court

Onde Comer e Beber: barato, menos de £25; moderado, £25-£50; caro, acima de £50

❽ Mortehoe
Devon; EX34 7DT

Este é um dos trechos mais espetaculares do South West Coast Path, a trilha da National Trail mais longa da Inglaterra. O caminho corta o topo de rochedos desde Mortehoe, sobre encostas verdejantes, até Morte Point. Na antiga vila de Mortehoe, mencionada no Domesday Book (registro da vida na Inglaterra no século XI), pubs e salões de chá agrupam-se ao redor da pitoresca St. Mary's Church, do século XIII. Ao lado de um promontório está Woolacombe, uma praia de areia dourada.

Passeio a pé de 2 horas sobre rochedos

Comece no estacionamento do final da Station Road e visite o **Heritage Centre** ① *(Páscoa-out: dom-qui; jul-ago: diariam)* para conhecer a história da região. Saia do estacionamento, vire à esquerda rumo à igreja e passe pelo Post Office e pela Village Store – boa para provisões. Atravesse o portão vitoriano do cemitério e dê uma olhada no interior da **St. Mary's Church** ②. Embora o pórtico date de aproximadamente 1500, a nave com abóbada de berço e a capela-mor foram erguidas no século XIII. Com seis sinos, o campanário quadrado é de 1275. Parte da decoração é vitoriana; os vitrais ganharam novo esmalte nessa época.

À direita da igreja uma placa indica uma trilha litorânea. Caminhe para a esquerda do cemitério da vila ao longo da trilha ladeada de samambaias e tojos. Passadas as encostas cheias de carneiros, o caminho cai abruptamente até um rio que se encontra com o South West Coast Path, de 1.000km, e acompanha o topo dos rochedos.

Depois de Woolacombe, as vistas continuam para o sul, atravessando Morte Bay até o promontório vizinho, Baggy Point, e mais adiante. A Lundy Island é visível à distância de 27km, e dali se pode vislumbrar o litoral de Gales do Sul. Caminhe pelos rochedos rumo a Morte Point, observando as ondas que quebram nas pedras recortadas. Assim que passar pela **Windy Cove** ③ aparece a Morte Stone, um lembrete dos perigos dos recifes rochosos. No inverno de 1852, cinco navios se perderam neste litoral traiçoeiro. Prossiga até **Morte Point** ④ e descanse em uma das grandes pedras brancas para admirar a paisagem marinha – procure focas nas rochas abaixo. Siga o caminho que rodeia o ponto e continue para leste.

Vire para o interior na placa para Mortehoe e volte pelo largo caminho verde. Faça um rápido desvio, subindo os 137m até o mirante (sinalizado à esquerda) e o túmulo megalítico, conhecido como Cromlech, ali perto. Por fim, volte à vila para tomar um cream tea ou uma taça de sidra local.

🚗 *Siga as placas ao longo de uma estrada estreita à beira-mar para Woolacombe e pare no estacionamento da praia.*

Acima Cemitério da St. Mary's Church, Mortehoe, com sepulturas de marinheiros náufragos

PARA VISITAR BARNSTAPLE

Estacionamento
Green Lanes Shopping Centre, Boutport St, EX31 1UL.

Informação turística
The Square, EX32 8LN; 01271 375 000; www.staynorthdevon.co.uk

ONDE FICAR

MORTEHOE
Town Farmhouse *barato*
B&B em ex-fazenda na frente da igreja. EX34 7DT; 01271 870 204; www.townfarmhouse.co.uk; fev-nov

WOOLACOMBE
Woolacombe Bay *caro*
Hotel grande à beira da praia, com muitos recursos para esportes. EX34 7BN; 01271 870 388; www.woolacombe-bay-hotel.co.uk

BARNSTAPLE
Royal & Fortescue Hotel *moderado*
Antigo descanso de carruagens, tem restaurante, bistrô e bar-café. Boutport St, EX31 1HG; 01271 342 289; www.brend-hotels.co.uk

Abaixo Estrada que vai até a Woolacombe Bay, North Devon

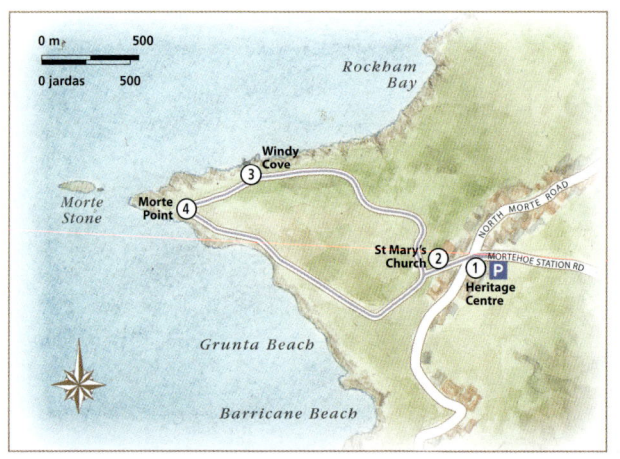

Onde Ficar: barato, menos de £80; moderado, £80-150; caro, acima de £150

ROTEIRO 3: Litoral Norte de Devon e Exmoor   55

Acima, da esq. p/ dir. A South West Coast Path, rumo a Mortehoe; O movimentado Pannier Market (1855), em Barnstaple, tem estrutura de madeira

⑨ Woolacombe
Devon; EX34 7DL
A praia de Woolacombe, que se estende por quase 5km, é considerada uma das melhores do mundo. Cheia de dunas e banhada pelas ondas do Atlântico, atrai surfistas o ano todo. A **Nick Thorn Surf School** (www.nickthorn.co.uk) dá aulas. Suba nas pedras na ponta norte de Barricane Beach para pegar conchas que vêm do Caribe. Acima da praia há um memorial às tropas americanas que treinaram aqui para o desembarque do Dia D, em 1944.
🚗 *Siga as placas ao longo de estradas secundárias para Croyde. Depois pegue a B3231 rumo a Braunton, virando à direita (na frente da placa para Lobb) para entrar em uma estrada estreita até o estacionamento de Braunton Burrows.*

⑩ Braunton Burrows
Braunton; EX33 2NU
Depois de Saunton Sands, Braunton Burrows é a maior área de dunas da Inglaterra, prolongando-se por 6,5km. Com 500 espécies de flores silvestres e 33 de borboletas, a área é um SSSI (Local de Interesse Científico) e pertence à Reserva da Biosfera da Unesco de North Devon. Falcões euro-

peus, cotovias e maçaricos podem ser vistos sobrevoando a região. Foi local de treino para o desembarque na Segunda Guerra Mundial, e as dunas ainda são usadas pelo exército.
🚗 *Volte à estrada, mas pegue a primeira à direita, sem marcação, e chegue à A361 para Barnstaple. Pare no Green Lanes Shopping Centre (sinalizado).*

⑪ Barnstaple
Devon; EX32 8LN
A riqueza da cidade como porto marítimo diminuiu, mas o mercado de Barnstaple ainda é muito movimentado no **Pannier Market** *(abr-dez: seg-sáb; jan-mar: fecha dom, seg, qui)*, uma estrutura de madeira de 150 anos. No Strand, calçadão do rio, os pontos altos marítimos da cidade estão retratados no **Heritage Centre** *(fecha dom e seg)*. No fim do Strand fica o **Museum of Barnstaple and North Devon** *(fecha seg)*, com um acervo excêntrico de arqueologia local, história natural e artesanato. Para as melhores vistas do Taw Estuary, pedale pela **Tarka Trail**, acompanhando a linha férrea ao lado do rio. Alugue bicicletas na **Tarka Trail Cycle Hire** *(The Railway Station; 01271 324 202; www.tarkatrail.co.uk).*

ONDE COMER E BEBER

MORTEHOE
Chichester Arms *barato*
Vizinho à igreja, este pub do século XVI já foi vicariato. Boa cerveja e boa comida. EX34 7DU; 01271 870 411

ARREDORES DE MORTEHOE
The Quay *caro*
O restaurante de peixes de Damien Hirst tem vista para o mar.
Pegue a B3343 e vire à esquerda na A361 para Ilfracombe; 11 The Quay, Ilfracombe, EX34 9EQ; 01271 868 090; www.11thequay.com

WOOLACOMBE
Red Barn *barato*
Bar-restaurante animado perto da praia, frequentado por famílias e surfistas.
The Esplanade, EX34 7DF; 01271 870 264

ARREDORES DE BRAUNTON BURROWS
Squire's Fish Restaurant *moderado*
Famoso como melhor local da área para o tradicional peixe com fritas – porções grandes e alta qualidade.
Exeter Rd, Braunton, EX33 1JR; 01271 815 533; fecha dom

PASSEIOS DE 1 DIA
Aproveite os ótimos passeios ao redor de Exmoor.

West Somerset Railway
De Taunton ① saia para ver a St. Mary's Church; depois siga para Washford ② e visite a Cleeve Abbey, antes de fazer um passeio nesta conservada ferrovia que atravessa o interior de Somerset.

Pegue a A358 norte em Taunton e vire à esquerda na A39 rumo a Washford.

Praias e trilhas litorâneas
Construa castelos de areia em Woolacombe ⑨, caminhe pelo South West Coast Path em Mortehoe ⑧ e depois delicie-se com um cream tea.

Siga a B3343 até os estacionamentos de Woolacombe, ao lado da A361, depois siga as placas para Mortehoe e pare na vila.

A terra de Lorna Doone
Visite o castelo em Dunster ③, depois suba o Dunkery Beacon para apreciar as vistas de Exmoor e seguir a Lorna Doone Trail a partir de Oare ⑥.

Dunster e Oare ficam ao lado da A39.

ROTEIRO **4**

Terra de Hardy e o Litoral Jurássico

De Swanage a Sherborne

Destaques

- **Morros ondulantes de Dorset**
  Percorra o interior, repleto de morros e vales ondulados, figuras gigantes de calcário e castelos medievais

- **Litoral dos dinossauros**
  Admire as notáveis formações de Durdle Door e Chesil Beach, junto com Purbeck e Portland, ricos em fósseis

- **Terra natal de Thomas Hardy**
  Explore a Dorchester de Thomas Hardy e o que restou do passado pré-histórico e romano da cidade

- **Abadias e igrejas antigas**
  Admire a habilidade medieval nas pequeninas igrejas e a abóbada em leque da Sherborne Abbey

A espetacular Durdle Door, com rochedos de calcário, no Litoral Jurássico

Terra de Hardy e o Litoral Jurássico

Dorset é um dos condados mais bonitos da Inglaterra, conhecido por seus morros de ondulação suave e litoral com rochedos. Há pouca vida urbana para "sujar" a paisagem, e o que predomina são encostas salpicadas de carneiros e panoramas verdejantes que suavizam a visão do viajante. Aqui, o passado aparece no litoral rico em fósseis e em sítios britânicos antigos, assim como em ruínas romanas e monumentos medievais. As referências literárias a Thomas Hardy e suas obras são abundantes: a região aparece nos livros como "Wessex", enquanto a cidade natal do autor, Dorchester ("Casterbridge"), oferece muita diversão para crianças e adultos.

Acima Swanage, tradicional balneário inglês *(p. 60)*

ATIVIDADES

Viaje em um clássico trem a vapor de Swanage a Corfe Castle

Caminhe pelo South West Coast Path ao longo dos rochedos

Delicie-se com o cream tea de Dorset em um tradicional salão

Alugue um barco ou um caiaque no Frome, em Wareham

Faça windsurfe ou veleje na baía de Weymouth

Pesquise fósseis na Isle of Portland ou em Lulworth Cove

Descubra seu bretão interior nas defesas do Maiden Castle

ROTEIRO 4: Terra de Hardy e o Litoral Jurássico

Acima Sossegada vila campestre de Abbotsbury *(p. 61)*

PLANEJAMENTO

Início/fim: De Swanage a Sherborne.

Número de dias: 3, com reserva para um giro de meio dia em Dorchester.

Distância: Cerca de 129km (80 milhas).

Condições das estradas: Boas, mas às vezes elas são estreitas e íngremes.

Quando ir: É possível visitar a região a qualquer momento do ano, mas convém evitar feriados e fins de semana do verão, quando o trânsito fica mais pesado no litoral.

Horários de funcionamento: Museus e atrações em geral funcionam das 10h às 17h, mas fecham mais cedo (ou nem abrem) de nov-Páscoa. As lojas fecham mais tarde. Quase sempre as igrejas abrem até o anoitecer.

Principais dias de mercado: Swanage: ter (abr-out); Wareham: qui e sáb; Weymouth: qui; Dorchester: qua; Sherborne: qui e sáb, também a feira do produtor na terceira sex do mês.

Compras: Dorset é famosa pelo cremoso queijo Blue Vinny, pelo bolo de maçã com canela e pelos deliciosos chutneys e geleias produzidos localmente.

Principais festas: Swanage: Jazz Festival, jul; Wareham: Music Festival, set; Weymouth: Seafood Festival, jul; Weymouth Regatta, jul-ago; Dorchester: Dorchester Festival (diversos eventos de arte) jun.

PASSEIOS DE 1 DIA

Em Dorchester, os diversos **museus** e **atrações antigas** têm algo para todas as pessoas – mas especialmente para os **caçadores de dinossauros**; saia para **procurar fósseis** em Chesil Beach e Portland. Partindo de Swanage, divirta-se em um passeio de **trem a vapor**, visite um **castelo normando em ruínas** e depois vá para o litoral explorar a **praia** e as notáveis **formações rochosas** perto de Lulworth. Detalhes *p. 63*.

Acima A encantadora Worth Matravers, cidade dedicada à extração de pedras

PARA VISITAR SWANAGE

Estacionamento
Há um de curta duração atrás do centro de turismo, na Horsecliffe Lane. Também existe um estacionamento para períodos mais longos na Victoria Ave (A351).

Informação turística
The White House, Shore Rd, BH19 1LB; 0870 442 0680; www.swanage.gov.uk

ONDE FICAR

SWANAGE

Grand Hotel Swanage *moderado*
Antigo palácio vitoriano com belíssimas vistas da baía, ótimo gramado e restaurante premiado.
Burlington Rd, BH19 1LU; 01929 423 353; www.grandhotelswanage.co.uk

ARREDORES DE WAREHAM

Kemps Country House *caro*
A oeste de Wareham, ao lado da A352, esta ex-casa paroquial oferece quartos limpos, modernos e bem equipados.
East Stoke, BH20 6AL (5km pela A352 e B3070 a partir de Wareham); 0845 862 0315; www.kempscountryhouse.co.uk

LULWORTH COVE

The Beach House *moderado*
Este hotel eduardiano caiado dispõe de quartos contemporâneos voltados para o mar ou para um lago com patos.
West Lulworth, BH20 5RQ; 01929 400 404; www.lulworthbeachhotel.com

WEYMOUTH

Chandlers Hotel *moderado*
Hotelzinho bem cuidado, de onde dá para ir a pé até o centro.
4 Westerhall Rd, DT4 7SZ; 01305 771 341; www.chandlershotel.com

① **Swanage**
Dorset; BH19 1LB
Balneário vitoriano com calçadão, shows de teatro de marionetes e excelente praia de areia que segue a curva da Swanage Bay. Se quiser algo mais agreste, vá para **Studland Bay**, 7km ao norte – o centro de turismo tem mapas para caminhadas, ou pegue o ônibus nº 50 em Shore Rd. A cidade também tem várias atrações. A fachada de pedra da **Prefeitura**, construída em 1833, copiou a da Mercers' Hall de Londres (projeto de Christopher Wren) ao ser remodelada – observe os querubins segurando o manto da Virgem. Embarque em um trem a vapor da **Swanage Railway** *(abr-out)* para visitar o Corfe Castle.
🚗 *Saia pela A351, vire à esquerda na B3069 e à esquerda para Worth Matravers. Estacione atrás do pub.*

② **Worth Matravers**
Dorset; BH19 3LF
Entre as atrações deste vilarejo estão o pub **The Square and Compass** *(veja à direita)*, belas vistas (apreciadas das mesas externas do pub) e uma bela igreja normanda, a de **St. Nicholas**. Do final do século XII, a igreja tem telhado com vigas de madeira e um arco denteado na capela-mor. Este é um ótimo lugar para andar pela **South West Coast Path**, começando em uma das trilhas que partem da vila rumo ao litoral.
🚗 *Vire à esquerda ao sair do estacionamento; à esquerda para ir da B3069 até a A351; e à esquerda para chegar à vila, ao castelo e ao estacionamento.*

Abaixo Em Swanage, histórica linha férrea restaurada

Lawrence da Arábia em Dorset

T. E. Lawrence – chamado Lawrence da Arábia por suas façanhas na Primeira Guerra – morou em Dorset após a guerra. Veja a efígie dele em Wareham e o chalé em **Clouds Hill** *(fim mar-fim out: qui-dom)*. Pode-se caminhar até onde ocorreu o desastre de motocicleta que o matou, até seu túmulo em **Moreton** e até **Bovington Camp**, onde ele serviu por pouco tempo (agora **museu de tanques**; *diariam*).

③ **Corfe Castle**
Dorset; BH20 5EZ
A silhueta do castelo em ruínas *(diariam)* apresenta uma visão romântica. Este antigo e poderoso bastião normando deve seu desgaste à Guerra Civil Inglesa (1641-51), quando lady Bankes o defendeu das tropas parlamentaristas, que finalmente explodiram o castelo após seis semanas de cerco.
🚗 *Prossiga pela A351 e depois pegue a B3075, sinalizada em Stoborough para Wareham. O estacionamento fica à direita depois do rio.*

Lawrence da Arábia, Wareham

④ **Wareham**
Dorset; BH20 4LU
Wareham foi um porto importante no tempo dos saxões, e conserva o desenho dos antigos muros da cidade. A **St. Martin's Church** manteve boa parte de sua estrutura saxônica, com afrescos medievais e a imagem de Lawrence da Arábia *(veja quadro acima)*. Alugue um barco a remo ou um caiaque na ponte e dê uma volta pelo rio a partir da **Wareham Boat Hire** *(01929 550 688;*

Onde Ficar: barato, menos de £80; moderado, £80-£150; caro, acima de £150

ROTEIRO 4: Terra de Hardy e o Litoral Jurássico

Ao lado, da esq. p/ dir. Notáveis ruínas normandas do Corfe Castle; A sossegada cidade de Wareham, localizada ao lado do rio Frome

ONDE COMER E BEBER

SWANAGE

Ocean Bay *moderado*
Aproveite a vista neste restaurante com ótimos frutos do mar. Prove o hadoque empanado com cerveja, filés de robalo ou *ribeye steak* (corte local). Também serve saladas, lanches e café da manhã.
2 Ulwell Rd, BH19 1LH; 01929 422 222; www.oceanbayrestaurant.com

WORTH MATRAVERS

The Square and Compass *barato*
Ótimos pastelões e cervejas são servidos neste pub excelente, com belas vistas e um pequeno museu de fósseis e outros achados locais.
Worth Matravers, BH19 3LF; 01929 439 229

CORFE CASTLE

Morton's House *barato-moderado*
Este solar do século XVI foi transformado com bom gosto em hotel-restaurante moderno. Almoço com sopas, saladas e lanches no bar; galinha-d'angola ou halibute no restaurante mais formal.
East St, BH20 5EE; 01929 480 988; www.mortonshouse.co.uk

WEYMOUTH

Old Rooms Inn *barato*
Ao lado do porto, com mesas externas, este pub oferece de saladas a hambúrgueres e grelhados, além de cervejas.
Cove Row, DT4 8TT; 01305 771 130

Crab House Café *moderado*
Na Fleet Lagoon, é pouco mais que uma cabana, com algumas mesas de madeira e vista do mar, mas serve ótimos frutos do mar – como caranguejo de Portland e pitus enormes na manteiga com estragão.
The Oyster Farm, Ferryman's Way, DT4 9YU; 01305 788 867; www.crabhousecafe.co.uk

---

www.warehamboathire.co.uk; mar-out).

🚗 Pegue a A352, vire à esquerda na B3070 e siga para Lulworth Cove, passando por West Lulworth até o estacionamento.

5 Lulworth Cove
Dorset; BH20 5RQ

Abaixo de Purbeck Hills, com rochedos de calcário, fica uma série de praias de cascalho e xisto, onde se chega por uma trilha. Uma delas, a **Lulworth Cove**, enche de embarcações pequenas no verão. Em uma caminhada de 15 minutos para oeste fica a espetacular **Durdle Door**, um arco natural de calcário, na praia de Durdle Bay. A orla de Purbeck faz parte do **Litoral Jurássico**, um Patrimônio da Humanidade cuja composição geológica produziu muitos fósseis.

🚗 De West Lulworth, siga as placas para Dorchester, passando a curva para Durdle Door. Vire à esquerda na A352 e novamente à esquerda na A353 até Weymouth e o centro. Pare no terminal de ferryboat.

6 Weymouth
Dorset; DT3

Com praia de areia e calçadão, Weymouth é o típico balneário inglês. Vela, kitesurfe e windsurfe são atividades populares aqui – experimente a **SailLaser** *(0845 337 3214; www.sail-laser.com)* para aulas de vela. A cidade receberá competições de vela nas Olimpíadas de 2012. Ao sul, a **Isle of Portland**, ligada à terra firme por uma passarela, possui um litoral que vale a pena explorar – aqui foram encontradas pegadas de dinossauros. Para noroeste estende-se a praia de cascalho de **Chesil Beach**, com 29km, uma vastidão extraordinária com a reserva natural Fleet Lagoon ao fundo.

🚗 Pegue a B3157 noroeste, seguindo as placas para Abbotsbury.

7 Abbotsbury
Dorset; DT3 4JT

Única construção que sobrou de uma abadia beneditina, um celeiro do século XV agora abriga a **Children's Farm** *(meados mar-início set em meio período: diariam; meados set-out: fins de semana)*, onde crianças podem ver diversos animais. Há também um jardim com plantas exóticas e o **Swannery** *(meados mar-meados set: diariam)*, com uma colônia de cisnes brancos – é melhor visitar em junho, quando eles fazem ninhos e os ovos eclodem. Suba o morro até a **St. Catherine's Chapel**, de onde as vistas são fantásticas.

🚗 Vire à direita no Strangeways Hall e saia pela Back St em uma subida estreita e íngreme com belas vistas do litoral. Atravesse o cruzamento e siga as placas para o Hardy Monument. Vire à direita na B3159 e à esquerda para Dorchester. Pare no centro, ao lado da Acland Rd.

Abaixo, da esq. p/ dir. Tradicional barraquinha de praia em Weymouth; O porto de Lulworth Cove, naturalmente protegido

Acima, da esq. p/ dir. Os impressionantes Maumbury Rings, Dorchester; Vista da High East St, no centro de Dorchester; O que sobrou da prefeitura romana, descoberta em 1937

PARA VISITAR DORCHESTER

Informação turística
11 Antelope Walk, DT1 1BE; 01305 267 992; www.westdorset.com

Estacionamento
Pare no centro, ao lado da Acland Road. Há outro estacionamento perto da Durngate Street.

ONDE FICAR

DORCHESTER

Westwood House *barato*
B&B central, em elegante casa georgiana, oferece seis quartos bem equipados. Ótimo café da manhã servido em estufa arejada.
29 High West St, DT1 1UP; 01305 268 018; www.westwoodhouse.co.uk

The Casterbridge *moderado*
Este hotel de gestão familiar, na rua principal, dispõe de quartos acolhedores – um com cama de dossel, um com pátio e um para famílias.
49 High East St, DT1 1HU; 01305 264 043; www.casterbridgehotel.co.uk

SHERBORNE

The Bakehouse *barato*
Do século XVIII, este simpático B&B com piso de pedra tem personalidade da época. Quartos confortáveis e de bom tamanho.
1 Acreman St, DT9 3NU; 01935 817 969; www.bakehouse.me.uk

The Eastbury Hotel *moderado*
Perto da abadia, este hotel georgiano oferece luxo e o charme do toque antigo. Áreas comuns aconchegantes; quartos espaçosos e funcionários simpáticos. O restaurante vale a pena.
Long St, DT9 3BY; 01935 813 131; www.theeastburyhotel.co.uk

Onde Ficar: barato, menos de £80; moderado, £80-£150; caro, acima de £150

❽ Dorchester
Dorset; DT1 1BE

Com arquitetura georgiana, avenidas arborizadas e museus peculiares, Dorchester está ligada a Thomas Hardy como a Casterbridge de seus romances. Procure lembranças do infame juiz Jeffreys (1645-89), dos mártires de Tolpuddle e dos habitantes romanos da cidade.

Passeio a pé de 2 horas

Ao sair do estacionamento, vire à esquerda na South Walks Rd até os **Dorset Martyrs** ① – três figuras de bronze da escultora modernista Elisabeth Frink (1986). Atravesse a Icen Way, vire à esquerda e pegue o caminho que cruza Salisbury Fields até a Salisbury St. O **Teddy Bear Museum** ② fica no final desta rua, no mesmo prédio do **Terracotta Warriors Museum** *(ambos diariam)*, dedicado ao exército de terracota do primeiro imperador da China. Ao sair, vire à esquerda na High East St, e à esquerda novamente na Icen Way até chegar ao **Dinosaur Museum** ③ *(diariam)*. Daqui, dobre à direita para pegar a Durngate St e à esquerda na South St até o **Barclays Bank** ④, suposta casa do prefeito de Casterbridge no romance de Thomas Hardy. Volte à South St, que vira Corn Hill. À esquerda fica a entrada da **Antelope Walk Shopping Arcade** ⑤ – que foi o Antelope Hotel, mencionado em *O prefeito de Casterbridge* e onde o juiz Jeffreys realizou seu "julgamento sanguinário" e condenou à morte, em 1685, 74 rebeldes que foram contra Jaime II.

No alto de Corn Hill, vire à esquerda na High West St. A **St. Peter's Church** ⑥, à direita, é quase toda do século XV (Thomas Hardy ajudou a restaurá-la como aprendiz, nos anos 1850). À esquerda da igreja fica o **Dorset County Museum** ⑦ *(fecha dom, exceto em jul)*, que explica a história cultural e geológica da região. Após o museu acha-se a **Old Crown Court** ⑧ *(seg-sex)*, de onde os mártires de Tolpuddle foram enviados para a Austrália por tentar formar um sindicato em 1834. Nessa rua, a **Tutankhamun Exhibition** ⑨ *(diariam)* dá uma ideia de como foram a vida e a morte do rei-menino egípcio.

Volte pela High West St, vire na Glyde Path Rd e siga para a **Roman Town House** ⑩ *(diariam)*. As ruínas revelam o elaborado sis-

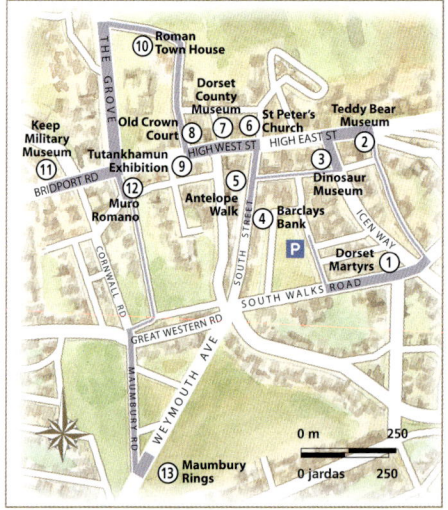

tema de aquecimento e os pisos de mosaico. No final de Northernhay, dobre à esquerda em The Grove, até a estátua de Thomas Hardy. Atravesse The Grove e vá até Bridport Rd para ver o fascinante **Keep Military Museum** ⑪ *(abr-set: seg-sáb; out-mar: ter-sáb)*, que revela a história do exército local. Daqui, volte à High West St para ver um fragmento do **muro romano** ⑫ ao lado da Princes St. Atravesse aqui e siga as West Walks, virando à direita no final e à esquerda na Cornwall Rd; atravesse a Gt Western Rd e entre na Maumbury Rd. Siga para os **Maumbury Rings** ⑬, um henge (área circular) do Neolítico, depois um anfiteatro romano e, em seguida, local de execução pública. Volte pela Weymouth Ave até a South Walks Rd, retornando ao estacionamento.
🚗 *Siga para o sul pela Weymouth Ave, saindo à direita na Maiden Castle Rd.*

⑨ Maiden Castle
Dorset; DT1 2AB, DT2 8QJ
Este castelo pré-histórico *(diariam)* é o maior forte europeu da Idade do Ferro. A estrutura enorme e complexa de muros de 6m e trincheiras está

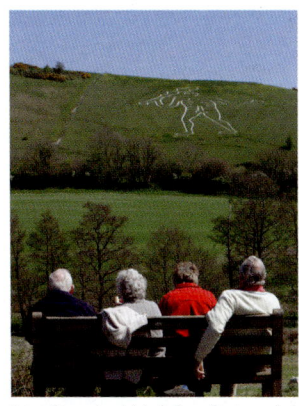

Acima Figura de calcário do Cerne Giant, provável símbolo de fertilidade

agora gramada, mas a ondulação evoca a fortificação (450-300 a.C.), conquistada pelos romanos em 43 d.C.
🚗 *Volte à A35, rumando para leste ao redor de Dorchester, vire à esquerda na B3150 e à direita na B3143. Em Piddletrenthide, dobre à esquerda, seguindo as placas para Cerne Abbas e subindo uma viela íngreme.*

⑩ Cerne Abbas
Dorset; DT2 7JF
Em meio às casas de estrutura de madeira de Cerne Abbas acha-se a **St. Mary's Church**, do século XIII, com retábulo de pedra. A vila, porém, é mais famosa pelo **Cerne Giant** – figura de calcário na encosta do morro ao norte do centro. Pouco se sabe da origem dessa imagem de 55m, que segura uma clava e exibe sua virilidade. Foi registrada em 1694, mas alguns historiadores acreditam que date de cerca de 190 d.C., como possível representação de Hércules – por muito tempo foi local de rituais de fertilidade. Para vê-lo bem, suba a Duck St a partir da Long St, seguindo as placas até o gigante e o estacionamento.
🚗 *Vire à direita na saída da área de observação, pela A352 com placa para Sherborne. Siga indicações até a abadia.*

⑪ Sherborne
Dorset; DT9 3NL
O ponto alto desta charmosa cidade de pedra é a **Sherborne Abbey**, bom exemplo de arquitetura perpendicular, cujo teto com abóbada em leque tem imagens coloridas, como uma sereia, uma coruja e um cão com um osso. A leste da cidade encontram-se as ruínas do **Old Castle** *(fim mar-out: diariam)*, que data do século XII, e o **New Castle** *(fim mar-out: ter-qui e dom; sáb à tarde)*, construído para sir Walter Raleigh em 1594, com salas grandiosas, uma cozinha Tudor e agora com jardim de Capability Brown.

Acima A Sherborne Abbey mistura arquitetura saxônica, normanda e perpendicular

ONDE COMER E BEBER

DORCHESTER
Potters *barato*
Informal mas elegante, este café oferece comida caseira, de almoços leves até bolos.
19 Durngate St, DT1 1JP; 01305 260 312

Judge Jeffreys *barato*
A antiga residência do juiz Jeffreys, com área de refeição apainelada, serve excelente culinária italiana.
6 High West St, DT1 1UJ; 01305 259 678; www.prezzoplc.co.uk

The Fridge *barato*
Queijo Blue Vinny, bolo de maçã de Dorset e outras especialidades locais nesta delicatéssen premiada.
17 Tudor Arcade, DT1 1BN; 01305 269 088; www.thefridge.biz

SHERBORNE
Aspire 2 Eat *barato*
Perto da abadia, este bistrô/bar serve pratos como risoto de cogumelos, queijo de cabra grelhado e tagliatelle ao caranguejo.
Digby Rd, DT9 3NL; 01935 389 666; www.aspire2eat.co.uk

The Green *moderado*
Este restaurante meio formal oferece cozinha europeia moderna e sofisticada, com ingredientes regionais frescos.
3 The Green, DT9 3HY; 01935 813 821

PASSEIOS DE 1 DIA
Dorchester e Swanage são duas boas bases para explorar o litoral e os museus.

Aventura jurássica
Passe uma manhã no Dinosaur Museum e no Dorset County Museum de Dorchester ⑧. Prepare um piquenique e vá a Weymouth ⑥ caçar fósseis na Chesil Beach ou em Portland – fique longe dos penhascos. Se der tempo, vá até Abbotsbury ⑦, com cisnes-brancos e fazenda para crianças.

Weymouth fica na A354 saindo de Dorchester, depois use a B3157 até Chesil Beach; volte pelo melhor caminho.

Litoral e castelos
Em Swanage ①, pegue um trem a vapor antes de almoçar em Worth Matravers ②. Depois, vá até Corfe Castle ③ e Wareham ④, e acabe o dia em Lulworth Cove ⑤ ou Durdle Door.

Pegue as A351, B3069, A351 e B3070; esqueça Wareham, se não der tempo.

Onde Comer e Beber: barato, menos de £25; moderado, £25-£50; caro, acima de £50

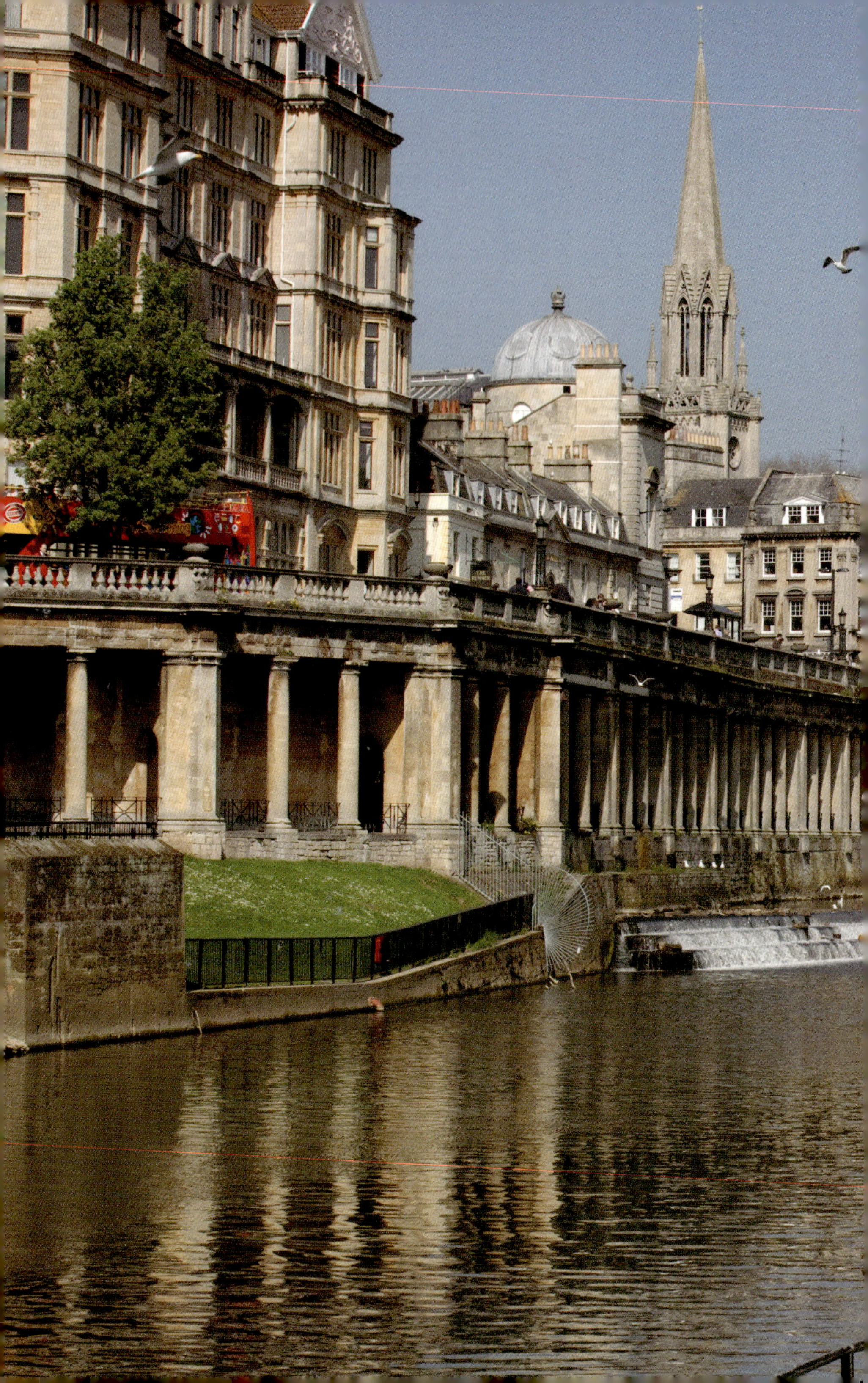

ROTEIRO **5**

Uma Jornada Espiritual

De Salisbury a Glastonbury

Destaques

- **Salisbury medieval**
  Descubra as maravilhas medievais de Salisbury, coroadas por sua reverenciada catedral e pela espira mais alta do Reino Unido

- **Círculos neolíticos de pedra**
  Saiba mais sobre as peculiaridades dos círculos de pedra pré-históricos da Inglaterra, da grandiosidade de Stonehenge à solenidade de Avebury

- **Cursos d'água no interior**
  Absorva a tranquilidade do canal de Kennet e Avon a pé, de bicicleta ou em um suave cruzeiro de barco

- **Bath georgiana**
  Siga os passos de Jane Austen neste conjunto de arquitetura georgiana, e visite os banhos antigos aquecidos naturalmente

A elegante e imponente arquitetura de Bath, ao lado do rio Avon

Uma Jornada Espiritual

A partir da encantadora cidade de Salisbury, onde se destaca a emblemática espira da catedral, até as graciosas esplanadas georgianas de Bath, e a oeste até a Wells medieval, este roteiro abrange alguns dos melhores centros históricos da Inglaterra. Na viagem há bonitos trechos campestres, como as grandiosas extensões da Salisbury Plain e as pastagens onduladas de Somerset, espalhadas por Mendip Hills. E ao longo do caminho estão lembretes do passado distante, no qual religiões antigas deixaram sua marca: Stonehenge é o círculo de pedras pré-histórico mais famoso da Grã-Bretanha, mas existem círculos menos visitados em Avebury e Stanton Drew. O ponto final é Glastonbury, onde religião, história e mitos se mesclam de maneira mágica.

Abaixo Pináculos elaborados da Bath Abbey vistos do outro lado do rio Avon, Bath *(pp. 70-1)*

ATIVIDADES

Passeie pelos prados de Salisbury para encontrar o local onde John Constable pintou seu quadro *Catedral de Salisbury*

Faça uma visita à Wadworth Brewery, Devizes

Alugue um esquife ou barco estreito em Devizes ou Bradford-on-Avon e navegue pelo Kennet and Avon Canal

Rejuvenesça no Thermae Bath Spa, moderno complexo de termas no coração de Bath

Caminhe por Mendip Hills ao redor do bonito Ebbor Gorge

Alugue uma bicicleta em Glastonbury e sinta a tranquilidade de Somerset Levels, a oeste da cidade

ROTEIRO 5: Uma Jornada Espiritual

PLANEJAMENTO

Início/fim: De Salisbury a Glastonbury.

Número de dias: 4, com reserva de meio dia para Salisbury e para Bath.

Distância: 180km (112 milhas).

Condições das estradas: Boas, mas pode haver congestionamento em Bath.

Quando ir: Os dias úteis são melhores para Salisbury, Stonehenge e Bath, para evitar as multidões. Glastonbury fica muito movimentada no último fim de semana de jun, quando ocorre o festival.

Horários de funcionamento: Em geral, as atrações abrem das 10h às 17h e fecham mais cedo (ou nem abrem) de nov à Pascoa. As lojas funcionam por mais tempo. As igrejas costumam abrir até o anoitecer.

Principais dias de mercado: Salisbury: Mercado, ter e sáb; Feira do produtor, 1ª e 3ª qua do mês; **Devizes**: qui e sáb; **Bath**: Feira do produtor, sáb (Green Park Station); Mercado coberto, seg-sáb (Guildhall).

Compras: Procure o autêntico queijo cheddar em Mendip Hills – principalmente no Cheddar Gorge –, e os calçados da Clarks em Street, ao sul de Glastonbury. Quem gosta de bugigangas da Nova Era vai adorar Glastonbury.

Principais festas: Salisbury: International Arts Festival (2 semanas mai-jun); Food and Drink Festival (meados set); Bath: International Music Festival (18 dias mai-jun); Jane Austen Festival (10 dias fim set); Glastonbury: Music Festival (último fim de semana jun).

PASSEIOS DE 1 DIA

Partindo de Salisbury, veja os **círculos pré-históricos de pedra**, os **monumentos antigos** e **fossos** de Old Sarum, Stonehenge e Avebury. Os fãs de **arquitetura** e **compras** podem passar horas explorando Bath, e depois dar uma volta em Bradford-on-Avon para ver **prédios anglo-saxões** e depois a Lacock Abbey **medieval**. Uma manhã para visitar Wells e Glastonbury irá agradar quem se liga em **igrejas medievais**, enquanto amantes da natureza vão gostar de **caminhadas**, **vida silvestre** e **desfiladeiros** encontrados entre as Mendip Hills. Detalhes p. 73.

Abaixo Barcos estreitos no Kennet and Avon Canal, perto de Bradford-on-Avon *(p. 70)*

ESTRADAS DA INGLATERRA, ESCÓCIA E PAÍS DE GALES

Acima, em sentido horário: Catedral de Salisbury, com a espira mais alta do RU; Barco estreito no Kennet and Avon Canal, Devizes; Ruínas do Bishop's Palace, Old Sarum

PARA VISITAR SALISBURY

Estacionamento
O melhor estacionamento de Salisbury é o Central Car Park (sinalizado), ao lado da Playhouse.

Informação turística
Fish Row, SP1 1EJ; 01722 334 956; www.visitsalisbury.com

ONDE FICAR

SALISBURY

Cathedral View *moderado*
B&B acolhedor atrás da catedral. Quartos com banheiro e vistas.
83 Exeter St, SP1 2SE; 01722 502 254; www.cathedral-viewbandb.co.uk

Red Lion Hotel *moderado-caro*
Hospedaria com quase 800 anos, é cheia de curiosidades e peças de época. Estacionamento limitado.
Milford St, SP1 2AN; 01722 323 334; www.the-redlion.co.uk

DEVIZES

The Bear Hotel *moderado*
Este hotel já hospedou membros da realeza. Quartos confortáveis. Jazz ao vivo no subsolo nos fins de semana.
Market Place, SN10 1HS; 01380 722 444; www.thebearhotel.net

AVEBURY

The Lodge *caro*
Deste encantador B&B georgiano e vegetariano dá para ver as pedras. Tem apenas dois quartos; por isso, reserve com boa antecedência.
High St, SN8 1RF; 01672 539 023; www.aveburylodge.co.uk

❶ Salisbury
Wiltshire; SP1 1EJ
Uma das cidades britânicas com bela catedral, Salisbury tem um centro compacto, bom para passear. A **Salisbury Cathedral** *(diariam)*, construída durante 38 anos no século XIII, é um exemplo incomum do Gótico Inicial Inglês. A torre de 123m de altura pode ser explorada em uma visita guiada, e sua biblioteca guarda um exemplar original da Magna Carta. Saiba mais sobre a história da cidade e também do Old Sarum e de Stonehenge no **Salisbury and South Wiltshire Museum** *(seg-sáb; diariam jul-ago)*, atrás da catedral. Por fim, dê uma volta a oeste da catedral até os prados, para apreciar as vistas clássicas da cidade pintadas por John Constable.
🚗 *Do centro, vá para o norte pela Castle St até a A345; estacione no local.*

Abaixo O enorme e impressionante complexo de pedras do Neolítico em Stonehenge

❷ Old Sarum
Wiltshire; SP1 3SD
No alto de um morro com vento forte, há ruínas de fortalezas normandas que marcam o sítio de Old Sarum *(diariam)*, assentamento florescente por volta de 500 a.C. Ocupado mais tarde por romanos e saxões, foi fortificado pelos normandos, que construíram uma catedral no século XII. O local foi abandonado no século seguinte, quando Salisbury dominou a região.
🚗 *Ao sair de Old Sarum, vire à esquerda na A345, depois à esquerda para Upper Woodford. Siga a estrada até se juntar à A303, e vire à direita rumo a Stonehenge. Mantenha-se à direita na A344, passe as pedras e vá até o estacionamento.*

O enigma das pedras
Um círculo de pedras eretas encimadas por lintéis, uma ferradura de trilitos (duas pedras verticais e uma verga) e um círculo de pedras azuis, Stonehenge permanece um mistério. Por que foi construído? Como as pedras foram deslocadas para lá, algumas vindas de Preseli Hills, em Gales? O fato mais extraordinário é que o conjunto foi construído com ferramentas pouco sofisticadas, como picaretas de chifres e pás de ossos.

❸ Stonehenge
Wiltshire; SP4 7DE
O maior e mais bem preservado círculo de pedras da Inglaterra parece pequeno, se comparado à extensão da Salisbury Plain. Erguidas em etapas entre 3000 a.C. e 1600 a.C., as pedras e os aterros faziam parte de um complexo maior. A função exata de Stonehenge *(diariam)* é obscura, mas, dado o alinhamento das pedras em relação ao nascer e ao pôr do sol, é provável que estivesse ligada a rituais religiosos. Sua localização no meio de uma área do

Onde Ficar: barato, menos de £80; moderado, £80-£150; caro, acima de £150

ROTEIRO 5: Uma Jornada Espiritual

Neolítico e da Idade do Bronze, repleta de monumentos e montículos funerários, aumenta sua aura de espiritualidade. Não há acesso direto às pedras (o visitante tem de seguir um caminho ao redor delas), e audioguias grátis fornecem explicações.

🚗 *Dobre à direita ao sair do estacionamento e siga para noroeste pelas A344 e A360 até Devizes.*

Acima A elegante fachada da Bowood House, uma das residências mais imponentes da Inglaterra

❹ Devizes
Wiltshire; SN10 1JG
Esta cidade histórica tem uma das melhores ruas principais da região, com edificações elegantes de todos os tempos. Na Long St, o **Wiltshire Heritage Museum** *(diariam)* conta a história do condado desde o início e possui excelente acervo pré-histórico. Faça uma visita à vitoriana **Wadworth Brewery** *(seg-sáb; 01380 732 277; www.wadworth.co.uk)*, na New Park St, com degustação quase todos os dias. Um passeio para oeste da cidade, ao longo do **Kennet and Avon Canal**, leva às Caen Hill Locks, incrível sucessão de 29 comportas. O canal, que se estende por 96km entre Newbury e Bath, data de 1810. Explore a beleza deste curso d'água em um barco alugado na **Devizes Marina**, ao norte da A361 *(01380 725 300; www.devizesmarina.co.uk)*.

🚗 *Siga para nordeste pela A361, vire à direita na rotatória, atravesse Horton e passe pelo cavalo branco nos morros de calcário. Vire à esquerda para Marlborough, depois à esquerda para East Kennett. Dobre à esquerda na A4, depois à direita na A4361 para Avebury. Passe pela West Kennet Ave, uma procissão de pedras que levam a Avebury. Estacione no local.*

❺ Avebury
Wiltshire; SN8 1RE
Brotando da terra como dentes quebrados, os três círculos concêntricos de pedra de Avebury *(diariam)* são menos famosos que Stonehenge, mas muito mais acessíveis. Erguidas entre 2850 a.C. e 2200 a.C., as pedras grosseiramente cortadas são rodeadas por um fosso enorme e um montículo de terra. O sítio sofreu muito com o passar do tempo e, em boa parte, as pedras devem sua atual aparência a Alexander Keiller, arqueólogo amador que escavou e reergueu muitas delas na década de 1930. Entre outros sítios próximos estão **Silbury Hill**, maior monumento da Europa antiga, e **West Kennet Long Barrow**, um montículo funerário de 100m, com câmaras.

🚗 *Pegue a A4361 oeste, depois a A4 até Calne e siga as placas para Bowood House, à esquerda.*

❻ Bowood House
Calne, Wiltshire; SN11 0LZ
Capability Brown e Robert e James Adam estavam entre os paisagistas e arquitetos que trabalharam em Bowood House *(meados mar-início nov)*, imponente residência que data do século XVIII. No interior há mostras de trajes, porcelanas e arte indiana, e o laboratório onde Joseph Priestley descobriu o oxigênio, em 1774. O terreno tem caminhos com rododendros – no auge de abril a junho –, além de grutas e um playground.

🚗 *Saia para a A4 oeste, depois rume para o sul pela A342, dobrando à direita em Sandy Lane para ir a Lacock. O estacionamento fica à esquerda.*

Acima Comportas de Caen Hill no Kennet and Avon Canal, Devizes

ONDE COMER E BEBER

SALISBURY

Polly Tea Rooms *barato*
Neste barulhento salão de chá e restaurante na frente da St. Thomas' Church há mesas internas e externas. Queijo de cabra grelhado, batata assada e lasanha estão no menu, assim como doces e chocolates artesanais.
8 St. Thomas's Sq, SP1 1BA; 01722 336 037; www.thepolly.com; só abre durante o dia

ARREDORES DE DEVIZES

The George & Dragon *moderado*
Pratos modernos e criativos são servidos neste acolhedor pub gastronômico 3,4km ao norte de Devizes, pela A342. Risoto condimentado de caranguejo e pratos com carne de caça estão entre as especialidades. Também tem algumas salas elegantes.
High St, Rowde, SN10 2PN; 01380 723 053; www.thegeorgeanddragonrowde.co.uk

ARREDORES DE AVEBURY

The Waggon and Horses *barato*
Esta grande hospedaria com telhado de colmo fica a 2km dos monumentos de Avebury pela A4. Farte-se com bifes, pastelões e pratos ingleses tradicionais, além de curries e lasanhas. Dispõe de um jardim agradável.
Beckhampton, SN8 1QJ; 01672 539 418

Acima Silbury Hill, um dos muitos sítios neolíticos importantes perto de Avebury

Onde Comer e Beber: barato, menos de £25; moderado, £25-£50; caro, acima de £50

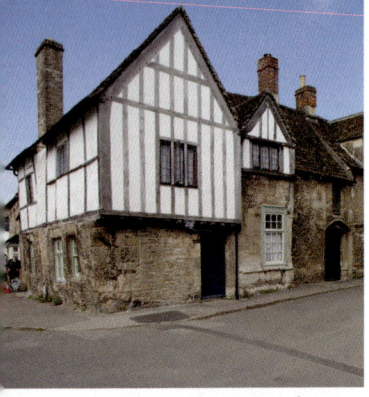

Acima Casas com madeira aparente conferem charme à pitoresca vila de Lacock

PARA VISITAR BATH

Estacionamento
Há estacionamentos ao lado da Charlotte St e da Avon St. Ou use o Park and Ride: deixe o carro nos arredores e pegue um ônibus para o centro.

Informação turística
Abbey Churchyard, BA1 1LY; 0906 711 2000; www.visitbath.co.uk

Thermae Bath Spa
Hot Bath St, BA1 1SJ; 01225 331 234; www.thermaebathspa.com; 9h-22h diariam (última admissão 19h30)

ONDE FICAR

BRADFORD-ON-AVON

The Swan Hotel *moderado*
Salas reformadas com elegância compensam o exterior tradicional deste hotel aconchegante, com internet banda larga e TV de tela plana. Tem bom restaurante.
1 Church St, BA15 1LN; 01225 868 686; www.theswan-hotel.co.uk

BATH

Apsley House Hotel *moderado*
Antiguidades enfeitam esta casa imponente de 1830. Alguns quartos têm cama com dossel, e há uma suíte com jardim. Fica quase 2km a oeste do centro.
Newbridge Hill, BA1 3PT; 01225 336 966; www.apsley-house.co.uk

Tolley Cottage *moderado*
Este B&B vitoriano, com apenas dois quartos pequenos, fica a 10 minutos a pé do centro de Bath. Com tempo bom, pode-se tomar café da manhã no pátio.
23 Sydney Buildings, BA2 6BZ; 01225 463 365; www.tolleycottage.co.uk

Royal Crescent Hotel *caro*
Fique no melhor endereço de Bath: o Royal Crescent. As diárias são altas, mas garante-se uma estada luxuosa. Recursos e restaurante têm fama merecida.
16 Royal Crescent, BA1 2LS; 01225 823 333; www.royalcrescent.co.uk

Onde Ficar: barato, menos de £80; moderado, £80-£150; caro, acima de £150

⑦ Lacock
Wiltshire; SN15 2LG

Meticulosamente conservada pelo dono, o National Trust, esta vila tem casas com madeira aparente, e caráter sossegado. Seu aspecto intocado ao fez aparecer em produções de cinema e TV, como o filme *A outra* e alguns episódios da saga Harry Potter. Em uma ponta da rua principal está a **Lacock Abbey** *(mar-out: qua-seg à tarde)*, fundada em 1232 e elegantemente transformada em residência após a Dissolução dos Mosteiros. Um **museu** separado *(fev-out: diariam; nov-jan: sáb e dom)* apresenta a obra do pioneiro da fotografia William Fox Talbot 1800-77).

🚗 *De Lacock vire à esquerda na A350 até Melksham. Pegue a B3107 para Bradford-on-Avon. Atravesse a ponte, mantenha a direita e pare ao lado do Tithe Barn, à direita.*

⑧ Bradford-on-Avon
Wiltshire; BA15 1LF

Esta cidade envolvente merece uma visita demorada. A riqueza obtida no comércio de tecidos é evidente nas construções históricas, como a **Church of St. Laurence**, talvez de 705, e o **Tithe Barn**, do início do século XIV, usado para guardar o dízimo da igreja. Veja a ponte normanda – com dois arcos originais em ogiva –, mas reconstruída no século XVII. Aproveite o passeio ao longo do rio Avon e do Kennet and Avon Canal, ou alugue um barco da **MV Barbara McLellan** *(mar-out; Wharf Cottage, BA15 1LE; 01225 868 683; www.katrust.org).*

🚗 *Vá para oeste pela B3108, vire à direita na A36 e à esquerda para Claverton Down. Vire à esquerda e à direita e desça Widcombe Hill até a cidade. Atravesse o rio e dobre à esquerda para estacionar.*

⑨ Bath
Somerset; BA1 1SU

Com esplanadas em tons dourados ao redor do anfiteatro natural, Bath é uma das cidades mais agradáveis da Inglaterra. No centro, as termas romanas e a abadia são as atrações de maior destaque. O labirinto de ruelas com butiques elegantes tenta os consumidores; os gastrônomos podem saborear pratos de ótimos restaurantes; e os viciados em cultura aproveitam a intensa programação de festivais.

Passeio a pé de 2 horas

Ao sair do Avon Street Car Park, caminhe por Broad Quay e Dorchester St, passe a estação de trem e suba a Manvers St até Orange Grove. Dobre à esquerda e vá pela York St à Abbey Churchyard. A pequena praça é guardada pela alta fachada da **Bath Abbey** ① *(seg-sáb e dom à tarde)*, quase toda do século XVI, com magnífico teto de abóbada em leque. De um lado estão as **termas romanas** ② *(diariam)*, erguidas sobre fontes termais naturais nos séculos I e V, e que apresentam acha-

Abaixo A Pulteney Bridge, projetada por Robert Adam, atravessa o rio Avon

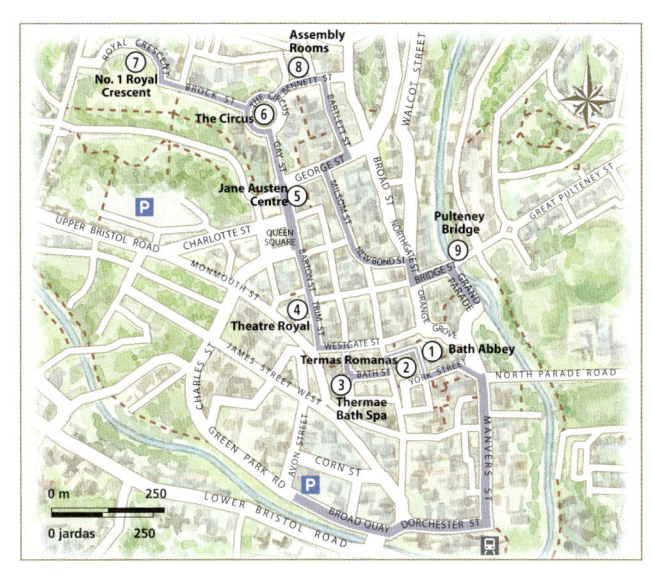

… dos do Templo de Minerva. Ao lado, o Pump Room, do século XVIII, funcionava como salão elegante durante o auge de Bath, e agora oferece diversos tratamentos, assim como amostras da famosa água do spa.

Vire à esquerda e depois à direita ao sair de Abbey Churchyard para entrar na Bath St. No final da rua, à esquerda, fica a ótima **Thermae Bath Spa** ③, terma inaugurada em 2006, com piscina de cobertura. Vire à direita, passe pelo Little Theatre, chegando a St. Michael's Place, depois dobre à esquerda e à direita para passar pelo **Theatre Royal** ④, do século XIX. Prossiga pela Barton St até a Queen Sq. Assim que passar pela praça, à direita, explore o mundo de Jane Austen no **Jane Austen Centre** ⑤ (diariam). A escritora morou em diversas casas de Bath e ambientou algumas de suas obras aqui.

No alto da Gay Street fica **The Circus** ⑥, esplanada elegante projetada por John Wood e seu filho (também John Wood) no século XVIII. Observe os 528 entalhes no friso que percorre as construções, onde há serpentes, máscaras teatrais e símbolos de druidas e maçons. Daqui, a Brock St leva até a mais imponente esplanada de Bath, o Royal Crescent, obra de John Wood – o filho –, de frente para um gracioso gramado. Visite uma das casas em **No. 1 Royal Crescent** ⑦ (fecha seg).

Volte até The Circus e caminhe pela Bennett Street para ver os georgianos **Assembly Rooms** ⑧ (diariam), construídos em 1769. Na mesma edificação, o Fashion Museum (diariam) dá uma visão geral dos trajes e vestuários através dos tempos. Daqui, desça a Bartlett Street e vire à direita e depois à esquerda na George St para entrar na Milsom St, uma das importantes áreas de compras de Bath. Dobre à esquerda em New Bond St, pegue a direita na Northgate St e depois vire à esquerda na Bridge St até a **Pulteney Bridge** ⑨, ladeada de lojas elegantes sobre o rio Avon, projetada por Robert Adam na década de 1770. Para ter as melhores vistas, caminhe pela Grand Parade, passe os jardins ornamentais e retorne a Orange Grove, voltando ao estacionamento.

🚗 *Siga as placas para a A4 rumo a Bristol e vire na A39. Na bifurcação, pegue a direita para Compton Dando, vire à esquerda e depois à direita. Dobre à direita e vá até Woollard. Vire à direita na A37, à esquerda na B3130 e à esquerda no posto de pedágio coberto de colmo. Siga as placas até os círculos de pedra.*

ROTEIRO 5: Uma Jornada Espiritual 71

ONDE COMER E BEBER

LACOCK
At the Sign of the Angel *moderado*
Antiguidades e lareiras marcam esta velha hospedaria (que também tem quartos). Serve pratos tradicionais britânicos.
6 Church St, SN15 2LB; 01249 730 230; www.lacock.co.uk

BRADFORD-ON-AVON
Mr Salvats Coffee Room *barato*
Café diferente e divertido (c.1700), que serve lanches quentes e frios e pratos substanciosos.
Town House, 44 St. Margarets St, BA15 1DE; 01225 867 474; qui-dom

The Tollgate Inn *moderado*
Pub gastronômico acolhedor em uma vila a leste de Bradford. Pratos britânicos com viés mediterrâneo. Tem quartos.
Ham Green, Holt, BA14 6PX; 01225 782 326; www.tollgateholt.co.uk

BATH
Sally Lunn's *barato*
A casa mais antiga da cidade, onde surgiu o Bath bun (pão doce local), serve salmão, peito de pato e coq au vin.
2 North Parade Passage, BA1 1NX; 01225 461 634; www.sallylunns.co.uk

Demuths *moderado*
Elegante restaurante vegetariano perto da abadia. Menu com pratos internacionais, como blinis de beterraba, falafel com tzatziki (molho de pepino e hortelã) e curry do Sri Lanka.
2 North Passage Parade, BA1 1NX; 01225 446 059; www.demuths.co.uk

Abaixo, em sentido horário: Nave e abóbada em leque na Bath Abbey; Imponente e impressionante curva do Royal Crescent, Bath

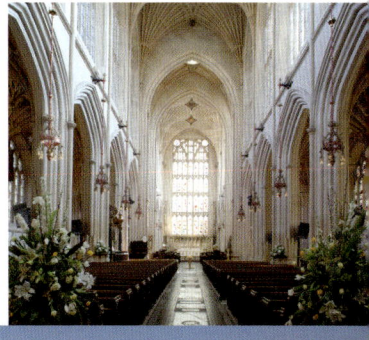

Acima O Stanton Drew Stone Circle em encantador cenário rural

PARA VISITAR OS MENDIPS

A B3135 atravessa o **Cheddar Gorge**, que tem escaladas, espeleologia e caminhadas *(01934 742 343; www.cheddarcaves.co.uk)*. Procure o autêntico queijo cheddar – o processo de produção pode ser observado na **Cheddar Gorge Cheese Company** *(01934 742 810; www.cheddargorgecheeseco.co.uk)*. O **Ebbor Gorge** (com estacionamento) dispõe de caminhadas – a área é famosa por seus morcegos, borboletas, musgos e líquens. Prossiga para leste até **Wookey Hole** *(01749 672 243; www.wookey.co.uk)*. Aqui há muitas atrações para crianças.

ONDE FICAR

MENDIP HILLS

Wookey Hole Inn *moderado*
As acomodações são rústicas, com ambiente boêmio e jovem. Dispõe de boa seleção de cervejas belgas. *Wookey Hole, BA5 1BP; 01749 676 677; www.wookeyholeinn.com*

WELLS

Canon Grange *barato*
Com ótima localização na frente da catedral, este B&B com decoração de época possui cinco quartos, tem equipe simpática e prestativa e serve belo café da manhã. Reserve um quarto voltado para a catedral. *Cathedral Green, BA5 2UB; 01749 671 800; www.canongrange.co.uk*

GLASTONBURY

The George and Pilgrim *moderado*
Com fama de mal-assombrada e cheia de personalidade e história, esta hospedaria funciona há 500 anos. Alguns quartos têm cama com dossel e há opções de bares para relaxar e comer. *1 High St, BA6 9DP; 01458 831 146; www.relaxinnz.co.uk*

Ao lado, da esq. p/ dir. A sinuosa B3135 atravessa o Cheddar Gorge; Fantástica simetria da nave na catedral de Wells

⑩ Stanton Drew Stone Circle
Stanton Drew, Somerset

Este é o segundo maior conjunto de círculos de pedra do Neolítico na Inglaterra e, como Avebury – e ao contrário de Stonehenge –, é um sítio sem cercas. Pedras de formato irregular despontam nos campos em que o gado pasta. Há três círculos – o maior, de 112m, tem 27 pedras e alinha-se a uma câmara mortuária conhecida como Cove, a 500m, no que agora é o jardim de um pub. De início, avenidas de pedras chegavam aos círculos. Muitas pedras foram danificadas com o passar do tempo; por isso não é fácil ver a estrutura do complexo. O local é calmo e fascinante. Um mito local diz que as pedras surgiram em uma festa de casamento cujos músicos, enganados pelo diabo, tocaram até o Sabá, quando se transformaram em pedras.

🚗 Volte à B3130 oeste e pegue a esquerda na bifurcação na B3114. Vire à direita na A368 e dobre à esquerda em Compton Martin para pegar a B3371 e depois à direita na B3135, até o Cheddar Gorge. Vá até a A371 leste e pegue a esquerda na bifurcação em Draycott, voltando à B3135 e a Priddy. Aqui, tome a direita na bifurcação para Ebbor Gorge e Wookey Hole. Estacione no local.

⑪ Mendip Hills
Somerset

De pequeno porte, as Mendip Hills atingem até 325m de altitude e percorrem 40km, apresentando notável contraste com a paisagem suave e ondulada de Somerset. Os morros se caracterizam pelas charnecas descampadas nas áreas mais altas e profundos desfiladeiros de calcário, crivados de cavernas que convidam à exploração *(veja à esquerda)*. O **Cheddar Gorge** e o **Wookey Hole** *(abertos diariam)* podem ficar movimentados, mas há muito o que fazer aqui – principalmente com as crianças –, e as cavernas são espetaculares. Preservado, o **Ebbor Gorge**, a oeste de Wookey Hole, dispõe de ótimas trilhas sinalizadas. As áreas de pastagem são cruzadas por muros de pedra sem argamassa e constituem habitat

---

A mística Glastonbury

Nenhum outro local da Inglaterra dispõe da mesma mistura de história, religião, superstição, magia e mito presente em Glastonbury. Consta que José de Arimateia, tio de Jesus, esteve aqui; e supõe-se que Chalice Well, em Chilkwell St (e o Glastonbury Tor), foi o local em que se escondeu o Santo Graal. Também se diz que o rei Artur e Guinevere foram enterrados no terreno da abadia. Acima da cidade, consta que linhas de força espiritual chegam até Glastonbury Tor. Seja como for, há algo especial em Glastonbury.

Onde Ficar: barato, menos de £80; moderado, £80-£150; caro, acima de £150

ROTEIRO 5: Uma Jornada Espiritual

importante para flores do campo, insetos e vida silvestre, como o arganaz e o falcão-peregrino.

🚗 *De Wookey Hole desça a High St para a Wells Rd, seguindo as placas até o centro de Wells.*

⑫ Wells
Somerset; BA5 2RP
Menor cidade da Inglaterra, Wells tem uma **catedral** que se destaca como preciosidade da arquitetura gótica inglesa. De frente para amplo gramado, sua suntuosa fachada oeste é uma maravilha da estatuária medieval, e o interior abriga um inacreditável relógio astronômico de 600 anos. Perto da catedral, admire o **Vicars' Close** medieval, que se diz ser a mais antiga rua planejada da Europa, e o **Bishop's Palace**, com muro e fosso do século XIII, de cujas fontes a cidade tomou o nome.

🚗 *Siga a A39 para sudoeste, virando à direita na rotatória. Passe a Glastonbury Abbey e estacione à esquerda.*

Entalhe em Market Cross, Glastonbury

⑬ Glastonbury
Somerset; BA6 9EL
Uma atração para os partidários da Nova Era e para os que buscam um estilo de vida alternativo, a Glastonbury medieval está repleta de lendas e simbolismos religiosos. Perto do centro e do Market Cross estão as majestosas ruínas da **Glastonbury Abbey** *(diariam)*, que já foi uma das abadias mais poderosas da região, destruída durante a Dissolução dos Mosteiros. Em boa parte, a abadia data dos séculos XII e XIII, mas uma igreja de pedra havia sido erguida aqui por volta de 705. A leste, tendo no topo as ruínas de St. Michael, acha-se o outeiro de **Glastonbury Tor** – descrito como um portal para o reino encantado, a fortaleza do rei Artur ou o local onde o Santo Graal foi mantido. Suba até aqui para apreciar as vistas de Somerset Levels – pântano aterrado que também pode ser apreciado de bicicleta. Alugue uma bicicleta na **Monkey Motion** *(3a Silver St, BA6 8LX; 07530 104 215).*

Acima, da esq. p/ dir. Fachada oeste da catedral de Wells, erguida entre 1209-50; Ruínas da St. Michael's Church, no alto do Glastonbury Tor; Ruínas da Glastonbury Abbey, situadas em parque pitoresco

COMPRAS EM GLASTONBURY
Compre os legítimos calçados Clarks, às vezes com desconto, na *Clarks Factory Shop* **(Clarks Village, Farm Rd, Street, BA16 0BB; 0844 499 3805; www.clarks.co.uk)**, em Street, ao sul de Glastonbury.

ONDE COMER E BEBER

WELLS

The Good Earth *barato*
Lugar ideal para um café ou lanche. Serve comida simples e saudável, como sopas, quiches, pizzas, batatas assadas e itens para viagem.
4 Priory Rd, BA5 1SY; 01749 678 600; www.thegoodearthwells.com; só abre de dia, exceto sáb à noite

GLASTONBURY

Hundred Monkeys *moderado*
Em uma cidade famosa pelos cafés hippies, este tem um jeito agradável e prático. Serve refeições, assim como ótimos bolos.
52 High St, BA6 9DY; 01458 833 386; só abre de dia; fecha dom

---

PASSEIOS DE 1 DIA
Salisbury e Bath são boas bases para passeios de 1 dia; em Glastonbury, pode-se visitar Wells e conhecer os Mendips, com oportunidade para caminhar ou fazer atividades ao ar livre.

Salisbury e as pedras
Conheça a pré-história da área no museu de Salisbury ❶; depois, a história de Old Sarum ❷, Stonehenge ❸ e Avebury ❺. As famílias ativas vão se divertir nas atividades ao ar livre e talvez queiram fazer uma parada em Devizes ❹ para um programa no Kennet and Avon Canal.

De Salisbury, siga as indicações para visitar Old Sarum, Stonehenge, Devizes e Avebury. Volte pelas A361 e A342 pela velocidade e conveniência.

Belas edificações
Explore a notável arquitetura de Bath ❾, com casas e prédios elegantes, museus e impressionante variedade de lojas e restaurantes. As termas romanas constituem uma atração imperdível. Veja também Bradford-on-Avon ❽, pelos prazeres anglo-saxões e medievais, e a Lacock Abbey ❼, pela curiosa mistura de projetos medievais e do século XVI.

De Bath, pegue as A36/B3108 para Bradford e as B3107/A350 até Lacock.

Glastonbury e os desfiladeiros
Se ficar em Glastonbury ⓭, aprecie as românticas ruínas da abadia e suba até Glastonbury Tor pelas vistas. Vá até Wells ⓬ para um giro pela catedral e atrações adjacentes, e depois siga de carro até Mendip Hills ⓫ via Cheddar, Ebbor e Wookey Gorges, fazendo paradas de vez em quando.

A A39 liga Wells a Glastonbury; siga as indicações para os motoristas transporem os desfiladeiros. Volte via A371 e A39.

Onde Comer e Beber: barato, menos de £25; moderado, £25-£50; caro, acima de £50

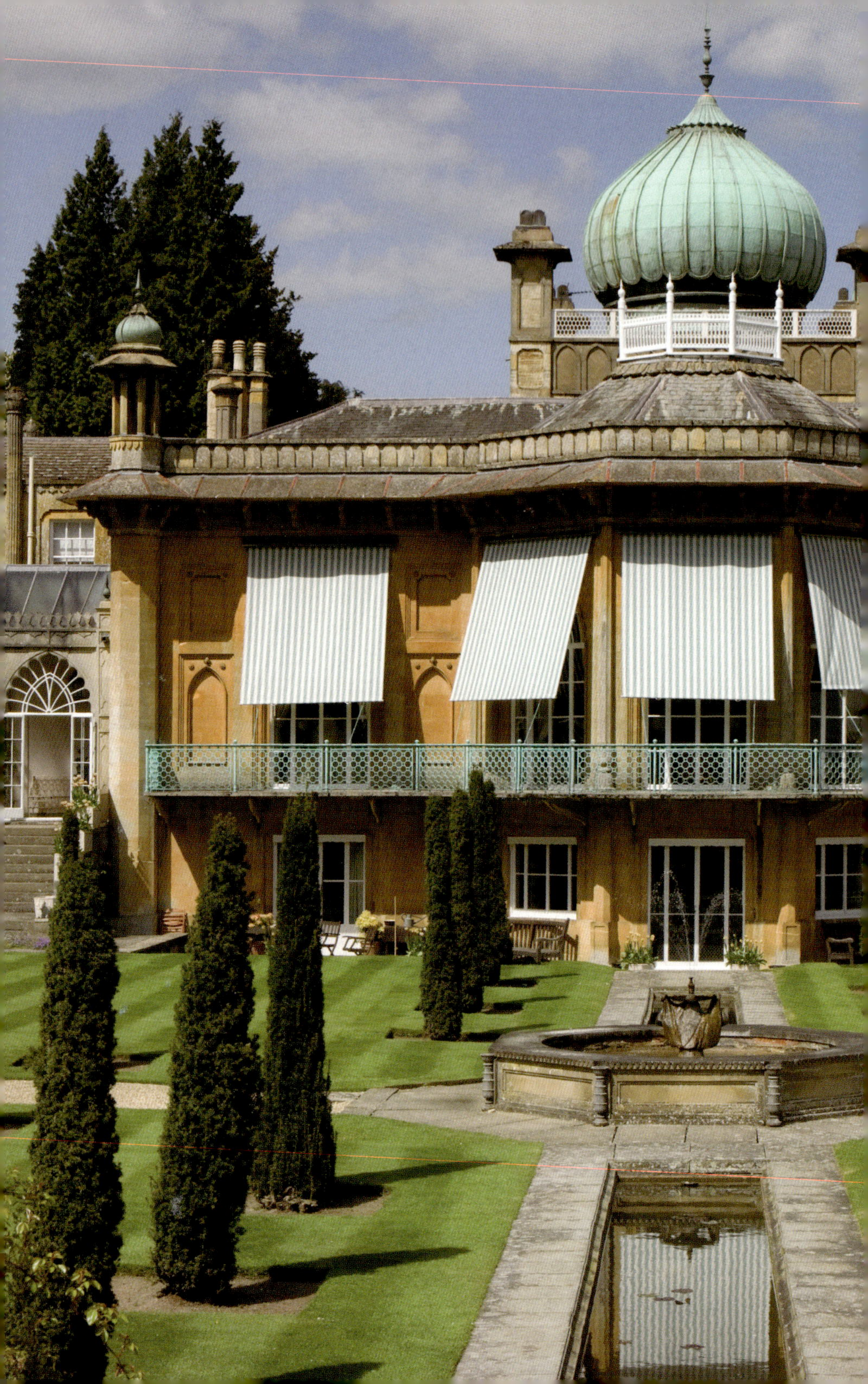

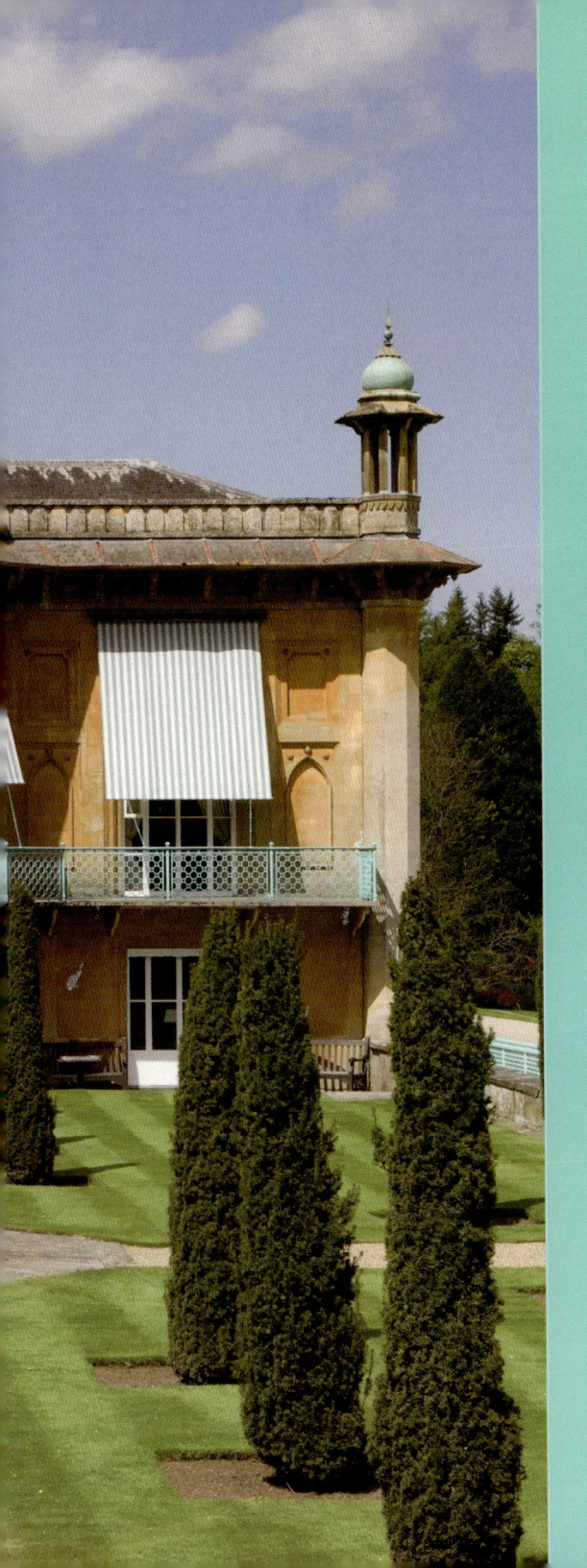

ROTEIRO **6**

As vilas de Cotswolds

De Cirencester a Broadway

Destaques

- **Cenário para fotos**
  Entre em um mundo de chalés cobertos de colmo, jardins floridos e riachos, emoldurado pela suave paisagem de Cotswold

- **Miscelânea de museus**
  Explore diversos museus que expõem desde antigos instrumentos musicais até carros e bicicletas

- **Igrejas de Cotswold**
  Admire a arquitetura do Gótico tardio das magníficas igrejas da área, erguidas com a riqueza do comércio de lã

- **Artes e antiguidades**
  Descubra os desenhos do movimento Arts and Crafts que aqui floresceu no fim do século XIX, e pesquise os antiquários que enfeitam as vilas

Sezincote House and Garden, construída em estilo mogul indiano

As Vilas de Cotswolds

Do centro de Gloucestershire até o limite de Worcestershire, este roteiro abrange algumas das mais encantadoras vilas e aldeias de Cotswolds Hills – vistas suaves pontilhadas de carneiros e muros de pedra sem argamassa. Uma viagem pelos Cotswolds revela chalés cor de mel, pubs com espessa cobertura de colmo e mansões grandiosas construídas por fazendeiros e comerciantes no local em que já houve o comércio da melhor lã da Europa. Muitos comerciantes locais de lã exibiam sua riqueza erguendo ou reformando igrejas rurais e enchendo-as de grandiosos memoriais – os de Cirencester, Northleach e Chipping Campden estão entre os mais requintados. Aqui há comida e hospedagem de qualidade, e também um conjunto de lojas independentes, galerias e oficinas que vendem antiguidades e artesanato.

Acima Chalé com teto de colmo na vila de Chipping Campden *(p. 80)*

LEGENDA
Roteiro

ATIVIDADES

Garimpe produtos antigos nos interessantes antiquários que fazem a fama de Cotswolds

Faça uma visita aromática à fábrica de perfumes em Bourton-on-the-Water

Prepare-se para um passeio de bicicleta pela bonita área ao redor de Chipping Campden

Faça uma jornada pelos 160km da Cotswold Way, entre Chipping Campden e Bath

Encha o prato e apoie o Great British Pud em Mickleton, perto de Hidcote Manor Garden

Suba o morro e a alta Broadway Tower

Dê a primeira tacada no Broadway Golf Club

ROTEIRO 6: As Vilas de Cotswolds

Acima Hidcote Manor Garden, obra-prima do movimento Arts and Crafts (p. 81)

Abaixo Vista matinal da St. James' Church, Chipping Campden (p. 80)

PLANEJAMENTO

Início/fim: De Cirencester a Broadway.

Número de dias: 2-3.

Distância: Cerca de 90km (55 milhas).

Condições das estradas: Na maioria rodovias A retas e estradas secundárias, mas quase sempre estreitas – cuidado com tratores e pessoas a cavalo perto de curvas sem visão.

Quando ir: No verão, algumas vilas de Cotswold podem ficar muito cheias de viajantes de fim de semana, de passeios de um dia e de ônibus de excursão – é melhor durante a semana.

Horários de funcionamento: Em geral, museus e atrações abrem 10h-17h, mas fecham mais cedo (ou nem abrem) nov-Páscoa. Lojas abrem por mais tempo. Igrejas costumam fechar ao anoitecer.

Principais dias de mercado: Cirencester: Mercado, Market Place, seg e sex; Feira de artesanato, Corn Hall, 2ª e 4ª sáb do mês; **Stow-on-the-Wold**: Feira do produtor, 2ª qui do mês; **Moreton-in-Marsh**: ter.

Compras: Procure antiguidades e artesanato em toda a região, como vidros soprados, cerâmicas moldadas à mão, joias e louças. Há também ótimas cervejas locais, carnes – principalmente de carneiro – e queijos, como o famoso Stinking Bishop.

Principais festas: Cirencester: Beer Festival, fim abr; **Chipping Campden**: Music Festival, meados de mai; Olympick Games, fim mai.

PASSEIOS DE 1 DIA

Alguns passeios de 1 dia podem abranger o que há de melhor na região de Cotswolds. Famílias com crianças vão gostar da combinação de **museu romano** em Cirencester, **villa romana** em Chedworth e **coleções de instrumentos e brinquedos** e **mostras de maquetes de ferrovias** de Northleach e Bourton-on-the-Water. Os fãs do movimento Arts and Crafts podem ir a **antiquários**, **galerias**, **museus** e **oficinas** em Stow-on-the-Wold, Chipping Campden e Broadway. Detalhes p. 81.

PARA VISITAR CIRENCESTER

Estacionamento
Há muitos estacionamentos perto do centro e da Market Square.

Informação turística
Corinium Museum, Park St, GL7 2BX; 01285 654 180; www.cotswold.gov.uk

ONDE FICAR

CIRENCESTER

The Fleece Hotel *moderado*
Hospedaria ampla, central, com clima agradável. Os quartos são pequenos, mas funcionais e confortáveis. Tem dois restaurantes e um pátio para drinques.
Market Place, GL7 2NZ; 01285 658 507; www.fleecehotel.co.uk

BOURTON-ON-THE-WATER

Chester House Hotel *moderado*
Pequeno hotel tradicional, com atmosfera descontraída e decoração moderna. Ótima equipe. Quartos frescos e arejados, alguns com cama de dossel. Também oferece quartos para famílias.
Victoria St, GL54 2BU; 01451 820 286; www.chesterhousehotel.com

STOW-ON-THE-WOLD

The Limes *barato*
B&B vitoriano simples, gerido por casal jovem e simpático, na periferia setentrional de Stow, na A424 (a uma caminhada de 5 minutos do centro). Tem cinco quartos e um jardim encantador com tanque de peixes e viveiro de aves.
Evesham Rd, GL54 1EJ; 01451 830 034

Stow Lodge Hotel *moderado*
Acomodações em estilo campestre no centro de Stow. Tem jardim bem tratado e voltado para a praça principal, boa comida e lounge com lareira.
The Square, GL54 1AB; 01451 830 485; www.stowlodgehotel.co.uk

MORETON-IN-MARSH

Redesdale Arms *barato*
Esta antiga hospedaria para troca de cavalos possui lareiras acolhedoras e quartos bem equipados, com banheiros limpos e modernos. Excelente café da manhã e refeições saborosas servidas no bar ou no restaurante.
High St, GL56 OAW; 01608 650 308; www.redesdalearms.com

Manor House Hotel *caro*
Antigo, mas charmoso e bem cuidado, este hotel na rua principal dispõe de móveis de época e instalações modernas. Tem equipe delicada e atenta, e o Mulberry's Restaurant serve pratos de alto nível.
High St, GL56 OLJ; 01608 650 501; www.cotswold-inns-hotels.co.uk

Ao lado, da esq. p/ dir. A St. John the Baptist Church, no centro de Cirencester; Mosaicos na sala de jantar de uma vila romana em Chedworth

Onde Ficar: barato, menos de £80; moderado, £80-£150; caro, acima de £150

Acima A vila de Northleach, construída com a tradicional pedra de Cotswold

❶ Cirencester
Gloucestershire; GL7 2BX

A importância desta cidade-mercado na Grã-Bretanha romana – era a segunda maior cidade – é revelada no majestoso **Corinium Museum** *(diariam; dom fecha de manhã)*. A cidade conservou sua riqueza no período medieval, como se vê na enorme igreja **St. John the Baptist** – o pórtico sul tem abóbada em leque de 1490. A igreja predomina na **Market Square**, onde ocorre um dos maiores mercados de Cotswolds. Visite **New Brewery Arts** *(diariam)* para ver galerias, lojas, eventos e oficinas.

🚗 Siga para o norte pela A429 (Stow Road) rumo a Stow-in-the-Wold por cerca de 8km. Vire à esquerda nas placas para a Chedworth Roman Villa, depois acompanhe as indicações para a vila e o estacionamento do local.

❷ Chedworth Roman Villa
Yanworth, Gloucestershire; GL54 3LJ

No meio de um bosque, este local descoberto em 1864 exibe parte de termas e salas de jantar de uma vila romano-britânica *(fecha seg)* habitada do século II ao século IV. Mosaicos, sistema de aquecimento subterrâneo e banheiras de imersão podem ser visitados enquanto os audioguias explicam a história. Boa área para piquenique.

🚗 Siga as placas para Yanworth, depois para Northleach. Estacione no centro da cidade.

Entalhe em pedra, Corinium Museum

❸ Northleach
Gloucestershire; GL54 3ET

Esta vila tem uma das melhores *wool churches* (igrejas construídas com a riqueza do comércio de lã) de Cotswold. As partes mais antigas de **St. Peter** e **St. Paul** foram erguidas por volta de 1300 e, sobre o piso, ornamentos de latão mostram comerciantes com carneiros, fardos de lã e crianças. Os consolos de pedra no pórtico retratam anjos e um gato tocando violino. Na High St, visite o **Keith Harding's World of Mechanical Music** *(diariam)*, que exibe peças de época demonstradas em visita guiada.

🚗 Pegue a A429 e siga placas para Stow-on-the-Wold e Bourton-on-the-Water. Estacione ao lado da Rissington Road.

ROTEIRO 6: As Vilas de Cotswolds   79

❹ Bourton-on-the-Water
Gloucestershire; GL54 2AN
Esta vila clássica e calma de Cotswold fica ao lado de uma área verde e do manso rio Windrush, e tem atrações para todos os gostos. O **Cotswold Motoring Museum and Toy Collection** *(diariam)* é um nostálgico passeio pelo estilo e pela tecnologia do passado; a **Model Railway Exhibition** tem uma planta elaborada com mais de 40 trens *(jun-ago: diariam; set-dez e fev-mai: sáb e dom; jan: funcionamento limitado)*; a **Model Village** *(diariam)* é uma réplica em escala 1:9 de Bourton; e a **Cotswold Perfumery** *(diariam; 01451 820 698; www.cotswold-perfumery.co.uk)* é uma fascinante fábrica com museu e loja que faz perfumes artesanalmente; visitas agendadas.

🚗 Volte à A429, seguindo as placas para Stow-on-the-Wold. Estacione na praça da cidade ou na A429 ao norte do centro.

Antiguidades de Cotswold
Cotswolds é uma das áreas mais gratificantes para a compra de antiguidades, mas não espere pechinchas. Os principais centros são Stow-on-the-Wold, Moreton-in-Marsh, Chipping Campden e Broadway, mas vale a pena dar uma espiada em locais menores. Vá às feiras de antiguidades – os centros de informação turística têm uma lista.

❺ Stow-on-the-Wold
Gloucestershire; GL54 1BN
Oito rodovias – uma delas a Roman Fosse Way – se encontram nesta cidade-mercado de Cotswold, repleta de antiquários, delicatéssens e hotéis elegantes. Pare para espiar as vitrines e comer alguma coisa nos pubs e cafés que rodeiam a enorme praça principal – que já foi um mercado movimentado, no centro do comércio de lã de Cotswold. Procure o **King's Arms**, onde Carlos I passou uma noite em 1645 durante a Guerra Civil; no ano seguinte, a vizinha **St. Edward's Church** serviu de prisão para as tropas monarquistas derrotadas após a batalha de Stow.

🚗 Continue para o norte pela A429 rumo a Moreton-in-Marsh; pare na High St.

❻ Moreton-in-Marsh
Gloucestershire; GL56 0AF
Este centro vibrante de Cotswold é conhecido pelo Tuesday Market – maior mercado a céu aberto do condado. Pela A44, a uma curta distância para Evesham, há uma série de locais interessantes para visitar. **Sezincote** é uma casa suntuosa erguida em estilo mogul indiano em 1810 *(Casa: mai-set: qui e sex à tarde, crianças não entram; Jardim: jan-nov: qui e sex à tarde)*. Na frente fica o **Batsford Arboretum**, fabuloso conjunto de árvores e arbustos exóticos *(fev-nov: diariam; dez-jan: fecha qua)*. Logo ao lado, as famílias vão gostar das demonstrações de caça no **Cotswold Falconry Centre** *(meados fev-meados nov: diariam)*.

🚗 Pegue a A429 para o norte e vire à esquerda rumo a Batsford. Siga as placas para Draycott, atravessando a vila e passando por Broad Campden. Em Chipping Campden, pare na High St.

Acima, da esq. p/ dir. Ponte pitoresca no centro de Bourton-on-the-Water; Típico salão de chá de Cotswold em Moreton-in-Marsh

COMPRA DE QUEIJOS LOCAIS
Os queijos de Cotswold têm fama merecida. Em **Stow-on-the-Wold** abasteça-se para um piquenique na **Maby's** *(Digbeth St, GL54 1BN; 01451 870 071; www.mabys.co.uk)*. Escolha entre mais de 50 queijos (entre eles o Stinking Bishop) e outras especialidades locais em **Moreton-in-Marsh**. Experimente também a **Cotswold Cheese Company** *(High St, GL56 0AH; 01608 652 862; www.cotswoldcheesecompany.co.uk)*.

ONDE COMER E BEBER

CIRENCESTER

Harry Hare's *moderado*
Serve lanches e refeições completas, como barriga de porco e pato Barbary.
3 Gosditch St, GL7 2AG; 01285 652 375; www.harryhares.co.uk

CHEDWORTH ROMAN VILLA

Seven Tuns *moderado*
Pub tradicional, serve lanches e refeições finas, perto da lareira ou no pátio.
Queen St, Chedworth, GL54 4AE; 01285 720 242

STOW-ON-THE-WOLD

Digbeths *barato*
Café convidativo com piso de pedra e deliciosa variedade de bolos e lanches.
Digbeth St, GL54 1BN; 01451 831 609

The Old Butcher's *moderado*
Esta brasserie bem cotada serve comida britânica moderna de qualidade, como tetraz regional, perna de vitela e posset de limão.
7 Park St, GL54 1AQ; 01451 831 700; www.theoldbutchers.com

MORETON-IN-MARSH

Tilly's *barato*
Café da manhã, doces e lanches saborosos são servidos neste simpático salão de chá, com pátio para o tempo bom.
18-19 High St, GL56 0AF; 01386 701 043; só abre de dia

À esq. Vista da área rural nos arredores de Stow-on-the-Wold

Acima Campden House com a St. James' Church, Chipping Campden **Abaixo** Cestas de flores nas fachadas de Eight Bells, Chipping Campden

PARA VISITAR CHIPPING CAMPDEN

Informação turística
Old Police Station, High St, GL55 6HB; 01386 841 206; www.visitchipping campden.com

Cotswold Country Cycles
Longlands Farm Cottage, GL55 6LJ; 01386 438 706; www.cotswoldcountrycycles.com

ONDE FICAR

CHIPPING CAMPDEN

Eight Bells *moderado*
Erguida no século XIV para os escultores de pedras da St. James Church, esta hospedaria é chique e moderna. Quartos e restaurante excelentes.
Church St, GL55 6JG; 01386 840 371; www.eightbellsinn.co.uk

BROADWAY

The Broadway Hotel *caro*
Vigas de madeira e pisos rangentes dão personalidade a este hotel tradicional. Equipe simpática e farto café da manhã.
The Green, WR12 7AA; 01386 852 401; www.cotswold-inns-hotels.co.uk

The Lygon Arms *caro*
Aproveite o luxo e o charme europeus. Experimente a área de lazer e depois jante no Great Hall.
High St, WR12 7DU; 01386 852 255; www.barcelo-hotels.co.uk

❼ Chipping Campden
Gloucestershire; GL55 6JE

Esta vila nada comercial de Cotswold foi um dos centros do movimento Arts and Crafts, que floresceu na região na virada para o século XX. Ainda tem um ativo movimento artesanal, além do Court Barn Museum, dedicado à arte e ao design. Aqui também tem início a Cotswold Way, uma trilha de 150km que vai até Bath – é ideal para ciclistas, que podem explorar o campo em bicicletas alugadas.

Passeio a pé de 3 horas

Comece na High Street, ao lado do **Market Hall** ①, de 1627. Atravesse o arco à esquerda do Noel Arms Hotel e entre na George Lane, virando à esquerda em Badgers Field. Passe pelo mata-burro (para conter o gado) e entre no campo. O caminho atravessa um campo e cruza um riacho com vistas da **Campden House** ②, do século XVII, incendiada na Guerra Civil.

O caminho termina na Station Rd; vire à esquerda e dê uma olhada na **St. James' Church** ③. Do século XVI, é uma das melhores *wool churches* de Cotswold. Observe os suntuosos memoriais, o púlpito jacobita e o atril. Ali perto fica o **Court Barn Museum** ④ *(fecha seg)*, dedicado ao design e ao artesanato. Desça a Church St e passe por uma série de **Almshouses** ⑤, à direita, de 1612. Vire à esquerda na High St e volte ao Market Hall.

Prossiga pela High St, fazendo um desvio à esquerda na Sheep St para visitar o **Old Silk Mill** ⑥, ex-sede da C. R. Ashbee's Guild of Handicrafts e ainda dedicado a produtos artesanais. Pesquise os itens e leve um suvenir.

Retorne à High St e dobre à direita na **St. Catherine's Church** ⑦, construção neogótica com vitrais do início do século XX, desenhados no estilo Arts and Crafts pelo artista local Paul Woodroffe. Siga as placas para a Cotswold Way em West End Terrace e Hoo Lane, que logo se transforma na trilha para Kingcombe Lane. Aqui, vire à esquerda e depois de uns cem passos vire à direita para pegar outro caminho, também sinalizado como Cotswold Way. Este leva a The Common, uma área de parque com uma trilha para **Dover's Hill** ⑧, onde há bancos para admirar a vista. O morro é o local dos Olympick Games, iniciados no século XVII e que envolvem lutas locais como o *shin-kicking*. Bandinhas e uma procissão com tochas aumentam a diversão, na sexta-feira após o Spring Bank Holiday (feriado bancário da primavera).

De Dover's Hill, vire à esquerda na estrada, cruze a Kingcombe Lane e desça a Dyers Lane. Siga por ela e vire à esquerda na Park Road, que leva de volta à High Street de Chipping Campden.

Dover's Hill fica no Cotswold Way e é um ótimo lugar para uma caminhada; para isso, pegue mapas no centro de turismo. Ciclistas podem alugar bicicletas no **Cotswold Country Cycles** *(veja à esquerda)*.

🚗 *Pegue a B4035 rumo a Shipston-on--Stour e vire à esquerda para Ebrington. Depois da passagem de nível, dobre à esquerda e siga as placas para Hidcote Manor Gardens.*

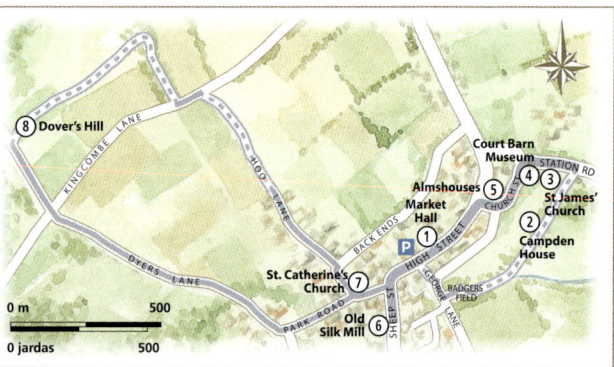

Onde Ficar: barato, menos de £80; moderado, £80-£150; caro, acima de £150

ROTEIRO 6: As Vilas de Cotswolds

Acima Lojas na High Street, na bem conservada vila de Broadway

Arts and Crafts
O movimento Arts and Crafts da Grã-Bretanha surgiu por volta de 1900, especialmente em Cotswolds. Inspirados nos textos de John Ruskin e na reação contra a industrialização, seus seguidores davam preferência às habilidades tradicionais. Entre os mais famosos expoentes estavam o artista William Morris, o moveleiro Gordon Russell e C. R. Ashbee, que desenhava joias e livros. Exemplos de suas obras estão em museus da Broadway e de Chipping Campden.

⑧ Hidcote Manor Garden
Gloucestershire; GL55 6LR
Jardim é o que não falta em Cotswolds, e Hidcote *(meados mar-jun, set e out: sáb-qua; jul-ago: sex-qua)* é um dos melhores do país. Foi criado em 1907 pelo major americano Lawrence Johnston, que projetou uma série de "salas ao ar livre", cada uma com seu estilo, separadas por muros e cercas vivas altas, às vezes com topiaria requintada. Destacam-se o White Garden, o Bathing Pool e o informal Old Garden. Almoce e prove o pudim tradicional na **Three Ways House**, em Mickleton.

🚗 *Vire à esquerda ao sair de Hidcote, depois entre na próxima à direita para Mickleton. Dobre à direita, depois à esquerda na pequena rotatória para pegar a B4632. Pare ao lado da Broadway High St e da Church St.*

⑨ Broadway
Worcestershire; WR12 7DT
A elegante rua principal desta vila de Cotswold é ladeada de casas de pedra, lojas chiques e alguns pubs e hotéis acolhedores. O **Gordon Russell Museum** *(fecha seg)* exibe móveis desenhados por famosos artesãos do local, ao lado de peças de metal e vidro. Siga para leste pela High St até a A44, vire à direita e na primeira à direita para chegar à **Broadway Tower** *(abr-out: diariam; nov-mar: sáb e dom)*. Esta extravagância semelhante a um castelo foi erguida em 1799 e oferece panoramas fantásticos, mostras da história local e um parque de cervos, ótimo para caminhadas. Vá para o sul pela Church St até **Snowshill Manor** *(meados mar-out: qua-dom à tarde)*, construída com a pedra amarelada de Cotswold e que possui jardim estilo Arts and Crafts. O solar dispõe de curiosidades do mundo inteiro, de relógios a sinos de vacas, de brinquedos e bicicletas a instrumentos musicais e uma armadura de samurai. Ali perto fica o **Broadway Golf Club** *(Willersey Hill, WR12 7LG; 01386 853 683; www.broadwaygolfclub.co.uk)*.

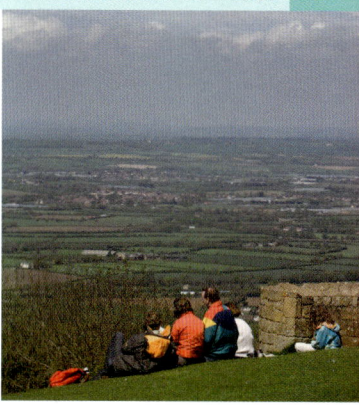

Above Da Broadway Tower, vista para o norte rumo a Birmingham

ONDE COMER E BEBER

ARREDORES DE CHIPPING CAMPDEN

Ebrington Arms *moderado*
Hospedaria de Cotswold, serve ótima comida caseira com ingredientes locais.
Ebrington, GL55 6NH (a 3km de Chipping Camden na B4035); 01386 593 223; www.theebringtonarms.co.uk

ARREDORES DE HIDCOTE MANOR

Three Ways House *moderado*
Restaurante premiado (tem quartos), serve excelente comida britânica tradicional e moderna. É sede do Pudding Club, dedicado a preservar e promover a tradição do Great British Pudding.
Mickleton, GL55 6SB (esquerda ao sair de Hidcote e direita para Mickleton); 01386 438 429; www.puddingclub.com

BROADWAY

Tisanes *barato*
Este salão de chá serve cream tea, café da manhã e almoços leves.
21 The Green, WR12 7AA; 01386 853 296; www.tisanes-tearooms.co.uk

Russell's *moderado-caro*
Restaurante (tem quartos) que serve comida excelente – prove o tirno frito e o pudim de toffee caramelado.
20 High St, WR12 7DT; 01386 853 555; www.russellsofbroadway.co.uk

À esq. O Old Garden, em Hidcote Manor Garden

PASSEIOS DE 1 DIA
Cirencester e Stow-on-the-Wold são boas bases para explorar a área.

Romanos e brinquedos
Famílias com crianças vão adorar o Roman Museum, em Cirencester ①, a Chedworth Roman Villa ②, a exposição de música mecânica em Northleach ③ e as mostras de brinquedos em Bourton-on-the-Water ④.
Cirencester, Northleach e Bourton-on-the-Water estão ligadas pela A429.

Antiguidades e design
De manhã, dê uma espiada nos antiquários de Stow-on-the-Wold ⑤. Depois, visite uma mansão curiosa – a Sezincote, em Moreton-in-Marsh ⑥. À tarde, vá até Chipping Campden ⑦ e Broadway ⑨ para ver arte, artesanato e design locais.
Stow-on-the-Wold está bem conectada – a A424 vai até Broadway, e a B4081 até Chipping Campden.

Onde Comer e Beber: barato, menos de £25; moderado, £25-£50; caro, acima de £50

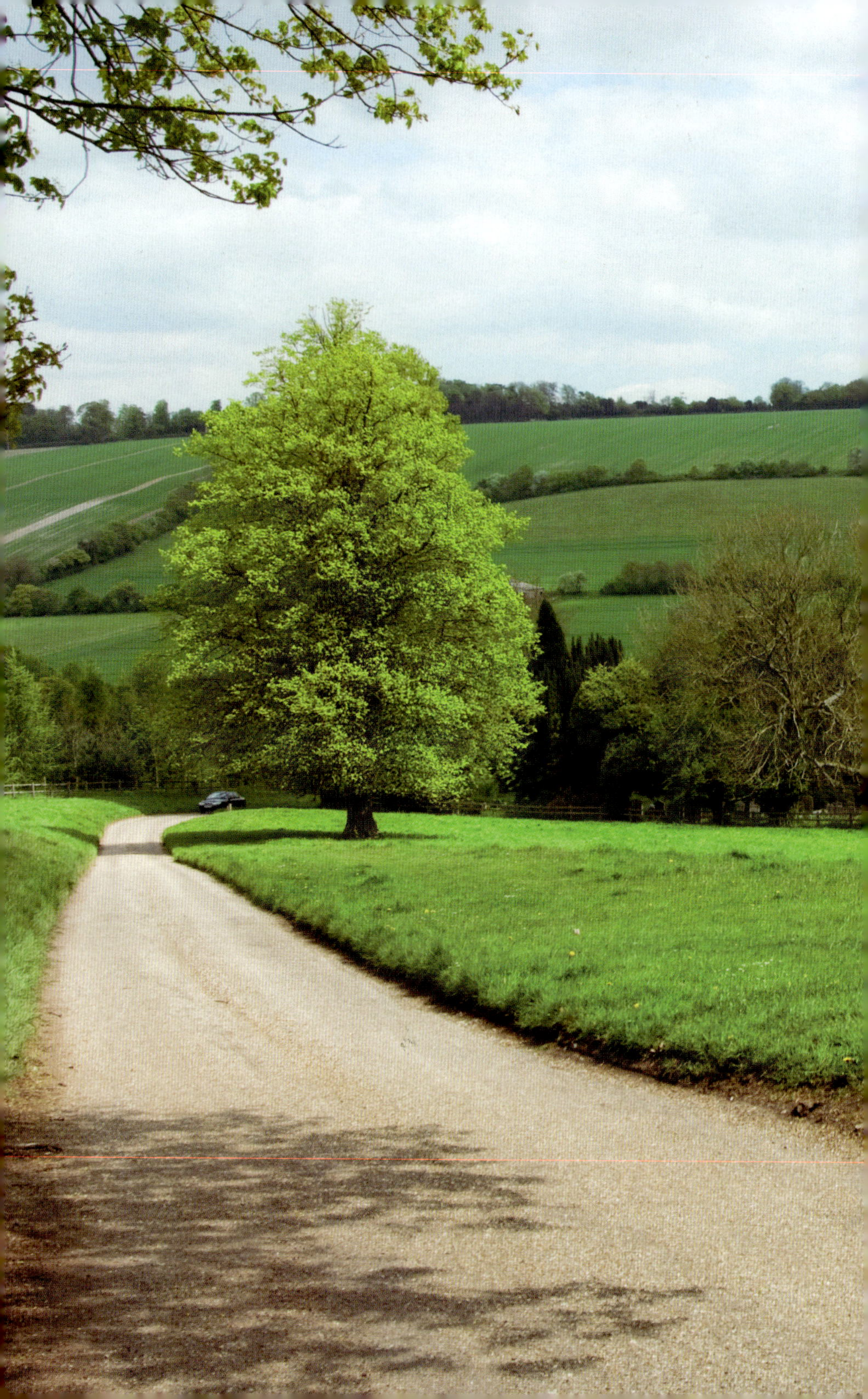

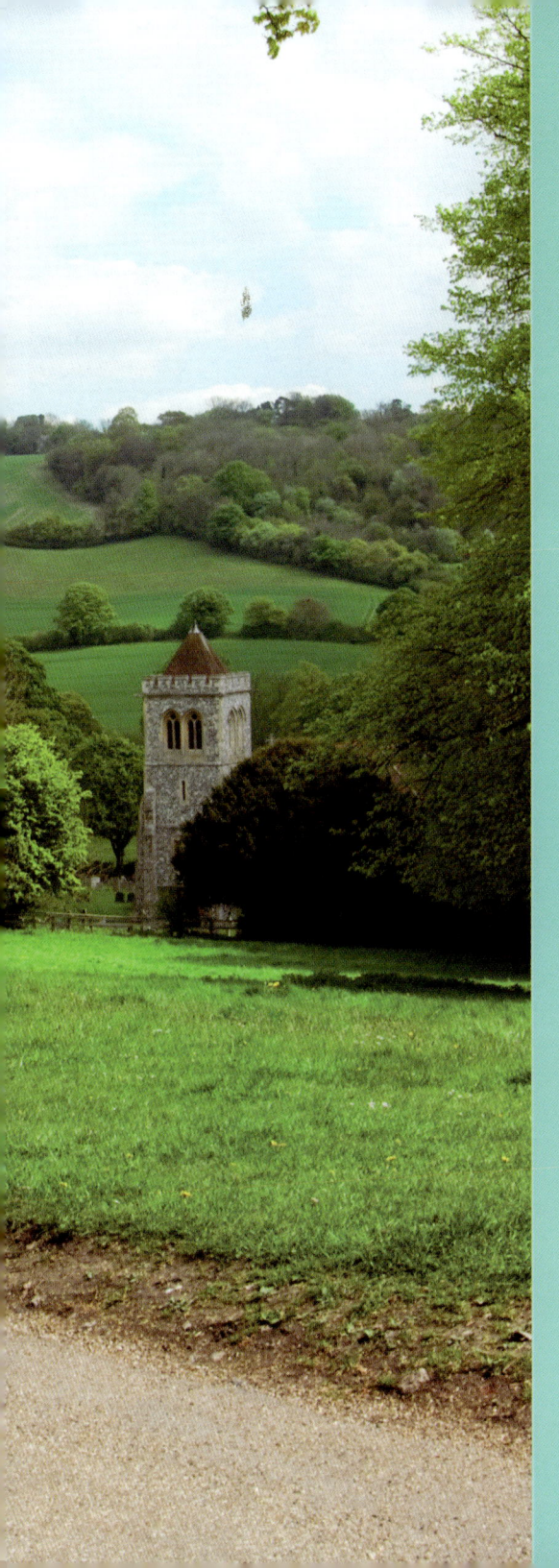

ROTEIRO **7**

Nos Chilterns
De Chalfont St. Giles a Henley-on-Thames

Destaques

- **Paraíso encontrado**
  Dê uma espiada no belo chalé do século XV em que John Milton escreveu sua obra-prima, *O paraíso perdido*

- **História em geral**
  Passeie pelos parques e bosques cheios de carneiros, e entre construções históricas no Chilterns Open Air Museum

- **Muita inspiração**
  Desperte a imaginação de adultos e crianças no fascinante Roald Dahl Museum and Story Centre

- **Perfeitas vilas inglesas**
  Admire as igrejas de pedra, as casas com madeira aparente e os pubs acolhedores destas preciosidades pitorescas, aninhadas entre morros ondulantes e bosques antigos

Primavera nos campos suavemente ondulados de Chiltern Hills

Nos Chilterns

Este roteiro começa a apenas 40km do tumulto do centro de Londres, na encantadora vila de Chalfont St. Giles, e faz um percurso pelos Chiltern Hills, considerados Area of Outstanding Natural Beauty (Área de Destacada Beleza Natural). Alguns trechos acompanham as principais rodovias, mas há também agradáveis estradinhas campestres quase sem trânsito. As paradas propostas pelo caminho são variadas – imponentes, curiosas e bonitas –, enquanto a cidade de Henley, o destino final, oferece várias atrações para entreter o visitante por um dia.

Acima Moinho de Cobstone, Turville (p. 86)

PLANEJAMENTO

Início/fim: De Chalfont St. Giles a Henley-on-Thames.

Número de dias: 2.

Distância: 56km (35 milhas).

Condições das estradas: Muito boas. Algumas estradinhas são estreitas; boa sinalização, com placas turísticas marrons.

Quando ir: Do final de maio até o outono.

Principais dias de mercado: Amersham: Amersham Country Market, sex de manhã; Henley-on-Thames: Market Day, qui; Feira do produtor, última qui do mês, de manhã.

Principais festas: Amersham: Charter Fair (e mercado), 19-20 de set; Henley-on-Thames: Henley Royal Regatta, início de jul; Henley Festival of Music and Arts, jul.

Acima O Red Lion Hotel, em Henley-on-Thames, data do século XIV (p. 87)

❶ Chalfont St. Giles
Bucks; HP8 4JH

Com área verde, lago com patos, velhas hospedarias e chalés, é considerada a "mais perfeita vila britânica". Siga uma placa na saída de vila para a **Milton's Cottage** *(mar-out, fecha seg; www.miltonscottage.org)*, residência do século XVI do poeta John Milton. Em 1665, após fugir de Londres para escapar da peste, ele escreveu aqui sua obra-prima: *O paraíso perdido*. Entre outros tesouros, o chalé contém a primeira edição de *Areopagitica*, ensaio de Milton que condena a censura, e *Eikonoklastes*, sua réplica à defesa de Carlos II quanto ao direito divino dos reis.

Siga para Seer Green e vire à esquerda na placa para a Quaker Meeting House. Desvie da virada à direita para o centro, com a placa "Jordan's village". À esquerda há uma placa para **Jordan's Quaker Meeting House**, uma das primeiras assembleias da Inglaterra e que data de 1688. William Penn, fundador da Pensilvânia, que morreu em 1718, foi enterrado no cemitério local.

Em Chalfont St. Giles podem-se comprar azeites, vinagres e bebidas de alta qualidade em **Vom Fass** *(fecha dom)*, na High St.

🚗 *Suba a High St e Pheasant Hill; passe duas rotatórias para Vache Lane, depois pegue a direita na estreita Gorelands Lane. Siga as placas até o museu.*

❷ Chiltern Open Air Museum
Newland Park, Gorelands Lane, Chalfont St. Giles, Bucks; HP8 4AB

Em uma iniciativa ambiciosa, 30 construções nacionais de gerações passadas, típicas da região, foram resgatadas e reconstruídas aqui em um ambiente natural *(abr-ou; 01494 871 117; www.coam.org.uk)*. Explore uma fazenda do século XIX com animais; caminhe por uma vila com áreas verdes, chalés, forja e capela; descubra como é por dentro uma casa do século XVI com estrutura de madeira; e dê uma espiada no pequeno Henton Mission Room, um "tabernáculo de estanho" feito após a invenção do ferro corrugado e galvanizado em 1882. Entre outras construções há um bangalô pré-fabricado e instalações públicas de ferro fundido fabricadas em 1906.

🚗 *Volte à A413, vire à direita na rotatória e vá para Amersham. Siga as placas para a cidade velha. Pare na rua.*

❸ Amersham
Bucks; HP6 5AH

Não há atrações importantes na Velha Amersham *(www.amersham.org.uk)*; ela é apenas bonita. Aprecie os albergues, as hospedarias para troca de cavalos, os chalés com madeira aparente, o **Market Hall**, com campanário, e a antiga cadeia da cidade. Almoce aqui. Na Broadway (rua principal) destaca-se a **Church of St. Mary**, construída no século XII e ampliada nos séculos XIV e XV. Os Memorial Gardens e o pequeno rio Misbourne ficam ali perto.

🚗 *Continue pela High St até A413. Vá reto, depois vire à esquerda nas rotatórias, seguindo as placas para Great Missenden. Pare no estacionamento da direita na Link Rd.*

❹ Great Missenden
Bucks; HP16 0AL

Outra cidadezinha atraente, na ponta do Misbourne Valley. A rua principal é ladeada de edificações georgianas com madeira aparente. Por 36 anos, Roald Dahl (1916-90), autor de *A fantástica fábrica de chocolates*, morou e trabalhou em Great Missenden; o **Roald Dahl Museum and Story Centre** é uma atração importante *(fecha seg; www.roalddahlmuseum.org)*. Aqui o visitante conhece a vida do autor, vê onde ele escrevia e admira obras de arte, fotos, correspondências e manuscritos em andamento. Há muito material para agitar a imaginação de todos.

🚗 *Siga a A4128 rumo a Prestwood. Continue nessa rodovia na direção de High Wycombe, depois pegue a direita, seguindo as placas para Hughenden Manor (a última fica após uma curva e é fácil não percebê-la).*

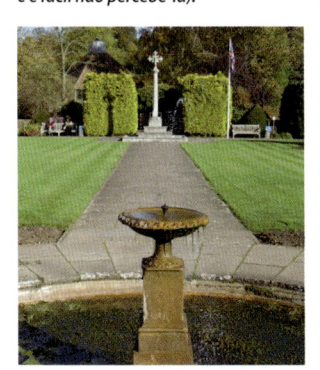

Acima Chalé de Milton, casa do poeta no século XVI, em Chalfont St. Giles

PARA VISITAR
CHALFONT ST. GILES

Estacionamento
Vá até Deanway. Estacione no Milton's Cottage e na Quaker Meeting House.

ONDE FICAR

CHALFONT ST. GILES
The White Hart Inn *moderado*
Esta hospedaria tem onze quartos confortáveis com banheiro. Bom restaurante.
Three Households, HP8 4LP; 01494 872 441; www.whitehartstgiles.co.uk

AMERSHAM
The Crown *moderado*
Hospedaria elisabetana para troca de cavalos, de estilo tradicional. Apareceu no filme *Quatro casamentos e um funeral*.
16 High St, HP7 0DH; 01494 721 541; www.dhillonhotels.co.uk

ONDE COMER E BEBER

CHALFONT ST. GILES
The Crown *moderado*
Pub elegante e concorrido (convém reservar), com comida de pub no bar e menu completo no salão. Oferece comida britânica moderna, com talento.
High St, HP8 4QQ; 01494 875 156; www.the-crown-csg.co.uk

AMERSHAM
Gilbey's *moderado*
Bar e restaurante consagrados, com jardim. Serve a moderna comida europeia, como carré de cordeiro inglês e torta de limão com sorvete de gim-tônica.
1 Market Sq, HP7 0DF; 01494 727 242; www.gilbeygroup.com

GREAT MISSENDEN
Nags Head *moderado-caro*
Pub do século XV (tem quartos) que combina alta qualidade e produtos orgânicos. Prove o steak com fígado na cerveja. Quase nada para vegetarianos.
London Rd, HP16 0DG; 01494 862 200; www.nagsheadbucks.com

Acima Fonte nos Memorial Gardens, ao lado da Church of St. Mary, Amersham

Onde Comer e Beber: barato, menos de £25; moderado, £25-£50; caro, acima de £50

Acima Os jardins atrás de Hughenden Manor, que foi casa de campo de Disraeli

PARA VISITAR HENLEY-ON-THAMES

Estacionamento
Siga as placas para os estacionamentos de até 3 horas em Market St ou Gray's Rd.

Informação turística
King's Arms Barn, Kings Rd, RG9 2DG; 01491 578 034

Cruzeiro no Tâmisa
Alugue uma lancha de passeio para dirigir ou com piloto, ou faça um cruzeiro programado com a **Hobbs of Henley** na Station Rd *(01491 572 035; www.hobbs-of-henley.com)*.

ONDE FICAR

ARREDORES DE WEST WYCOMBE

Frog Inn *barato-moderado*
Hospedaria gerida por família. Quartos com banheiro e vista do campo, ao sul de Fingest, perto de Turville. Boa comida. Skirmett, RG9 6TG (8 km a oeste de West Wycombe); 01491 638 996; www.thefrogatskirmett.co.uk

HENLEY-ON-THAMES

Milsoms Hotel *moderado*
Em uma antiga padaria de tijolo à vista, acima do Loch Fyne Bar and Grill *(veja à dir.)*, tem cinco quartos pequenos e bem decorados, com banheiro. Serve arenque no café da manhã.
20 Market Place, RG9 2AH; 01491 845 789; www.milsomshotel.co.uk

Hotel du Vin *moderado-caro*
Hotel-butique com 43 quartos luxuosos. Estilo, atenção aos detalhes e culinária de bistrô.
New St, RG92BP; 01491 848 400; www.hotelduvin.com

Red Lion Hotel *caro*
Hospedaria de tijolo à vista do século XVI, ao lado da ponte; 35 quartos bem decorados, alguns com vista do rio.
Hart St, RG9 2AR; 01491 572 161; www.redlionhenley.co.uk

⑤ Hughenden Manor
High Wycombe, Bucks; HP14 4LA
O tempo não parou em Hughenden Manor. O acesso à propriedade é íngreme, sem pavimento, e o caminho é sulcado *(casa e jardim mar-set: quadom à tarde; parque diariam o ano todo; 01494 755 565; www.nationaltrust.org.uk)*. A casa de campo do primeiro-ministro da rainha Vitória, Benjamin Disraeli (1804-81), recebeu alterações, mas existem cômodos que estão como no tempo dele. Os jardins conservam o desenho de sua mulher, Mary Anne. Lembranças, livros e pinturas dão vida ao interior, pouco iluminado. Há ótimas caminhadas para fazer no parque ao redor, com belíssimas vistas do campo.
🚗 Volte à A4128 rumo a High Wycombe. Siga as placas para a A40, a oeste. Vire à esquerda na rotatória de Pedestal para West Wycombe. Depois da vila, dobre à direita, passe as cavernas e estacione de graça.

Abaixo O "Royal River" cruza o centro de Henley-on-Thames **Na p. ao lado** O Old Granary, com madeira aparente, já foi um armazém

⑥ West Wycombe
Bucks; HP14 3AH
As atrações de West Wycombe estão no **West Wycombe Park** *(abr-ago: dom-qui; Casa jun-ago)*. A casa em estilo italiano fica num jardim cheio de extravagâncias, estátuas e lagos ornamentais. A propriedade também tem as **Hellfire Caves** *(diariam; www.hellfirecaves.co.uk)*, cavernas escavadas na década de 1740 sob as ordens de sir Francis Dashwood e que percorrem quase 1km no subsolo de West Wycombe Hill. Veja a entrada da "igreja gótica" e desça pelas passagens úmidas que atravessam o Banqueting Hall; passe pelas câmaras com retratos de membros do mal-afamado Hellfire Club (1749-60) de Dashwood. O destino final é o "Inner Temple", que atravessa o "rio Styx". Aqui ocorreram as bacanais do clube, entre cujos membros estavam o então príncipe de Gales, o marquês de Granby, e o pintor William Hogarth. Apesar das histórias sobre adoração do diabo, é provável que as atividades se resumissem a bebida e pornografia. Não recomendadas para quem sofre de claustrofobia, as cavernas têm fama de ser mal-assombradas pelo fantasma de um camareiro do Hellfire Club. No alto do morro, acima das cavernas, fica o imponente **Dashwood Mausoleum** e a inconfundível **Church of St. Lawrence**, cuja torre tem uma grande esfera dourada que se dizia servir, no passado, como local de encontros secretos.
🚗 Pegue a A40, atravesse Piddington e vire à esquerda, com placa para Bolter End. Cruze a B482 para Fingest. É possível pegar a direita na bifurcação até a vila e o pub de Turville. Ou dobre à direita, depois à direita outra vez e siga pela A4155 até Henley-on-Thames.

Onde Ficar: barato, menos de £80; moderado, £80-£150; caro, acima de £150

ROTEIRO 7: Nos Chilterns

❼ Henley-on-Thames
Oxfordshire RG9 2EB

No verde do Tâmisa, esta cidade georgiana, famosa pela Royal Regatta, tem uma mescla de pontos históricos e da moda. Uma graciosa ponte do século XVIII atravessa o rio – uma presença dinâmica e marcante; bonita, divertida e um refúgio para a vida silvestre.

Passeio a pé de 1 hora

Ao sair do estacionamento, desça o Market St e atravesse a Bell St para a Hart St, onde se destaca a **Victorian Town Hall** ①, de tijolo à vista, construída em 1901. Caminhe pela Hart St até a **Church of St. Mary** ②, com torre de pedra do século XVI. A oeste, os albergues de estuque datam de 1830 e as casas de tijolo à vista a leste foram erguidas na década de 1660 e reconstruídas em 1884. Ao lado fica o Grade I, listado na Chantry House do século XVI, voltado para o cemitério (com o túmulo da cantora Dusty Springfield) e o rio. No fim da Hart St observa a sede da Henley Royal Regatta, no outro lado da ponte (construída em 1786), à esquerda, e o Leander Club – o clube de remo mais antigo do mundo –, à direita. Vire à direita para um passeio pelo Thames Side, passando pelo **Old Granary** ③, com madeira aparente, localizado na esquina da Friday St. A seguir, passe pelo **Hobbs of Henley Boatyard** ④, um bom lugar para começar um passeio de lancha ou um cruzeiro pelo rio. Desça a Meadow Rd até o **River and Rowing Museum** ⑤ *(diariam; www.rrm.co.uk)*, com sua divertida galeria inspirada na história infantil *O vento nos salgueiros*. As crianças vão adorar as miniaturas dos personagens, fiéis aos desenhos de Ernest Shepard (ilustrador do Ursinho Pooh). Volte pelo mesmo caminho e vire à esquerda na Friday St e à direita na Duke St, observando a **Tudor House** ⑥, um antiquário de aparência respeitável – na realidade uma mistura de estilos erguida em 1934. Atravesse a Hart St e desça a Bell St, onde, à esquerda, fica a **Bull Inn** ⑦, uma das mais antigas hospedarias de Henley, com paredes de quase 1m de espessura. Diz-se que é assombrada pelo fantasma de uma jovem. Vire à direita na New St, passando pelo **Kenton Theatre** ⑧ *(www.kentontheatre.co.uk)*, inaugurado em 1805, e pela ex-Brakspear's Brewery, aberta em 1779 e agora Hotel du Vin. Dobre novamente à direita em Riverside e mais uma vez na Hart St para voltar ao estacionamento.

Para alongar a caminhada, siga o Thames Path a partir de Thames Side para o sul por 3km, atravessando o rio em Marsh Lock até Shipton. Ou cruze a ponte e ande 3km rumo norte até Hambleden Lock. Para outras informações, visite *www.thames-path.org.uk*.

Acima A Church Loft do século XVI, com relógio original, West Wycombe

ONDE COMER E BEBER

ARREDORES DE WEST WYCOMBE
Bull and Butcher *moderado*
Este pub do século XVI em Turville, perto de Fingest, rumo a Henley-on-Thames, serve pratos como *rib-eye*, bacalhau empanado e pudins.
Turville, RG9 6QU (a 9km de West Wycombe); 01491 638 283;
www.thebullandbutcher.co.uk

HENLEY-ON-THAMES
Loch Fyne Bar and Grill *moderado*
Este restaurante e bar de ostra pertence a uma rede pequena; serve peixe fresco e defumado, frutos do mar e carnes.
20 Market Place, RG9 2AP; 01491 845 780; www.lochfyne.com

Green Olive Meze Bar & Restaurant *barato-moderado*
Tem opções para todos – até os vegetarianos – em seu cardápio de pratos leves.
28 Market Place, RG9 2AH; 01491 412 220; www.green-olive.co.uk

ARREDORES DE HENLEY-ON-THAMES
St. George & Dragon *moderado*
Cruze o rio e vá para o sul pela A321 por 5km até este pub que oferece comida simples ou sofisticada.
High St, Wargrave, RG10 8HY; 01189 404 474; www.stgeorgeanddragon.co.uk

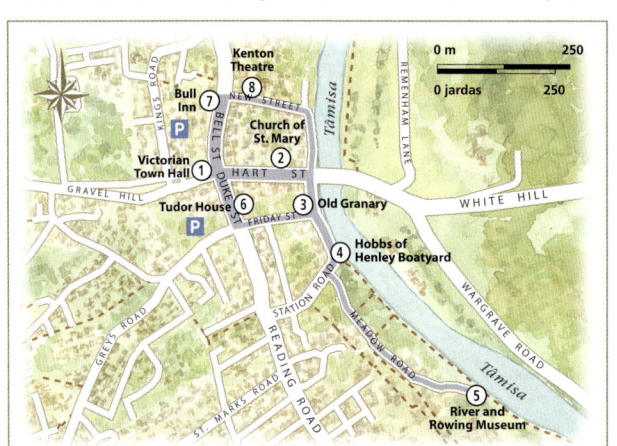

Onde Comer e Beber: barato, menos de £25; moderado, £25-£50; caro, acima de £50

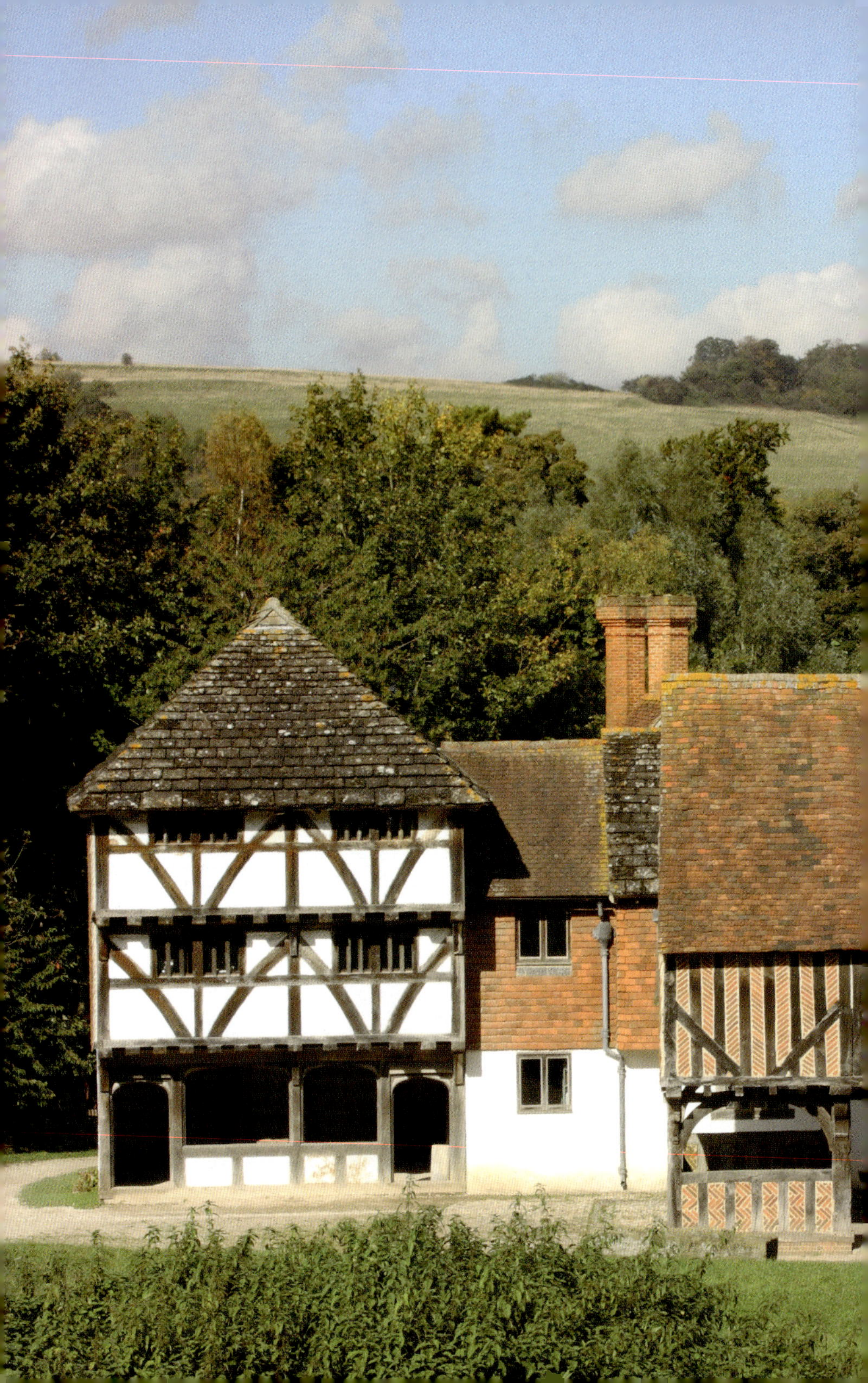

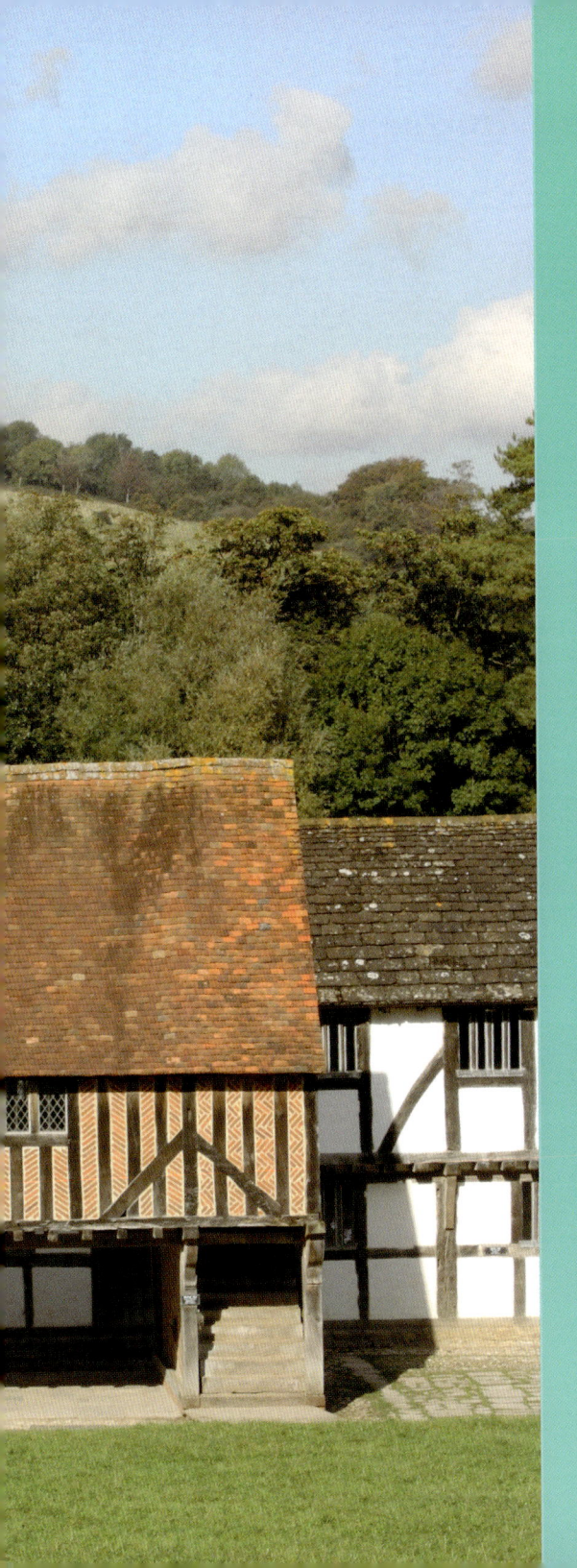

ROTEIRO **8**

Explorando os South Downs

De Beachy Head a Chichester

Destaques

- **História e vida campestre**
  Experimente a vida em uma fazenda tradicional, em museus a céu aberto

- **Caminhada nos Downs**
  Ande pela South Downs Way – uma fantástica trilha com belas vistas

- **Paraíso das antiguidades**
  Procure-as em lojas e galerias de Petworth, Arundel e Brighton's Lanes

- **Tesouro da arte moderna**
  Refúgios campestres, jardins, catedrais, parques com esculturas e galerias – admire a riqueza dos núcleos de arte moderna

- **Maravilhas da vida silvestre**
  Flores, aves e borboletas do Cuckmere Valley, e aves aquáticas do Arundel Wildfowl and Wetlands Centre

Market hall e outras construções históricas no Weald and Downland Museum

Explorando os South Downs

O grande corcovado verdejante por trás dos Downs de calcário, "podado" pelos carneiros e encimado pelo que restou dos fortes da Idade do Ferro, contém muitas atrações interessantes e é uma ótima área para explorar calmamente. Na beirada, segue a maravilhosa South Downs Way, de 160km, e ao redor de sua base espalham-se fazendas com encantadores chalés de pedra e pubs simpáticos. Embora as rodovias principais que cortam a área possam ficar atravancadas, existe um surpreendente toque campestre nas estradas secundárias, e a vida do passado invocada nos museus a céu aberto não parece muito distante.

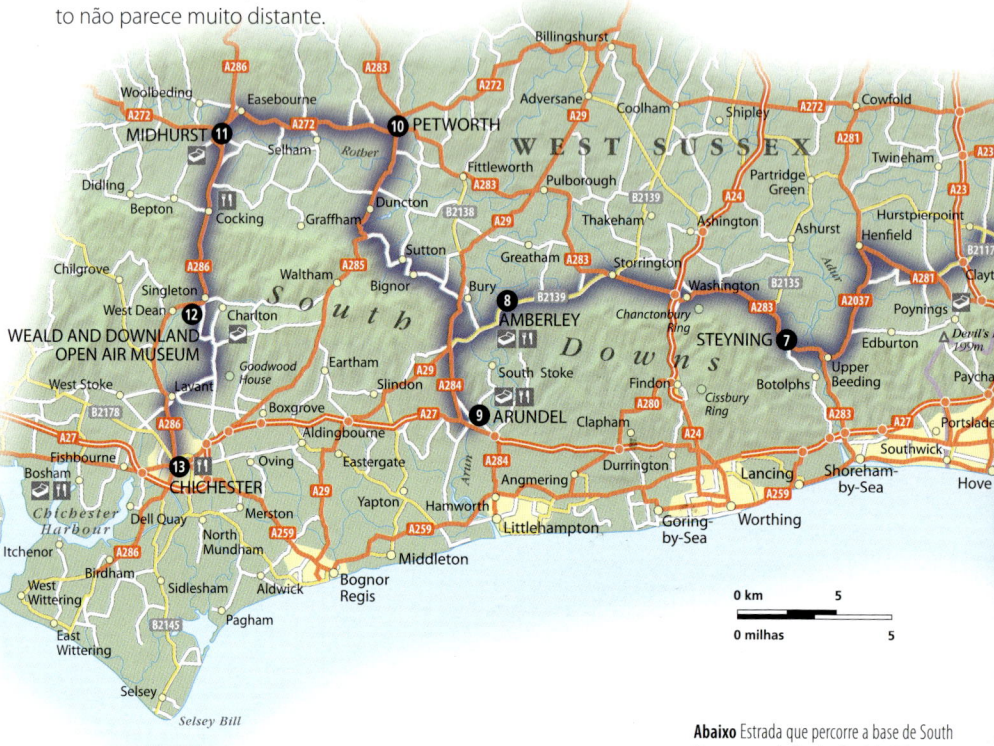

Abaixo Estrada que percorre a base de South Downs, perto de Beachy Head (p. 92)

ATIVIDADES

Passeie pela natureza no Cuckmere Valley, perto de Alfriston

Refresque-se no mar em Brighton ou em Witterings

Rompa as defesas dos fortes da Idade do Ferro em Steyning

Pegue um barco no rio Arun ou no porto de Chichester

Observe as aves nas terras úmidas de Arundel

Assista a um jogo de polo em Midhurst

Divirta-se em um dia de corridas no Glorious Goodwood

ROTEIRO 8: Explorando os South Downs 91

PLANEJAMENTO

Início/fim: De Beachy Head a Chichester.

Número de dias: 3-4, com reserva de meio dia para Brighton.

Distância: Cerca de 160km (100 milhas).

Condições das estradas: A maioria é bem conservada. Mas há morros íngremes nos Downs e pouco espaço para tráfego duplo em estradas estreitas.

Quando ir: Em qualquer época: a primavera tem carneiros animados; no verão, as cotovias ressurgem, o mar fica convidativo e aumenta o trânsito nas estradas; o outono tem plantações douradas; e no inverno as temperaturas despencam e as lareiras dos pubs são acesas.

Horários de funcionamento: Em geral, museus e atrações abrem 10h-17h, mas fecham mais cedo de nov-Páscoa (ou nem abrem). As lojas costumam funcionar por mais tempo e as igrejas abrem até o anoitecer.

Principais dias de mercado: Brighton: Big Sunday Market, no estacionamento da Railway Station, dom; **Arundel**: Feira do produtor, 3º sáb do mês; **Chichester**: 1ª e 3ª sex do mês.

Compras: Artesanato (Lewes), antiguidades (Brighton, Arundel e Petworth), cerâmica (Amberley), prataria e artigos de couro (Ditchling).

Principais festas: Charleston: Literary Festival, mai; **Lewes**: Bonfire Night, 5 nov; **Brighton**: Brighton Festival (importante evento cultural), mai; **Arundel**: Music Festival, ago.

Acima Carneiros pastam nas encostas altas de South Downs, perto de Steyning (p. 94)

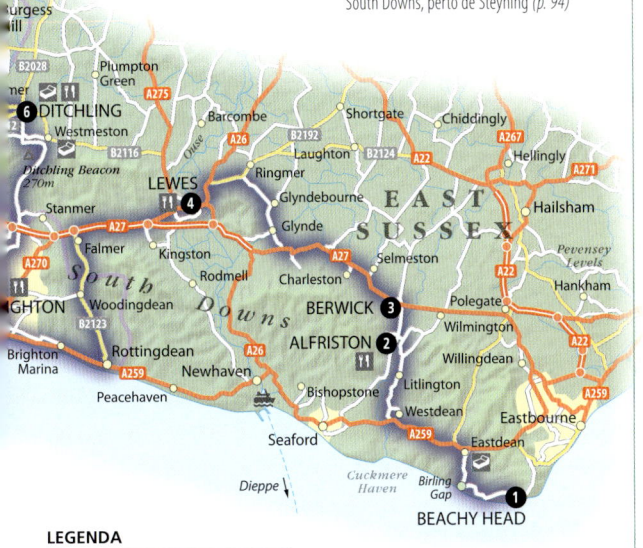

LEGENDA
— Roteiro

Abaixo Farol de Beachy Head no sopé dos espetaculares rochedos brancos (p. 92)

PASSEIOS DE 1 DIA

Há muita diversão em Brighton, desde **compras**, **restaurantes** e **museus** até a **praia** e o famoso **píer**. Depois vá para o campo – visite Ditchling para aproveitar as **vistas de Beacon** e um **museu local**. Quem se interessa por história da arte deve visitar Lewes, Charleston e Berwick para ver o **artesanato**, o trabalho do **grupo de Bloomsbury** e tomar chá no jardim. Explore Arundel com seus **antiquários**, **castelo**, **rio** e **centro de terras úmidas**. Vá até Chichester conhecer a **catedral** e **um palácio romano**, **a diversão no porto** ou dar **uma volta na praia**. Detalhes p. 97.

Acima Rochedos de calcário em Birling Gap, perto de Beachy Head

PARA VISITAR BRIGHTON

Estacionamento
Pare no de North Laine, Church St, North Rd ou Trafalgar St, perto da estação de trem.

Informação turística
Royal Pavilion, BN1 1EE; 0906 711 2255; www.visitbrighton.com

ONDE FICAR

BEACHY HEAD
Birling Gap Hotel *barato*
A ótima localização sobre rochedos é o destaque desta *villa* colonial vitoriana.
Seven Sisters Cliffs, East Dean, BN2 0AB; 01323 423 197; www.birlinggaphotel.co.uk

BRIGHTON
Brighton Wave *moderado*
No centro da elegante Brighton, este hotel-butique pequeno e simpático, à beira-mar, resume o estilo da cidade.
10 Madeira Place, BN2 1TN; 01273 676 794; www.brightonwave.com; estadia mínima de duas noites em fins de semana

ARREDORES DE BRIGHTON
Manor Farm *barato*
No South Downs Way, esta casa de pedra tem três quartos simples.
Poynings Rd, BN45 7AG (13 km à esquerda na saída da A281 a partir da A23); 01273 857 371; www.poyningsmanorfarm.co.uk; mai-set

Abaixo, da esq. p/ dir. A antiga George Inn, Alfriston, licenciada em 1397; Fardos de palha em uma fazenda perto de Lewes, East Sussex

❶ Beachy Head
Eastbourne, East Sussex; BN20
Os rochedos brancos de Beachy Head, em contraste com o azul do mar, são impressionantes – é como se os South Downs tivessem se quebrado para dar passagem ao Canal da Mancha. Na vertiginosa beirada do rochedo espie o farol abaixo, com 162m. O **Beachy Head Countryside Centre** *(www.beachyheadcountrysidecentre.co.uk)* e o estacionamento têm mostras sobre a história e a natureza da área. Mais à frente, após Birling Gap e perto da A259, está o **Seven Sisters Sheep Centre** *(mar-set: sáb e dom o dia inteiro; seg-sex só à tarde),* onde crianças pequenas podem dar de comer às ovelhas e brincar com elas.

🚗 *Vá para a A259 e vire à esquerda. No Seven Sisters Country Park, vire à direita (em uma curva fechada para a esquerda), passe o cavalo de calcário branco à esquerda e chegue a Litlington. Dobre à esquerda e desça a Lullington Road, com placa para Alfriston, depois à esquerda e de novo à esquerda. Pare no estacionamento da esquerda a caminho da vila.*

❷ Alfriston
East Sussex; BN26 5TA
A High St da vila mais atraente de Sussex tem antigas hospedarias, lojas, casas de chá e uma ampla área verde com a **Clergy House** medieval, coberta de colmo *(fecha ter e sex)*, ao lado do rio. Garimpe discos na Music Memorabilia e compre produtos na delicatéssen no Post Office and Village Store, para levar em uma caminhada pelo Cuckmere Valley. Siga as trilhas ao longo do rio Cuckmere, que serpenteia para o mar, com ampla variedade de flora e fauna silvestres.

🚗 *Retorne para o norte da vila, mas vá direto até a A27. Vire à esquerda, depois na primeira à esquerda para Berwick e na quarta à esquerda para Charleston, sinalizada depois de Selmeston.*

❸ Berwick
East Sussex; BN26 6SZ
Em 1943, a antiga **St. Michael and All Angels Church** recebeu pinturas de Duncan Grant, Vanessa Bell e do filho deles, Quentin Bell, artistas do Bloomsbury Group – composto de intelectuais, escritores e artistas de vanguarda que se reuniram pela primeira vez em Bloomsbury, Londres, em 1905, para discutir princípios filosóficos e artísticos. Também participavam Virginia Woolf, Lytton Strachey, o crítico Roger Fry e John Maynard Keynes. Em 1916, Vanessa e Duncan mudaram-se para **Charleston** *(mar-out; fecha seg)*, casa de fazenda do século XVIII que se tornou ponto de encontro do grupo. As visitas dão uma ideia da vida deles.

🚗 *Vá para oeste pela A27, vire à direita e atravesse Glynde. Na fazenda de lhamas, a estrada serpenteia para a esquerda após Glyndebourne, local de ópera. Na B2192 vire à esquerda e pegue a A26 até Lewes. Pare à esquerda depois da ponte.*

❹ Lewes
East Sussex; BN7 2QS
Tom Paine (1737-1809), "Pai da Revolução Americana", viveu nesta cidade – hoje um lugar tão bom para compras que tem sua própria moeda. Gaste "libras de Lewes" em lojas de artesanato e galerias como a **Sussex Guild Shop** *(Southover Grange; 01273 479 565)*. Tome um chá na **Pelham House** *(veja à direita)*, em um jardim de esculturas. Conheça um pouco da história local no **castelo** *(fecha seg em jan)* do século XIV. Caminhe pela High Street e cruze a ponte para visitar a **Harvey's Brewery**.

🚗 *Siga as placas para a A27 (Brighton). Vire à esquerda na B2123 e chegue até Rottingdean, e à direita para a A259, depois Marine Drive. No píer vire à direita e siga as placas "P" até os estacionamentos de North Laine.*

Onde Ficar: barato, menos de £80; moderado, £80-£150; caro, acima de £150

ROTEIRO 8: Explorando os South Downs 93

❺ Brighton
East Sussex; BN1

Há muito para ver e fazer nesta cidade de antigas vielas de criminosos, antros de boêmios, lojas, museus, cafés e praças elegantes. A praia pode fazer a visita durar o dia inteiro.

Passeio a pé de 2 horas

Caminhe pela Trafalgar St até o átrio da estação de trem para ver o **Toy and Model Museum** ① *(fecha dom, seg)*, uma volta à infância. Continue para **North Laine** ②, onde há lojas alternativas que vendem remédios fitoterápicos, moda, artesanato e comida do mundo inteiro. Vá até a quinta à direita, a Sydney St, atravesse a Kensington St e depois a Regent St. Vire à esquerda no fim da Church St e chegue ao **Brighton Museum** ③ *(fecha dom à tarde e seg, exceto em feriados bancários)*, na esquina, com um grande acervo de objetos art déco e moda. Continue pela direita e entre no Pavilion Parade para chegar ao **Brighton Pavilion** ④ *(diariam)*, uma extravagância em estilo indiano construída no início do século XIX pelo príncipe regente (depois de Jorge IV). Atravesse a North St, desça a East St até a praia e vire à esquerda no **pier** ⑤ *(diariam)*. Divirta-se nos jogos e brinquedos, observe os tanques de peixes no **Sea Life Centre** ⑥ *(diariam)* e dê uma volta na **Volks Electric Railway** ⑦ *(abr-set: diariam)*, que vai até a praia naturista e a Marina. Caminhe pela praia e rume para oeste, passando os arcos. Este é o trecho mais animado à beira-mar, com bancas de peixes, cafés, parque de diversões e um pequeno **Fishing Museum** ⑧ *(diariam)*.

Volte à rua e atravesse no semáforo para a Ship Street ao lado do Ship Hotel. Dobre a primeira à direita, voltando pela Prince Albert St rumo à Town Hall. Vá ao labirinto de ruelas chamadas **The Lanes** ⑨. Agora, essas vielas têm lojas de roupas, antiguidades e joias. Volte ao ponto inicial: atravesse a North St para a Bond St e prossiga pelas Gardner St, Upper Gardner St e Kensington Place.

🚗 *Siga o sistema de mão única, atravesse North Laine e vire à esquerda rumo à A23. Passe pela direita da St. Peter's Church, em um enorme canteiro, dobre à esquerda e depois à direita na Ditchling Rd. No entroncamento, vire à esquerda e à direita; pegue a Ditchling Beacon e entre na vila. O estacionamento fica à direita do principal cruzamento.*

Em sentido horário: Joalheiros em The Lanes, Brighton; Entrada em estilo indiano no Brighton Pavilion; Molhando os pés em Brighton

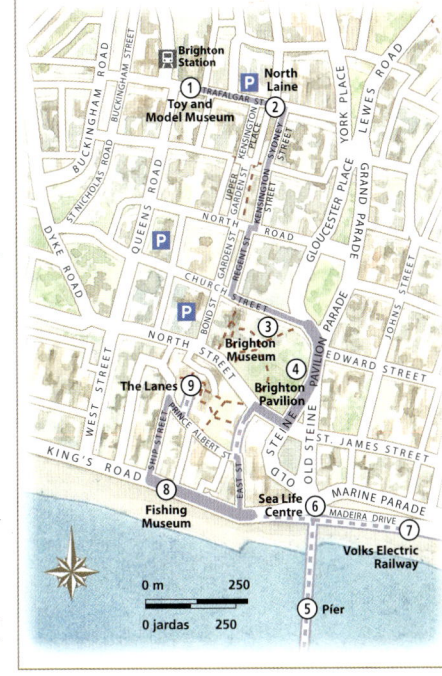

ONDE COMER E BEBER

ALFRISTON

Wingrove House Hotel *moderado*
Restaurante moderno nos estábulos de Wingrove House, erguidos em 1870. Tem terraço ensolarado e culinária europeia moderna.
High St, BN26 5TD; 01323 870 276; www.wingrovehousehotel.com

LEWES

Pelham House *moderado*
Jante nas salas voltadas para o jardim do hotel e para os Downs.
St. Andrew's Lane, BN7 1UW; 01273 488 600; www.pelhamhouse.com

BRIGHTON

The Regency Restaurant *barato*
Tem excelente peixe com fritas e boa relação custo-benefício. Fica ao lado do West Pier.
131 King's Rd, BN1 2HH; 01273 325 014; www.theregencyrestaurant.co.uk

Hotel du Vin *moderado*
Construção que imita o Gótico-Tudor abriga este bistrô em estilo parisiense, perto da praia. Ótima carta de vinhos.
2-6 Ship St, BN1 1AD; 01273 718 588; www.hotelduvin.com

Terre à Terre *moderado*
Restaurante vegetariano muito bom em The Lanes, com culinária eclética.
71 East St, BN1 1HQ; 01273 729 051; www.terreaterre.co.uk; fecha seg

ONDE FICAR

DITCHLING

The Bull *moderado*
Com quatro quartos temáticos elegantes (banheiro com box), este pub é um lugar simpático e acolhedor para ficar. Serve ótima comida local.
2 High St, BN6 8TA; 01273 843 147; www.thebullditchling.com

ARREDORES DE DITCHLING

Blackberry Wood *barato*
Acampamento rural completo, com o som do canto das aves, em um bosque 5km a leste de Ditchling. Todos os recursos habituais e aluguel de trailer.
Streat Lane, Streat, BN6 8RS (siga a Lewes Rd em Ditchling, atravesse Westmeston e entre na quarta à esquerda); 01273 890 035; www.blackberrywood.com

AMBERLEY

Amberley Castle *caro*
Passe uma noite de fidalgo neste castelo fantástico com jardins murados. Camas com dossel, jantar formal e porta levadiça que fecha à meia-noite – por isso, não volte tarde do pub.
BN18 9LT; 01798 831 992; www.amberleycastle.co.uk

ARUNDEL

The Thatched Barn *moderado*
Em Wepham, este celeiro transformado data do século XVII. Tem vistas do vale do Arun até o castelo de Arundel.
105 Wepham, BN18 9RA; 01903 885 404; www.thethatchedbarnwepham.co.uk; mínimo de duas noites de permanência nos fins de semana

Abaixo Encantador chalé coberto de colmo em Amberley, West Sussex

⑥ Ditchling
East Sussex; BN6 8TB

Antes de chegar a esta clássica vila de Downland, a estrada sinuosa sobe até **Ditchling Beacon**, no ponto mais alto de Downs (270m), com belas vistas. O excelente **museu** da vila *(meados mar-meados dez: ter-sáb, apenas à tarde no dom)* revela como era a tradicional vida rural. Também exibe a obra de dois artistas locais: Eric Gill (1892-1940), escultor e criador do tipo Gill Sans, e Edward Johnston (1872-1944), que criou o tipo London Underground. Há mais arte exposta nas **Turner Dumbrell Workshops**, na High St, onde as obras podem ser adquiridas diretamente nos estúdios dos artistas. Tome chá no jardim de Chestertons *(veja à direita)*, no entroncamento, ou visite o pub Bull *(veja à esquerda)*.

🚗 Vá para oeste ao longo da West St/B2116 até Hurstpierpoint, depois para o sul pela B2117, passe a A23 e entre à direita na A281 em uma curva à esquerda. Em Henfield, dobre à esquerda na A2037, prossiga até a A283 (rodeando Upper Beeding) e vire à esquerda rumo a Steyning. Pare na rua.

⑦ Steyning
West Sussex; BN44 3YE

Com casas de madeira aparente, Steyning é uma típica cidade-mercado de Downs. Vale a pena visitá-la para passear e tomar chá nos **Steyning Tea Rooms** da High St. Dê uma espiada nos móveis em miniatura de **The Dolls House Shop** e não perca a bonita **igreja** normanda. A cidade é ótima base para caminhadas até os fortes da Idade do Ferro de **Cissbury Ring**, o segundo maior da Inglaterra, de *c.* 300 a.C., e de **Chanctonbury Ring**, marcado por um bosque de faia. O passeio de ida e volta a Steyning leva quase 4 horas, embora se possa chegar a Cissbury em 1 hora e a Chanctonbury com mais facilidade por uma estrada tranquila para oeste, ao lado da A283.

🚗 Prossiga rumo a oeste pela A283 (passando Chanctonbury Lane, à esquerda). Na rotatória, logo após Storrington, pegue a segunda saída na B2139 para Amberley. Pare na rua.

Abaixo Os Steyning Tea Rooms na velha cidade-mercado de Steyning, West Sussex

Acima Os campos ondulados de Sussex vistos de Ditchling Beacon

⑧ Amberley
West Sussex; BN18 9LT

Este vilarejo é um dos mais bonitos de Sussex, com chalés amarelados cobertos de colmo. A **Amberley Village Pottery** *(diariam)*, numa antiga capela na Church St, é onde Caroline Seaton elabora seus potes em Amberley Blue, um esmalte de colorido profundo que ela criou em 1964. O **Amberley Castle** é, de fato, um solar e foi transformado em um hotel notável. Há

Onde Ficar: barato, menos de £80; moderado, £80-£150; caro, acima de £150

ROTEIRO 8: Explorando os South Downs

uma loja de utilidades ao lado do pub Black Horse. Pode-se passar horas no **Amberley Working Museum** *(meados mar-meados out: qua-dom; diariam nas férias escolares)*, em uma ex-jazida de calcário próxima. Entre seus profissionais estão fabricantes de vassoura, cachimbo de barro e bengalas; há também fornos de cal e mostras de transportes históricos.

🚗 Continue pela B1239 até chegar à A284 para Arundel. Pare na Mill Rd, em frente à entrada do castelo.

Acima Exemplo de casa com madeira aparente, em Petworth, West Sussex

9 Arundel
West Sussex; BN18 9AB
Originário da conquista normanda mas em boa parte vitoriano, o **Arundel Castle** *(abr-out; fecha seg exceto em ago e feriados bancários)* domina esta agradável cidade que tem antiquários e salas de chá – a mais antiga é a Belinda's, do século XVI, na Tarrant St. Faça o cruzeiro de 1 hora no rio Arun, que sai de **Arundel Boatyard** *(mar-out)* ao lado do Riverside Tea Gardens, ou alugue um barco. Prossiga pela Mill Rd até o estacionamento do **Swanbourne Lake** e alugue um barco a remo antes de visitar os Swanbourne Lodge Tea Rooms para um reconfortante cream tea. Deslize por um leito de junco em um safári de barco no maravilhoso **Arundel Wildfowl and Wetlands Centre** *(diariam)*.

🚗 Retome a A284, e pegue a A29 rumo a Pulborough. Em Bury Hill vire à esquerda para Bignor (sinalizada) e passe pela Roman Villa e por Sutton até a A285. Vire à direita para chegar a Petworth e ao estacionamento do centro.

10 Petworth
West Sussex; GU28 0AE
O destaque da cidade é o amplo **Petworth House and Park** *(mar-nov: sáb-qua)*, cujo terreno tem paisagismo de Capability Brown. A casa guarda o maior acervo artístico do National Trust, com obras de J. M. W. Turner. A cidade ganhou fama como centro de antiguidades, e o estoque dos lojistas lembra mostras de museus. Na High St encontra-se o **Petworth Cottage** *(só à tarde, ter-sáb)*, que parece uma peça de museu, mantido como era em 1910 – quando foi ocupado por Mary Cummings, uma costureira local.

🚗 Siga pela A272 até Midhurst. Na entrada da cidade há um estacionamento à esquerda, ou pare na Main St.

South Downs Way
Este roteiro de Eastbourne a Winchester, em Hampshire, se estende por mais de 160km no espigão de Downs. Leva de 6 a 9 dias para ser concluído, mas pode ser feito em fins de semana. Este é um caminho para cavalos; por isso, cavaleiros e ciclistas também devem aproveitá-lo. A **Footprints of Steyning** transfere bagagens *(01903 813 318; www.footprintsofsussex.co.uk)*. Para trilhas curtas, veja www.nationaltrail.co.uk/Southdowns.

Acima As torres do Arundel Castle constituem a silhueta que predomina na cidade

ONDE COMER E BEBER

DITCHLING
Chestertons *barato*
Além de casa de chá, é uma ótima delicatéssen que vende produtos locais.
1 High St, BN6 8SY; 01273 846 638

AMBERLEY
The Sportsman *barato*
Este pub campestre é popular entre quem caminha por South Downs para apreciar a vista. Serve comida boa e tem cinco quartos com banheiro.
Rackham Rd, BN18 9NR; 01798 831 787

ARUNDEL
The Black Rabbit *moderado*
A localização ao lado do rio Arun, com vista do castelo, tornou este pub famoso. Comida saborosa, bom serviço e bar mantiveram sua popularidade.
Mill Rd, BN18 9PB; 01903 882 828; http://theblackrabbitarundel.co.uk

Swanbourne Lodge Tea Rooms *barato*
Edificação bonita ao lado do lago, serve lanches e refeições leves.
Mill Rd, BN18 9PA; 01903 884 293

À dir. Antiquário na ladeira da High Street, em Arundel

Onde Comer e Beber: barato, menos de £25; moderado, £25-£50; caro, acima de £50

Goodwood
Esta propriedade enorme engloba um circuito de corrida automobilística, uma pista de pouso e a "Glorious Goodwood", uma pista de corrida plana. Também dispõe de um campo de golfe, do Richmond Arms, do elegante Goodwood Park Hotel e de uma loja de produtos orgânicos. Os apreciadores de arte contam com a coleção de pinturas da excelente Goodwood House, do século XVIII, e com as obras do Sculpture Park (www.goodwood.co.uk).

Acima, da esq. p/ dir. O centro da cidade de Midhurst, West Sussex; Arte moderna no bosque do Goodwood Sculpture Park

PARA VISITAR CHICHESTER

Estacionamento
Há cinco estacionamentos de 2 horas no centro e diversos com períodos mais longos a poucos minutos a pé do centro.

Informação turística
Cidade: *29a South St, PO19 1AH; 01243 775 888; www.visitchichester.org;* **Porto:** *01243 513 275; www.conservancy.co.uk*

PASSEIOS DE BARCO

Chichester Harbour Water Tours
01243 670 504; www.chichester harbourwatertours.co.uk

Chichester Ship Canal
01243 771 363; www.chichestercanal.org.uk

ONDE FICAR

MIDHURST
The Spread Eagle Hotel and Health Spa *caro*
Dê-se ao luxo de ficar neste spa de alta classe. É confortável e moderno, mas mantém suas raízes Tudor.
South St, GU29 9NH; 01730 816 911; www.hshotels.co.uk

ARREDORES DE CHICHESTER
Woodstock House Hotel *barato*
Esta casa de fazenda adaptada oferece treze quartos com banheiro. Boa opção para Goodwood e os Downs.
Charlton Rd, Charlton, PO18 0HU (a 12km pela A286); 01243 811 266; www.woodstockhousehotel.co.uk

Millstream Hotel *moderado*
Em local encantador, com jardim e restaurante excelente que serve pratos modernos e criativos, este hotelzinho tem apartamentos e quartos de B&B.
Bosham, PO18 8HL; 01243 573 234; www.millstream-hotel.co.uk

Onde Ficar: barato, menos de £80; moderado, £80-£150; caro, acima de £150

⑪ Midhurst
West Sussex; GU29 9DS
Esta bela cidade com casas de madeira aparente conta com mais de cem construções tombadas e possui uma larga rua principal cheia de pubs e de bons hotéis. A inconfundível pintura amarela de algumas casas mostra que elas pertencem à Cowdray Estate. Entre elas estão as **Cowdray Ruins** *(meados mar-nov: qua-dom)*, antiga mansão Tudor erguida em 1520 e parcialmente destruída por um incêndio em 1793.
The Cowdray Estate *(www.cowdray.co.uk)* organiza pesca com carretilha e tiro ao pombo de barro, e dispõe de chalés para férias. Veja como se associar ao Cowdray Park Polo Club *(mai-set)*.

🚗 *Saia da cidade pela A286 rumo a Chichester. Após a vila de Singleton dobre à esquerda para o Weald and Downland Museum (sinalizado).*

Abaixo Casa de barcos em Bosham, um dos braços de mar de Chichester Harbour

⑫ Weald and Downland Open Air Museum
Singleton, West Sussex; PO18 0EU
Reserve ao menos três horas para explorar as construções antigas deste museu excelente *(www.wealddown.co.uk; meados fev-dez: diariam; jan-meados fev: qua, sáb, dom)*. Mostras de métodos e ofícios agrícolas – com tratores a vapor e cavalos de tração – dão vida ao passado rural. Ao lado ficam os premiados **West Dean Estate Gardens** *(www.westdean.org.uk; diariam)*, que possuem ótima horta e grandes estufas. O amplo terreno de **Goodwood** tem muitas atrações interessantes *(veja acima)*.

🚗 *Passe pelo museu rumo a Goodwood. Em uma curva fechada à esquerda, uma rua sem saída à direita leva a The Trundle, com belas vistas. Passe a pista de corrida de Goodwood e a casa, dobrando à esquerda na A286 para Chichester. Pare no centro da cidade.*

ROTEIRO 8: Explorando os South Downs

Acima, à esq. Cabanas tradicionais nas areias de West Wittering **Acima, à dir.** Surfista caminha nos pedregulhos em East Wittering

⑬ Chichester
West Sussex; PO19 1NB
Esta cidade tranquila tem no centro uma cruz da qual se irradiam ruas North, South, West e East. Os teatros **Festival** e **Minerva** *(www.cft.org.uk; 01243 784 437)* são famosos, e a **Pallant House** *(fecha dom de manhã, seg)* é uma magnífica galeria de arte moderna. Não perca a **Chichester Cathedral**, consagrada em 1108 e que tem um quadro pequeno de Graham Sutherland (1962), uma espetacular tapeçaria de altar (1966) e um fantástico vitral de Marc Chagall (1978). A figura reclinada de Richard Fitzalan, décimo conde de Arundel, com a esposa, Eleanour de Lancaster, inspirou Philip Larkin a escrever o poema *An Arundel Tomb* (1956), que pode ser lido lá ao lado.

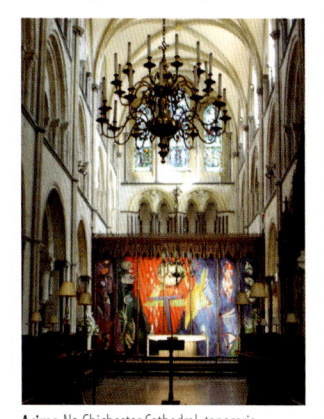

Há também muita coisa para se ver fora de Chichester. Vá para oeste pela A27 e dobre à esquerda na A259 para ver os belos mosaicos do **Fishbourne Roman Palace** *(fev-meados dez: diariam; meados dez-jan: sáb e dom)*. Mais adiante na A259 encontra-se **Bosham**, um dos muitos braços de mar do **Chichester Harbour**. Bosham possui uma bela igreja saxônica; suposto local de sepultamento da filha do rei Canuto, o templo está retratado na Tapeçaria de Bayeux e é o local cristão mais antigo de Sussex. Na maré baixa, dirija (ou vá a pé) da vila até **Bosham Hoe**, e volte ao famoso pub Anchor Bleu. Os braços de mar no porto estão em uma Area of Outstanding Natural Beauty – por isso, faça um passeio de barco para apreciar o panorama, a vida das aves ou pescar. Outros braços de mar são acessados pelo sul, a partir de Chichester, pela A286, até **Dell Quay** e **Itchenor**. Termine o passeio por essas planícies úmidas com uma caminhada pela praia de areia em **West Wittering** ou pela pedregosa em **East Wittering**, em um curto percurso de carro para o sul.

Acima Na Chichester Cathedral, tapeçaria desenhada por John Piper

ONDE COMER E BEBER

ARREDORES DE MIDHURST
Moonlight Cottage *barato*
Salão de chá bem inglês, em um chalé de 200 anos com belo jardim, 5km ao sul de Midhurst. Também é B&B e tem assados aos domingos.
Chichester Rd, Cocking, GU29 OHN; 01730 813 336; www.moonlightcottage.co.uk; só abre de dia, qua-dom

CHICHESTER
St. Martin's Organic Tea Rooms *barato*
Lanches, sopas, pães, bolos e sorvetes, todos caseiros, são servidos neste café simpático. Construção de época, possui jardim e lareira no inverno.
3 St. Martins Pl, PO19 1NP; 01243 786 715; www.organictearooms.co.uk; só abre de dia; fecha dom

The Dining Room at Purchases *moderado*
Ótimo restaurante em mansão georgiana. Prove o coelho com cevada, carne de caça local ou caranguejo de Selsea.
31 North St, PO19 1LY; 01243 537 352; www.thediningroom.biz; fecha dom

ARREDORES DE CHICHESTER
Anchor Bleu *barato*
Boa comida em pub simpático com terraço.
The High Street, Bosham, PO18 8LS; 01243 573 956

PASSEIOS DE 1 DIA
Explore a movimentada Brighton, a artística Lewes ou a bonita Arundel.

Cidade e campo
Passe a manhã em Brighton ❺, com museus, lojas de arte, pavilhões e restaurantes. Há muita diversão para crianças, com píer, aquário e trenzinho. Quando o movimento à beira-mar diminuir, vá até Ditchling Beacon ❻ pelas vistas e desça para tomar chá na vila.
Siga o roteiro até Ditchling.

Artesanato
Em Lewes ❹, pesquise as lojas de artesanato e, depois, vá a Charleston e Berwick ❸ para ver a arte do grupo de Bloomsbury.
Faça o roteiro ao contrário.

Históricas terras úmidas
Explore Arundel ❾, que tem castelo, antiquários e centro de terras úmidas. A seguir, vá até Chichester ⑬ ver a catedral, a antiga arte romana e dar uma volta de barco ou andar na praia.
Prossiga pela A27.

Onde Comer e Beber: barato, menos de £25; moderado, £25-£50; caro, acima de £50

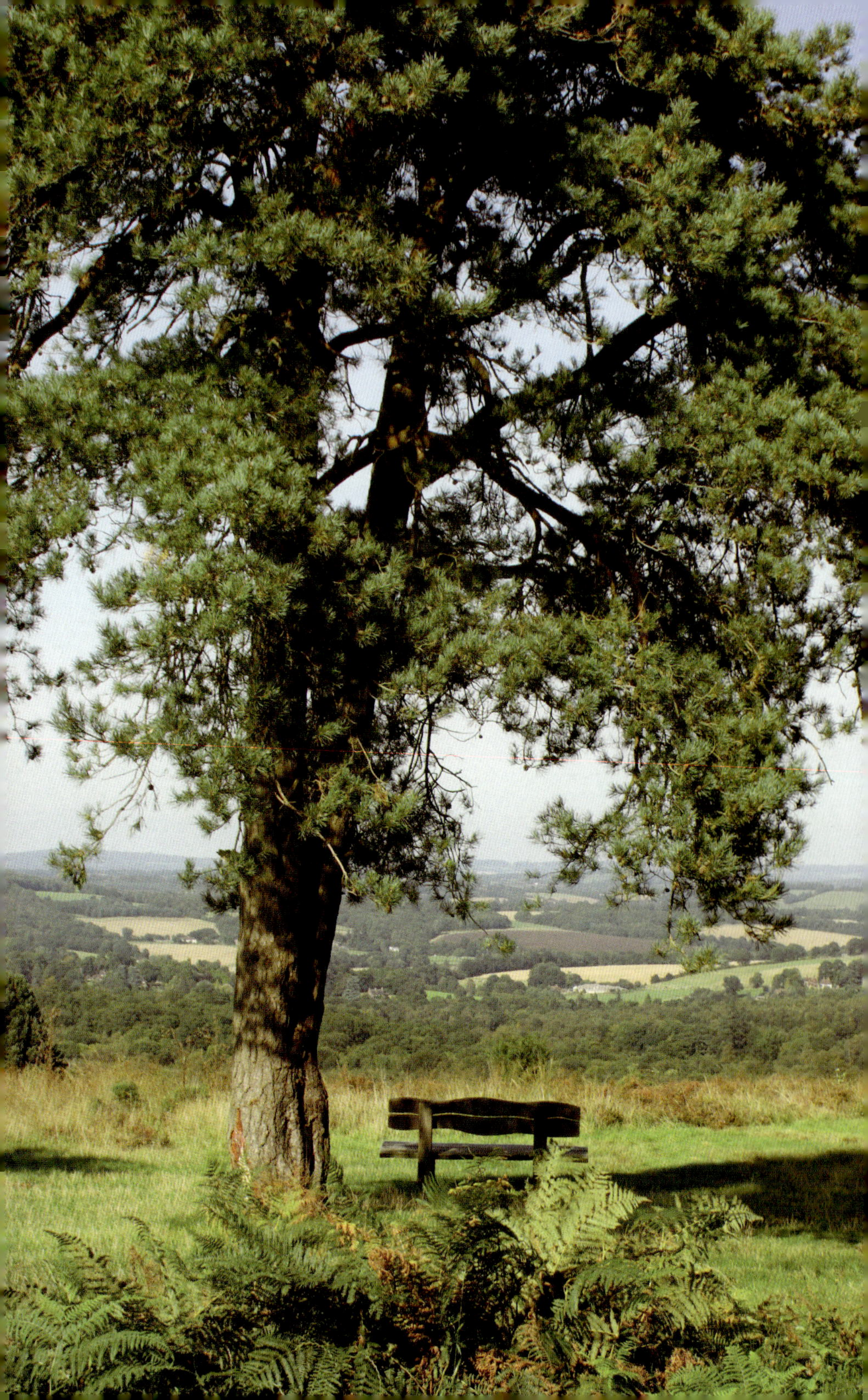

ROTEIRO **9**

O Jardim da Inglaterra
De Ashdown Forest a Battle

Destaques

- **A vida silvestre e a mata**
  Descubra a fauna e a flora da Ashdown Forest, de Romney Marshes, da Rye Nature Reserve e de Bewl Water

- **Produtos caseiros**
  Prove geleias de frutas, carneiro de pasto "salgado", cerveja tipo ale, vinhos, sidras e peixes defumados

- **A Winchelsea medieval**
  Caminhe pelas ruas em grade desta cidade antiga, com adegas abobadadas

- **Jardins floridos**
  Relaxe em Great Dixter e Sissinghurst, dois dos jardins mais famosos do RU

- **Castelos cinematográficos**
  Ataque os bastiões do litoral sul, os poderosos castelos de Scotney e Bodiam

Local sombreado para piquenique, com vista dos altos da charneca da Ashdown Forest

ESTRADAS DA INGLATERRA, ESCÓCIA E PAÍS DE GALES

O Jardim da Inglaterra

Entre os North Downs e o litoral, este roteiro começa na Ashdown Forest, atravessa vales sinuosos até as terras úmidas e planas de Romney Marsh e volta às florestas de High Weald e Bewl Water. As estradas dão guinadas e voltas, mergulhando em bosques e abrindo-se em terras agrícolas, de tal modo que as vistas são inesperadas e maravilhosas. Vilas com casas de madeira, moinhos elegantes, fornos para secar lúpulo e bonitas câmaras municipais fazem desta região uma das que têm a arquitetura mais diversificada da Grã-Bretanha. Chamada de "Jardim da Inglaterra" por seus pomares e suas áreas agrícolas produtivas, a região também contém alguns dos jardins mais refinados e originais do país.

ATIVIDADES

Saboreie um cream tea em uma propriedade magnífica de Penshurst

Faça windsurfe no mar ou reme no canal em Hythe

Observe aves na RSPB Dungeness ou em uma caminhada em Rye

Mergulhe no mar em Camber Sands

Ande em um trem de época de Tenterden a Bodiam ou de Hythe a Dungeness

Prove vinhos de excelentes safras inglesas em Tenterden

Visite os belos jardins em Sissinghurst e Great Dixter

Alugue uma bicicleta e pedale pela floresta em Goudhurst

Passe um dia tranquilo pescando em Bewl Water

LEGENDA

— Roteiro

ROTEIRO 9: O Jardim da Inglaterra

Acima Tradicionais fornos para secar lúpulo, em Sissinghurst *(p. 106)*

À esq. Cabana de pesca em Rye Harbour *(pp. 104-5)*

PLANEJAMENTO

Início/fim: De Ashdown Forest a Battle.

Número de dias: 3-4, com reserva de meio dia para caminhar em Rye.

Distância: Cerca de 280km (175 milhas).

Condições das estradas: Quase sempre bem conservadas. Algumas estradas secundárias são estreitas e têm vegetação descuidada; por isso, atenção para não arranhar a pintura do carro.

Quando ir: O melhor momento vai de maio a junho, quando a florada das macieiras e cerejeiras pinta a área de rosa e branco. Julho e agosto têm calor mais forte e são muito movimentados. Setembro é o tempo das colheitas, e o mar ainda está morno.

Horários de funcionamento: Em geral, museus e atrações abrem das 10h às 17h, e podem fechar mais cedo (ou nem abrir) de nov-Páscoa. As lojas têm horários mais amplos. As igrejas costumam abrir até o anoitecer.

Principais dias de mercado: Tonbridge: 3º sáb do mês; **Yalding**: Feira do produtor: 3º sáb do mês; **Hythe**: ter 8h-16h; **Rye**: qua 10h-13h; **Battle**: sex 10h-11h15; Feira do produtor: 3º sáb do mês.

Compras: Procure suvenires do Ursinho Pooh em Ashdown Forest; bules de chá na Tea Pot Island, Yalding; cerâmica e antiguidades em Rye e peixes defumados em Dungeness.

Principais festas: **Hythe**: Venetian Fête, ago de 2013 (a cada dois anos); **Rye**: RX Wildlife Festival, mai; Arts Festival, set; A Taste of Rye, out; **Tenterden**: Folk Festival, out.

PASSEIOS DE 1 DIA

Visite a **igreja** em Hythe e faça um piquenique na **praia**. Depois, dê uma volta no **trem a vapor** pelo litoral e **observe as aves**. Quem se liga em história vai gostar da **abadia** e do **campo de batalha** em Battle. Você pode almoçar nos **jardins** de Great Dixter e explorar o **castelo** de contos de fadas em Bodiam. Outro dia de passeio inclui os **fantasmas** de Pluckley, os **jardins** de Sissinghurst, uma espiada no **castelo** e uma **caminhada à beira do lago**. Detalhes p. 107.

PARA VISITAR ASHDOWN FOREST

Como chegar
De East Grinstead pegue a A22 sul. Após três rotatórias (10km) vire à esquerda no semáforo da Colemans Hatch Rd.
O Forest Centre fica à esquerda.

Ashdown Forest Centre
Wych Cross, Forest Row, RH18 5JP;
01342 823 583; www.ashdownforest.org

ONDE FICAR

ARREDORES DE PENSHURST
Whitepost Oast *barato*
Antigo forno de secar lúpulo entre Chiddingstone e Penshurst. Tem vistas maravilhosas de Weald e três quartos com banheiro.
Chiddingstone Causeway, TN11 8JH (3 km ao sul pela B2176); 01892 870 058; www.a1tourism.com/uk/whitepost

ARREDORES DE YALDING
Leavers Oast *barato*
Os quartos ficam nos cilindros desta agradável casa para secar lúpulo, em amplo terreno.
Stanford Lane, Hadlow, TN11 OJN (ao lado da A26 a leste de Yalding); 01732 850 924; www.leaversoast.co.uk

PLUCKLEY
Elvey Farm *moderado*
Esta casa medieval com estábulo é ótima. O restaurante (aberto a quem não é hóspede) serve culinária de Kent.
Elvey Lane, TN27 OSU; 01233 840 442; www.elveyfarm.co.uk

ARREDORES DE HYTHE
Sandgate Hotel *barato*
Reserve um quarto com vista do mar – só £10 a mais – neste excelente hotel à beira-mar.
8-9 Wellington Terrace, The Esplanade, Sandgate, CT20 3DY; 01303 220 444; www.sandgatehotel.com

Abaixo, da esq. p/ dir. Local interessante com lojas e posto de combustível, Penshurst; Os campos férteis de Kent, perto de Yalding

① Ashdown Forest
East Sussex; RH18 5JP

Mais famosa como local de origem do personagem infantil Ursinho Pooh, a Ashdown Forest está repleta de cervos e carneiros e oferece caminhadas, vistas e locais para piquenique. O **Ashdown Forest Centre** *(sáb e dom; também seg-sex à tarde no verão)* ajuda o visitante a aproveitar o local. Escolha um mapa na loja que o criador de Pooh, A. A. Milne (1882-1956), costumava visitar – **Pooh Corner** *(diariam)*, em Hartfield (junto à Coleman's Hatch Rd até a B2110, à direita, e depois à esquerda na B2026). Compre o livro de regras para jogar Poohsticks na **Poohsticks Bridge**, ao lado da Cotchford Farm. Aqui, A. A. Milne criou o filho Christopher Robin (e foi também onde o ex-Rolling Stone Brian Jones se afogou em 1966).

🚗 *De Hartfield, no final da High St, vire à direita na B2110 e siga até a A264. Dobre à esquerda, depois na primeira à direita na B2188 e vá até Penshurst.*

② Penshurst
Kent; TN11 8DG

Pode-se chegar a esta vila pela ponte de pedra na recém-criada Medway. Não perca **Penshurst Place** *(Páscoa-fim out)*, uma das propriedades mais grandiosas do condado. De 1346, o belo solar guarnecido de ameias contém o maior salão medieval original depois de Westminster, além de alguns fantásticos salões de luxo e galerias. Também possui bonitos jardins murados, um pequeno museu de brinquedo e playground. Faça uma pausa para um cream tea nos Fir Tree Tea Rooms, que antes faziam parte da propriedade. Visite a igreja de St. Mary em **Speldhurst**, ao lado da B2176, para ver os vitrais do século XIX feitos pelos pré-rafaelitas William Morris e Edward Burne-Jones. Vá ao George and Dragon para um excelente almoço de pub.

🚗 *Pegue a B2176 leste e vire à esquerda na A26. Mantenha-se à direita e vire à direita na segunda rotatória, e à esquerda na terceira antes entrar à direita na B2017. Continue para a A228 e vire à esquerda. Dobre à direita na B2015 e depois pegue a B2162 para Yalding.*

③ Yalding
Kent; ME18 6JB

A vila fica no rio Beult, que se junta a Medway em The Lees, onde a **Twyford Bridge** cruza o rio. Ali perto fica o pub Anchor, de 500 anos, muitas vezes alagado, na frente da Tea Pot Island *(veja à direita)* e da doca de iates de Twyford. Antigo centro de cultivo de lúpulo, Yalding é uma bonita vila, com mercado de agricultores no terceiro sábado de cada mês. Visite o **Yalding Organic Garden**, ao sul da vila, para ver um cultivo caseiro *(www.yaldingorganics.com)*.

🚗 *Vire à esquerda na B2010, dobre a direita e siga as placas para a B2163; vire à direita na A274. Depois de Headron pegue a terceira à esquerda para Smarden e prossiga até Pluckley. Pare na rua.*

④ Pluckley
Kent; TN27 OQS

Região produtora de maçãs, tem cercas vivas para proteger os pomares do vento. Pluckley é famosa por dois motivos: como a vila mais mal-assombrada da Inglaterra e como cenário da série de TV *The Darling Buds of May*, baseada

Placa na loja Pooh Corner, Hartfield

Onde Ficar: barato, menos de £80; moderado, £80-£150; caro, acima de £150

ROTEIRO 9: O Jardim da Inglaterra

Acima, à esq. Há muitos pomares de macieiras ao redor de Pluckley *Acima, à dir.* Em Yalding, a medieval Twyford Bridge

em contos de H. E. Bates (1905-74), que morou na vizinha Little Chart. Um livreto à venda no Correio e no pub Black Horse lista locais supostamente assombrados – um deles o próprio pub.

🚗 *Vire à direita para Bethersden, passe a estação de Pluckley, dobre à direita em Kiln Lane, depois à esquerda até a A28; a seguir, entre na primeira à direita para Woodchurch. Aqui, dobre à esquerda e vá até a B2067 rumo a Lympne até Hythe. Use os estacionamentos da cidade.*

⑤ Hythe
Kent; TN27 OQS

Um dos Cinque Ports, cidades que se agruparam em 1155 para produzir navios para a Coroa em troca de benefícios tributários, agora Hythe é um balneário arejado. A cidade velha se distanciou do mar e é coroada pela **St. Leonard's Church**, que data de 1090. Não perca o fascinante ossário, com ossos de quase 2 mil pessoas. A cidade enche às terças-feiras, quando ocorre um grande mercado no **St. John's Street Car Park** *(8h-16h)*. Entre

Lúpulo *(hop)* de Kent
A parte florida da planta, usada para conferir sabor à cerveja, deu a Kent suas inconfundíveis casas de tijolo à vista – com fornos usados para secar o lúpulo. Há meio século, londrinos se juntavam em Kent para passar o verão na colheita do lúpulo. Agora restou apenas um punhado de plantações da erva. O **Hop Farm Country Park** *(www.thehopfarm.co.uk)*, em Beltring – entre Yalding e Paddock Wood –, explica tudo sobre lúpulo, realiza o festival da planta no outono e também tem atrações infantis.

a cidade e o mar, os 45km do **Royal Military Canal** têm barcos a remo para alugar, e a cada dois anos é realizada a luxuosa Venetian Fête, em agosto. É também em Hythe que acaba a **Romney-Hythe-Dungeness Miniature Railway** *(Páscoa-set: diariam; www.rhdr.org.uk)*. Frequentada por praticantes de windsurfe, a longa praia de areia é segura e boa para famílias.

🚗 *Pegue a A259, sinalizada para Hastings, até New Romney. Pare atrás da High St em estacionamento com cartão.*

ONDE COMER E BEBER

ASHDOWN FOREST
Piglit's Tea Room barato
Consuma alguma coisa no salão de chá vizinho à loja Pooh Corner.
High St, Hartfield, TN7 4AE; 01892 770 456; www.poohcountry.co.uk; só abre de dia

PENSHURST
Fir Tree Tea Rooms barato
Prove o cream tea e os ótimos bolos caseiros, em um prédio do século XVI.
Penshurst, TN11 8DB; 01892 870 382; qua-dom à tarde

ARREDORES DE PENSHURST
George and Dragon moderado
Hospedaria medieval com vigas de carvalho, cheia de personalidade. Serve lagosta, enguia defumada e cerveja Larkin amarga.
Speldhurst Hill, Speldhurst, TN3 0NN (ao lado da B2176, 4,3km ao sul de Penshurst); 01892 863 125; www.speldhurst.com

YALDING
Tea Pot Island barato
Tome um cream tea, um café ou um lanche à beira-rio. As crianças podem pintar suas próprias canecas.
Hampstead Lane, ME18 6HG; 01622 814 541; www.teapotisland.com; só abre de dia; out-mar cheque antes

HYTHE
Hythe Bay Seafood moderado
À beira-mar, este amplo restaurante gerido por uma família é bom para frutos do mar. O menu vai de uma simples sopa de peixe a uma travessa de mariscos e lagosta da Hythe Bay.
Marine Parade, CT21 6AW; 01303 233 844; www.thehythebay.co.uk

Abaixo Em Hythe, os praticantes de windsurfe tiram vantagem dos ventos da praia de mar aberto

Onde Comer e Beber: barato, menos de £25; moderado, £25-£50; caro, acima de £50

Acima O Rye Windmill Hotel, no rio Tillingham, Rye

ONDE FICAR

ARREDORES DE NEW ROMNEY
Haguelands Farm *barato*
B&B em casa de fazenda, ao lado da A259, em Dymchurch. Loja, labirinto de milho, restaurante e criação de alpaca. *Burmarsh Rd, TN29 OJR; 01303 872 273; www.haguelandsfarm.co.uk*

RYE
Rye Windmill *barato*
Perto do cais, oferece quartos com personalidade e excelente café da manhã. *Mill Lane, TN31 7DW; 01797 224 027; www.ryewindmill.co.uk; estadia mínima de duas noites nos fins de semana*

ARREDORES DE TENTERDEN
Barclay Farmhouse *barato*
Casa de fazenda do século XVIII, ao lado da A262, com conforto e hospitalidade. *Woolpack Cnr, Biddenden, TN27 8BQ; 01580 292 288; www.barclayfarmhouse.co.uk; estadia mínima de duas noites nos fins de semana*

Abaixo, da esq. p/ dir. O Old Lighthouse (1904), Dungeness; O Prospect Cottage, do cineasta Derek Jarman, Dungeness

⑥ New Romney
Kent; TN28 8AH
Capital de Romney Marsh, New Romney é uma área plana, com céu aberto, ruelas, canais e campos cheios de carneiros – nos restaurantes, peça o cordeiro de charcos salgados de Romney. Pegue a rodovia litorânea em Littlestone até a **estação de energia nuclear** *(fechada à visitação)* em **Dungeness**, em um dos maiores bancos de cascalho da Europa. Pare no **Prospect Cottage**, onde o cineasta Derek Jarman criou um jardim. Suba no farol **Old Lighthouse** (1924-94), com 40m de altura, para apreciar a vista e examinar os poderosos prismas de vidro. O habitat da região tornou-se importante ponto da **RSPB – Sociedade Real de Proteção às Aves** *(diariam)*, com trilhas para crianças e avistamento de galinholas-reais, lavandeiras e chascos-do-monte.

🚗 *Pegue a A259, vire à esquerda na B2075 para Lydd. Vá pela High St e acompanhe as placas para Camber e Rye. Pare na entrada da cidade.*

⑦ Rye
East Sussex; TN31 7LA
Apenas caminhar por este antigo porto com calçamento de pedras já é muito agradável. Na High St, suba na **St. Mary's Tower**, onde as vistas são excelentes; dê um pulo até a **Rye Art Gallery**, compre balas em potes na Britcher & Rivers (uma loja dos anos 1920), ou escolha lanches deliciosos na Rye Delicatessen para um piquenique. Vá até a orla, onde os antigos armazéns são tesouros cheios de antiguidades. Observe os barcos pesqueiros descarregando o produto do dia.

Na estrada para Rye está **Camber Sands**, uma longa praia de areia que aparece quando a maré recua. Procurada por cavaleiros e por quem faz esportes de areia, ela fica movimentada nos fins de semana de verão.

🚗 *Saia de Rye pela Winchelsea Rd e pegue o retorno com placa para Rye Harbour. Vá até o final e pare no estacionamento ao lado do Nature Reserve Information Centre.*

⑧ Rye Harbour
East Sussex; TN31 7TU
Sede da **Rye Harbour Nature Reserve** *(www.wildrye.info)*, estas terras úmidas e leitos de junco são ótimos para observar aves. Uma rede de trilhas facilita uma caminhada sob medida para o tempo disponível. O centro de informações fica no Lime Kiln Cottage, ao lado do rio Rother.

Passeio a pé de 3 horas
Do estacionamento, siga o rio até o **Lime Kiln Cottage** ① e passe o esconderijo de aves. Vire à direita e acompanhe o litoral para oeste, até Ternery Pool, à direita – ótimo lugar para observar a vida silvestre. Caminhe até a **Mary Stanford Lifeboat House** ②, de onde, em 1928, um barco salva-vidas partiu com dezessete voluntários para ajudar um navio danificado por uma tempestade; todos se perderam no mar. Vire para o interior pela trilha marcada que corre pela beirada do maior corpo d'água – a Nook Beach – e vire à direita, fazendo uma volta até os celeiros de Castle Farm. Passe por um pequeno conjunto de casas na Sea Road

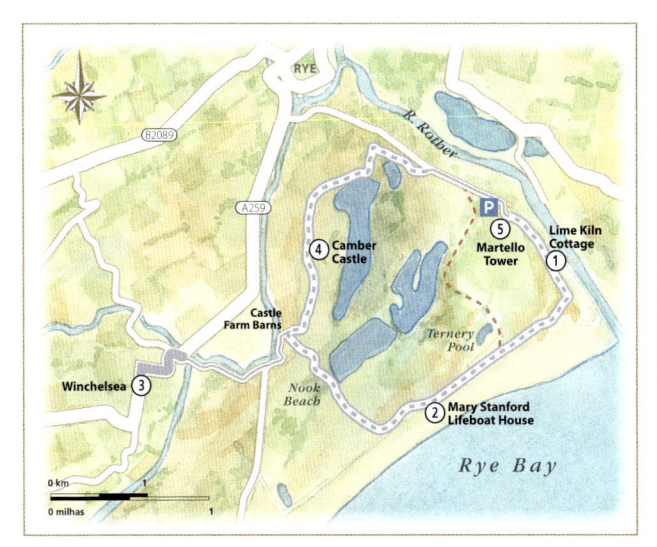

ROTEIRO 9: O Jardim da Inglaterra

Acima Camber Sands tem mais de 11km de praia de areia dotada de dunas

ONDE COMER E BEBER

RYE

Webbes at the Fish Cafe *moderado*
Melhor restaurante de frutos do mar da cidade, mas também serve carne. Experimente o misto de peixes e mariscos. *Tower St, TN31 7AT; 01797 222 226; www.thefishcafe.co.uk*

ARREDORES DE RYE HARBOUR

The Tea Tree *barato*
Este café-restaurante serve ampla variedade de lanches e o especial do dia. *12 High St, Winchelsea, TN36 4EA (a 6km pela A259); 01797 226 102*

ARREDORES DE TENTERDEN

West House *moderado*
Prove o cordeiro de Romney e o crème brûlée com ruibarbo neste excelente restaurante com estrelas Michelin, na estrada para Sissinghurst, no centro da vila. *28 High St, Biddenden, TN27 8AH; 01580 291 341; www.thewesthouserestaurant.co.uk; fecha seg*

Abaixo A Kent & Sussex Light Railway Station foi restaurada, Tenterden

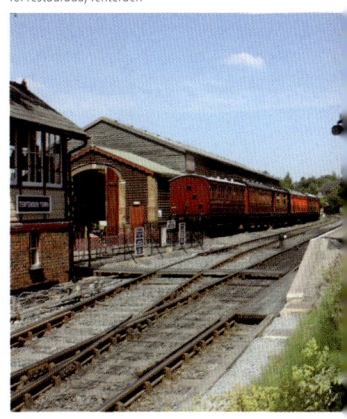

e caminhe até a rotatória, tomando a primeira saída depois de Bridge Inn. Depois, vire a primeira à esquerda e suba a Strand Hill sob Strand Gate até **Winchelsea** ③.
  Contemplando as terras úmidas e o mar abaixo, Winchelsea foi construída como uma Bastide – cidade medieval fortificada – com padrão quadriculado dividido em quadrantes de ruas largas. Com poucos recursos modernos, parece que nada mudou desde que foi projetada por Eduardo I, em 1288, sofrendo uma série de temporais nos quais a Old Winchelsea quase desapareceu. No centro fica a Church of St. Thomas the Martyr. Metade em ruínas, sua capela-mor serve agora de nave, com belos vitrais, entre os quais há um que retrata a catástrofe do barco salva-vidas em 1928. Uma característica das casas de Winchelsea são suas enormes adegas: procure os degraus de pedra que levam a esses subsolos onde o vinho era armazenado; são organizadas visitas nos fins de semana do verão (*www.winchelsea.net*). A cidade merece um passeio e oferece diversos locais para um lanche ou um cream tea.
  Volte à rotatória e à Sea Rd. Vá até os celeiros da Castle Farm, logo depois que começa a trilha, siga as placas da esquerda no caminho até o **Camber Castle** ④, um forte do século XVI em ruínas. Pegue a direita na bifurcação que ladeia o Castle Water. Este é outro ótimo ponto para observar aves. Siga pela esquerda rumo à estrada, depois

à direita, entre as lagoas, e volte à rodovia. Aqui, vire à direita para retornar ao estacionamento ao lado da **Martello Tower** ⑤, um de vários bastiões erguidos ao longo do litoral sul, entre 1805 e 1808, durante as Guerras Napoleônicas.

🚗 Volte a Rye. Pegue a A268 atravessando o centro da cidade, e pegando a direita na bifurcação para a B2082 até Tenterden. Estacione de graça por 2 horas no supermercado, antes da cidade.

⑨ Tenterden
Kent; TN30 6AN
Na estrada, após uma série de curvas fechadas, faça uma parada em **Smallhythe Place** *(sáb-qua; no inverno, só nos fins de semana)*, onde viveu a atriz Ellen Terry (1847-1928). Do século XVI, quando Smallhythe era um centro de construção naval, esta bela casa com madeira aparente com jardim foi residência da atriz por quase trinta anos.
  Procure o **Chapel Down Vineyard** (com degustações gratuitas) e a **Morgew Park Farm**, que vende batatas orgânicas. Os antiquários de Tenterden funcionam nos fins de semana, e vale a pena dar uma olhada nos da High St. Visite o pequeno museu local e volte no tempo na **Kent & Sussex Railway Station** (*www.kesr.org.uk*), que opera trens a vapor até Bodiam.

🚗 Atravesse Tenterden e vire à esquerda na A28, com placa para Ashford, depois pegue a esquerda na bifurcação na A262, para Sissinghurst.

Onde Comer e Beber: barato, menos de £25; moderado, £25-£50; caro, acima de £50

Acima Panorama rural de campos de trigo e fardos de feno perto de Sissinghurst, Kent

ATIVIDADES EM BEWL WATER

Bewl Water Outdoor Centre
Bewl Water, Lamberhurst, TN3 8JH; 01892 890 716; www.bewlwater.org

ONDE FICAR

ARREDORES DE BEWL WATER

The Bull Inn *barato*
A uma curta caminhada de Bewl Water, este pub excelente tem quatro quartos com banheiro e restaurante elegante. *Three Legs Cross, Ticehurst, TN5 7HH; 01580 200 586; www.thebullinn.co.uk*

BATTLE

The Powder Mills *moderado*
Hotel instalado em casa de campo georgiana, tem lago para pescar. Bom restaurante aberto ao público em geral. *Powder Mill Lane, TN33 OSP; 01424 775 511; www.powdermillshotel.com*

Abaixo, da esq. p/ dir. A entrada do Sissinghurst Castle; Os belos jardins e a casa de Great Dixter

⑩ Sissinghurst
Kent; TN17 2AB

Uma das propriedades do National Trust no sudeste da Inglaterra, o **Sissinghurst Castle Garden** *(mar-nov: sex-ter)* não é de fato um castelo, mas o que restou de um solar Tudor construído por volta de 1560. Tornou-se "castelo" em 1756, quando foi usado para receber prisioneiros de guerra franceses que o chamavam de "Le Château". A propriedade foi adquirida em 1930 pelo parlamentar Harold Nicolson e por Vita Sackville-West, que escrevia sobre jardinagem e transformou o terreno em uma série de "salas" com temas e cores diferentes. O jardim branco é espetacular em julho, mas o ano todo há algo para ver. Outra atração é a fazenda que está sendo revigorada por Adam Nicolson, neto de Harold e Vita, e pela mulher dele, Sarah Raven, que escreve sobre culinária e serve no restaurante produtos cultivados ali.

🚗 *Continue pela A262 até Goudhurst. Vire à esquerda na lagoa da vila para estacionar de graça, à direita.*

⑪ Goudhurst
Kent; TN17 1AL

Vila bucólica com lagoa e belas vistas. Às vezes, a torre da igreja fica aberta para se obter vistas ainda melhores de Weald. Na B2079, ao sul de Goudhurst, estão as florestas de **Bedgebury Pinetum**, com atividades para crianças e adultos – playgrounds de aventura, trilhas de bicicleta e atividades educativas. Alugue uma bicicleta, faça um piquenique ou apenas caminhe entre as árvores altas.

Também perto de Goudhurst, ao lado da A262, fica **Finchcocks** *(dom e feriados bancários; qua-qui em ago; 01580 211 712; www.finchcocks.co.uk)*, solar georgiano erguido em um belo terreno e que tem um museu de pianos e outros instrumentos. Volte à A262 e siga as placas para o **Scotney Castle** *(mar-nov: diariam)*. Em ruínas, este castelo do século XIV tem torres, fosso, jardim com flores coloridas, bosque e plantação de lúpulo.

🚗 *Pegue a estrada para sair de Scotney Castle e ir até a rotatória, virando à esquerda na A21. Dobre à direita e siga as placas para Bewl Water. Pare no local.*

Placa de açougue, Goudhurst

⑫ Bewl Water
Kent; TN3 8JH

Da década de 1970, o **Bewl Water Outdoor Centre**, maior reservatório no sudeste da Inglaterra *(diariam)*, é rodeado por um caminho de 22km para percorrer a pé ou de carro. Há muitas atividades, como canoagem, windsurfe, vela, pesca e ciclismo. Ou pode-se fazer um cruzeiro no lago, explorar o playground de aventura ou saber mais sobre o ambiente no centro de visitantes. Depois de tudo isso, saboreie um lanche no restaurante.

🚗 *Volte à A21, vire à direita e depois à esquerda na A268 até Hawkhurst; vire*

Onde Ficar: barato, menos de £80; moderado, £80-£150; caro, acima de £150

ROTEIRO 9: O Jardim da Inglaterra

Acima, à esq. Bewl Water, o maior reservatório do sudeste da Inglaterra **Acima, à dir.** Exterior quase completo do Bodiam Castle

à direita na A229 e à esquerda na B2244. Dobre à esquerda para o Bodiam Castle, sinalizado e com estacionamento.

⓭ Bodiam Castle
Kent; TN32 5UA
No que diz respeito a castelos, poucos se igualam ao **Bodiam Castle** (fev-nov: diariam; dez-jan: sáb e dom). Erguido em 1385 ao lado do rio Rother para defender o litoral – agora a alguns quilômetros de distância –, não viu muita ação. Quadrado, com torres nos cantos e fosso cheio de carpas, o castelo foi cenário do filme do Monty Python *Em busca do cálice sagrado*. Relembre momentos hilários do filme nas defesas e escadas em espiral e na ponte levadiça original.
🚗 Do estacionamento, vire à esquerda, atravesse o rio e pegue a primeira à esquerda. No entroncamento vire à esquerda rumo a Great Dixter House and Gardens. Estacione gratuitamente no local.

⓮ Great Dixter
Kent; TN31 6PH
Bonito casarão medieval, **Great Dixter** (abr-out: ter-dom; Jardim 11h-17h; Casa 14h-17h) é de fato a junção de duas edificações. A casa original com madeira aparente, erguida entre 1440 e 1454, foi comprada em 1909 por Nathaniel Lloyd. Ele transportou outra casa Tudor, semelhante, da vizinha Benenden, e encomendou ao arquiteto Edwin Lutyens, do movimento Arts and Crafts, que as unisse e projetasse os jardins. Christopher Lloyd, filho de Nathaniel e o escritor de livros de jardinagem, nasceu aqui em 1906 e produziu os jardins muito elogiados, usando técnicas de plantio inovadoras. Desde a morte dele, em 2006, Great Dixter passou a ser gerida por um fundo beneficente.
🚗 Volte à cidade e pegue a A28 sul. Vire à direita e siga as placas para Battle. Pare ao lado da abadia.

⓯ Battle
Kent; TN33 0AD
Em **Battle Abbey** (diariam), estique as pernas em uma caminhada pelo campo de batalha de quase 405.000m², onde os normandos derrotaram os ingleses em 1066; o audioguia é excelente. A própria abadia foi quase toda destruída durante a Dissolução dos Mosteiros, no século XVI. A cidade de Battle se expandiu ao redor da abadia e merece uma visita. Dê um pulo no **Yesterday's World** (diariam), um museu de história social. Toda sexta-feira de manhã é realizado um mercado no chamado Memorial Hall.

ONDE COMER E BEBER

GOUDHURST

Taywell Farm Shop barato
Loja de fazenda com produtos caseiros e sorvetes deliciosos. Abasteça-se para um belo piquenique.
Cranbrook Rd, TN17 1DY; 01580 211 881; www.taywell.co.uk

ARREDORES DE BEWL WATER

The Bistro barato
Restaurante em vinhedo, abre para café da manhã, almoço e cream tea. Tem frango assado no espeto e pernil de cordeiro. Na loja, há vinho e queijo locais.
The Down, Lamberhurst, TN3 8ER (de Bewl Water vire à esquerda na A21; depois da rotatória vá sempre em frente por 2km); 01892 890 412; www.lamberhurstvineyard.net

BATTLE

Nobles moderado
Bom restaurante no centro da cidade, com menu de produtos regionais – prove o cordeiro de Romney Marsh. Tem um terraço para dias ensolarados e o menu a preço fixo vale a pena. Convém fazer reserva.
17 High St, TN33 0AE; 01424 774 422; www.noblesrestaurant.co.uk

---

PASSEIOS DE 1 DIA

Descubra a história de Kent e o lado campestre de Hythe, Battle e Pluckley.

Pelo litoral
Em Hythe, ❺ veja a igreja, depois compre provisões para um piquenique na praia. Tome o trem a vapor até New Romney ❻ e continue até Dungeness para caminhar sobre os pedregulhos e observar aves.

Este passeio não precisa de carro.

Guerra e paz
Em Battle ⓯, visite a abadia e caminhe pelo campo em que ocorreu a batalha decisiva na última invasão bem-sucedida da Inglaterra. A seguir, almoce na maravilhosa casa de Great Dixter ⓮ e depois suba nas defesas do Bodiam Castle ⓭, do século XIV.

Volte pelo mesmo caminho que fez até Great Dixter e Bodiam Castle. Depois, rume para nordeste pela A21 e vire para o sul.

Fantasmas, jardins e castelos
Hospede-se na vila assombrada de Pluckley ❹, depois vá ver os maravilhosos jardins e as construções antigas de Sissinghurst Castle ❿. Atravesse a bonita Goudhurst ⓫ até Scotney Castle. Se sobrar tempo, vá até Bewl Water ⓬ para um passeio à beira do lago ou uma volta de bicicleta.

Ao sair de Pluckley rume para o sul, dobre à direita na A28 e à direita na A262. Refaça a jornada até Pluckley.

Onde Comer e Beber: barato, menos de £25; moderado, £25-£50; caro, acima de £50

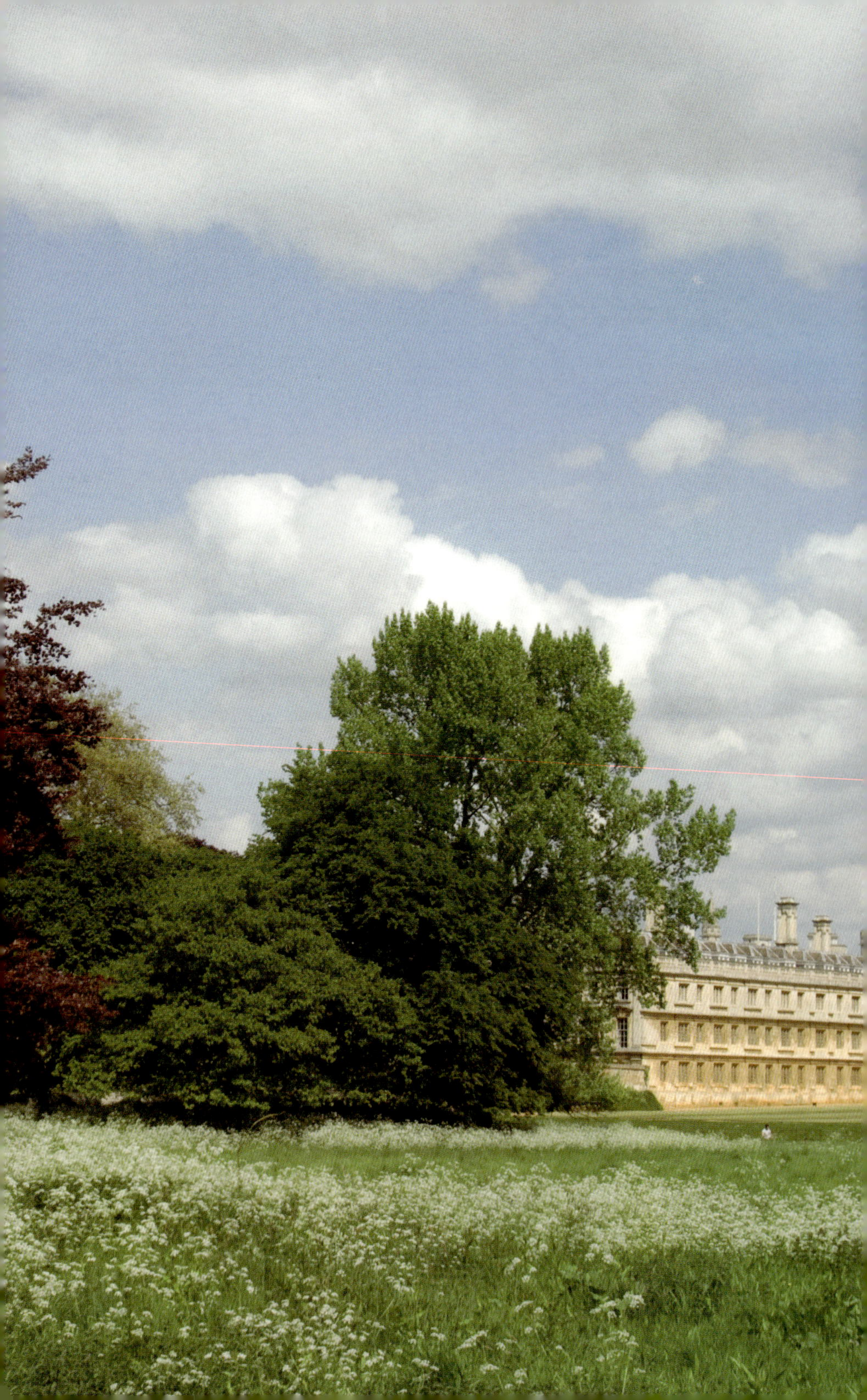

ROTEIRO 10

O Rio Cam e a Terra de Constable

De Cambridge a East Bergholt

Destaques

- **Universidade de fama mundial**
  Caminhe pela histórica Cambridge, ao lado do pitoresco rio Cam, e aprecie a notável arquitetura medieval das faculdades e igrejas. Depois, ande em um barco de fundo chato

- **Galerias e museus**
  Aprenda mais em Cambridge e nos museus de Saffron Walden. Aprecie um pouco de arte em Audley End, Gainsborough's House e galeria, em Sudbury, e no sir Alfred Munnings Art Museum, em Dedham

- **A zona rural de Constable**
  Visite as antigas cidades produtoras de lã, vilas encantadoras, igrejas históricas e as paisagens rurais captadas por John Constable em suas pinturas

A King's College Chapel vista a partir do rio Cam, Cambridge

ESTRADAS DA INGLATERRA, ESCÓCIA E PAÍS DE GALES

O Rio Cam e a Terra de Constable

Este roteiro magnífico começa a apenas 103km do centro de Londres, e os locais por onde ele passa são surpreendentemente rurais, com sabores e cores autênticos e inconfundíveis. Ele traça uma rota que vai desde a admirável arquitetura da universidade de Cambridgeshire, passa pelas áreas verdes intocadas de Essex e chega aos campos férteis do Stour Valley e do Dedham Vale, atravessando em alguns pontos a fronteira com Suffolk. Aqui existem oportunidades para explorar uma paisagem de beleza atemporal, imortalizada por alguns dos maiores artistas britânicos. Nesta parte de Ânglia Oriental, a história está presente em todas as cidades e vilas, cujos chalés – muitos com madeira aparente e pintados de cor-de-rosa – parecem brotar da terra.

LEGENDA
- Roteiro

ATIVIDADES

Ande em um barco de fundo chato no rio Cam, sob a Bridge of Sighs e ao longo dos fantásticos Cambridge Backs

Tome chá na encantadora vila de Grantchester, que ganhou fama com o poeta Rupert Brooke

Tire uma foto da área verde da vila em Finchingfield, considerada a mais fotografada da Inglaterra

Cruze a ponte do fosso para dar uma olhada no histórico Hedingham Castle e talvez assistir a um torneio de justa

Faça um cruzeiro pelo rio ao lado da campina de Sudbury

Sinta-se dentro de uma pintura de John Constable ao lado da House on Water Lane, em Stratford St. Mary

Caminhe pelas margens do Stour em East Bergholt

Abaixo Vista do outro lado da lagoa do moinho no rio Cam, Grantchester *(p. 113)*

ROTEIRO 10: O Rio Cam e a Terra de Constable

PLANEJAMENTO

Início/fim: De Cambridge a East Bergholt.

Número de dias: 3-4, com reserva de ao menos meio dia para Cambridge.

Distância: Cerca de 177km (110 milhas).

Condições das estradas: Boas; bem pavimentadas e sinalizadas. As estradas secundárias são estreitas e podem ficar movimentadas.

Quando ir: O melhor é de abril a outubro, quando o clima está mais agradável e a região fica verde e florida.

Horários de funcionamento: Em geral, os museus e atrações abrem das 10h às 17h e fecham mais cedo (ou nem abrem) de nov-Páscoa. As lojas têm horário mais amplo. As igrejas costumam abrir até o anoitecer.

Principais dias de mercado: Cambridge: Feira do produtor, dom; Saffron Walden: Mercado (artesanato, produtos agrícolas), ter e sáb; Thaxted: Mercado, sex de manhã; Sudbury: Mercado, qui e sáb; Long Melford: Feira do produtor, 3º sáb do mês.

Compras: Long Melford é famosa pelos antiquários e lojas de artesanato.

Principais festas: Cambridge: Summer Music Festival, meados jul-início ago; Folk Festival, fim jul/ago; Thaxted: Music Festival, fim jun-início jul; Sudbury: Festival of Music, Speech and Dance, última semana fev e mar.

PASSEIOS DE 1 DIA

Cambridge merece a maior parte de um dia para visitar **faculdades, galerias, igrejas** e fazer um **piquenique** em um **barco de fundo chato**, e depois rumar para Grantchester para um chá. Para sentir a essência da Inglaterra, veja Saffron Walden, com seu **museu** peculiar, depois visite a grandiosa **mansão** Audley End, a **igreja** de Thaxted, a **área verde** da vila de Finchingfield e as **ruínas** do Hedingham Castle. Aqui há muitas **fontes de inspiração artística**, desde **Long Melford**, com seus dois salões ligados a livros infantis, até as charmosas **vilas de Constable Country**, que, com seus chalés, igrejas, galerias e belo cenário, foram imortalizadas nos quadros de Constable. Detalhes *p. 117*.

Acima Vista do cemitério até o moinho em Thaxted, construído por John Webb, fazendeiro local, na virada do século XIX *(p. 114)*

Abaixo A Bridge of Sighs (Ponte dos Suspiros) foi construída em 1831, em St. John's College, Cambridge *(pp. 112-3)*

… *Acima* Claustro gótico em St. John's College, Cambridge University

❶ Cambridge
Cambridgeshire

Esta cidade vibrante – mundialmente famosa por sua universidade medieval – tem arquitetura notável, história rica, áreas verdes e muitas atrações. Cambridge fica sobre o rio Cam, no meio de uma bonita área campestre. A cidade se orgulha do burburinho criado por sua grande população estudantil, distribuída em 31 faculdades.

Passeio a pé de 3 horas

Ao sair do estacionamento da Grand Arcade, vire à direita na Corn Exchange St e à esquerda na Wheeler St, a fim de pegar um mapa no **Centro de Informação Turística** ❶. Dobre à direita, depois à esquerda para King's Parade. Após a St. Catharine's College, vire à direita na Silver St. Ao atravessar a ponte, olhe à direita para a **Mathematical Bridge** ❷, projetada por William Etheridge e construída por James Essex, o Moço, em 1749. Feita sem pregos, esta ponte de madeira foi a primeira do mundo a ser projetada segundo a análise matemática. À esquerda, ao lado do pub Anchor, pode-se alugar um barco de fundo chato *(punt)* no rio Cam. No lado mais afastado da ponte, a caminhada toma o rumo da direita, ao longo de **The Backs** ❸, com vistas imperdíveis da parte de trás das faculdades de Queens', King's, Clare e Trinity Hall. Em Trinity, onde acaba o caminho, vá pela Queens Rd e vire à direita na Northampton St. À esquerda, no entroncamento com Honey Hill, fica **Kettle's Yard** ❹ *(ter-dom à tarde; www.kettlesyard.co.uk)*, que, durante dezesseis anos, foi residência de Harold Stanley Ede, primeiro curador de arte moderna da Tate Gallery. Toque o sino para explorar o pequeno museu, com pinturas, esculturas e objetos da coleção de Ede. Atrás fica Cambridge St. Peter, segunda igreja mais antiga da cidade, e ao lado está o **Cambridge and County Folk Museum** ❺ *(fecha dom de manhã, seg)*, onde 20 mil objetos e documentos lembram a vida rural de Cambridgeshire. Cruze a Northampton St, vire à direita na Magdalene St e atravesse a ponte (aqui também há barcos para alugar). No Second Court da Magdalene College, à esquerda, está a **Pepys Library** ❻ *(fecha dom de manhã, seg)*, que contém os diários de Samuel Pepys, doados à faculdade em 1703. De volta à Magdalene St, ao lado da Bridge St, à direita, há casas Tudor com madeira aparente – entalhes eróticos indicam que uma delas deve ter sido bordel. Na esquina da St. John's St acha-se a **Church of the Holy Sepulchre** ❼, uma das quatro igrejas redondas da Inglaterra, que data do século XII. Desça a St. Johns St para chegar à **St. John's College** ❽, fundada em 1511 por lady Margaret Beaufort, mãe de Henrique VII, e entre no First Court, a parte mais antiga da faculdade. Pla-

Portão de ferro fundido, Cambridge

PARA VISITAR CAMBRIDGE

Estacionamento
Em Cambridge, boa parte do centro é só para pedestres. Pare em um dos cinco estacionamentos do tipo "Park and Ride" ou, para o mais central, siga as placas até Grand Arcade.

Informação turística
The Old Library, Wheeler St, CB2 3QB; 08712 268 006; www.visitcambridge.org

Visitas às faculdades
Horários variam conforme a faculdade. Algumas cobram ingresso em determinados momentos e podem fechar para visitas no período de exames (Páscoa-jul).

Punts – barcos de fundo chato
Existem passeios com e sem barqueiro. Os melhores equipamentos são oferecidos por **Scudamore's** *(01223 359 750; www.scudamores.com)* e **Cambridge Chauffeur Punts** *(01223 354 164; www.punting-in-cambridge.co.uk)*

ONDE FICAR

CAMBRIDGE

Hotel du Vin & Bistro *caro*
Opte por um dos 41 quartos desta bela construção antiga e central. Destaca-se a variedade de mordomias e os clássicos de bistrô no restaurante.
15-19 Trumpington St, CB2 1QA; 01223 227 330; www.hotelduvin.com

Hotel Felix *caro*
Este hotel consagrado oferece elegância vitoriana com um toque moderno e chique. Quartos e banheiros muito bons, terreno amplo e produtos locais no menu do Graffiti Restaurant.
Whitehouse Lane, CB3 0LX; 01223 277 977; www.hotelfelix.co.uk

Abaixo Igreja de Grantchester, mencionada em uma das poesias mais famosas de Rupert Brooke

Onde Ficar: barato, menos de £80; moderado £80-£150; caro, acima de £150

ROTEIRO 10: O Rio Cam e a Terra de Constable

À esq. St. John's College e a romântica Bridge of Sighs, Cambridge

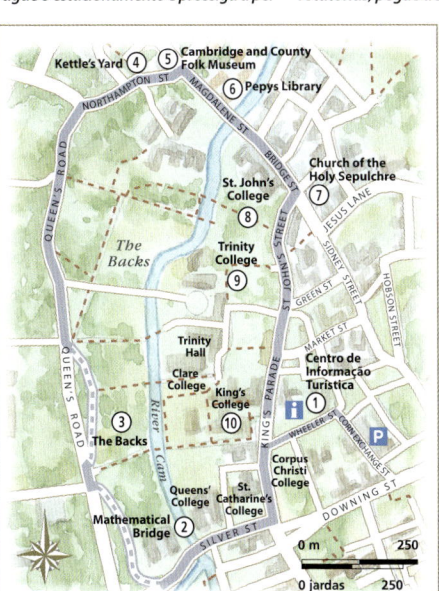

ONDE COMER E BEBER

CAMBRIDGE

Fitzbillies *barato*
Uma instituição em Cambridge, fundada em 1922, esta padaria é famosa pelo pãozinho de Chelsea, "provavelmente o mais grudento do mundo".
52 Trumpington St, CB2 1RG; 01223 352 500; www.fitzbillies.co.uk; jantar sex e sáb

The Bun Shop *barato*
Saboreie a culinária internacional em um pub tão peculiar quanto o nome. Prove o frango ao alho, o chorizo no Merlot, mexilhões cajun ou nhoque de gorgonzola.
1 King St, CB1 1LH; 01223 366 866; www.thebunshop.com

Cotto *moderado*
Esta galeria, café, delicatéssen e restaurante usa muitos produtos orgânicos do local. Entre os pratos há sopa de aipo e avelã ou cavala assada na lenha.
183 East Rd, CB1 1BG; 01223 302 010; www.cottocambridge.co.uk; jantar qui-sáb; fecha dom

Midsummer House *caro*
Este restaurante à beira-rio é recomendado pelo profissionalismo e pela culinária criativa do menu a preço fixo.
Midsummer Common, CB4 1HA; 01223 369 299; www.midsummerhouse.co.uk

GRANTCHESTER

The Orchard Tea Garden *barato*
Siga as pegadas de Rupert Brooke e relaxe com um chá tradicional ou almoço neste local bucólico, com pavilhão histórico de madeira e pomar.
45-7 Mill Way, CB3 1RS; 01223 551 125; www.orchard-grantchester.com; fecha no Natal

Abaixo Vistos de The Backs, barqueiros deslizam na frente de King's College, Cambridge

---

cas levam até a **St. John's Chapel**, projetada por sir George Scott em 1863-9. Aqui, uma estátua de William Wilberforce é um marco contra a escravidão. Sobre o Cam está a Bridge of Sighs (Ponte dos Suspiros), projetada por Henry Hutchinson em 1827. Vire à direita ao sair de St. John's e entre pelo Great Gate na **Trinity College** ⑨, fundada em 1546 por Henrique VIII. Ao sair de Trinity vire à direita e volte a **King's College** ⑩. Visite a capela, a edificação mais espetacular da cidade, para apreciar a mágica arquitetura de seu teto.

🚗 Siga o anel viário até a Trumpington St, com placa para M11 sul. Em Trumpington vire à direita para Grantchester. Pague o estacionamento e prossiga a pé.

② **Grantchester**
"O relógio da igreja marca dez para as três, e ainda há mel para o chá?", escreveu Rupert Brooke (1887-1915) em sua delicada sátira à vida inglesa: *The Old Vicarage, Grantchester*. Esta é uma linda vila com chalés cobertos de colmo e hospedarias históricas, mas não subordinada à vizinha maior e acadêmica. Veja o memorial ao poeta Brooke, e o Old Vicarage (que por um tempo foi a casa dele). Tire uma foto do relógio às dez para as três – e saboreie o chá da tarde no Orchard Tea Garden.

🚗 Volte à A1309 em Trumpington, vire à direita e depois à esquerda para Great Shelford na A1301. Após quatro rotatórias, pegue a B184 até Saffron Walden. Siga as placas para o estacionamento pago e procure um grátis de curta permanência no centro.

Onde Comer e Beber: barato, menos de £25; moderado, £25-£50; caro, acima de £50

Tons rosados de Suffolk
Na região de Suffolk há casas antigas com pinturas em tons rosados. Apesar de atualmente a maioria ser pintada com tintas comerciais, a têmpera tradicionalmente cor-de-rosa de Suffolk compunha-se de leitelho tingido com sangue de porco. Dizia-se que, se o sangue fosse substituído por suco de abrunheiro, a tinta ficava mais avermelhada.

❹ Audley End
Essex; CB11 4JF

Henrique VIII doou Walden Abbey a sir Thomas Audley, que a transformou em uma magnífica mansão *(fecha seg, ter; www.english-heritage.org.uk)*. O terceiro barão Baybrooke, que chegou à propriedade em 1825, trouxe suas obras de Holbein, Canaletto e muitos outros. São trinta salas para visitar, algumas projetadas por Robert Adam, assim como áreas verdes preparadas pelo paisagista Capability Brown, e uma horta vitoriana de ervas culinárias.

🚗 *Volte a Saffron Walden e pegue a B184 sul (bem sinalizada) para Thaxted. Pare na rua.*

Acima, em sentido horário: Pitoresco moinho de vento do século XIX, em Thaxted; Prefeitura em estilo Tudor erguida em 1761 no centro de Saffron Walden; Chalé coberto de colmo, no tradicional rosa de Suffolk, Thaxted

❸ Saffron Walden
Essex; CB10

Cidade-mercado que é uma preciosidade medieval, Saffron Walden fica sobre o rio Cam, em área rural preservada de Essex. Partes da cidade datam do século XII, e existem muitas construções com madeira aparente, embora a **prefeitura** em estilo Tudor seja de 1761. Aberto em 1835, o **Saffron Walden Museum** *(diariam; www.visitsaffronwalden.gov.uk)* é um dos mais antigos da Grã-Bretanha. Fica em um campo, ao lado das ruínas do castelo de Walden, do século XII, e tem acervo eclético – desde sarcófagos egípcios e presas de mamutes até mostras sobre o povo e a história natural da região.

🚗 *Do centro, siga as placas da B1383 até Audley End e o estacionamento.*

Abaixo Audley End, uma das casas jacobitas mais requintadas da Inglaterra

❺ Thaxted
Essex; CM6

Cidadezinha agradável que se orgulha de suas casas antigas, com estrutura de madeira, e da **Guildhall** completa, do século XIV (abre à visitação para exposições ocasionais). Há também um moinho de vento construído em 1804, albergues e, no alto do morro, a magnífica **Church of St. John the Baptist**. Do século XIV, a chamada "catedral de Essex" é considerada por alguns a melhor igreja paroquial do país. Entre os residentes famosos da cidade estão o compositor Gustav Holst, que morou aqui de 1914 a 1925, quando escreveu *Os planetas*, e o la-

PARA VISITAR SUDBURY

Informação turística
Town Hall, Market Hill, CO10 1TL;
01787 881 320

River Stour Trust
The Granary, Quay Lane, CO10 2AN;
01787 313 199; www.riverstourtrust.org

ONDE FICAR

SAFFRON WALDEN

Saffron Hotel *moderado*
Este clássico hotel de cidade-mercado data do século XVI. Oferece dezesseis quartos com banheiro, em prática localização central.
8-12 High St, CB10 1AZ; 01799 522 676;
www.saffronhotel.co.uk

THAXTED

Swan Hotel *moderado*
Tradicional hospedaria para troca de cavalos, totalmente reformada há pouco tempo, tem acomodações confortáveis e elegantes a preços razoáveis. Veja se há ofertas especiais.
Bull Ring, CM6 2PL; 01371 830 321;
www.swanhotel-thaxted.com

Onde Ficar: barato, menos de £80; moderado £80-£150; caro, acima de £150

drão Dick Turpin (1705-39), cujo chalé pode ser visto a caminho da igreja.
🚗 *Vire à direita na Bardfield Rd, com placa para "the Bardfields", e vá até Great Bardfield, virando à esquerda na B1057 para Finchingfield. Pare na rua.*

❻ Finchingfield
Essex; CM7
Esta linda vila tem fama de ser a mais fotografada da Inglaterra. Tem chalés cobertos de colmo, áreas verdes, lago com patos, moinho e a igreja de St. John the Baptist. Dodie Smith, autora de *Os 101 dálmatas*, morou aqui.
🚗 *Cruze a ponte e vire à direita depois da igreja rumo a Wethersfield; siga ao longo da High St até Sible Hedingham. Dobre à esquerda na A1017 e quase imediatamente à direita na B1058. Siga as placas para o estacionamento.*

Acima Amoreira antiga no terreno da Gainsborough's House, Sudbury

❼ Hedingham Castle
Essex; CO9 3DJ
Atravesse a ponte do fosso seco para chegar ao que restou deste castelo de quatro andares do século XII *(meados abri-out: dom-qui; www.hedinghamcastle.co.uk)*, com defesas altas, salão de banquetes e galeria de menestréis. Na primavera, o terreno e os bosques ao redor se enchem de jacintos. No verão, pode haver torneios e shows.
🚗 *Pegue a B1058, depois a A131 até Sudbury. Entre no sistema de mão única e siga placas para o estacionamento ao lado do Centro de Informação Turística.*

❽ Sudbury
Suffolk; CO10
Esta antiga cidade das lãs de Suffolk, na bonita área rural de Stour Valley, orgulha-se de suas três igrejas medievais, da Bolsa de Milho vitoriana e de

uma **estátua de bronze** do pintor Thomas Gainsborough (1727-88), destaque da praça do mercado. O desenvolvimento comercial moderno prejudicou um pouco o charme histórico, mas a **Gainsborough's House** *(fecha dom e Natal; www.gainsborough.org)*, uma construção típica de Suffolk, dispõe de acervo único da obra desse especialista em retratos e paisagens. Obras emprestadas e de artistas locais também costumam ser expostas. No jardim murado há uma amoreira de 400 anos. Ao sul da cidade há campos agradáveis para fazer piquenique, e um cruzeiro de barco parte do cais, operado pelo **River Stour Trust**.
🚗 *Siga as placas pelo sistema de mão única até Bury St. Edmunds, na A134. Desvie pela B1064 até Long Melford.*

Acima Imponente torre da prisão do Hedingham Castle, do século XII

Acima Memorial de Guerra ao lado de uma área verde, na vila de Finchingfield

ONDE COMER E BEBER

SAFFRON WALDEN

Kim's Coffee House *barato*
Estabelecimento simpático, em construção georgiana, serve bolos e *scones* caseiros, grande variedade de sanduíches e baguetes recheadas conforme a escolha do cliente, além de opções de chás.
5 Hill St, CB10 1EH; fecha dom

**ARREDORES DE
SAFFRON WALDEN**

Cricketers *moderado*
Comida sazonal, orgânica e com produtos locais nesta hospedaria do século XVI, gerida pelos pais do chef Jamie Oliver. Fica a 12 minutos de carro de Saffron Walden pelas B1383/B10.8. Serve frango, muito peixe e linguiça caseira.
Wicken Rd, Clavering; CB11 4QT; 01799 550 442; www.thecricketers.co.uk

CASTLE HEDINGHAM

Bell Inn *barato-moderado*
Do século XV, com estrutura de madeira, este pub tem amplo jardim e serve comida fresca e bem preparada, em boa parte com produtos locais. Sopa caseira, linguiças com purê de mostarda. Segunda à noite há churrasco de peixe – telefone antes para reservar o seu.
*CO9 3EJ; 01787 460350;
www.hedinghambell.co.uk*

ARREDORES DE SUDBURY

The Henny Swan *moderado*
Esta hospedaria com jardim, à margem do Stour, ao sul de Sudbury, ganhou muitos prêmios por sua culinária de pub gastronômico elegante. Faça um programa diferente: saindo de Sudbury, reserve seu almoço a bordo do barco elétrico *Rosette*, de oito lugares.
Henny St, Great Henny, CO10 7LS; 01787 269 238; www.hennyswan.com

Onde Comer e Beber: barato, menos de £25; moderado, £25-£50; caro, acima de £50

Acima Mansão Tudor de Kentwell Hall, construída em 1554, Long Melford

ONDE FICAR

LONG MELFORD
Bull Hotel *moderado*
São 25 confortáveis quartos com banheiro nesta hospedaria antiga e simpática, com madeira aparente, em local central.
Hall St, CO10 9JG; 01787 378 494; www.thebull-hotel.com

ARREDORES DE LONG MELFORD
Angel *moderado*
Acomodações agradáveis, com serviço prestativo, nesta calorosa hospedaria na praça da vila (autorizada a funcionar em 1420). Rume para o norte ao sair de Long Melford pela A134 e vire à direita na Bridge St Rd e na Bridge St para chegar a Lavenham.
Market Place, Lavenham, CO10 9QZ; 01787 247 388; www.maypolehotels.com/angelhotel

DEDHAM
Dedham Hall and Fountain House *moderado*
Este hotel e restaurante em um solar histórico, instalado em amplo terreno, também conta com estúdio de pintura e escola de arte que ocupam um celeiro holandês adaptado. O hotel oferece dezoito quartos agradáveis (treze num anexo para cursos de férias de pintura). O lugar prima pela generosidade.
Brook St, CO7 6AD; 01206 323 027; www.dedhamhall.co.uk

Sun Inn *moderado-caro*
Há cinco quartos muito bem decorados nesta hospedaria do século XV. A comida também é boa. O café da manhã tem criatividade e o restaurante oferece comida britânica moderna. Também prepara deliciosos piqueniques sob encomenda.
High St, CO7 6DF; 01206 323 351; www.thesuninndedham.com

À dir. St. Mary's Church, em Stoke-by-Nayland, uma típica *wool church* de Suffolk

Onde Ficar: barato, menos de £80; moderado £80-£150; caro, acima de £150

Terra de Constable
"O som da água que sai das represas dos moinhos, salgueiros, pranchas de madeira gasta, postes cheios de limo e obras de alvenaria, eu adoro essas coisas. Tais cenas fizeram de mim um pintor." Isso foi escrito por John Constable (1776-1837), reconhecido, por J. M. W. Turner, como um dos grandes pintores de paisagem do século XIX. Vistas espetaculares, plantações, campinas úmidas e brejos de Stour Valley e Dedham Vale, céu aberto e torres de igrejas – tudo evoca o verdadeiro espírito de Constable.

⑨ Long Melford
Essex; CO10 9AA

Esta vila tem uma longa rua ladeada de lojas independentes e especializadas, galerias e empórios de antiguidades, bares, restaurantes e hospedarias antigas. A **Holy Trinity Church**, do final do século XV, é grandiosa e magnífica, e a **Old Bull Inn** (*c.* 1450) já hospedou o Beatle John Lennon. Simpáticos chalés georgianos e em estilo Queen Anne ficam em áreas verdes, assim como a **Melford Hall** (de 1554, com torres) *(fim mar-fim out: qua-seg à tarde; www.nationaltrust.org.uk)*, onde a rainha Elizabeth I já passou uma noite e onde a autora infantil Beatrix Potter fazia os desenhos para seus livros. Depois, rume para o norte, acompanhando as placas até o cenário do filme *Toad of Toad Hall*. A **Kentwell Hall** *(verifique no calendário on-line os horários de funcionamento: www.kentwell.co.uk)* é uma mansão Tudor de tijolo à vista, com fosso, jardins e uma criação de raças raras, a exemplo de porcos Tamworth, da quase extinta ovelha Norfolk Horn e dos enormes cavalos Suffolk Punch. O bom humor e a hospitalidade de Patrick Phillips – proprietário desde 1970 – são evidentes.

🚗 *Volte na direção de Sudbury pela B1064, depois siga pelo sistema de mão única até a A134 (com placa para Colchester). Dobre à esquerda na B1068 até Stoke-by-Nayland. Pare no centro.*

⑩ Stoke-by-Nayland
Suffolk; CO6 4QU

Outra bela vila de Suffolk, Stoke-by-Nayland tem bonitos chalés com madeira aparente, pintados de cor-de-rosa. A **St. Mary's Church**, que aparece em pinturas de John Constable, foi erguida com os lucros do comércio local de lã e data dos séculos XIV e XVI. Ela tem uma fonte octogonal e uma porta de carvalho bem conservada, ornamentada com a Árvore de Jessé.

🚗 *Pegue a B1068 para Higham. Aqui, vire à direita e de novo à direita até Stratford St. Mary. Na placa da vila, vire à esquerda e vá para o estacionamento.*

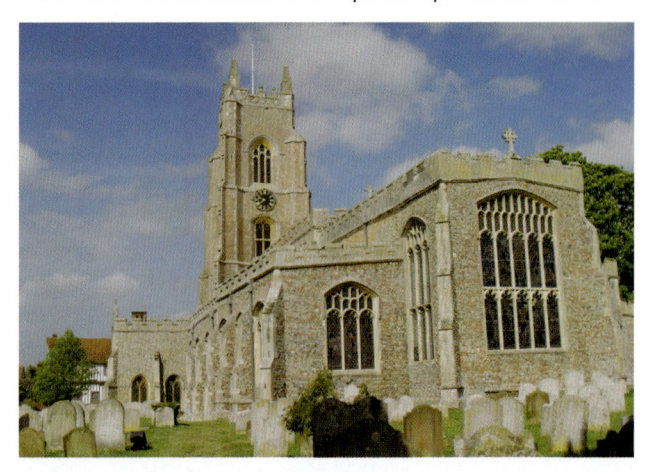

⓫ Stratford St. Mary
Suffolk; CO7 6YG
Vila mais meridional de Suffolk, Stratford St. Mary é outra atração da terra de Constable. Na estrada de acesso, procure duas casas com madeira aparente, a **Ancient House** e a **Priest's House** *(não abertas à visitação)*, na frente do correio. Continue pela A12 até encontrar a **St. Mary's Church**, com fachada de pedra. A construção é quase toda do século XV, mas partes datam do século XIII. Mais adiante na estrada (antes conhecida como Water Lane) encontra-se **Ravenys**, uma casa particular imortalizada no quadro *A House on Water Lane*, de Constable.
🚗 *Continue pela B1029 até a A12 para Dedham e pare ao lado da igreja.*

⓬ Dedham
Essex; CO7 6AZ
Esta vila possui excelentes construções com madeira aparente, no estilo georgiano, e a **Church of St. Mary the Virgin**, de 1492, cuja torre de 40m aparece em quadros de Constable – sua obra *The Ascension* está na igreja. O pintor estudou na **Old Grammar School**, fundada por Elizabeth I. Vá para leste na Brook St até o **Sir Alfred Munnings Art Museum** *(abr-set: dom, qua à tarde; jul, set: qua, qui, sáb, dom à tarde; www.siralfredmunnings.co.uk)*, uma vitrine para o artista, famoso pelos estudos sobre cavalos de corrida e por ser um grande pintor de paisagens.
🚗 *Pegue a Manningtree Rd, à esquerda no entroncamento, à esquerda na A137 e à esquerda na rotatória (ainda na A137). Dobre à esquerda na B1070 até East Bergholt. Pare ao lado da igreja.*

⓭ East Bergholt
Suffolk; CO7 6UP
Local de nascimento de John Constable, esta vila se orgulha de ter mais pubs do que qualquer outra de Suffolk. As torres de pedra "em ruínas" da **Church of St. Mary the Virgin** na realidade nunca foram terminadas. Contudo, os sinos já haviam sido forjados e ficaram em uma armação de madeira que data de 1531 – eles são tocados nas manhãs de domingo. Desça a Flatford Rd (sinalizada) para visitar o **Willy Lott's Cottage** e o **Flatford Mill** – cenário de dois famosos quadros de Constable: *The Hay Wain* e *The Mill Stream*. Ali perto, pode-se caminhar nos dois lados do rio Stour e alugar barcos. O **East Bergholt Place** *(mar-set: diariam; www.placeforplants.co.uk)*, ao lado da B1070, é descrito como "um jardim da Cornualha em Suffolk", e foi traçado de 1900 a 1914, apresentando um arboreto e um centro especializado em plantas num jardim vitoriano murado.

Acima, da esq. p/ dir. Casa com madeira aparente, do século XVI, Stratford St. Mary; Na encantadora Dedham, tabuleta da hospedaria do século XV para troca de cavalos; Vista da ponte sobre o rio Stour, East Bergholt

ONDE COMER E BEBER

LONG MELFORD
Bizzi Beans Café *barato*
Perto de Kentwell Hall, oferece *scones* e bolos caseiros, a exemplo de bolo de frutas cozido. Saboreie baguetes e pãezinhos recheados com vários preparados de frango e ovo. Prove o café. *Cherry Lane Garden Centre, High St, CO10 9DH; 01787 464 800; www.bizzibeans.net*

Scutchers *moderado*
O menu à la carte bem curto oferece comida ótima, com pratos como filé de halibute com creme de pitu, açafrão e bacon, e fígado frito de vitela ao molho de cebola. Há também a opção de dois menus a preço fixo. *Westgate St, CO10 9DP; 01787 310 200; www.scutchers.com*

STOKE-BY-NAYLAND
Crown Inn *moderado*
Baseado em ingredientes locais, o menu muda e inclui a pesca do dia, batatas Bradfield e aspagos Colchester, acompanhados de cervejas tipo ale da área. Meio caro, mas simpático. Onze quartos e ótimo café da manhã. *Park St, CO6 4SE; 01206 262 001; www.crowninn.net*

PASSEIOS DE 1 DIA

Vá e volte pela Trumpington St.
Conheça as construções ricas e históricas da área, ao longo do bucólico cenário inglês.

A essência da Inglaterra
Ao chegar a Saffron Walden ❸, conheça a prefeitura e o museu; depois visite a mansão em Audley End ❹. Vá até Thaxted ❺, onde verá a igreja e mais construções com madeira aparente. Dirija até a bonita Finchingfield ❻, e termine o dia com um visita ao Hedingham Castle ❼.

Inspiração criativa
De Long Melford ❾, veja os dois ótimos salões com referências a populares livros infantis. Visite Sudbury ❽, para conhecer Gainsborough, depois dê uma volta na terra de Constable, passando em Stoke-by-Nayland ❿, Stratford St. Mary ⓫, Dedham ⓬ e East Bergholt ⓭ para ver ambientes que inspiraram o grande artista.

Siga as indicações para motoristas.

Educação universitária
Em Cambridge ❶, passeie a pé para ver a notável arquitetura, com obras de mais de 800 anos. Faça um piquenique e ande de barco ao longo do Cam, depois vá de carro até Grantchester ❷ para o chá, e volte a Cambridge.

Siga as indicações para motoristas.

Siga as indicações para motoristas.

Onde Comer e Beber: barato, menos de £25; moderado, £25-£50; caro, acima de £50

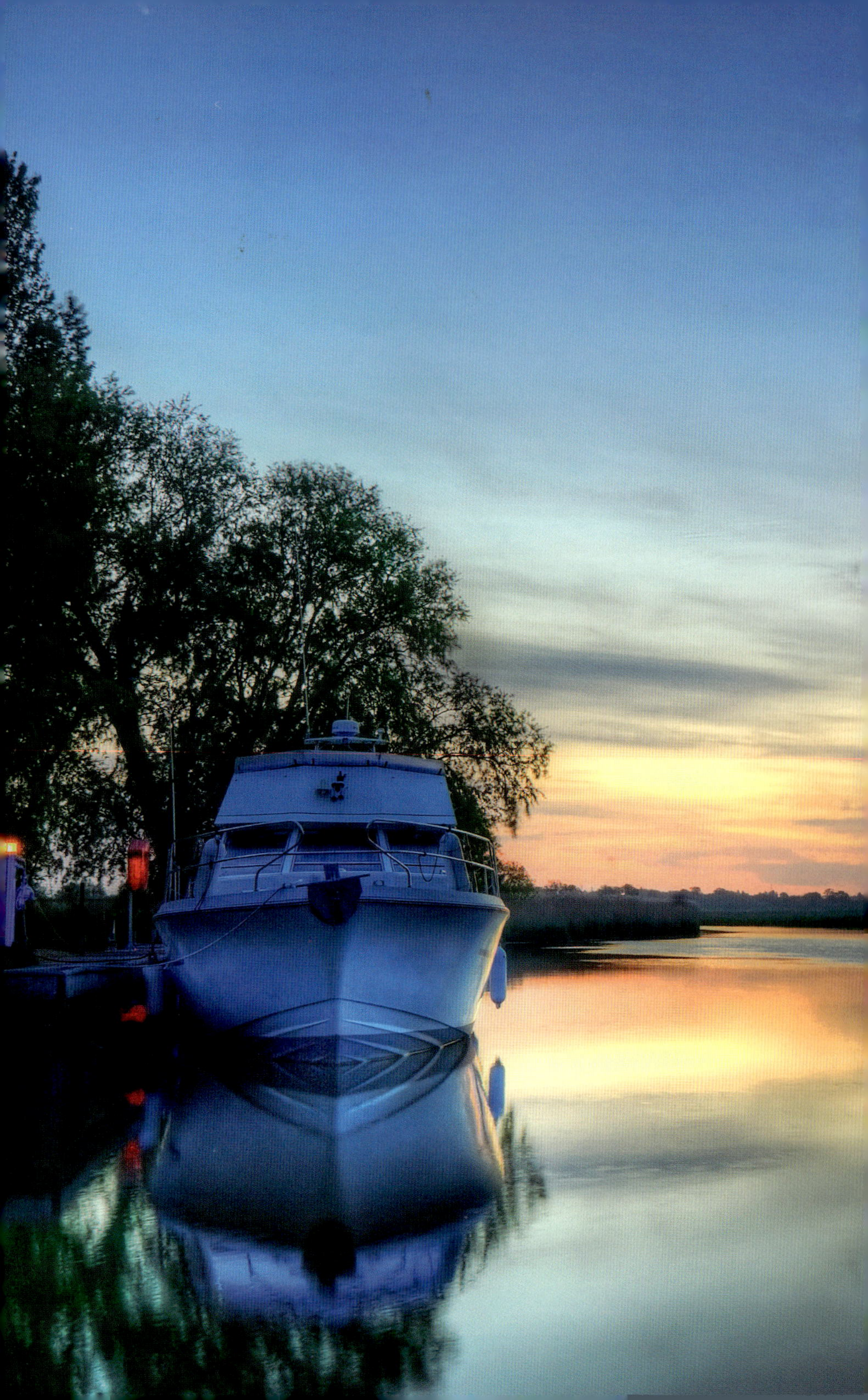

ROTEIRO **11**

Broads e o Litoral Norte de Norfolk

De Norwich a Heacham

Destaques

- **Cidade histórica**
  Explore Norwich – a antiga cidade de Norfolk que "tem de tudo"

- **Belo mundo aquático**
  Descubra os famosos Norfolk Broads, cheios de história e com rica vida silvestre sob os céus da Ânglia Oriental

- **Segredos à beira-mar**
  Fuja das multidões nas amplas praias, em encantadoras vilas pesqueiras e nos balneários tipicamente ingleses

- **Cozinha litorânea**
  Saboreie o caranguejo de Cromer saído dos barcos, fresquinho, as amêijoas de Stewkey Blue na praia e o tradicional peixe com fritas no cais

Magnífico cenário ao pôr do sol em Norfolk Broads

Broads e o Litoral Norte de Norfolk

Este roteiro começa na histórica e barulhenta cidade de Norwich, depois atravessa o bonito Norfolk Broads National Park, onde as águas calmas realçam a luz do sol se derramando do amplo céu. Depois o passeio vai para o mar, seguindo a espetacular linha costeira oeste. Aqui é um dos poucos lugares do país em que se pode ver o sol nascer e se pôr no mar, em uma exibição magnífica de tons de rosa, laranja e lilás. E se o passeio parece demorar para chegar até o litoral, simplesmente saia da rodovia principal para encontrar praias seguras, vilas pesqueiras e balneários ingleses "à antiga". A jornada fica obviamente melhor com tempo bom, com excelentes oportunidades para nadar ou só entrar na água, mas os céus ameaçadores e o mar bravio também produzem cenários indescritíveis. Caminhantes, observadores de aves, naturalistas e fotógrafos se sentirão à vontade no meio de brejos salgados e praias, tudo preservado.

LEGENDA
— Roteiro

ATIVIDADES

Ande de canoa em pequenas enseadas e lagos rasos nos Norfolk Broads de Horning

Cace caranguejo e camarão nas lagoas de maré em Mundesley

Assista a um tradicional show no cais de Cromer

Caminhe pelo Norfolk Coast Path, em Sheringham

Observe uma galinhola-real ou um falcão do pântano nos brejos salgados de Cley-next-the-Sea

Pegue um barco até Blakeney Point para ver a migração de andorinhas-do-mar e patos-selvagens, e a colônia de focas

Faça um piquenique nas belas dunas de Wells-next-the-Sea

Coma deliciosas amêijoas de Stewkey Blue temperadas com vinagre, sentado à praia

Vá às compras no Burnham Market, chamado "Chelsea on Sea"

Observe o sol mergulhando no mar em Hunstanton

Abaixo A Art Nouveau Royal Parade de Norwich, inaugurada em 1899 *(p. 122)*

ROTEIRO 11: Broads e o Litoral Norte de Norfolk

Acima Vista do píer da praia de Cromer, banhada pelo mar do Norte *(p. 124)*

PLANEJAMENTO

Início/fim: De Norwich a Heacham.

Número de dias: 3.

Distância: Cerca de 160km (100 milhas).

Condições das estradas: Em geral, bem conservadas e sem problemas.

Quando ir: Do fim de maio a setembro é melhor para sol, areia e mar.

Horários de funcionamento: Galerias, museus e atrações abrem das 10h às 17h, mas podem fechar mais cedo de nov-Páscoa. As lojas têm horário mais amplo. Igrejas geralmente abrem até o anoitecer.

Principais dias de mercado: Norwich: Mercado, seg-sáb; **North Walsham**: Feira do produtor, 2º sáb do mês: **Cromer**: sex; **Sheringham**: sáb e de mar-out também qua; **Burnham Market**: Feira do produtor, 1º sáb e 3ª sex do mês; **Hunstanton**: qua.

Compras: Norwich tem boas lojas, principalmente na Royal Arcade, assim como o Burnham Market. Há ótimos frutos do mar – caranguejo de Cromer, amêijoas e funcho-do-mar de Stewkey Blue – no litoral.

Principais festas: Norwich: Norfolk & Norwich Festival, mai; Royal Norfolk Show, fim de jun; Food Festival & Fringe Festival, out; **Cley**: Little Festival of Poetry, out; **Wells-next-the-Sea**: Holkham Country Fair, jul; **Burnham Market**: Flower Show & Carnival, jul, Concerts & Craft Fair, ago; **Hunstanton**: Arts Festival, jun, jul; **General**: Festival of the Broads, set, no National Park.

PASSEIOS DE 1 DIA

Em Norwich, passe meio dia caminhando no **centro histórico**, depois vá até Horning para um **passeio de canoa** pelos Broads. Quem gosta da natureza pode se aproximar de **animais marinhos**, depois fazer um **passeio de barco** para observar **aves** e **focas** em Blakeney, e **só aves** nos brejos de Cley. As famílias devem visitar o **refúgio de animais** em West Runton, dar um **passeio de trem** a partir de Sheringham e ver os **tanques** em Weybourne. Ou pode-se passar a manhã no grandioso **Holkham Hall** antes de espiar as lojas do Burnham Market e sentir o **aroma** de uma fazenda de lavanda. Detalhes *p. 127*.

❶ Norwich
Norfolk; NR2 1TF

"Norwich tem de tudo", escreveu o especialista em história da arquitetura Nikolaus Pevsner, em 1962 – catedral, castelo, salões grandiosos, ruas de pedra, construções antigas, museus, teatros, bares e restaurantes, um mercado com 900 anos, muitas lojas e dois rios, o Wensum e o Yare. Antigo centro administrativo do condado de Norfolk, Norwich é a base ideal para explorar a zona rural da Ânglia Oriental, Fens e Norfolk Broads.

Passeio a pé de 2 horas

Comece pela magnífica **catedral** ①, com a segunda espira mais alta do RU. Ela foi construída pelos normandos em 1096-1145, mas a agulha só foi terminada em 1480. Ladeando a porta oeste, em nichos, estão duas figuras recentes de David Holgate, que usou gente do local como modelos. Vire à direita na Tombland saindo pelo **Erpingham Gate** ②, onde há um busto de Edith Cavell, enfermeira de Norfolk executada pelos alemães na Primeira Guerra Mundial por ajudar soldados britânicos e franceses. Dobre à direita na Palace St, à esquerda e de novo à esquerda para descer até Quayside, ao longo de um curto trecho do Wensum. Vire à esquerda na Bridge St e à direita em Elm Hill, com piso de pedra e ladeada por chalés; veja a pequena **Church of St. Simon and St. Jude** ③, a segunda mais antiga de Norwich. Pegue a direita na bifurcação e vire outra vez à direita na St. Andrew's St; dobre à esquerda na Bridewell Alley para ir ao **Bridewell Museum** ④ (recém-restaurado), que conta a história de Norwich. Vire à direita e desça a Bedford St e a Lobster Lane, até encontrar a **City Hall** ⑤, que se destaca na Market Sq. Construída na década de 1930, tem o balcão mais comprido da Inglaterra e seu sino do relógio – o Great George – é o maior da Europa. Desça pela praça e vá pela direita para ver a **Church of St. Peter Mancroft** ⑥, do século XV, dedicada a São Pedro e São Paulo, cujos símbolos aparecem nos dois lados do pórtico norte. Passeie pelo mercado para sair no Gentleman's Walk e atravessar a **Royal Arcade** ⑦, em estilo art nouveau, projetada por George Skipper e inaugurada em 1899. A arcada é cheia de lojas tradicionais. Veja o **Norwich Castle** ⑧ (diariam, à tarde só dom; www.museums.norfolk.gov.uk), que desponta acima de um montículo, com defesas normandas e jardim. A partir de 1345, o castelo serviu de prisão e local de execução pública, mas desde os tempos vitorianos tornou-se museu, com mostras de arte, arqueologia e história. Depois do castelo, entre à esquerda na Market Ave e à direita na Upper

Acima Vista da Norwich Cathedral, construída nos séculos XI e XII

Vitral da Norwich Cathedral

Abaixo Rua de pedra e lojas tradicionais em Elm Hill, Norwich

PARA VISITAR NORWICH

Estacionamento
O centro da cidade é meio confuso, e os maiores são Chapelfield e Castle Mall; ou estacione e tome uma condução nos arredores.

Informação turística
The Forum, Millennium Plane, NR2 1TF; 01603 727 927; www.norwich.gov.uk

ONDE FICAR

NORWICH

By Appointment *moderado*
Restaurante com cinco quartos, decorados com antiguidades, em três casas do século XV. O café da manhã conta com linguiças locais, cogumelos do campo e croissants frescos.
25-29 George St, NR1 1AB; 01603 630 730; www.byappointmentnorwich.co.uk

Maids Head *moderado*
Hotel quatro-estrelas com suítes e estacionamento, em localização central. Dispõe de um bonito bar antigo.
Tombland, NR3 1LB; 0844 855 9120; www.foliohotels/maidshead

HORNING

Moorhen B&B *barato*
Encantadora hospedaria antiga, com dois quartos voltados para o jardim e dois para o rio Bure.
45 Lower St, N12 8AA; 01692 631 444; www.themoorhenhorning.co.uk

ARREDORES DE MUNDESLEY

Beechwood Hotel *moderado*
Hotel inconfundível, forrado de trepadeiras, tem dezessete quartos com banheiro, ao lado da A149 em North Walsham, ao sul de Mundesley. Os donos são muito simpáticos. Este hotel também é uma boa opção para o jantar.
Cromer Rd, NR28 0HD; 01692 403 231; www.beechwood-hotel.co.uk

Onde Ficar: barato, menos de £80; moderado, £80-£150; caro, acima de £150

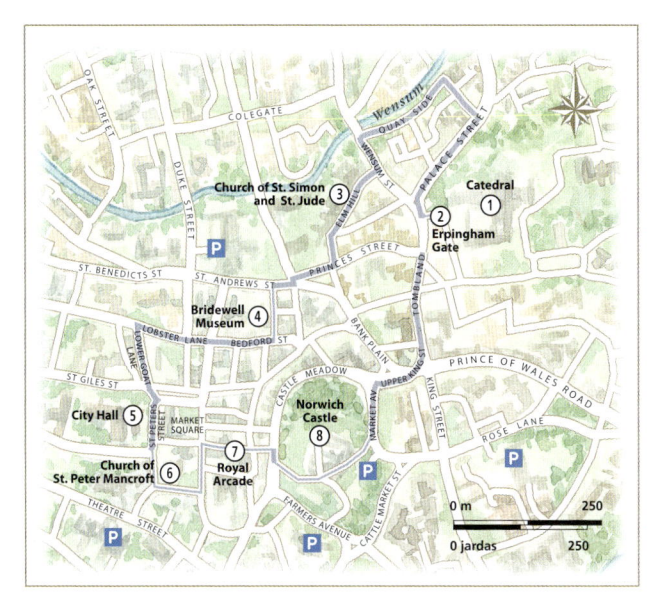

ONDE COMER E BEBER

NORWICH

Waffle House *barato*
Saboreie os waffles belgas, feitos na hora, com coberturas variadas – doce ou picante, simples ou de farinha integral. O serviço é muito simpático. Há fila nos horários de pico.
39 St. Giles St, NR2 1JN; 01603 612 790; www.wafflehouse.co.uk

Britons Arms Coffee House & Restaurant *barato-moderado*
Este restaurante charmoso, coberto com colmo, tem cenário medieval, pequeno terraço e serve bons pratos tradicionais.
9 Elm Hill, NR3 1HN; 01603 623 367

La Tasca *barato-moderado*
Trata-se de restaurante de rede, mas ocupa um lugar bonito e espaçoso, com mesas ao ar livre e serviço personalizado. Tapas a bons preços.
24 Tombland, NR3 1RF; 01603 776 420; www.latasca.co.uk

Last Wine Bar & Restaurant *moderado*
Instalado em uma antiga fábrica de sapatos, este restaurante oferece cozinha criativa, como bife com defumação caseira e geleia, ou cheesecake de amora com migalhas de gengibre, e boa carta de vinhos.
76 St. George's St, NR3 1AB; 01603 626 626; www.lastwinebar.co.uk; fecha dom

Bishop's Dining Room *moderado*
Restaurante elegante, pintado de rosa, com menus de preço fixo no almoço e no jantar. Tem opções de vegetais, carnes e peixes, além de pães caseiros.
8-10 St. Andrew's Hill, NR2 1AD; 01603 767 321; www.bishopsrestaurant.co.uk

Elm Hill Brasserie *moderado*
Este bistrô enfatiza os ingredientes frescos e locais para fazer comida boa e simples. Prove o aspargo, o risoto de parmesão ou a raia de Suffolk.
2 Elm Hill, NR3 1HN; 01603 624 847; www.elmhillbrasserie.co.uk

Abaixo Em Horning, chalé com telhado de colmo em vilarejo à beira-rio

King St; volte a Tombland e à catedral.
🚗 Ao sair da catedral atravesse o rio e pegue a A1151 para Hoveton St. John, virando à direita na A1062; há um estacionamento pago à direita.

② Horning
Norfolk; NR12 8AA

Descendo o rio a partir da charmosa Wroxham, esta vila tem chalés cobertos de colmo, boas lojas, hospedarias à beira-rio e restaurantes. A delicatéssen **Galley**, na Lower St, oferece comidas para um piquenique em volta do rio. No verão, passeios de canoa e em trilhas com guia constituem o jeito ideal de explorar os Broads, avançando pelos remansos inacessíveis a veículos a motor e transeuntes – tente *01603 499 177; www.thecanoeman.com*.
🚗 Volte a Hoveton St. John e vire à direita na A1151, e à esquerda na A149; continue pela B1145 até Mundesley.

③ Mundesley
Norfolk; NR11 8JH

As praias douradas deste balneário antigo, com cabanas de cores alegres, estão entre as melhores de Norfolk. Na maré baixa, as crianças brincam na água morna das lagoas de maré. Acima da praia há um **memorial de guerra** em formato de bomba de 3m, para 36 homens mortos na limpeza de minas no litoral de Norfolk após a Segunda Guerra. O pequenino **Mundesley**

Norfolk Broads

As mais amplas terras úmidas britânicas com proteção nacional têm rios, lagos (*broads*) e brejos ricos em fauna e flora raras. Acolhem aves como pato-selvagem, marreco, falcão do pântano ou galinhola-real; plantas como a orquídea-do-brejo e borboletas enormes e raras. O visitante pode pescar, passear de barco, pedalar ou caminhar, admirando vilas, igrejas e moinhos. Contate *Broads Authority, 18 Colegate, Norwich, NR3 1BQ; 01603 610 734; www.broads-authority.gov.uk*.

Maritime Museum *(mai-set: diariam),* num ex-observatório da guarda-costeira, é talvez o menor museu do país.
🚗 Rume para noroeste pela B1159, a estrada litorânea para Cromer.

PASSEIOS DE BARCO

Para passeios até Blakeney Point para ver as colônias de focas e aves marinhas, procure **Beans Boats** *(01263 740 038; www.beansboattrips.co.uk)* ou **Temples Seal Trips** *(01263 740 791; www.sealtrips.co.uk)*, em Morston Quay, ou **Bishops Boats** *(01263 740 753; www.bishopsboats.com)*, em Blakeney Quay.

ONDE FICAR

CROMER

Cliftonville Hotel *moderado*
Ótimas vistas do mar neste hotel eduardiano com bonita galeria de menestréis. Bom restaurante aberto ao público.
Seafront, NR27 9AS; 01263 512 543; www.cliftonvillehotel.co.uk

ARREDORES DE SHERINGHAM

Dales Country House Hotel *caro*
Vinte ótimos quartos com banheiro em uma antiga casa paroquial, ao lado do Sheringham Park, pela B1157 sul.
Lodge Hill, Upper Sheringham, NR26 8TJ; 01263 824 555; www.dalescountryhouse.co.uk

WEYBOURNE

Weybourne Forest Lodges *moderado*
Bem equipado, com chalés confortáveis, em um cenário rural maravilhoso.
Sandy Hill Lane, NR25 7HW; 01263 588 440; www.weybourneforestlodges.co.uk

CLEY-NEXT-THE-SEA

Cley Windmill
Este moinho encantador oferece B&B e recursos para autosserviço. Aproveite o jantar caseiro no salão à luz de velas.
Cley Windmill, NR25 7RP; 01263 740 209; www.cleymill.co.uk

ARREDORES DE BLAKENEY

Morston Hall *caro*
Solar jacobita luxuoso, com belas vistas do mar e comida requintada.
Morston, Holt, NR25 7AA (a 12km pela A149); 01263 741 041; www.morstonhall.com

Abaixo Embarcadouro tradicional da praia de Cromer, com teatro

Acima, em sentido horário Estação histórica da North Norfolk Railway Poppy Line, Sheringham; Cavalo pasta no Hillside Animal and Shire Horse Sanctuary; Rododendros no Sheringham Park

❹ Cromer
Norfolk; NR27 0AH

Balneário famoso desde o século XVIII, Cromer é conhecido pelos deliciosos caranguejos. De abril a setembro, barcos trazem do mar essa iguaria regional. Na orla, casas vitorianas altas vigiam o mar, sobre a praia de cascalho e areia. De frente para a praia está o **RNLI Henry Blogg Museum** *(fecha seg; dez e jan)*, que oferece uma história interessante da RNLI (Royal National Lifeboat Institution) e café com bolo no andar de cima. O **Pavilion Theatre** do píer apresenta os tradicionais shows na ponta do cais. Na cidade, a torre da **St. Peter and St. Paul Church** atinge 49m – pode-se subir nela para obter vistas indescritíveis da área.

🚗 *Pela A149, vá para oeste até West Runton.*

❺ West Runton
Norfolk; NR27 9QH

Esta bonita vila tem a sede do **Hillside Animal and Shire Horse Sanctuary** *(jun-ago: dom-sex; abr-mai, set-out: dom-qui; fecha no inverno; www.hillside.org.uk)*. Entre os animais resgatados estão magníficos cavalos, pôneis, porcos, gado, cabras, alpacas, coelhos, patos e galinhas – muitos deles dados para apadrinhamento. Crianças pequenas adoram, e os mais velhos gostam da maravilhosa coleção de carroças antigas, máquinas agrícolas e carroções de madeira.

🚗 *Continue para oeste pela A149 até Sheringham.*

❻ Sheringham
Norfolk; NR26 8RA

Ex-vila pesqueira, agora Sheringham é um balneário florescente, bem inglês, com jardins no alto dos rochedos, arcadas e areias douradas. Sua posição no Norfolk Coast Path o transformou em uma base ideal para caminhantes. A partir da A149 siga as placas para o **Sheringham Park** *(meados mar-set: diariam; out: qua-dom; nov-meados mar: sáb e dom)*, com trilhas que cortam o parque e jardins do National Trust com paisagismo de Humphry Repton (1752-1818). Dê uma volta no trem da **North Norfolk Railway Poppy Line** *(jun-set: diariam; 01263 820 808; www.*

Onde Ficar: barato, menos de £80; moderado, £80-£150; caro, acima de £150

nnrailway.co.uk). Com o bilhete Rover, para um dia de viagem, embarque e desembarque à vontade. Há uma estação charmosa, com móveis de época, no terminal ocidental, a apenas 8km de Sheringham e não muito longe da florida cidade georgiana de **Holt**, muitas vezes finalista no concurso de flores Anglia In Bloom.

🚗 *Prossiga pela A149 para oeste até Weybourne.*

⑧ **Cley-next-the-Sea**
Norfolk; NR25 7SZ
Próspero porto na Idade Média, Cley agora fica mais para o interior. No auge, exportava lã para a Holanda, e importava frontões curvos, tijolos e telhas de Flandres, que combinavam com a arquitetura georgiana. O **Cley Windmill** é um moinho do século XVIII transformado em B&B, com vista dos brejos salgados e do refúgio de aves. Vá ao **Norfolk Wildlife Trust Visitor Centre**, a leste da cidade, que dispõe de câmera remota, um café, esconderijos para observar aves e audioguia.

🚗 *Continue para oeste na A149 até Blakeney.*

⑨ **Blakeney**
Norfolk; NR25 7SZ
Como Cley, este era um porto movimentado no passado – como a área foi assoreada, agora apenas embarcações pequenas conseguem navegar pelos braços de mar. A vila encanta com seus chalés de pedra, uma sede de guilda do século XIV e locais para fazer compras, comer, beber e se hospedar. Mas a grande atração consiste em passeios de barco até **Blakeney Point**, que partem daqui e da vizinha Morston para oeste. Tais passeios, com duração de uma a duas horas, constituem um modo excelente de avistar aves marinhas e focas tomando sol em seu ambiente natural. A colônia de focas – uma mistura das comuns e das cinzentas – soma cerca de 500 indivíduos. As focas comuns têm filhotes em jun-ago; as cinzentas, em nov-jan.

🚗 *Pegue a A149 oeste via Stiffkey, famosa por suas amêijoas, com chalés de pedra, brejos salgados e leitos de junco.*

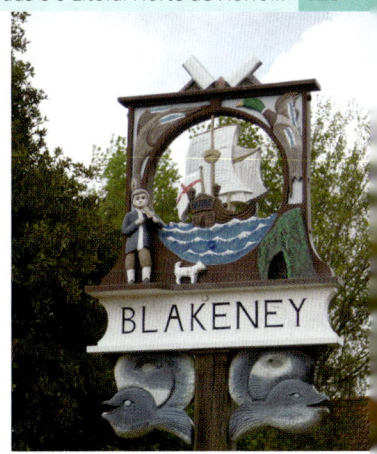

Acima Placa da vila de Blakeney pintada segundo a tradição de Norfolk

ONDE COMER E BEBER

CROMER
Rocket House Café and Restaurant *barato*
Este lugar moderno, em cima do RNLI Henry Blogg Museum (com elevador), oferece café com bolo ou uma refeição de frutos do mar com vistas deslumbrantes.
The Gangway, Promenade, NR27 9ET; 01263 514 334

WEYBOURNE
The Ship Inn *barato-moderado*
Simplicidade é o segredo deste velho pub. O menu oferece deliciosos pratos locais, como o creme de frutos do mar.
The Street, NR25 7SZ; 01263 588 721; www.shipinnweybourne.co.uk

ARREDORES DE WEYBOURNE
Cookies Crab Shop *barato*
Na A149 para Cley, este é um café-loja. Prove as sopas e os peixes do local. Traga a sua própria bebida alcoólica.
The Green, Salthouse, NR25 7AJ; 01263 740 352

CLEY-NEXT-THE-SEA
The George *barato-moderado*
Comida boa, com alguns floreios, para saborear neste paraíso para observadores de aves. Também oferece quartos.
High St, NR25 7RN; 01263 740 652; www.thegeorgehotelatcley.co.uk

BLAKENEY
The Blakeney White Horse *barato-moderado*
Pub bem localizado, tem frutos do mar frescos, produtos regionais, pães e sobremesas caseiros. Tem alguns quartos.
4 High St, NR 25 7AL; 01263 740 574; www.blakeneywhitehorse.co.uk

À esq. Cley Windmill, instalado no brejo salgado e muito procurado por pintores

⑦ **Weybourne**
Norfolk; NR25 7SZ
Vila interessante no meio de terras cultivadas e charnecas, possui uma praia de tombo com pedregulhos. Orgulha-se de uma hospedaria encantadora, de sua estação histórica da Poppy Line e da **Muckleburgh Collection** (abr-nov: diariam; www.muckleburgh.co.uk), o maior acervo particular britânico de veículos e equipamentos militares.

🚗 *Pegue a A149 oeste, via Salthouse. Pare ao lado da Cookies Crab Shop.*

Acima Pequena estação da North Norfolk Railway Poppy Line, Weybourne

Onde Comer e Beber: barato, menos de £25; moderado, £25-£50; caro, acima de £50

ESTRADAS DA INGLATERRA, ESCÓCIA E PAÍS DE GALES

Acima Barcos de lagosta e caranguejo no cais de Wells-next-the-Sea

ONDE FICAR

WELLS-NEXT-THE-SEA
Globe Inn
Hospedaria reformada, com sete quartos claros, arejados e com banheiro. O café da manhã tem hadoque defumado de Cley com ovo poché; há lanches de bar o dia inteiro, com bom preço.
The Buttlands, N23 1EU; 01328 710 206; www.holkham.co.uk/globe

Victoria Hotel *moderado-caro*
Hotel histórico na beira da Holkham Estate, tem bares com ótima cerveja tipo ale no térreo e um restaurante chique. Os dez quartos com banheiro foram bem decorados e alguns têm vista dos brejos. Há também três excelentes chalés com autosserviço.
Park Rd, NR23 1RG; 01328 711 008; www.holkham.co.uk

BURNHAM MARKET
The Jockey *barato-moderado*
Este pub oferece quatro quartos com banheiro, no centro da vila. Dispõe de café da manhã substancioso e comida de bar que usa ingredientes do local.
Creake Rd, PE31 8EN; 01328 738 321; www.thejockeyburnhammarket.co.uk

HUNSTANTON
Neptune Inn *moderado*
Existem sete agradáveis quartos com banheiro nesta bonita hospedaria para troca de cavalos. O restaurante tem estrelas Michelin e usa ingredientes de Norfolk.
85 Old Hunstanton Rd, PE36 6HZ; 01485 532 122; www.theneptune.co.uk

À dir. Braço de mar no porto de Wells-next-the-Sea

⑩ Wells-next-the-Sea
Norfolk; NR23 1AN
Balneário movimentado, Wells tirou seu nome das muitas fontes límpidas da área. Atualmente, como resultado do assoreamento, já não está tão próximo do mar – as embarcações têm de navegar mais pelos braços de mar para atracar aqui, mas o porto ainda é uma grande atração. Caminhe pela praça georgiana conhecida como Buttlands, para tomar um drinque em uma das hospedarias da cidade, a **Crown** ou a **Globe**, ou comprar itens para um piquenique na **Wells Deli** e ir à praia. Viaje com estilo no minúsculo trem de bitola estreita, a vapor ou diesel, da **Wells Harbour Railway** *(serviço sazonal)*. A praia conta com grandes dunas e a sombra de pinheiros. A oeste, na vizi-

Placa da vila de Wells-next-the-Sea

Stiffkey Blues
As amêijoas do local, conhecidas como Stewkey Blues, são coletadas nos pântanos de Stiffkey há gerações. Seu colorido azulado vem do habitat lodoso anaeróbico. Muito usadas em pratos de restaurantes chiques, elas ficam melhor na praia, em uma banca de frutos do mar, à vinagrete.

nha **Holkham Hall Estate** *(primavera-verão; o parque abre diariam; www.holkham.co.uk)*, encontra-se uma mansão campestre em estilo paladiano em meio ao parque de cervos, residência do visconde de Coke. Ela contém estátuas magníficas, pinturas dos Velhos Mestres, antiguidades e tapeçarias. A Statue Gallery abriga uma das melhores coleções particulares de escultura clássica, com peças como uma estátua de Diana e um busto de Tucídides do século IV a.C. Um aviso sobre o piano, na entrada, convida os músicos a tocar. O hall foi cenário do filme *A duquesa*, estrelado por Keira Knightley e Ralph Fiennes.
🚗 *Prossiga pela A149 e vire na B1155. Pare na rua.*

⑪ Burnham Market
Norfolk; NR23 1AB
Nesta cidade ribeirinha, conhecida como "Chelsea on Sea", longe do litoral, aprecie os chalés georgianos delimitados por duas igrejinhas. Dê uma espiada em lojas de chapéus e roupas, galerias de arte, joalherias, peixarias e delicatéssens, e depois tome um drinque no Hoste Arms.
🚗 *Rume para o norte pela B1355, depois vire à esquerda na A149.*

Onde Ficar: barato, menos de £80; moderado, £80-£150; caro, acima de £150

ROTEIRO 11: Broads e o Litoral Norte de Norfolk

Acima, da esq. p/ dir. Produtos locais no Burnham Market; Habitantes do concorrido Sea Life Sanctuary, Huntstanton; Leoa de bronze, Holkham Hall, perto de Wells-next-the-Sea

Peddars Way
O Norfolk Coast Path faz parte do antigo Peddars Way, trilha panorâmica que começa em Knetishall Heath, perto de Thetford, e cruza 74km quase só de charcos até o mar, junto a Hunstanton, acompanhando uma antiga estrada romana. Ele se mantém próximo ao litoral no sentido leste, até Cromer, vira para o interior e se junta ao Weavers Way e ao Angles Way, chegando a Great Yarmouth.

⓬ Hunstanton
Norfolk; PE36 6BQ
Balneário antigo, daqueles para brincar de baldinho na areia, o chamado "Sunny Hunny" tem duas características geográficas diferentes. Suas praias dispõem de rochedos listrados de vermelho, branco e marrom e, embora seja uma cidade do litoral leste, parece ocidental, com belos pores do sol sobre o Wash. Os fãs de história gostam da **Old Hunstanton**. Mas, escondido entre as tradicionais diversões no Hunstanton's Southern Promenade (com estacionamento pago), fica o fascinante **Sea Life Sanctuary** *(diariam; 01485 533 576; www.sealsanctuary.co.uk)*. Ele se destina ao salvamento, à reabilitação e ao retorno à vida silvestre de animais marinhos doentes ou machucados. Caminhe por um túnel submarino de vidro e observe tubarões, cavalos-marinhos, arraias e outras criaturas do mar neste habitat seguro.

🚗 *Vá para o sul pela A149.*

⓭ Heacham
Norfolk; PE31
Esta vila à beira-mar é um destino concorrido nas férias, com acomodações de todos os tipos, e suas praias atraem windsurfistas e quem gosta de empinar pipa. Como Hunstanton, Heacham volta-se para o oeste e conta com o espetáculo noturno da "estrada para o céu" – um pôr do sol dourado refletido na água. Em 1614, ocorreu aqui o casamento da princesa Pocahontas, dos indígenas algonquinos, com o morador John Rolfe – comemorado com um entalhe na igreja de St. Mary, do século XIII. Fora da vila, perto de um velho moinho d'água, ficam os campos de lavanda da **Norfolk Lavender** *(abre diariam; 01485 570 384; www.norfolklavender.co.uk)*, seu centro fabril e sua loja. Prove os bolinhos *(scones)* de lavanda e limão no salão de chá ou, em julho, faça um passeio de micro-ônibus para ver os prados floridos.

ONDE COMER E BEBER

WELLS-NEXT-THE-SEA
Crown Hotel *moderado*
Ênfase nos produtos locais, na sazonalidade e na sustentabilidade. O resultado é comida boa, criativa e sem exageros. *The Buttlands, NR23 1EX; 01328 710 209; www.thecrownhotelwells.co.uk*

BURNHAM MARKET
Hoste Arms *moderado*
O menu tem opções com produtos locais – ostras de Brancaster, caranguejo de Cromer e porco de Norfolk. Há também muitos quartos bons – dizem que Horatio Nelson já se hospedou aqui. *The Green, PE3 8HD; 01328 738 777; www.hostearms.co.uk*

ARREDORES DE HEACHAM
Rose and Crown *moderado*
Simpática para famílias, esta hospedaria do século XIV tem jardim murado. Prove a carne de bois ou carneiros que pastaram em brejos salgados de Holkham, e os peixes e mexilhões pescados no litoral de Norfolk e Suffolk. *Old Church Rd, Snettisham, PE31 7LX; 01485 541 382; www.roseandcrownsnettisham.co.uk*

PASSEIOS DE 1 DIA
Aqui há muitas opções para quem gosta de história e natureza, para famílias e para os que só querem sossego.

Norwich e Broads
Se ficar em Norwich ❶, explore a cidade de manhã – castelo, catedral, centro histórico e lojas – e depois vá a Horning ❷ comprar itens para piquenique e passar a tarde em Broads numa canoa. Por fim, saboreie um jantar de peixe em Mundesley ❸, à beira-mar.
Siga as instruções deste roteiro.

Aventura na natureza
De Hunstanton ⓬, visite o Sea Life Sanctuary para conhecer os animais e vê-los de perto. Depois, vá a Blakeney ❾ e faça um passeio de barco para observar aves e focas em seu ambiente natural. Termine em Cley-next-the-Sea ❽ observando aves nos charcos salgados.
Pegue a A149 e volte.

Diversão familiar
Comece em Cromer ❹, aproveitando o clima tradicional de balneário, e depois rume para West Runton ❺; observe os animais no santuário. Pare em Sheringham ❻ a fim de dar uma volta de trem e dirija-se a Weybourne ❼ para ver a coleção de veículos militares.
Ali, pegue a A149 e volte.

Um dia refinado
Visite a mansão e a propriedade em Holkham. Depois vá até Burnham Market ⓫ e sinta a vida singular do vilarejo, com boas lojas. Rume para Heacham ⓭ e percorra uma plantação de lavanda.
Retome a A149 e volte.

Onde Comer e Beber: barato, menos de £25; moderado, £25–£50; caro, acima de £50

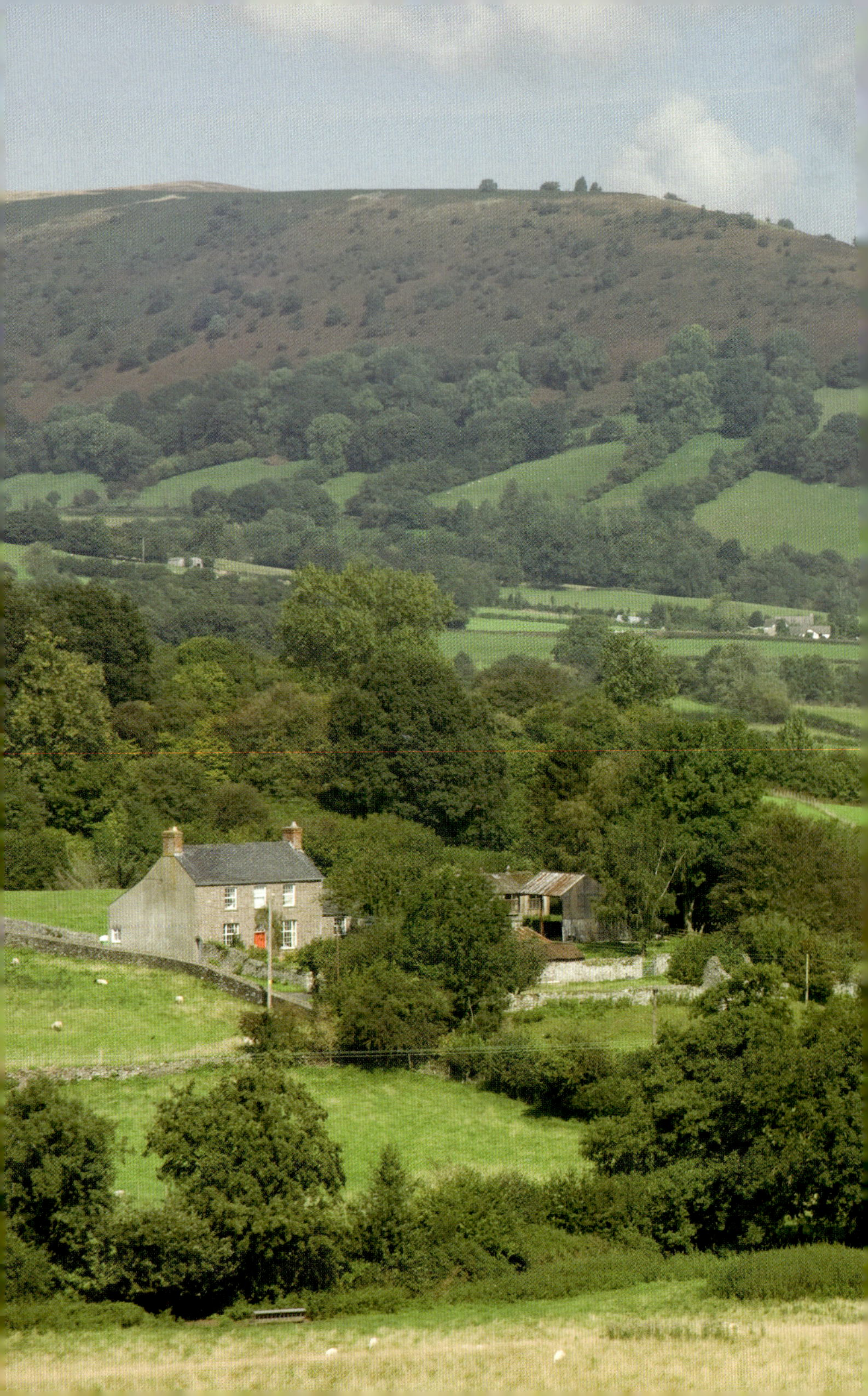

ROTEIRO **12**

De Borderlands a Beacons

De Hereford a Blaenavon

Destaques

- **Tesouros antigos e modernos**
  Descubra a arquitetura saxônica e normanda, os objetos medievais e a arte sacra moderna em Hereford, Kilpeck e Brecon

- **Paisagens bucólicas dos vales**
  Viaje pelo Vale de Ewyas, que tem um priorado antigo, uma igreja com torre inclinada e a transposição das Black Mountains

- **Capital mundial do livro**
  Faça uma pesquisa em Hay-on-Wye, referência mundial de preciosos livros antigos e de segunda mão

- **Legado industrial**
  Volte no tempo e conheça a extraordinária coleção de sítios da Revolução Industrial em Blaenavon

Zona rural de Crickhowell, na borda oriental de Brecon Beacons

De Borderlands a Beacons

Com início na fronteira com a Inglaterra, na compacta cidade de Hereford, que tem bonita catedral, este roteiro segue um percurso que passa por destaques religiosos do Golden Valley (Abbey Dore) e do Vale of Ewyas (Llanthony Priory). Depois, entra em Gales e vai até Hay-on-Wye, capital mundial do livro, e atravessa a bela paisagem do Brecon Beacons National Park, terminando em Blaenavon, um amplo Patrimônio da Humanidade com sítios industriais.

Acima A paisagem variada de Brecon Beacons tem desde terras cultivadas até áreas silvestres *(p. 134)*

Abaixo Entrada com arco e frontão na Hereford Cathedral *(p. 132)*

ATIVIDADES

Determine a rota do século XIII para Jerusalém no Mappa Mundi da Hereford Cathedral

Prove a sidra local no Hereford's Museum of Cider

Vá de carro até o incrível Gospel Pass para apreciar a vista do Wye Valley

Pesque, observe aves ou ande de barco no segundo maior lago de Gales, em Llangorse

Caminhe pelas trilhas de Brecon Beacons

Trace a linhagem de Jesus na escultura medieval de Jessé, no interior da St. Mary's Priory Church, em Abergavenny

Desça em uma mina e reflita sobre o passado industrial de Gales do Sul – uma história que modificou o mundo moderno

ROTEIRO 12: De Borderlands a Beacons

PLANEJAMENTO

Início/fim: De Hereford a Blaenavon.

Número de dias: 3, com reserva de meio dia para explorar Hay-On-Wye.

Distância: 175km (110 milhas).

Condições das estradas: Boas e bem sinalizadas na maioria dos lugares. Algumas são estreitas e bem rurais.

Quando ir: A primavera é agradável mas o verão é melhor para atividades ao ar livre.

Horários de funcionamento: Em geral, museus e atrações abrem das 10h às 17h, mas fecham mais cedo (ou nem abrem) nov-Páscoa. Lojas têm horário mais amplo. Igrejas costumam abrir até o anoitecer.

Principais dias de mercado: Hereford: Mercado coberto, qua e qui; Butter Market (alimentos e miscelânea), diariam; **Hay-on-Wye**: Butter Market (alimentos, antiguidades e bricabraque), qui de manhã; **Brecon**: Feira do produtor, 2º sáb do mês.

Compras: Procure suco de maçã ao redor de Crickhowell, e produtos defumados da Black Mountain, carne de caça galesa, carneiro e Penderyn Whisky em Brecon Beacons.

Principais festas: Hereford: Art Week (estúdios abertos, exposições – www.h-art.org.uk), set; **Hay-on-Wye**: Hay Festival (tudo sobre livros – www.hayfestival.com), uma semana no início de jun; **Brecon**: Jazz Festival (www.breconjazz.co.uk), ago; Green Man Festival (festival de música – www.thegreenmanfestival.co.uk), fim ago; **Blaenavon**: Spring Festival, mai.

PASSEIOS DE 1 DIA

Quem gosta de igrejas pode começar pela **catedral** de Hereford antes de ver a excelente **igreja** de Kilpeck. Visite a **abadia** de Dore e atravesse o Vale de Eywas, passando pelo **priorado** e pela **igreja com torre inclinada**. A última parada é a **capital do livro**, Hay-on-Wye. Famílias podem visitar as **obras de ferro** e descer em uma **mina** em Blaenavon, para depois ver o **castelo** e o **solar** em Tretower, e fazer **atividades à beira d'água** em Llangorse. Detalhes p. 135.

Abaixo B&Bs em tons pastel ladeiam as ruas no centro de Brecon (p. 133)

LEGENDA: Roteiro

Acima Dore Abbey, fundada por monges cistercienses franceses em 1147

PARA VISITAR HEREFORD

Estacionamento
De uma hora no centro, na Broad St e na King St.

Informação turística
1 King St, HR4 9BW; 01432 268 430

ONDE FICAR

HEREFORD
Somerville House *moderado*
Este simpático B&B-butique fica numa mansão vitoriana, a curta caminhada da estação. Café da manhã saudável.
12 Bodenham Rd, HR1 2TS; 01432 273 991; www.somervillehouse.net

HAY-ON-WYE
The Swan at Hay *moderado*
Antiga hospedaria para troca de cavalos, dos tempos georgianos, tem dezoito quartos confortáveis e belo jardim.
Church St, HR3 5DQ; 01497 821 188; www.swanathay.co.uk

ARREDORES DE HAY-ON-WYE
The Old Post Office *barato*
Em uma construção do século XVII, a sudeste de Hay e ao lado da B4350, este B&B tem três quartos com banheiro. Delicioso café da manhã vegetariano.
Llanigon, HR3 5QA; 01497 820 008; www.oldpost-office.co.uk

ARREDORES DE BRECON
Felin Glais *barato-moderado*
Celeiro do século XVII reformado, ao lado da Cradoc Rd. Oferece estilo rústico chique e refeições à noite.
Aberyscir, LD3 9NP; 01874 623 107; www.felinglais.co.uk

Felin Fach Griffin *moderado*
Encantador pub ao lado da A470, a nordeste de Brecon. Quartos modernos, elegantes e confortáveis.
Felin Fach, LD3 OUB; 01874 620 111; www.eatdrinksleep.ltd.uk

Onde Ficar: barato, menos de £80; moderado, £80-£150; caro, acima de £150

① Hereford
Herefordshire; HR1 0LW
Na Idade Média, Hereford foi palco de conflitos de fronteira entre galeses e ingleses, mesmo depois de o rei saxão Offa da Mércia (757-96) invadir Gales e construir um dique. Para conhecer civilizações anteriores, visite o **Hereford Museum and Art Gallery** *(fecha seg; out-mar também fecha dom)*, na Broad St, e veja um mosaico e moedas romanos, chaves e bronzes encontrados na região. Rio Wye acima, a **Hereford Cathedral** tem origem saxônica e pilares normandos, arcos decorados e uma biblioteca antiga. Veja também um dos grandes tesouros da Grã-Bretanha, o Mappa Mundi, um mapa do mundo desenhado em 1290 sobre um pergaminho de pele de veado. Entre as obras de arte modernas estão uma coroa de prata de Simon Beer e as tapeçarias de John Piper. Famosa pelas maçãs, Hereford é grande produtora de sidra. Siga as placas até o **Museum of Cider** *(fecha dom)* para conhecer os segredos da produção da bebida.
🚗 *Cruze o rio e pegue a A465 até ver uma placa à esquerda para Kilpeck; siga as placas e pare no pátio da igreja.*

② Kilpeck
Herefordshire; HR2 9DN
O ponto alto desta vila é a **Church of St. Mary and St. David**, talvez a melhor igreja românica do século XII da Grã-Bretanha. Procure o requintado entalhe em estilo celta e nórdico, de 1140, e os curiosos enfeites de animais, lutadores e dançarinos abaixo da linha do telhado. Para ver o que restou de um **castelo com torre e paliçada** e ter belas vistas, caminhe por trás do terreno da igreja e suba o morro.
🚗 *Volte à A465 e vire à esquerda. Dê um pulo na Galanthus Gallery e no café em Wormbridge (qui-dom), depois pegue a próxima à direita e siga as placas até Abbey Dore. Pare na rua, ao lado do Antiques Centre.*

③ Abbey Dore
Herefordshire; HR2 0AJ
Esta vila no "Golden Valley" guarda o que restou da abadia cisterciense de **Dore**, construída em 1147 com os lucros da lã. Resta apenas a ala leste desta edificação impressionante. A abadia foi fechada em 1537 e reconsagrada em 1634 como igreja anglicana. Há ornamentos em relevo do século XIII no teto, diversas pinturas nas paredes e uma galeria de madeira para músicos, que data do século XVIII.
Visite o **Antiques Centre**, ao lado, e a **Trappe Gallery**, em Ewyas Harold (ao voltar para a A465), para ver as requintadas pinturas de Rob Ritchie.
🚗 *Pegue a B4347 até a A465 e vire à direita. Dobre à direita para Llanfihangel Crucorney. Antes do Skirrid Inn, o pub mais antigo de Gales, vire à direita até o priorado e siga placas para Cymyoy. Vire à esquerda na junção em T ao lado da Coach House e à direita no fim da rua.*

④ Vale of Ewyas
Llanthony, Powys; NP7 7NN
Este é um belo vale formado por geleira, com bosques e terras férteis, que oferece boas cavalgadas. A **Cwmyoy Church** fica em um deslizamento de terras supostamente da época em que Cristo foi crucificado. O terreno ainda está se acomodando, e afirma-se que a torre da igreja é mais inclinada que a de Pisa. Há também uma cruz de pedra semelhante a uma irlandesa. Volte à estrada e vire à direita rumo ao **Llanthony Priory**, ao lado do rio Honddu. Diz a lenda que São Pedro e São Paulo visitaram o local e que São Davi, santo padroeiro de Gales, viveu aqui como eremita. No século XII, o cavaleiro William de Lacy ficou tão impressionado com a espiritualidade do local que ali fundou uma igreja – depois, tornou-se sede do primeiro priorado agostiniano de Gales. Siga ao norte até

Abaixo Porta toda esculpida na Church of St. Mary and St. David, em Kilpeck

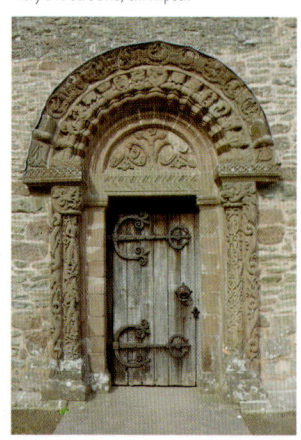

Acima, da esq. p/ dir. Panorama pastoril no fértil Vale de Ewyas; A Hereford Cathedral contém arte antiga e moderna

o **Gospel Pass** (542m) nas Black Mountains, com belas vistas do vale de Wye.
🚗 Continue para o norte até Hay-on--Wye e pare no grande estacionamento atrás do castelo, na B4348.

❺ Hay-on-Wye
Powys; HR3 5DB
Hay é uma típica cidade galesa com ruas sinuosas, construída na encosta de um morro, abaixo das ruínas de um castelo normando. Com cafés e grande quantidade de livrarias, Hay é considerada a capital mundial de livros de segunda mão. A maior livraria é a de **Richard Booth**, que promove Hay como centro livreiro desde 1961. O Hay Festival of Literature (www.hayfestival.com) ocorre no fim de maio e atrai poetas, escritores e políticos.
  Pegue a B4351 da Broad St até **Clyro**, uma vila encantadora nos arredores da cidade que recebeu o reverendo vitoriano Francis Kilvert, autor de um diário que retrata a vida rural de sua paróquia na década de 1870.
🚗 Deixe Hay pela B4350 (com placa para Brecon) e entre na A438 e depois na A479, atravessando Talgarth. Vire à direita na B4560, depois à direita em Llangorse e pare no estacionamento do lago.

❻ Llangorse Lake
Brecon, Powys; LD3 7TR
Maior lago natural de Gales do Sul, o **Llangorse** surgiu no último Período Glacial. No verão, é um centro de esportes aquáticos, com barcos para alugar no **Lakeside Caravan & Camping Park** (www.llangorselake.co.uk). também é bom para a pesca, e seus banhados com junco atraem aves aquáticas, observadas de esconderijos nas margens. Na ponta norte existe uma ilhota artificial (crannog), a **Ynys Bwlch**. Foi erguida por volta de 900 d.C., com o empilhamento de pedras e terra sobre gravetos e junco; lá existem um salão real e uma igreja, ligados à terra por uma passarela. No **Llangorse Crannog Centre** o visitante pode saber mais sobre o lago. Caminhe pela margem até a vila de Llangorse – ponto de partida de trilhas do Brecon Beacons National Park.
🚗 Na estrada do lago, vire à esquerda voltando a Llangorse e siga as placas para Brecon pelas A40 e B4601.

❼ Brecon
Brecon, Powys; LD3 9DP
Antiga cidade-mercado na confluência dos rios Hondúu e Usk, no Brecon Beacons National Park, Brecon tem uma mistura de arquitetura medieval, Tudor, jacobita e georgiana ao redor da praça central, **The Bulwark**, e a Church of St. Mary, do século XVI. O **Brecknock Museum and Art Gallery** (fecha 1ª seg do mês) possui uma interessante coleção de objetos, como uma canoa do lago Llangorse, de 760-1020, e uma apreciada coleção de colheres.
  Vá também ao **South Wales Borderers Museum** (www.rrw.org.uk; abre em dias úteis), em Watton (B4601), que cobre episódios da história regimental galesa – como a defesa de Rorke's Drift (1879), onde 139 soldados enfrentaram 5 mil guerreiros zulus. Fundada como priorado beneditino em 1093, a **Brecon Cathedral** tem ótimas construções religiosas de Gales, erguidas em boa parte nos séculos XIII e XIV. A fonte normanda decorada com figuras grotescas e animais é o objeto mais antigo. A Havard Chapel possui muitos memoriais militares e as cores regimentais de Rorke's Drift. Há também um Heritage Centre e um café.
🚗 Saia pela B4061, depois pegue a A470 rumo a Cardiff. Em Libanus vire à direita para o Brecon Beacons National Park Visitor Centre (sinalizado).

ONDE COMER E BEBER

HEREFORD
The Stewing Pot moderado
Restaurante moderno, serve produtos locais, como costela de gado Hereford ou torta de queijo de cabra.
17 Church St, HR1 2LR; 01432 265 233; www.stewingpot.com

HAY-ON-WYE
Old Black Lion barato-moderado
Hospedaria histórica, tem produtos galeses tradicionais – galinha-d'angola no restaurante e suculento bife ou torta de rim no bar.
Lion St, HR3 5AD; 01497 820 841; www.oldblacklion.co.uk

Kilverts barato-moderado
Este pub muito concorrido serve boa comida de bar, que mistura sabores tradicionais e mediterrâneos.
The Bullring, HR3 5AG; 01497 821 042; www.kilverts.co.uk

Outras opções
Para um delicioso sorvete de leite de cabra desnatado, vá ao **Shepherds** barato (9 High Town, HR3 5AE; 01497 821 898; www.shepherdsicecream.co.uk). Para boas opções vegetarianas, procure o **Granary** barato (Broad St, HR3 5DB; 01497 820 790).

Abaixo O concorrido Granary Café, ao lado da torre do relógio em Hay-on-Wye

Onde Comer e Beber: barato, menos de £25; moderado, £25-£50; caro, acima de £50

⑧ Brecon Beacons National Park
Powys; LD3 8ER

Esta caminhada desenha o número oito em um planalto à sombra de Brecon Beacons. Enquanto aprecia o cenário e as trilhas sinalizadas, ouça o canto das aves, principalmente o das cotovias no verão.

Passeio a pé de 2 horas

Do estacionamento, perto do **centro de visitantes** ①, vá diretamente para a trilha verdejante. Um poste com placas mostra o caminho (não dê uma guinada à esquerda para subir a encosta). Procure moitas de tojo com flores amarelas, que são o alvo de pássaros canoros, como tordos, corredeiras e tentilhões. A trilha sobe uma inclinação suave, com a paisagem de Brecon Beacons à direita. Siga em frente pelo caminho gramado e passe a lagoa à direita. Do outro lado da estrada, passe por uma placa que aponta de volta para o centro de visitantes. Depois, o caminho adentra uma estrada rural e sobe de novo até o pico. Atravesse a estrada e o curso d'água alagadiço e suba até o bonito ponto no topo do **Twyn y Gaer** ②, local de uma fortaleza da Idade do Ferro, a 367m de altitude. A partir daqui, a vista continua até a descida para Brecon. Para voltar, pegue o caminho batido à direita do pilar e siga por ele rodeando o morro e descendo até a estrada rural novamente. Procure os chamados *pillow mounds* – montículos de terra formados no século XVIII para a criação de coelhos, a fim de alimentar as populações das cidades industriais do sul. Cruze a estrada e suba o morro, dobrando à direita em direção à cerca onde existe um caminho claro, que acompanha uma estrada romana: a **Sarn Helen** ③. Este era um trajeto antigo que ligava os fortes romanos entre Y Gaer e Coelbren, e ainda é rastreável. Siga o caminho ao lado da cerca até que ela vire abruptamente para a direita. Deixe a cerca e siga em frente, atravessando terras de ondulação suave para descer até uma estrada. Cruze-a, mantendo à sua esquerda uma área de terra plana com uma **lagoa** ④, voltando por este caminho com belas vistas até o centro de visitantes.

🚗 Volte a Brecon e pegue a A40 leste. Vire à esquerda depois do pub de Kestrel e à esquerda no final da estrada, parando fora dos portões de Tretower.

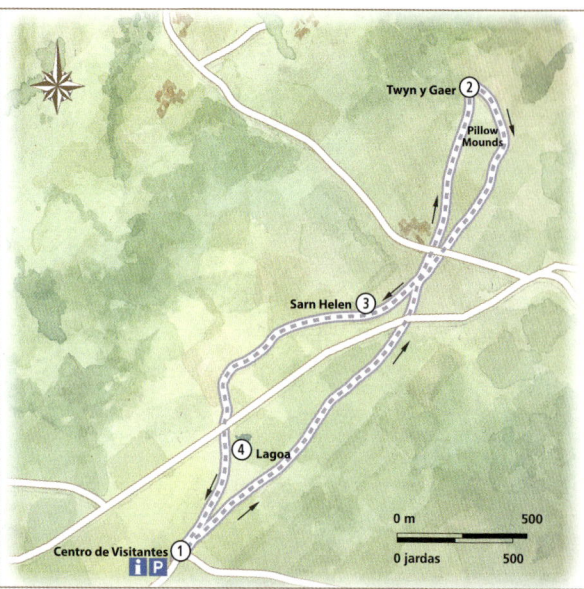

Acima Vista dos morros do Brecon Beacons National Park **Abaixo** Ovelhas pastam nas encostas verdejantes dos Brecon Beacons

Placa do Blaenavon World Heritage Site

PARA VISITAR BRECON BEACONS NATIONAL PARK

National Park Visitor Centre
Libanus, Brecon, LD3 8ER; 01874 623 366; www.breconbeacons.org

ONDE FICAR NOS ARREDORES DE TRETOWER COURT E DO CASTELO

Ty Gwyn *barato*
Construção georgiana muito bem restaurada, com três belos quartos com banheiro e muita personalidade, em Crickhowell, na A40, de Tretower a Abergavenny. Conta com bonito jardim e café da manhã com produtos locais.
Brecon Rd (A40), Crickhowell, NP8 1DG; 01873 811 625; www.tygwyn.com

Onde Ficar: barato, menos de £80; moderado, £80–£150; caro, acima de £150

ROTEIRO 12: De Borderlands a Beacons

9 Tretower Court and Castle
Crickhowell, Powys; NP8 1RF
Estes dois conjuntos de construções ilustram claramente a transição dos castelos para as casas nas fronteiras, o que indica a chegada de tempos mais pacíficos. A **torre**, construída por Picard por volta de 1100, pertence a um dos diversos castelos com torre e paliçada erguidos durante o avanço normando em Gales. No século XIV, a **casa** se tornou o principal local de moradia. Trata-se de um exemplo raro de solar medieval com frente murada e pátio, como uma das primeiras faculdades de Oxford. Reconstruída em parte no século XV por sir Roger Vaughan, possui belo trabalho de madeira e jardim.
🚗 *Volte à A40 e prossiga para leste até Abergavenny. Pare no centro.*

10 Abergavenny
Monmouthshire; NP7 5ND
No Usk Valley, com fácil acesso a Brecon Beacons, Abergavenny tem ótima localização. No centro está o **Abergavenny Castle**, estrutura clássica de castelo com torre e paliçada do século XI. Ele testemunhou três séculos de violentas lutas de fronteira e foi cenário do massacre dos chefes galeses

Abaixo St. Mary's Priory Church, em Abergavenny, fundada no século XI

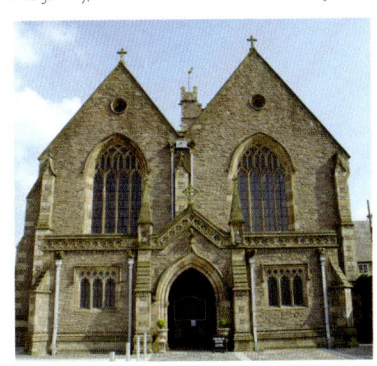

pelos normandos em 1175. Um pavilhão de caça do século XIX, no local da fortaleza, abriga o **Abergavenny Museum** *(seg-sáb; mar-out, também dom à tarde)*, com mostras da história local. Porém, o ponto alto é a **St. Mary's Priory Church**. Fundada em 1087 como priorado beneditino, é uma das magníficas igrejas de Gales. Possui uma enorme escultura de carvalho que traça a linhagem de Jesus até Jessé, única em tamanho e requinte artesanal. Admire também os túmulos de alabastro renascentistas da English School na Herbert Chapel.
🚗 *Retorne à A40 leste. Depois pegue a A4143 e a B4246 até Blaenavon.*

11 Blaenavon
Gwent; NP4 9RN
Na lateral da montanha, em uma paisagem desolada, Blaenavon ficou famosa no início da Revolução Industrial e se transformou em Patrimônio da Humanidade da Unesco em 2000. Uma das diversas atrações do local, a **BlaenavonIronworks** *(abr-out:diariam;nov-mar: sex-dom)* era a mais avançada fábrica de peças de ferro do mundo quando foi construída, em 1787. A imensa infraestrutura conta com minas, torres de caixas-d'água, altos-fornos a vapor, instalações para fundições e chalés dos operários. A fábrica entrou em declínio com a chegada da produção de aço em larga escala. Parte do mesmo Patrimônio, o **Big Pit: National Coal Museum** *(diariam)* era o local de origem do carvão que queimava nas fornalhas. Neste fascinante museu industrial, ex-mineiros acompanham grupos de visitantes a 90m de profundidade, e revelam a vida dura dos mineiros (homens, mulheres e crianças) que trabalhavam em condições hostis.

Acima Ruínas da torre normanda do Tretower Castle, perto de Crickhowell

PARA VISITAR BLAENAVON

Blaenavon World Heritage Centre
Church Rd, NP4 9AS; 01495 742 333;
www.world-heritage-blaenavon.org.uk

ONDE COMER E BEBER

ARREDORES DE TRETOWER COURT AND CASTLE

The Bear Hotel *barato-moderado*
Este pub em Crickhowell, pela A40 ao lado da Tretower, serve comida tradicional, como linguiças de Gloucester Old Spot, bolos de peixe e miúdos.
High St, Crickhowell, NP8 1BW; 01873 810 408; www.bearhotel.co.uk

Nantyffin Cider Mill *moderado*
Esta encantadora hospedagem antiga para vaqueiros, na A479, entre Tretower e Crickhowell, oferece culinária de alto padrão feita com produtos da região.
Brecon Rd, NP8 1SG; 01873 810 775; www.cidermill.co.uk

ARREDORES DE ABERGAVENNY

The Walnut Tree *moderado-caro*
Este restaurante famoso, ao lado da B4521 a nordeste de Abergavenny, é parcialmente operado pelo chef Shaun Hill. A comida é inglesa e bem temperada, e o almoço a preço fixo vale a pena.
Llanddewi Skirrid, NP7 8AW; 01873 852 797; www.thewalnuttreeinn.com

---

PASSEIOS DE 1 DIA
Hereford e Abergavenny são ótimas bases para estes passeios.

Igrejas, história e livros
Comece em Hereford ❶, com sua catedral, e vá até Kilpeck ❷ para ver a igreja. Depois veja a Abbey Dore ❸ e o espetacular Vale de Ewyas ❹ –

dê uma parada na igreja e no priorado. Atravesse o Gospel Pass e dê uma volta pelo Hay-on-Wye ❺.
Siga as indicações para o motorista, mas volte a Hereford pela B4352.

Atividades para toda a família
De manhã, passeie pelos pontos industriais de Blaenavon ⓫, depois vá

até Tretower Court and Castle ❾ e o Llangorse Lake ❻ para caminhar, pescar ou observar aves. Se houver tempo, dê uma espiada na encantadora Brecon ❼.

Siga as indicações desde Abergavenny até Blaenavon e depois pegue a A40.

Onde Comer e Beber: barato, menos de £25; moderado, £25-£50; caro, acima de £50

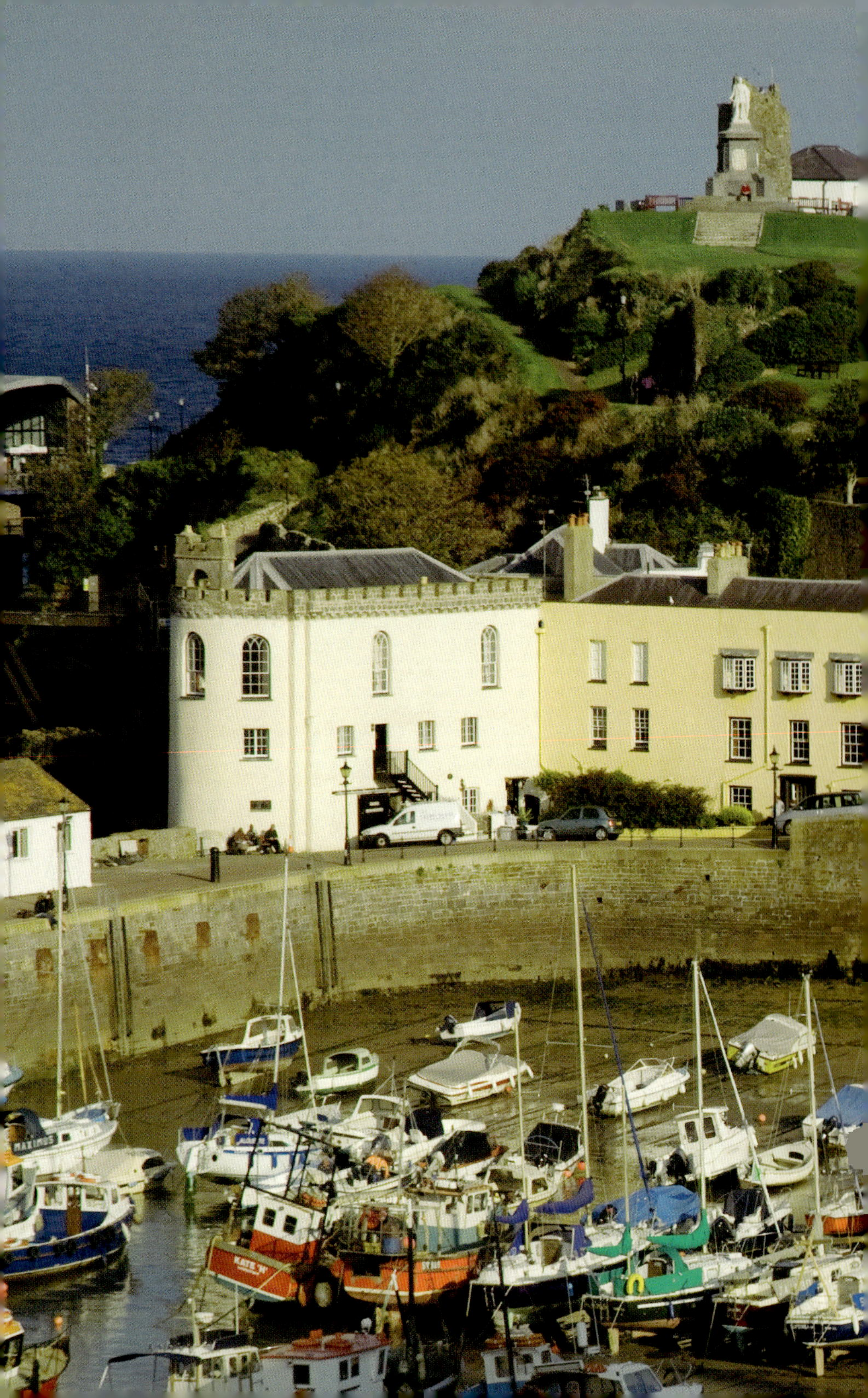
MAXIMUS

ROTEIRO **13**

Maravilhas de Gales Ocidental

De Llandovery a Newport

Destaques

- **Belos jardins galeses**
  Visite dois admiráveis jardins: um deles, colorido e escultural, cultivado em Aberglasney; o outro, exótico e futurista, no National Botanic Garden

- **Castelos majestosos**
  Admire os bastiões em ruínas do poder normando desde Carreg Cennen até Kidwelly e Carew, lembranças de uma violenta história galesa

- **O belo litoral de Pembrokeshire**
  Caminhe por rochedos escarpados e fragmentados até angras rochosas e amplas praias banhadas pelo Atlântico

- **Uma das mais antigas catedrais britânicas**
  Em funcionamento há mais de 1.400 anos, a St. Davids' Cathedral é uma fantástica obra de arte sacra

Tenby Harbour, tendo acima o Prince Albert's Monument, em Tower Hill

Maravilhas de Gales Ocidental

O roteiro parte de Llandovery e ruma para oeste, passando pelos belíssimos jardins galeses do National Botanic Garden e de Aberglasney, até a terra de Dylan Thomas, um dos grandes poetas do século XX, na sossegada cidade litorânea de Laugharne. O itinerário é repleto de castelos normandos, construídos para controlar a terra invadida por franceses. Passe um pouco de tempo no movimentado balneário de Tenby antes de visitar a menor cidade britânica, St. Davids, com sua antiga catedral. Caminhe pelos notáveis rochedos, ricos em mitos religiosos, no único National Coastal Park da Grã-Bretanha, e visite o refúgio de aves marinhas na Ramsey Island. Veja o monumento fúnebre Pentre Ifan, do Neolítico, e passeie pelas Preseli Hills, fonte das misteriosas pedras azuis de Stonehenge *(p. 68)*.

ATIVIDADES

Pedale (ou caminhe) por Brecon Beacons, saindo de Llandovery

Suba até o fabuloso Carreg Cennan Castle

Vá de barco até Ramsey ou às Caldey Islands para observar aves marinhas

Faça um piquenique em Carew Castle e caminhe até o moinho

Conte os degraus para descer e subir até a St. Govan's Chapel – dizem que os números nunca batem

Ouça a sublime música das vésperas na St. Davids Cathedral

Surfe nas ondas do Atlântico em Whitesands Bay, St. Davids

Caminhe pelas bonitas Preseli Hills, saindo de Newport

Abaixo A pitoresca Laugharne, onde morou o poeta Dylan Thomas *(p. 141)*

ROTEIRO 13: Maravilhas de Gales Ocidental

Acima O confuso caminho no alto dos rochedos da Pembrokeshire Coast National Trail, perto de St. Davids *(pp. 144-5)*

Abaixo Pendine Sands na maré baixa. O local era muito procurado para a quebra de recordes de corridas de carro *(p. 142)*

LEGENDA
Roteiro

PLANEJAMENTO

Início/fim: De Llandovery a Newport.

Número de dias: 4, com reserva de meio dia para St. Davids.

Distância: Cerca de 270km (168 milhas).

Condições das estradas: Bem pavimentadas e sinalizadas. As estradas secundárias podem ser muito estreitas.

Quando ir: A primavera é bem agradável, com flores do campo, e o verão é melhor para atividades ao ar livre. Muitos locais e atrações fecham no inverno.

Horários de funcionamento: Em geral, museus e atrações abrem das 10h às 17h, e fecham mais cedo (ou nem abrem) de nov-Páscoa. Lojas têm horários mais prolongados. Igrejas abrem até o anoitecer.

Principais dias de mercado: Llandeilo: Mercado local, Civic Hall, sex de manhã; **Tenby**: Mercado local, St. John's Hall, sex de manhã; **St. Davids**: Mercado local, Memorial Hall, qui de manhã; **Fishguard**: Mercado local, Market Hall, ter de manhã; Feira do produtor, sábados alternados (no verão, semanalmente).

Compras: Sabonetes naturais da Soap Shed em St. Davids, e geleias e chutneys da Miranda's Preserves nas lojas da vila de Llandovery e em delicatéssens locais.

Principais festas: St. Davids: Cathedral Festival, música clássica, 1ª semana de jun; **Fishguard**: Folk Festival, 4 dias no fim de mai; International Classical Music Festival, uma semana no fim de julho-início de ago; Pembrokeshire's Jazz 'n' Blues Festival, 5 dias no fim de ago.

PASSEIOS DE 1 DIA

Quem gosta de castelos e jardins pode ficar em Llandovery e visitar o **castelo** e os **jardins** em Aberglasney, ou subir até o **castelo** de Carreg Cennen e depois admirar a **Great Glasshouse** no National Botanic Garden. **Famílias** vão gostar da praia de Tenby, em Carmarthen Bay, do **museu** de Pendine, do **castelo** e da **casa de Dylan Thomas** em Laugharne; termine com os **castelos** de Kidwelly e Carew. Para mais **diversão litorânea**, fique em Newport, veja o **porto** de Fishguard e vá até St. Davids **ver a catedral**, **caminhar** e ficar na **praia**. Saboreie um **peixe** em Solva. Detalhes *p. 145.*

À dir. A Aberglasney House no meio do famoso jardim, perto de Llandeilo

PARA VISITAR LLANDOVERY

Estacionamento
Gratuito ao lado do castelo e do TIC.

Informação turística
Kings Rd, SA20 0AW; 01550 720 693

ONDE FICAR

LLANDOVERY

Kings Head Inn moderado
Esta hospedaria do século XVI possui catorze quartos com banheiro. Há um bar aconchegante e um restaurante com comida caseira típica de Gales.
1 Market Sq, SA20 OAB; 01550 720 393; www.wales-llandovery-hotel.co.uk

LLANDEILO

Fronlas moderado
Em mansão eduardiana, este B&B-butique ecológico tem três quartos elegantes e serve café da manhã orgânico.
7 Thomas St, SA19 6LB; 01558 824 733; www.fronlas.com

LAUGHARNE

The Boat House B&B moderado
Este B&B no centro da cidade possui quatro quartos claros, arejados e modernos. Fica a uma curta caminhada da famosa casa-barco de Dylan Thomas.
1 Gosport St, SA33 4SY; 01994 427 263; www.bed-breakfast-holiday.co.uk

Abaixo, da esq. p/ dir. Hospedaria na Market Sq, Llandovery; Flores que lembram margaridas, nos Aberglasney Gardens

① Llandovery
Carmarthenshire; SA20 OAP

Esta cidade-mercado tem ótimos chalés e prédios georgianos. O **castelo normando** ao lado do rio foi construído em 1110 e saqueado por Owain Glyndŵr, em 1403. Vá para o sul pela Bridge St, e saia da cidade pela ponte, pegando a direita na bifurcação para a vila de **Myddfai**. Uma família de médicos, os "doutores de Myddfai", viveu aqui do século XIV ao XIX, e ficou conhecida por seus remédios fitoterápicos. Se você gosta de andar, use Llandovery como base para passeios pela ponta norte do Brecon Beacons National Park (www.breconbeacons.org). Ou alugue bicicletas na **Myddfai Cycles** (Myddfai Rd, Llandovery, SA20 OLQ; 0155 720 372). Pegue mapas e folhetos no centro de informação turística.

🚗 *De Llandovery atravesse a ponte de volta e pegue a A40 oeste até Llandeilo.*

② Llandeilo
Carmarthenshire; SA19 8QH

Esta cidade elegante fica no alto de um costão voltado para Tywi, o rio mais longo totalmente galês. No centro fica a **St. Teilo's Church**, do século XIII, reconstruída no século XIX pelo arquiteto George Scott, especialista em reflorescimento vitoriano. A igreja expõe o St. Teilo Gospels, livro local do século VIII com iluminuras, e primeiro exemplar conhecido da escrita galesa. Vá para oeste na A40, pegando à esquerda para Llangathen e **Aberglasney Gardens** (diariam; www.aberglasney.org), um raro jardim de claustro, restaurado, do século XV. É um paraíso para jardineiros, com amplas faixas de esporinhas e um túnel de teixos. A mansão possui um belo pórtico do início do período vitoriano, uma loja e um café. Admire a profusão de borboletas atraídas pelas flores no verão.

🚗 *De Llandeilo pegue a A483 sul até Ffairfach, vire à esquerda na rotatória, e à direita depois de uma ponte ferroviária, seguindo as placas para Trapp, para o castelo e o estacionamento.*

③ Carreg Cennen Castle
Carmarthenshire; SA19 6UA

A leste de Trapp, na ponta ocidental do Brecon Beacons National Park, o **Carreg Cennen Castle** (diariam) é um forte em ruínas, no alto de um costão de calcário com 99m. Há indícios de atividades pré-históricas e romanas, mas foram os príncipes galeses do século XI que fizeram as primeiras construções no local. Agora, sobrou apenas a magnífica construção normanda do século XIII.

🚗 *Volte para Ffairfach e para a A476. Vire à direita na A48, e depois à direita na B4310 até o Botanic Garden (sinalizado).*

④ National Botanic Garden of Wales
Carmarthenshire; SA32 8HG

O National Botanic Garden of Wales (diariam; www.gardenofwales.org.uk) é o jardim mais visitado de Gales, e no século XVIII pertencia ao banqueiro sir William Paxton. Seu ponto alto é a Great Greenhouse, projetada por Norman Foster. É a estufa com o maior

ROTEIRO 13: Maravilhas de Gales Ocidental

vão livre do mundo e conta com espécies raras de plantas. Na extremidade do parque há um jardim com muro duplo, com uma Tropical House projetada por John Belle, arquiteto galês que mora em Nova York. Aqui há plantas exóticas, como abacaxi, coco, palmito e cardamomo. Há também um jardim japonês, ganhador de medalha de ouro no Chelsea Flower Show. Entre outros destaques estão o jardim de abelhas, a casa de gelo, plantas raras de Gales e o espelho-d'água. O jardim permite o trânsito de cadeiras de rodas, com diversas delas disponíveis (reserve; 01558 667 148).

🚗 *Volte para a A48 oeste, rumo a Carmarthen, e pegue a A484 sul até Kidwelly (Cydweli). Siga as placas até o castelo.*

⑤ Kidwelly Castle
Carmarthenshire; SA17 5BQ

Defesa imponente erguida entre os séculos XIII e XV sobre um costão do rio Gwendraeth, o **Kidwelly Castle** *(diariam)* fazia parte da estratégia normanda para manter o sul de Gales sob controle das passagens do rio, aqui e em Laugharne, Llansteffan e Loughor. As primeiras partes do castelo são o quadrado interno da guarda, com quatro torres redondas nos cantos e portões levadiços ao norte e ao sul. Outras defesas concêntricas foram acrescentadas em meados do século XIII pela família de Chaworth. A porta de acesso é bem fortificada e foi projetada para que pudesse ser defendida de modo independente, caso o resto do castelo fosse capturado. O castelo também conta com duas padarias e com o que restou de uma capela.

🚗 *Volte a Carmarthen, siga para oeste pela A40 e vire à esquerda na A4066 sul para Laugharne.*

⑥ Laugharne
Carmarthenshire; SA33 4SD

Esta é uma cidade litorânea muito pitoresca, com lindos chalés e casas georgianas, no amplo estuário do Taf. A cidade e o litoral são dominados pelas ruínas do **Laugharne Castle**. Ele foi erguido pela família normanda de Brian nos séculos XIII e XIV, e transformado em grandiosa mansão Tudor, no século XVI, por sir John Perrot. No período elisabetano, a cidade era maior que Cardiff e manteve-se como vila que falava inglês dentro de Gales.

A estreita ruela de pescadores atrás do castelo leva até a casa de Dylan Thomas, a **Boathouse** *(01994 527 420; www.dylanthomasboathouse.com)*, com seu despojado estúdio de escritor na garagem. Aqui há uma boa cafeteria, por isso saboreie uma xícara de chá enquanto observa a bonita **Carmarthen Bay**. O poeta foi enterrado em um túmulo simples no cemitério da igreja, ao norte da cidade.

Há muitas lojas interessantes atrás da torre do relógio, e um joalheiro, o **Quicksilver**, monta uma peça de prata em apenas duas horas.

🚗 *De Laugharne, continue na A4066 até Pendine.*

ONDE COMER E BEBER

LLANDEILO

The Angel Hotel *moderado*
Nesta hospedaria consagrada você tem duas opções: fique no bar agradável ou jante no bistrô, mais formal. Há sempre uma opção vegetariana.
60 Rhosmaen, SA19 6EN; 01558 822 765; www.angelbistro.co.uk

ARREDORES DO NATIONAL BOTANIC GARDEN OF WALES

Y Polyn *moderado*
Na B4310, ao sul da A40, o Y Polyn oferece excelentes produtos galeses, como carne orgânica, em pratos tradicionais com toque moderno. Tudo é caseiro, até o pão.
Capel Dewi, Nantgaredig, SA32 7LH; 01267 290 000; www.ypolynrestaurant.co.uk

LAUGHARNE

The Cors Restaurant *moderado*
No meio de um belo jardim e com interior charmoso, este restaurante serve produtos regionais, como cordeiro de brejo salgado. Tem dois quartos.
Newbridge Rd, SA33 4SH; 01994 427 219; www.the-cors.co.uk; qui-sáb

Abaixo, em sentido anti-horário O imponente Carreg Cennen, em cenário magnífico; A Great Greenhouse, no National Botanic Garden of Wales; Kidwelly Castle, uma de várias fortificações normandas do século XIII

Dylan Thomas

Dylan Thomas foi um dos grandes poetas da língua inglesa no século XX. Nascido em Swansea, escreveu mais da metade de seus poemas ali, como "And Death Shall Have No Dominion". Mudou-se para New Quay e Laugharne a fim de escrever sua obra-prima *Under Milk Wood*, peça sobre a noite e o dia, situada na imaginária vila galesa de Llareggub, que significa algo totalmente diferente lido de trás para frente. Foi grande sucesso nos EUA, mas morreu em Nova York com apenas 39 anos.

Onde Comer e Beber: barato, menos de £25; moderado, £25-£50; caro, acima de £50

Acima, em sentido horário A menor das duas encantadoras praias de Tenby; Quiosque de Tenby oferece pescarias e passeios turísticos; Barcos pesqueiros e de passeio atracados no porto de Tenby

PARA VISITAR TENBY

Estacionamento
Pare no Rectory Fields Car Park, *South Cliff St, SA70 7EA*, ou no Somerfield, *Upper Park Rd, SA70 7LT*

Informação turística
The Croft, SA70 8AP; 01834 842 402

ONDE FICAR

ARREDORES DE PENDINE

Jabajak *moderado*
Hotel em sede reformada de fazenda, com quartos e suítes; alguns têm camas com dossel. Rume para o norte na rotatória de Whitland pela A40.
Banc y Llain, Llanboidy Rd, Whitland SA34 0ED; 01994 448 786; www.jabajak.co.uk

ARREDORES DE CAREW CASTLE

Poyerston Farm *barato-moderado*
Aproveite os confortáveis quartos com banheiro nesta simpática fazenda, ao lado da A477, perto de Carew. Tem bonita estufa e café da manhã feito em fogão moderníssimo.
Cosheston, Pembroke, SA72 4SJ; 01646 651 347; www.poyerstonfarm.co.uk

ARREDORES DE TENBY

Wychwood House *barato*
Grandes quartos com banheiro, um jardim bonito e belas vistas neste agradável B&B, ao lado de Tenby, ao sul da A4139. Também serve refeições à noite.
Penally, SA70 7PE; 01834 844 387; www.wychwoodhousebb.co.uk

Onde Ficar: barato, menos de £80; moderado, £80-£150; caro, acima de £150

⑦ Pendine
Carmarthenshire; SA33 4NY
A cidade é mais conhecida pela praia plana, ideal para tentativas de quebra de recorde de velocidade. Em 1924, Malcolm Campbell alcançou no *Blue Bird* 235km/h, e em 1927 subiu para 280km/h. O **Museum of Speed** *(Páscoa-set: diariam; out: sex-seg)* conta a história dos recordes. Veja o *Babs*, carro enterrado nas dunas após acidente que matou o piloto Parry-Thomas, na tentativa de quebrar um recorde em 1927; agora foi retirado e restaurado. O neto de Campbell estabeleceu aqui o recorde em um carro elétrico do RU, em 2002.

🚗 *Vá para oeste pela B4314 até Red Roses, vire à esquerda na A477 e à esquerda na A478 para Tenby. Use os estacionamentos no fim da South Cliff St ou na Upper Park Rd.*

⑧ Tenby
Pembrokeshire; SA70 8EU
Esta cidade murada do século IX marca o início do Pembrokeshire Coast National Park. Em meio a duas praias, Tenby é um balneário maravilhoso, com vida noturna agitada. A **St. Mary's Church** tem um telhado magnífico e os túmulos de alabastro de John e Thomas White, ex-prefeitos de Tenby. Do século XV, a **Tudor Merchants House** *(abr-out: dom-sex)* possui pinturas a *secco* nas paredes, lareiras e móveis originais. Nenhuma visita está completa sem uma volta no Castle Hill – com estátua do príncipe Albert –, pelas vistas e pelo **Tenby Museum and Art Gallery** *(diariam; fecha sáb-dom no inverno)*, com exposições sobre a história local. A **Wilfred Harrison Gallery** tem pinturas originais dos irmãos Gwen John (1876-1939) e Augustus John (1878-1961), artistas notáveis que cresceram em Tenby. Vá de barco até a **Caldey Island,** gerida por monges cistercienses *(fecha dom; 01834 843 545; www.caldeyisland.co.uk)*. Há igrejas medievais, uma abadia e baías sossegadas.

🚗 *Saia pela B4318, vire à esquerda na A477 e depois dobre à direita na A4075. Pare de graça à esquerda, ao lado do cruzamento.*

⑨ Carew Castle
Pembrokeshire; SA70 8SL
Este é outro belo exemplo da transição de um castelo normando para uma mansão elisabetana em Gales *(veja p. 135)*, embora o castelo esteja em ruínas. Mas há lindas vistas do **Carew Castle** *(diariam; www.carewcastle.com)* a partir do reservatório do moinho, e o terreno é ótimo para piqueni-

Abaixo As ruínas do Carew Castle, do século XIV, ainda impressionam

ques. Visite o único moinho de maré, restaurado, de Gales, e examine a **Carew Cross**, do século XI, ali perto, um dos melhores exemplos de seu tipo no país, com fino trabalho celta.

🚗 *Volte à A477 e dobre à direita, pegue a bifurcação da esquerda na A4075 até Pembroke, direto da rotatória, e à esquerda na B4139 até Bosherston. Dirija pelo litoral (a estrada atravessa um campo de tiro; fecha seg-sex exceto em ago). Pare no promontório de St. Govan.*

⑩ St. Govan's Chapel
Bosherston, Pembrokeshire; SA71 5DP

Antiga cela cristã, **St. Govan's Chapel** fica num rochedo íngreme na ponta mais ao sul de Pembrokeshire. Provavelmente foi fundada no século VI por seguidores de St. Govan – a capela deve ser do século XI. Desconhece-se a identidade de St. Govan, mas a maioria dos estudiosos o identifica como St. Gobham, abade dos dairinis no condado de Wexford, que depois de uma visita permaneceu aqui até sua morte, em 586. Dizem que ele viveu como eremita, mantendo o olho nos piratas, flagelo da população local, na Lundy Island. Consta que o número de degraus para a capela (cerca de 74) nunca é o mesmo para subir e para descer. Pare no vilarejo de Bosherston para visitar a loja de artesanato, o salão de chá ou o pub e admirar as bonitas lagoas com lírios.

🚗 *Retorne a Pembroke e à A477 pela ponte com pedágio; depois pegue a A4076 para Haverfordwest. Dirija até a cidade pela A487, até Solva. Pare no estacionamento da Harbour Inn, quase na ponta da cidade.*

Desenho de tapete do Solva Woollen Mill

⑪ Solva
Solva, Pembrokeshire; SA62 6UU

Local encantador no Pembrokeshire Coast National Park, Solva é ideal para caminhar, velejar ou só relaxar entre galerias, restaurantes e lojas. Usada como centro de contrabando e depois um porto movimentado, Solva possui um porto bonito, instalado em uma fenda do litoral. Dê uma volta pelos rochedos, acima do braço de mar. Os passeios da **Solva Boat Trips** (01437 721 725; *www.solva.net/boattrips*) partem do cais para pesca e safáris marinhos. Mais ao norte fica o **Solva Woollen Mill** (abre nos dias úteis; www.solvawoollenmill.co.uk), que produz tapetes e cobertas.

🚗 *De Woollen Mill, vire à direita depois da pedreira e entre na A487. Vire à esquerda até St. Davids. Pare ao lado do centro de visitantes, ou continue e vire na rotatória e vá para o estacionamento da catedral, em Quickwell Hill.*

Acima A espetacular linha costeira de rochedos abriga a St. Govan's Chapel

ONDE COMER E BEBER

TENBY
The Bay Tree *moderado*
Na charmosa Tudor Sq, o Bay Tree tem excelente menu de comidas de bistrô e ambiente cordial.
Tudor Sq, SA70 7AJ; 01834 843 516; www.baytreetenby.co.uk

Mews Bistro *moderado*
Entre as comidas fresquíssimas há peixes pescados no porto.
Upper Frog St, SA70 7JD; www.mewsbistrotenby.co.uk

Ocean Restaurant *caro*
Voltado para o porto, o restaurante tem menu internacional moderno que serve de robalo a cordeiro galês.
St. Julien's St, SA70 7AY; 01834 844 536; www.tenby-oceanrestaurant.co.uk

ARREDORES DE TENBY
St. Brides Hotel Restaurant *moderado*
Ao norte de Tenby, na A478, depois pela B4316, este hotel e restaurante tem belas vistas do mar. O menu usa produtos locais, como queijo de cabra.
St. Brides Hill, Saundersfoot, SA69 9NH; 01834 812 304; www.stbridesspahotel.com

SOLVA
The Old Pharmacy *barato*
Saboreie os espetinhos de carneiro apimentado de Pembrokeshire ou uma tigela de *bouillabaisse* nesta ex-farmácia.
5 Main St, SA62 6UU; 01437 720 005; www.theoldpharmacy.co.uk

ARREDORES DE SOLVA
The Rising Sun Inn *barato*
Hospedaria familiar, serve pratos preparados com produtos locais e boas cervejas ale. Fica 16km a leste pela A487.
Pelcomb Bridge, Haverfordwest, Dyfed, SA62 6EA; 01437 765 171

Acima O bonito porto de Solva, em um braço de mar, já foi usado para contrabando

Onde Comer e Beber: barato, menos de £25; moderado, £25-£50; caro, acima de £50

Abaixo A St. Non's Chapel, no litoral de St. Davids, foi construída em 1934

PARA VISITAR ST. DAVIDS

Estacionamento
Pare no da catedral ou ao lado do centro de visitantes.

Centro de visitantes
Na A487, a caminho da cidade.
Oriel Y Parc, SA62 6NW; 01437 720 392; www.orielyparc.org.uk

Passeios de barco à Ramsey Island
Reserve passagens na **Thousand Island Expeditions** (Cross Sq, SA62 6SL; 01437 721 686; www.thousandislands.co.uk). Os barcos partem de St. Justinian.

Surfe em Whitesands
Aprenda a surfar ou aperfeiçoe-se na **Whitesands Surf School** (07789 435 670; www.whitesandssurfschool.co.uk).

ONDE FICAR

ARREDORES DE ST. DAVIDS

Crug Glas *moderado*
Ao lado da A487, este hotel campestre, com decoração elegante, fica numa fazenda ativa. Restaurante apenas à noite.
Abereiddy, SA62 6XX; 01348 831 302; www.crug-glas.co.uk

NEWPORT

Llys Medygg *moderado*
Encantadora casa georgiana no centro de Newport, tem quartos com banheiro, confortáveis e sofisticados, e arte moderna. Café da manhã com frutas frescas e panquecas.
East St, SA42 OSY; 01239 820 008; www.llysmeddyg.com

Abaixo Casas em agradáveis tons pastel na vila de St. Davids

⑫ St. Davids
Pembrokeshire; SA62 6RH

St. Davids tem a conformação de uma vila, e seus pontos altos são o litoral e a catedral. Estabelecida no Pembrokeshire National Park, é abençoada por belas praias. Esta caminhada circular e fácil vai para o sul até a Pembrokeshire Coast National Trail, depois volta à catedral.

Passeio a pé de 2 horas

Comece no estacionamento da catedral, em Quickwell Hill, virando à direita e novamente à direita na Nun St. Atravesse a Cross Sq e vire à direita na Goat St e à esquerda na St. Stephen's Lane. Dobre à esquerda no final e a primeira à direita na Pen-y-Garn. No fim desta rua, vire à direita e siga as placas para a St. Non's Chapel. Dobre à esquerda e mantenha-se nesse caminho por toda a costa. Depois de virar três vezes à direita e depois à esquerda, e após diversos portões e escadas, avista-se o moderno **St. Non's Retreat** ①, capela erguida em 1934. Dedicada à mãe de St. David, Non, tem bonitas janelas. Siga a trilha que a rodeia até o que restou da original **Capel Non** ②, a verdadeira casa de Non. Uma pedra dos séculos VII-IX, com uma cruz latina, marca o local de nascimento de David. Veja, também, o poço abobadado que dizem ter surgido durante uma tempestade, quando St. David nasceu, por volta de 500 d.C., e que teria poderes de cura. À direita há um pequeno santuário dedicado a Maria. Suba a escada até a **Pembrokeshire Coastal Path** ③, que contorna o cabo rochoso. A trilha sobe ao lado do braço de mar de **Porth Clais** ④, que foi o porto de St. Davids, com pequeno ancoradouro. No final do braço de mar, siga a trilha à direita, suba o morro e vá até o camping, mantendo as construções à direita. Vá em frente e depois pegue o caminho ao longo da beira do campo. Continue direto para a estrada ao lado da entrada do Warpool Court Hotel. Cruze-a e vire à esquerda. Desça o caminho para Bryn Rd até uma placa para Dinas Tyddewi (St. Davids City). Dobre à esquerda na Mitre Lane e prossiga até a **Farmer's Arms** ⑤, na Goat St, e volte à catedral.

Construída com pedras rosadas e púrpura no local do mosteiro de St. David, do século VI, a **St. Davids Cathedral** ⑥ tornou-se importante centro de peregrinação. Do século XII, a atual catedral tem interior magnífico. Aprecie o teto de carvalho do início do século XVI, e o bonito retábulo da cruz do século XIV. Os cantos da hora

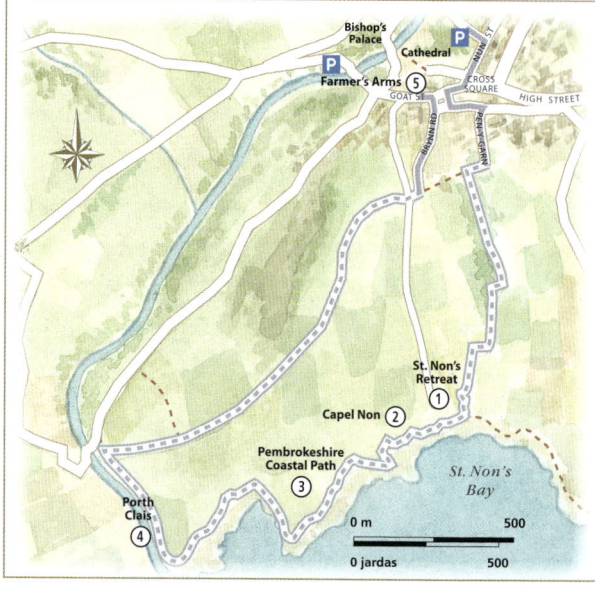

ROTEIRO 13: Maravilhas de Gales Ocidental

canônica são maravilhosos *(qui-ter: 18h)*. Atravesse uma pontezinha e explore as ruínas de pedra do **Bishop's Palace** ⑦, construído entre 1280 e 1350. Volte ao estacionamento, onde a Tower Gate House exibe uma mostra de pedras religiosas.

A oeste da cidade, pela B4853, fica a **Whitesands Bay**, por onde, segundo a lenda, São Patrício saiu de Gales para levar o cristianismo à Irlanda. Trata-se de uma praia arenosa para surfe. Visível da praia está a **Ramsey Island**, uma reserva com várias e raras espécies de pássaros. A ilha recebe passeios de barco. Procure também grupos de golfinhos e até de baleias.

Vitral na St. Davids Cathedral

🚗 Pegue a A487 direto para Fishguard e pare no estacionamento do centro ou no da Lower Town.

Pembrokeshire Coast National Trail
A Pembrokeshire Coast National Trail *(01646 689 076; www.pcnpa.org.uk)* percorre 300km no único verdadeiro parque litorâneo da Grã-Bretanha, com belos cenários. O serviço de ônibus Puffin permite que caminhantes sigam a trilha e não tenham de caminhar de volta no fim do dia.

⑬ Fishguard
Pembrokeshire; SA65
Esta é uma cidade com três partes: Lower Town, com porto pesqueiro; Upper Town, com lojas e ruas animadas; e Goodwick, com terminal de ferryboat. Estacione no centro e visite o pub **Royal Oak**, na Market Sq, decorado com objetos ligados à última invasão da Grã-Bretanha (1797). Diz a lenda

que uma tropa francesa de 1.400 homens em quatro navios encontrou refúgio, no meio da tempestade, em uma angra próxima. A invasão foi frustrada quando mulheres locais, com roupas vermelhas, foram confundidas com granadeiros britânicos – uma tapeçaria na **Town Hall** retrata o evento. A **West Wales Gallery** *(fecha dom; www.westwalesartscentre. com)* é uma das melhores galerias regionais de Gales.

🚗 Saia de Fishguard pela A487, vire à direita na B4313 e à esquerda para Cilgwyn – trajeto montanhoso com belas vistas – até Newport.

⑭ Newport
Pembrokeshire; SA42
No estuário do rio Nevern, Newport era um porto bem movimentado, mas está assoreado há muito tempo. A cidade tem bom acesso à Pembrokeshire Coastal Path e é uma base muito procurada para caminhadas nas Preseli Hills, de onde saíram as pedras azuladas de Stonehenge. Para ir a um sítio neolítico mais próximo, vá a leste pela A487 e siga as placas até **Pentre Ifan**, um túmulo de cerca de 3500 a.C., construído com uma série de pedras verticais e uma enorme viga transversal de 5m. Volte à A487 e atravesse-a para chegar à vila de **Nevern**. Sua igreja é famosa por ter uma **cruz celta** de 4m de altura, do século X, em duas partes; uma **Vitalian Stone** provavelmente de 500 d.C.; uma avenida de teixos que liberam uma seiva vermelha; e, dentro do templo, a **Maglocunus Stone**, com uma inscrição do século V que é um exemplo da escrita ogham (antigo alfabeto do sul da Irlanda.)

Acima Pitoresco porto na Lower Town de Fishguard

ONDE COMER E BEBER

ST. DAVIDS
Cwtch *moderado*
Faça refeições tranquilas neste restaurante moderno com menu sazonal de produtos locais. Prove a truta, amêijoas ou pudim de alho-poró e cogumelos. *22 High St, SA62 6PG; 01437 720 491; www.cwtchrestaurant.co.uk*

Morgans Restaurant *moderado*
Restaurante moderno com ótima comida. Carne de Pembrokeshire, pratos vegetarianos e sobremesas deliciosas. *20 Nun St, SA62 6NT; 01437 720 508; www.morgans-restaurant.co.uk*

ARREDORES DE ST. DAVIDS
The Sloop Inn *barato-moderado*
Em Croes-goch, saia da A487 para ir a Fishguard, até este pub do século XVIII ao lado do porto. Serve refeições de bar, de simples sanduíches a peixe com fritas ou uma suculenta torta de carne. *Porthgain SA62 5BN; 01348 831 449; www.sloop.co.uk*

NEWPORT
Cnapan *moderado*
Restaurante consagrado, oferece culinária britânica moderna de qualidade, com produtos locais, como o chamado *black beef* e queijos galeses. B&B simpático com hóspedes. *East St, SA42 OSY; 01239 820 575; www.cnapan.co.uk*

PASSEIOS DE 1 DIA
Castelos, jardins, igrejas e praias – este roteiro tem tudo isso.

Castelos e jardins
De Llandovery ①, veja o castelo e Myddfai – famosa pelos médicos. Depois, organize um piquenique e vá para Llandeilo ② e os coloridos jardins de Aberglasney. Suba o morro até o bonito Carreg Cennen Castle ③. Por fim, visite o espetacular Nacional Botanic Garden de Gales ④.

Siga estas instruções e refaça a jornada.

Camarthen Bay
Visite a praia de Tenby ⑧, percorra a baía até a arenosa Pendine ⑦ e seu Museum of Speed. Vá até Laugharne ⑥ e aprecie as vistas da baía, tanto do castelo como da casa de Dylan Thomas. Prossiga até o sólido bastião de Kidwelly Castle ⑤. Se sobrar tempo, pare no Carew Castle ⑨, antes de voltar a Tenby para aproveitar a vida noturna.

Siga as instruções ao contrário, pegando a A477 até Carew Castle.

Diversão praiana
De Newport ⑭, dirija-se à bonita Fishguard ⑬ para saber mais sobre a última invasão da Grã-Bretanha. Depois vá até St. Davids ⑫, visite a catedral e dê uma volta no alto dos rochedos. Nade ou surfe na Whitesands Bay e termine o dia jantando em Solva ⑪.

De lá, siga a A487 e volte.

Onde Comer e Beber: barato, menos de £25; moderado, £25-£50; caro, acima de £50

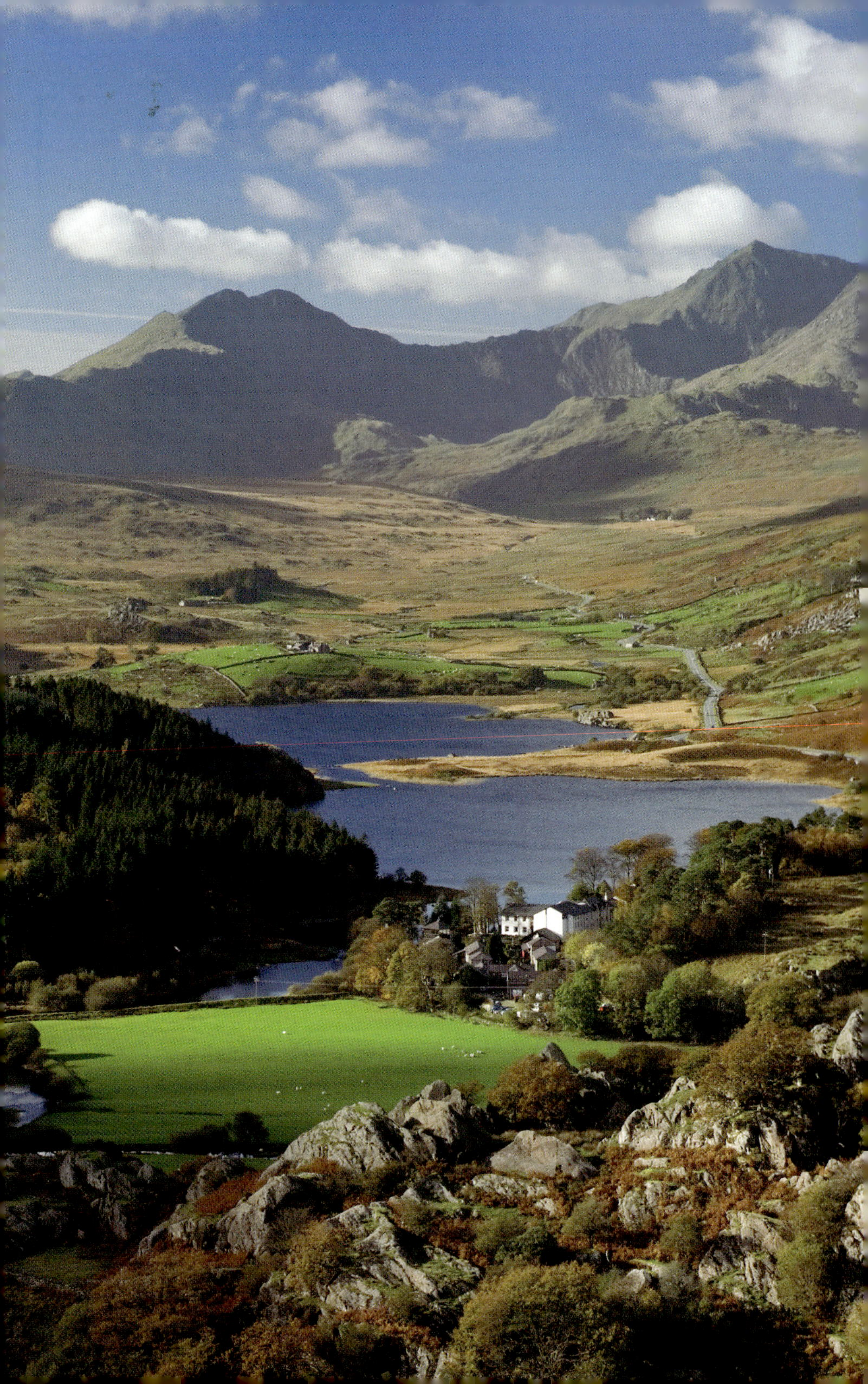

ROTEIRO **14**

Snowdonia National Park

De Machynlleth a Llandudno

Destaques

- **Picos montanhosos espetaculares**
  Aprecie o cenário magnífico ao redor de Cadair Idris, e pegue um trem ou suba a pé o monte Snowdon, o pico mais elevado de Gales

- **Lagos glaciais e cascatas**
  Maravilhe-se com os lagos brilhantes e as belas cascatas do Snowdonia National Park

- **Castelos temíveis**
  Visite as melhores construções militares da Europa do século XIII – os castelos de Harlech, Conwy, Caernarfon e Beaumaris

- **Diversão litorânea tradicional**
  Construa um castelo de areia na praia de Llandudno, maior e mais bonito balneário à beira-mar de Gales

Paisagem campestre pitoresca no Snowdonia National Park

Snowdonia National Park

Este roteiro atravessa o norte de Gales e passa por alguns cenários montanhosos surpreendentes, com destaque para os picos de Cadair Idris e Mount Snowdon. A maior parte do percurso segue uma trilha que cruza o intocado Snowdonia National Park, uma parte muito especial do país, onde diversos habitantes têm o galês como sua primeira língua. A caminho da ilha de Anglesey existem lindas vilas montanhosas – base ideal para explorar a região campestre – e paradas frequentes em alguns castelos assustadores. De volta à terra firme, o roteiro termina na maior e mais atraente cidade litorânea de Gales: a animada Llandudno.

Acima Belo cenário à beira de um lago nos arredores de Llyn Gwynant, ao norte de Beddgelert *(p. 151)*

ATIVIDADES

Vá pescar truta-marrom ou do mar nas águas bucólicas de Tal-y-Llyn, um lago glacial fora de Machynlleth

Escale o pico de Cadair Idris na bonita e tranquila parte meridional do Snowdonia National Park

Conheça o poderoso Harlech Castle e caminhe pelos muros, admirando as belíssimas vistas

Passeie em um dos mais emocionantes percursos ferroviários do RU, na subida do notável pico do Mount Snowdon

Dê uma volta de barco para ver focas e aves marinhas ao redor da Puffin Island, saindo de Beaumaris, em Anglesey

Faça tirolesa entre as árvores ou escale as pedras em Betws-y-Coed

Suba de bondinho acima de Llandudno até o topo de Great Orme, e desça de esqui

LEGENDA
— Roteiro

ROTEIRO 14: Snowdonia National Park

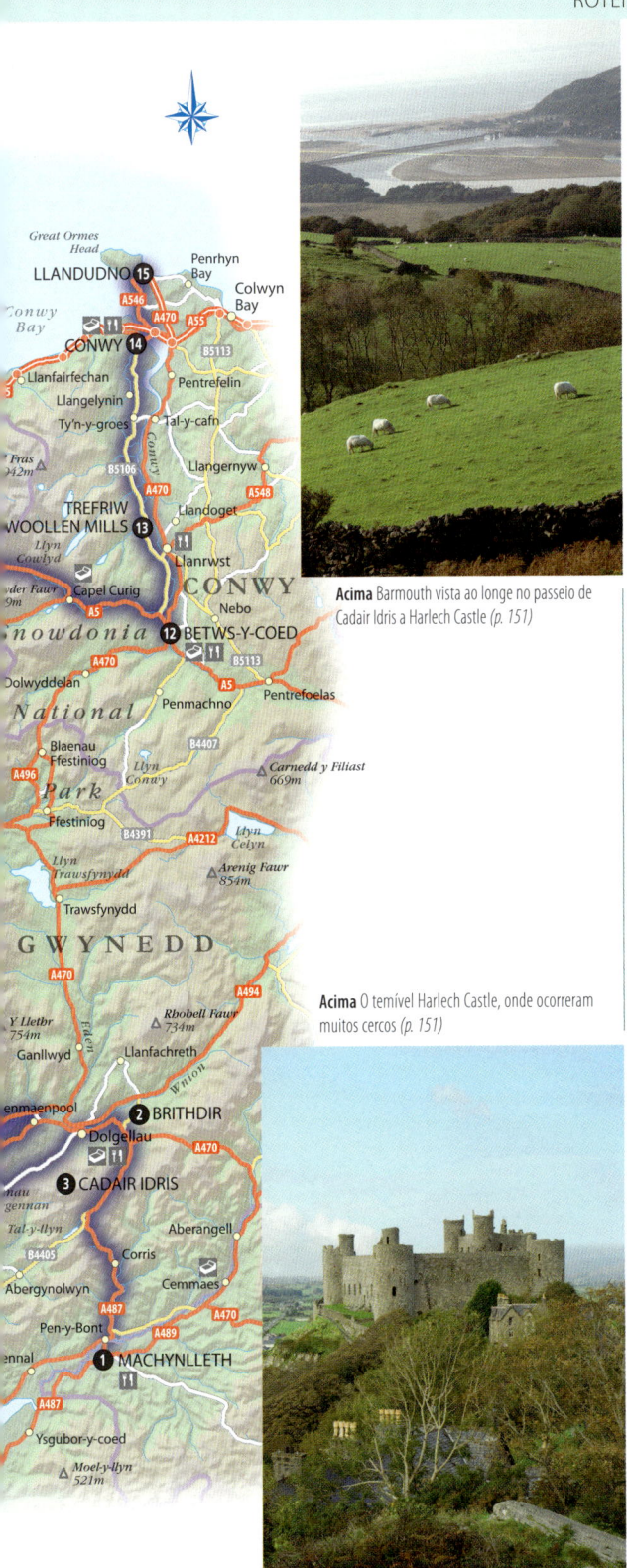

Acima Barmouth vista ao longe no passeio de Cadair Idris a Harlech Castle (p. 151)

Acima O temível Harlech Castle, onde ocorreram muitos cercos (p. 151)

PLANEJAMENTO

Início/fim: De Machynlleth a Llandudno.

Número de dias: 4, com reserva de tempo para explorar o Snowdonia National Park e passear pela Anglesey Island.

Distância: Cerca de 295km (183 milhas).

Condições das estradas: Bem pavimentadas e sinalizadas – as estradas abaixo de Cadair Idris são estreitas, mas têm locais para ultrapassagem.

Quando ir: O verão é melhor para atividades ao ar livre. Alguns lugares no norte fecham no inverno.

Horários de funcionamento: Em geral, museus e atrações abrem das 10 às 17h, mas fecham mais cedo (ou nem abrem) de nov-Páscoa. As lojas têm horário mais longo. Igrejas costumam abrir até o anoitecer.

Principais dias de mercado: Dolgellau (perto de Brithidir): Feira do produtor, 3º dom do mês; **Porthmadog** (perto de Harlech): sex; Anglesey (em Menai Bridge, perto de Llanfair PG): 3º sáb do mês; **Conwy**: Feira do produtor, qua.

Compras: Artesanato local, como os tradicionais cobertores de trama dupla.

Principais festas: Llanberis: Snowdonia Marathon, out; **Anglesey**: Oyster and Welsh Food Festival, out; **Beaumaris**: Arts Festival, mai; **Conwy**: Honey Fair, set; Feast, out.

PASSEIOS DE 1 DIA

Fique em Machynlleth e veja os **lagos glaciais**, a **igreja** de Brithdir e os **picos** de Cadair Idris. Quem fica em Caernarfon visita o **castelo**, depois vai a Llanberis e faz uma emocionante **viagem de trem** para subir o monte Snowdon. Veja os enormes **túneis** que cortam a montanha e a **bonita vila** de Beddgelert. Descubra Anglesey a partir de Beaumaris – aproveite o **castelo** e um **cruzeiro**; veja os **memoriais marítimos** de Moelfre e depois visite a **grandiosa residência** de Plas Newydd. Famílias se divertem em Llandudno, que tem **praia de areia**, **linha de bonde** e as **minas neolíticas** de Great Orme. Vá a Conwy para ver o **castelo** e divirta-se na **tirolesa** de Betws-y-Coed. Detalhes p. 157.

Acima, da esq. p/ dir. Casas com fachada pintada, em Machynlleth; Área rural galesa a caminho de Brithdir

PARA VISITAR MACHYNLLETH

Estacionamento
Na Maengwyn St, na frente do Centro de Informação Turística.

Informação turística
Heol Maengwyn, SY20 8EE (ao lado do Owain Glyndŵr Museum); 01654 702 401

PARA VISITAR BEDDGELERT

Snowdonia National Park Information Centre
Canolfan Hebog, LL55 4YD; 01766 890 615; www.eryri-npa.gov.uk

ONDE FICAR

ARREDORES DE MACHYNLLETH

Penrhos Arms Hotel *moderado*
Quartos agradáveis em hospedaria campestre, 11km a nordeste pela A470.
Cemmaes, SY20 9PR; 01650 511 243; www.penrhosarms.com

ARREDORES DE BRITHDIR

Ffynnon *moderado-caro*
Esta casa paroquial do século XIX fica em Dolgellau, 8 km a sudeste de Brithdir. Tem quatro suítes com banheira.
Ffynnon, Love Lane, Dolgellau, LL40 IRR; 01341 421 774; www.ffynnontownhouse.com

HARLECH CASTLE

Cemlyn Tea Shop *barato*
Há apenas dois confortáveis quartos com banheiro acima desta encantadora casa de chá. Um deles tem vistas belíssimas do Harlech Castle e do mar.
High St, LL46 2YA; 01766 780 425; www.cemlynrestaurant.co.uk

BEDDGELERT

Sygun Fawr *barato-moderado*
Bonita casa antiga em belos jardins, com ambiente simpático e muita personalidade – tente pegar um quarto com vista da montanha. Siga pela A498 norte e vire na primeira à direita.
Beddgelert, LL55 4NE; 01766 890 258; www.sygunfawr.co.uk

① Machynlleth
Powys; SY20

Foi nesta cidade histórica que Owain Glyndŵr fez a primeira reunião do Parlamento e foi coroado príncipe de Gales, em 1404. Owain iniciou sua revolta contra os ingleses em 1400, no reinado de Henrique IV. Em 1412, depois que a revolta fracassou, diz a lenda que Owain se esconderam nos arredores de Machynlleth e nunca mais foi visto. Uma cópia de seu selo pode ser vista na **Old Parliament House** *(Páscoa-set: fecha dom).* Esta construção de pedra foi de fato erguida no século XVI, e agora é um museu sobre Owain Glyndŵr. O centro de informação turística fica ao lado.

O **Tabernacle**, uma capela neoclássica wesleyana que data do fim do século XVIII, foi transformado em um centro de artes cênicas. O **MoMA Wales** *(seg-sáb; www.momawales.org.uk)* surgiu ao lado, com quatro galerias de arte que expõem a obra de artistas galeses a partir de 1900.

Há também uma galeria de artesanato, a **Fforwm Crefft Cymru** *(www.fforwmcrefftcymru.co.uk),* que representa uma ampla variedade de artistas e artesãos, desde fabricantes de móveis e prataria até escultores e tecelões.

Abaixo Avenida arborizada ao lado da Art Nouveau Church of St. Mark's, em Brithdir

Dirija-se ao norte pela A487 e vire à esquerda na B4405 até **Tal-y-Llyn**, um maravilhoso lago glacial à sombra de Cadair Idris. Faça uma caminhada ou ande de barco no lago. Seu leito raso com junco está cheio de trutas-marrons, e o lago é visitado por trutas-marinhas e salmões em outubro. Tire sua permissão de pesca no **Tynycornel Hotel** *(01654 782282; www.tynycornel.co.uk).*

🚗 Saia pela A487 norte, depois vire à esquerda na A470 rumo a Dolgellau e siga as placas para a igreja de Brithdir. Pare na B4416, na entrada da igreja.

② Brithdir
Gwynedd; LL40 1RE

A maior atração de Brithdir é a **Church of St. Mark** *(abre a maior parte do ano).* O exterior de pedra escura esconde o interior com paredes avermelhadas e teto azul-celeste. Projetada por Henry Wilson (conhecido pelas obras em estilo art nouveau) e construída de 1895 a 1898, é uma das poucas igrejas de Gales com esse visual. Veja a marchetaria de marfim e abalone nas portas e os entalhes nos bancos de castanheira – esquilos, coelhos, uma tartaruga e uma coruja –, criados na tradição Arts and Crafts. Note, também, os painéis de cobre batido no púlpito e no altar.

🚗 Volte à A470 oeste. Vire à esquerda em Dolgellau ao longo de Ffos-y-Felin, que se dirige ligeiramente à direita em

ROTEIRO 14: Snowdonia National Park

Felin Isaf, e depois à direita em Porth Canol, que se torna Fford Cader Idris. Após 8km, o estacionamento de Llynnau Cregennan surge à direita.

Acima Um dos muitos rios que nascem nos picos ao redor de Beddgelert

③ Cadair Idris
Gwynedd

O Cadair Idris é um espigão de 892m de altura, que se prolonga por 11km. O nome significa "Cadeira de Idris", por conta de um guerreiro gigante da lenda galesa. Trata-se de uma área de notável beleza panorâmica, muito procurada por caminhantes. Leva-se de 4 a 6 horas para completar as difíceis trilhas até o topo, saindo das águas do **Llynnau Cregennan**. Nesse caminho há menires e moledros com mais de 4 mil anos. Suba o pequeno morro acima do estacionamento para desfrutar as vistas de Barmouth e Snowdonia.

🚗 Pegue a A493 e vire à direita para Penmaenpool. Aqui, pegue a esquerda para atravessar a ponte pedagiada para a A496. Vire à esquerda para Barmouth e Harlech. Pare na frente do castelo.

Abaixo O imponente Harlech Castle, que parece ter brotado das rochas da colina

④ Harlech Castle
Gwynedd; LL46 2YH

Num costão acima da Tremadog Bay, o **Harlech Castle** foi construído em 1283-90, ao custo de £8.190, por James of St. George (mestre pedreiro de Eduardo I), responsável pelos castelos de Caernarfon, Conway e Beaumaris. Um dos castelos do "anel de ferro" de Eduardo I, Harlech deveria ser abastecido por mar, mas as águas recuaram, deixando o castelo seco e no alto. Em 1404, Owain Glyndŵr tomou o castelo. Em 1408, ele foi retomado, após um longo cerco, por Harry de Monmouth, mais tarde Henrique V. Na Guerra das Rosas, o castelo resistiu ao maior cerco da história britânica (1461-8), até ser tomado pelos yorkistas, dando origem à canção militar "Men of Harlech".

🚗 Continue pela A496 norte e vire à esquerda para Penrhyndeudraeth; saia pela A4085, que se junta à A498. Em Beddgelert, pegue a segunda à esquerda até o estacionamento.

⑤ Beddgelert
Gwynedd; LL55

A bela Beddgelert tem uma encantadora casa de chá e diversos cafés, bares e bistrôs. Cresceu em volta de uma ponte rústica, de onde um caminho leva ao suposto monumento a Gelert, cão veadeiro de Llywelyn. Consta que, enquanto Llywelyn estava caçando, o cão salvou o filho dele de um lobo; o dono, ao ver o sangue, pensou que o veadeiro matara o menino. Ele sacrificou Gellert, mas encontrou o filho a salvo e o lobo morto. Ele ergueu um moledro sobre o túmulo do cão, o **Beth Gelert**. A um curto percurso de carro pela A498, acha-se o lago **Llyn Gwynant**, num cenário deslumbrante.

🚗 Ao sair do estacionamento, vire à esquerda na A498 e à esquerda na A4086 até Llanberis, à esquerda na rotatória e à direita no estacionamento da ferrovia.

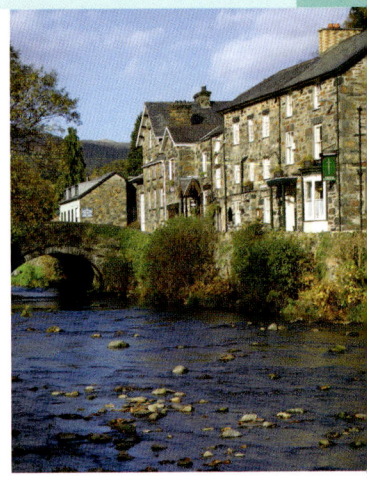

Acima Casas de pedra de frente para o rio atravessado por uma ponte rústica, em Beddgelert

ONDE COMER E BEBER

MACHYNLLETH

The Wynnstay *barato-moderado*
Produtores locais fornecem os ingredientes para os pratos daqui, que vão de peito de faisão a canelone de queijo galês. Há também uma pizzaria.
Heol Maengwyn, SY20 8AE; 01654 702 941; www.wynnstay-hotel.com

ARREDORES DE BRITHDIR

Dylanwad Da *moderado*
Este pequeno restaurante e cafeteria em Dolgellau, 8km a sudeste de Brithdir, usa muitos produtos locais. Entre os pratos, serve cordeiro assado com alecrim e alho, com uísque galês, e sorvete de mel de sobremesa.
2 Ffos-y-Felin, Dolgellau, LL40 1BS; 01341 422 870; www.dylanwad.co.uk

HARLECH CASTLE

Castle Cottage Restaurant *moderado-caro*
Premiado restaurante gerido por uma família no centro de Harlech, o Castle Cottage adiciona um toque sofisticado aos produtos galeses, como as aromáticas panquecas de cordeiro com molho chinês. Tem quartos e boa carta de vinhos.
High St, LL46 2YL; 01766 780 479; www.castlecottageharlech.co.uk

BEDDGELERT

Tanronnen Inn *barato*
Para uma tradicional comida de bar, procure esta hospedaria movimentada no centro da cidade. Possui quartos e prepara almoços para passeios de um dia.
Beddgelert, LL55 4YB; 01766 890 347; www.tanronnen.co.uk

Acima Vista da bonita área rural do Snowdonia National Park

PARA VISITAR MT. SNOWDON

Snowdonia National Park Information
41a High St, Llanberis, LL55 4EU; 01286 870 765

COMPRAS EM BEAUMARIS

Vá à Cole & Co *(13 Church St, L58 8AB; 01248 811 391)* e compre tricô feito à mão e o *barabrith* caseiro (bolo galês de frutas).

ONDE FICAR

ARREDORES DE CAERNARFON

Plas Dinas *caro*
Saiba como é morar em uma casa de campo do século XVII, tombada, na A487, não muito distante de Caernarfon. Bonitos jardins e quartos elegantes. Serve bacon local no café da manhã.
Bontnewydd, LL54 7YF; 01286 830 214; www.plasdinas.co.uk

Ty'n Rhos *moderado-caro*
Hotel rural confortável, instalado em um terreno enorme, a menos de 8km a nordeste de Caernarfon, ao lado da A4866. Oferece quartos de bom tamanho, suítes e chalés com autosserviço. O restaurante é muito bom.
Seion, Llanddeiniolen, LL55 3AE; 01248 670 489; www.tynrhos.co.uk

BEAUMARIS

Bulls Head Inn *moderado*
Quartos ao estilo campestre com toques modernos. No casarão não há quartos elegantes, marcados por cores, e banheiros luxuosos.
Castle St, LL58 8AP; 01248 810 329; www.bullsheadinn.co.uk

❻ Mount Snowdon
Gwynedd; LL55 4TY

Destino muito procurado, **Llanberis** tem muitas atrações, como a montanha mais alta de Gales, Snowdon, com 1.085m de altitude. Caminhe até o cume ou vá de trem. O passeio de 7,5km passa por belos cenários e talvez seja a viagem de trem mais emocionante do RU. A **Snowdon Mountain Railway** *(abr-out: diariam; nov-mar: serviço parcial; 0844 493 8120; www.snowdonrailway.co.uk)* depende do clima; por isso, verifique antes de ir. No topo de Snowdon está **Hafod Eryri**, novo terminal da ferrovia e centro de visitantes. A construção mais elevada da Grã-Bretanha e possivelmente a mais incomum foi projetada pelo arquiteto Roy Hole, depois que o café original da década de 1930 foi demolido em 2006. Feito de pedra e ardósia e com telhado plano, o Hafod Eryri não parece deslocado na paisagem escarpada de Snowdon. As paredes internas são forradas de madeira e a janela enorme permite vistas deslumbrantes.

Ali perto, o **Electric Mountain Centre** *(diariam: visitas Páscoa-fim out; 01286 870 636; www.electricmountain.co.uk)* tem um café e salas de atividades, e organiza passeios na Dinorwig Power Station, na maior caverna artificial europeia, dentro da Elidir Mountain (imprópria para cadeirantes ou claustrofóbicos).

Não perca o **Dolbadarn Castle** *(diariam)*, na encosta do morro, sobre a estrada principal e ao lado do lago Llyn Peris. Construído no século XIII por Llywelyn, o Grande, é simples mas impressiona – a torre de 12m já chegou a atingir a altura de três andares.

Os fãs de trens a vapor vão adorar a **Llanberis Lake Railway** *(mai-set: diariam; ligue em outros meses; 01286 870 549; www.lake-railway.co.uk)*. Os trens de bitola estreita trafegam ao longo da margem arborizada do lago. Perto fica o **National Slate Museum** *(dom-sex; 01286 870 630; www.museumwales.ac.uk)*, que conta a história da ardósia em uma série de oficinas vitorianas.

🚗 *Pegue a A4086 até Caernarfon. Vá para o centro e pare ao lado do castelo.*

❼ Caernarfon
Gwynedd; LL55

Ao lado de Menai Straits, com acesso ao mar, Caernarfon é o local ideal para um castelo. O **Caernarfon Castle** *(diariam)* foi erguido em 1283 como parte do anel de castelos de Eduardo I para subjugar os galeses. Com torres poligonais e portão com duas torres, o

À dir. O novo e premiado centro de visitantes de Hafod Eryri, no alto de Snowdon

ROTEIRO 14: Snowdonia National Park **153**

Caernarfon Castle é ótimo exemplo da arquitetura militar do fim do século XIII e início do XIV. O serviço de alvenaria foi inspirado nas muralhas de Constantinopla. O rei Eduardo queria que o castelo fosse residência real e sede do governo do norte de Gales. Seu status simbólico foi enfatizado quando Eduardo fez questão de que o primeiro príncipe de Gales inglês nascesse aqui, em 1284. Recentemente, foi usado na investidura do atual príncipe de Gales, em 1969. Na A4085, na ponta da cidade, fica o forte romano de **Segontium** *(fecha seg; 01286 675 625)*, de 77-8 d.C. Construído para controlar o acesso a Anglesey e afastar os piratas irlandeses. Ficou em uso até 395 d.C., e sua planta ainda é visível. Há também um museu.

🚗 *Pegue a A487 até Bangor. Entre à esquerda na A5 e cruze a Menai Suspension Bridge (1826). Dobre à direita na A545 para Beaumaris. Pare ao lado do pier ou na frente do castelo.*

❽ Beaumaris
Anglesey; LL58
Beaumaris tem construções medievais, georgianas, vitorianas, eduardianas e grande variedade de lojas. Na **Church of St. Mary**, veja o túmulo entalhado de Joan, mulher de Llywelyn, o Grande. A principal atração da cidade é o **Beaumaris Castle** *(diariam)*, obra-prima militar e último e maior castelo galês de Eduardo I. Construído em 1295 com simetria concêntrica e quatro linhas de defesa, segundo o projeto de James of St. George, foi feito para controlar os Menai Straits, e oferece vistas de Snowdonia. O castelo tem dezesseis torres, uma capela com teto abobadado e janelas altas e estreitas. Mas o dinheiro acabou antes que as fortificações alcançassem a altura prevista.

Quem gosta de passeios pelo mar pode fazer um cruzeiro para ver focas e papagaios-do-mar, ou descobrir naufrágios. Reserve com **Starida Sea Services** *(01248 810 251; www.starida.co.uk)*.

Pegue a estrada litorânea para o norte até a ponta de Anglesey, e chegue a **Penmon Priory**, na entrada de Menai Straits. Fundado no século VI, foi destruído por dinamarqueses no século X. A atual **St. Seiriol's Church** surgiu por volta de 1140. O interior tem bonitas cruzes primitivas galesas. Acredita-se que o poço externo faça parte da construção original, do século VI, o que faria do lugar o mais antigo sítio religioso de Gales.

🚗 *Saia pela B5109 e vire à direita na A5025, dobrando à direita para Moelfre. Pare no estacionamento à beira-mar.*

Acima, em sentido horário O Caernarfon Castle, construído para lembrar as muralhas de Constantinopla; Café no tranquilo centro de Caernarfon; O acolhedor Beau's Tea Room, em uma construção histórica perto do castelo, em Beaumaris

ONDE COMER E BEBER

MOUNT SNOWDON
Snowdon Mountain Railway Station Café & Caffi y Copa at Hafod Eryri *barato*
O café de Hafod Eryri, no topo de Snowdon, oferece petiscos assados da Village Bakery (desde 1934). Já o café em Llanberis serve brunch, lanches e chá o dia todo.
Snowdon Summit/Llanberis, LL55 4TY; 01286 870 223; www.snowdoniarailway.co.uk

Caban Cyf *barato*
Perto de Llanberis, o restaurante usa produtos orgânicos de sua própria horta.
Yr Hen Ysgol, Brynrefail, LL55 3NR; 01286 685 500; www.caban-cyf.org; abre para almoço e sáb à noite.

Heights Hotel *moderado*
Este hotel tem variado menu de bar com pratos caseiros e boas opções vegetarianas.
74 High St, Llanberis, LL55 4HB; 01286 871 179; www.heightshotel.net

BEAUMARIS
Beau's Tea Room *barato*
Este é o lugar para saborear um chá e *barabrith* fresco. Em uma construção de 400 anos, o café também tem refeições quentes – e porcelana antiga.
30 Castle St, LL58 8AP; 01248 811 010; www.beaustearoom.co.uk

À esq. O Beaumaris Castle, o maior forte galês de Eduardo I

Onde Comer e Beber: barato, menos de £25; moderado, £25-£50; caro, acima de £50

❾ Moelfre
Anglesey; LL61

A pacata vila de Moelfre, voltada para o norte no mar da Irlanda, vê a movimentação dos barcos do porto de Mersey. Este passeio segue pelo promontório ao redor da vila e passa por memoriais que destacam os perigos do mar e a bravura da Royal National Lifeboat Institution (RNLI).

Passeio a pé de 2 horas

Ao sair do estacionamento à beira-mar, caminhe com o mar à sua direita até o **Seawatch Centre** ① *(Páscoa-set: fecha seg)*, que registra a história natural e marítima da ilha, e a vida de moradores – como Richard Evans, que salvou os tripulantes de dois barcos.

Desça até o mar para ver a escultura de bronze do mestre de barco Evans, aposentado em 1970. Depois vire à esquerda e pegue o caminho litorâneo até a **RNLI Lifeboat Station** ② *(diariam; 01248 410 367; www.moelfrelifeboat.co.uk)*, que explica o trabalho de voluntariado da RNLI no resgate marítimo de centenas de pessoas por ano. Ao longo da trilha, observe ao largo andorinhas-do-mar, gansos-patolas e pombaletes na ilha de Ynys Moelfre. Prossiga pelo litoral, atravesse dois portões e suba um morro e alguns degraus. Cruze mais um portão e continue no caminho. Desça até uma pequena ponte que atravessa um riacho, e suba os degraus até o topo. Aqui fica o **Monument to the Royal Charter** ③, monumento a um navio a vapor de passageiros que vinha de Melbourne para Liverpool e afundou no litoral de Anglesey em outubro de 1859, em uma das tempestades mais violentas do século. Nessa catástrofre, 459 pessoas morreram; apenas 21 passageiros e 18 tripulantes se salvaram. Nenhuma mulher ou criança sobreviveu. Foi a maior perda de vidas entre os naufrágios na costa galesa, antes que Moelfre tivesse um barco salva-vidas.

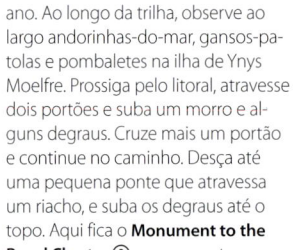

Mantenha-se na trilha e atravesse um mata-burro, passe por um chalé e chegue à estrada. Vire à esquerda numa residência e passe pela casa Ty Mawr, seguida por uma escola, uma biblioteca e Maes Hydryd. Siga em frente e vire à esquerda até Anne's Pantry, um café e restaurante gerido por uma família, e o Kinmel Arms Hotel, com ótimas cervejas tipo ale e comida de pub. Há um estacionamento em frente.

🚗 *Volte de carro pela A5025, passando por Pentraeth e sob a A55 até Llanfair PG. Use o estacionamento da estação de trem ao lado de Pringles Weavers.*

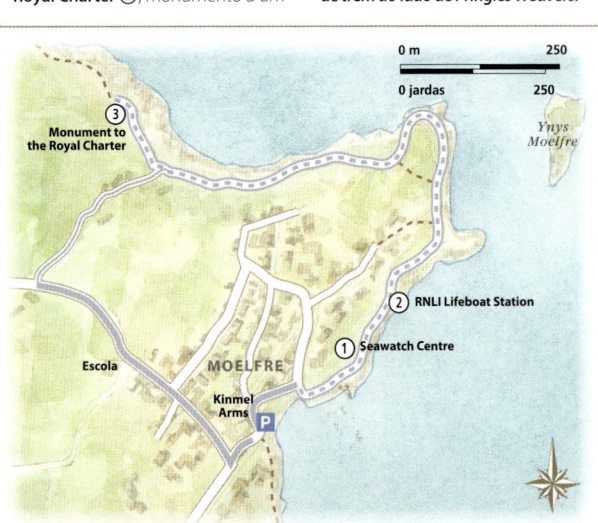

Acima Chalés na vila litorânea de Moelfre, na ilha de Anglesey

Logo da RNLI na Moelfre Lifeboat Station

PARA VISITAR MOELFRE

Estacionamento
Pare de graça perto da vila ou use o estacionamento pago à beira-mar.

Informação turística
01248 713 177;
www.visitmoelfre.fsnet.co.uk

ONDE FICAR

ARREDORES DE MOELFRE

Llwydiarth Fawr *moderado*
Esta residência georgiana fica no centro de uma fazenda ativa, a quase 8km de Moelfre. Elegante e ampla, é decorada com antiguidades e tem biblioteca.
Llanerch-y-medd, LL71 8DF (pegue a A5108 ao sair de Moelfre; na rotatória pegue a segunda saída para a A5025, vire à esquerda e novamente à esquerda; depois pegue a segunda à direita rumo a B5111 e vire à esquerda; a fazenda fica à esquerda); 01248 470 321; llwydiarth-fawr.co.uk

ARREDORES DE LLANFAIRPWLL

Cleifiog Uchaf *moderado*
Casa comunitária galesa do século XVI com ótima localização, este pequeno hotel é sossegado e possui seu próprio acesso ao Anglesey Coastal Path.
Valley, LL65 3AB (pegue a A5/A55 rumo a Holyhead, e a saída 3 para a A5 até Valley, quarta saída a partir da rotatória; vire à esquerda em Lon Spencer e depois à direita); 01407 741 888; www.cleifioguchaf.co.uk

Neuadd Lwyd Country House *caro*
Em uma antiga residência paroquial vitoriana de pedra cinza, esta casa campestre tem decoração elegante e se orgulha da boa culinária oferecida.
Penmynydd, LL61 5BX (Pegue a A5/Holyhead Rd para sair da cidade e siga as placas para Ffordd Penmynydd, depois a B5240 e a primeira à direita); 01248 715 005; www.neuaddlwyd.co.uk

Onde Ficar: barato, menos de £80; moderado, £80-£150; caro, acima de £150

ROTEIRO 14: Snowdonia National Park

À esq. Promontório e Monument to the Royal Charter, perto de Moelfre

⑩ Llanfairpwllgwyngyllgogerychwyrndrobwllllandysiliogogogoch
Anglesey; LL61
O nome significa "Church of St. Mary na clareira das aveleiras brancas, perto de violento redemoinho, e Church of St. Tysilio, perto da caverna vermelha". Muitas vezes abreviada para Llanfair PG ou Llanfairpwll, a palavra de 58 letras é o mais longo nome de lugar da Grã-Bretanha. Os vitorianos queriam que atraísse turistas, e a placa da estação de trem tornou-se muito fotografada. Ali perto fica a **Marquess of Anglesey's Column** *(diariam)*, monumento de 27m a Henry W. Paget, que perdeu a perna na batalha de Waterloo. Suba os 115 degraus para apreciar a vista. **Oriel Ty Gorsaf** *(verão: fecha seg, qui; inverno: fecha seg, ter; www.orieltygorsaf.org.uk)* é uma galeria de vitrais de artistas internacionais.

🚗 Vire à direita ao sair do estacionamento e vá para a Holyhead Rd; vire à direita na A4080 até a Plas Newydd (sinalizada) e o estacionamento. Um micro-ônibus leva o visitante até a casa.

⑪ Plas Newydd
Anglesey; LL61 6DQ
Fora de Llanfair PG, **Plas Newydd** *(meados mar-fim out: sáb-qua; 01248 715 272)* era a residência do marquês de Anglesey. A casa foi remodelada no século XVIII pelo arquiteto James Wyatt, em uma mistura dos estilos neogótico e neoclássico. Fica em um parque com belos caminhos e vistas maravilhosas de Menai Straits e Snowdonia. A comprida sala de jantar apresenta um mural de 18m com uma cena do porto *(c.1936-40)* feita pelo pintor e cenógrafo Rex Whistler, morto na Segunda Guerra Mundial. Há um pequeno museu militar sobre o primeiro marquês de Anglesey, que foi comandante da cavalaria do duque de Wellington na batalha de Waterloo.

🚗 Volte à A4080, vire à direita na A5 e passe por baixo do viaduto para voltar à terra firme (para desviar de Bangor, pegue a A55). Prossiga pela A5 até Betws-y-Coed. No centro, vire à esquerda depois da ponte e entre no estacionamento.

ONDE COMER E BEBER

MOELFRE

Anne's Pantry *barato*
Neste café e restaurante gerido por uma família pode-se começar o dia com um "café da manhã de barco salva-vidas", e continuar com peixes frescos e mariscos, carne de boi e queijo de cabra do local.
Moelfre, LL72 8HL; 01248 410 386; www.annspantry.co.uk; diariam 10h-21h

Kinmel Arms *moderado*
Este pub oferece vistas panorâmicas do mar e menu com especialidades do dia. Muito procurado por moradores.
Moelfre Bay, LL72 8LL; 01248 410 231

LLANFAIRPWLL

Tafarn Ty Gwyn *barato*
Animado pub de vila com boa comida a preços razoáveis.
8 Holyhead Rd, LL61 5UJ; 01248 715 599

Abaixo, da esq. p/ dir. Llanfairpwllgwyngyllgogerychwyrndrobwllllandysiliogogogoch; Plas Newydd em estilos neogótico e neoclássico

Onde Comer e Beber: barato, menos de £25; moderado, £25-£50; caro, acima de £50

Acima Swallow Falls, a cascata mais alta de Gales, em Betws-y-Coed

PARA VISITAR BETWS-Y-COED

Snowdonia National Park Information Centre
Royal Oak Stables, LL24 0AH; 01690 710 426

Atividades de aventura
Para escalar as pedras e fazer canoagem, com aulas, procure a **Seren Ventures** *(Treetop Lodge, LL24 0HA; 01690 710 754; www.serenventures.com)*; para tirolesa e arborismo, para todas as idades, contate a **Tree Top Adventure** *(Ffridd Rhedyn, Llanrwst Rd, LL24 0HA UK; 01690 710 914; www.ttadventure.com).*

ONDE FICAR

ARREDORES DE BETWS-Y-COED

St. Curig's Church *barato*
Hospede-se nesta acolhedora igreja transformada, cerca de 8km a oeste pela A5. Janelas originais com vitrais e hidromassagem no jardim.
Capel Curig, LL24 0EL; 01690 720 469; www.stcurigschurch.com

Pengwern Guesthouse *moderado*
Aprecie a simpática acolhida dos anfitriões, na língua galesa, e os quartos decorados individualmente, perto da A5. Café da manhã com produtos locais, Wi-Fi grátis e belas vistas.
Allt Dinas, LL24 0HF; 01690 710 480; www.snowdoniaccommodation.co.uk

CONWY

Sychnant Pass House
moderado-caro
Situada quase 3km a oeste de Conwy, esta é uma hospedaria campestre simpática e sossegada, com quartos confortáveis, boa comida, piscina e hidromassagem.
Sychnant Pass Rd, LL32 8BJ; 01492 596 868; www.sychnant-pass-house.co.uk

⑫ Betws-y-Coed
Conwy; LL24

Vila mais importante no Snowdonia National Park, **Betws-y-Coed**, a "casa de oração no bosque", é um ponto turístico concorrido perto das **Swallow Falls**, a cascata contínua mais alta de Gales. Encaixada num vale arborizado, na confluência dos rios Conwy, Llugwy e Lledr, a vila é bem provida de galerias, cafés, lojas, pubs e hotéis. Sua construção mais antiga é a **St. Michael's Church**, do século XIV, com a efígie de pedra de Gruffydd ap Dafydd Goch, parente de Llywelyn, último príncipe livre de Gales. Sua posição é ótima para caminhadas pela área campestre, com rios, lagoas e cascatas, e densos bosques de montanha. Diversos passeios a pé começam na antiga Pont-y-Pair, ponte de pedra construída em 1468 no centro da cidade. Quem gosta de atividades radicais pode subir nas pedras, fazer rapel e travessia de cânions, ou tentar arborismo ou tirolesa.

🚗 *Do estacionamento, pegue a B5106 norte para Trefriw. Pare na estrada, ao lado do memorial de guerra.*

⑬ Trefriw Woollen Mills
Conwy; LL27 0NQ

Fundada em 1859 e desde então gerenciada pela família Williams, a **Trefriw Woollen Mills** *(diariam; 01492 640 462; www.t-w-m.co.uk)* usa máquinas com 50 anos de idade e faz sua própria mescla de fiação, tingimento e tecelagem. A fábrica é mais conhecida pelos tradicionais cobertores de trama dupla. Há uma horta com mostra de plantas que fornecem fibras, sabão e tinturas naturais; no verão, há demonstrações de fiação e tecelagem à mão. Vá a pé ou de carro pela estrada, ao longo do rio que abastece a fábrica, até os lagos de Llyn Geirionydd e **Llyn Crafnant**. Há um café ao lado de Llyn Crafnant com ótimos bolos e sorvetes.

Estampas tradicionais na Trefriw Woollen Mills

🚗 *Vire à direita ao sair do estacionamento de Trefriw pela B5106 norte e vá para Conwy; passe pelo muro da cidade. Na rotatória, vire à esquerda na Rose Hill St e pare ao lado do castelo.*

Abaixo Betws-y-Coed, situada em um profundo vale arborizado, na confluência de três rios

Onde Ficar: barato, menos de £80; moderado, £80-£150; caro, acima de £150

ROTEIRO 14: Snowdonia National Park

Acima, da esq. p/ dir. O interior da guarnição de Conwy Castle, considerado Patrimônio da Humanidade; A Knight's Shop vende armaduras na frente do Conwy Castle; Pequena estação pesqueira no bonito estuário de Conwy

⑭ Conwy
Conwy; LL32
No estuário atravessado pela ponte suspensa de Telford (1826), Conwy é mais conhecida por seu castelo. O **Conwy Castle** *(diariam)* foi construído em quatro anos (1283-7) por James of St. George, que usou pedras do local. O castelo e os muros medievais da cidade foram considerados Patrimônio da Humanidade, e constituem o melhor exemplo de cidade fortificada da Grã-Bretanha, com 21 torres, três portões duplos e um muro com 1.280m de comprimento. A cidade tem outras construções históricas. A **Aberconwy House** *(abr-out: fecha ter)* é a casa de um comerciante do século XIV, com mostras de época; a **Plas Mawr** *(fecha seg)* é uma das mansões elisabetanas (1558-1603) que sobreviveram. Admire sua simetria, seus frontões e as janelas triangulares. **The Potters Gallery** *(www.thepottersgallery.co.uk)*, mais abaixo na High St, tem excelente coleção de cerâmicas locais. Por fim, em Conwy Quay, comprima-se para entrar na **Smallest House in Britain** *(abr-out: diariam)* – ela tem 2,75m de altura e 1,5 m de largura, e seu último dono foi um pescador de quase 2m de altura.

🚗 *Saia de Conwy pela A547 e pegue a A546 à esquerda até Llandudno. Vá até a orla e o passeio.*

⑮ Llandudno
Conwy; LL30
Maior balneário litorâneo de Gales, Llandudno está em uma baía protegida por dois promontórios de calcário, os Ormes. Boa parte da cidade foi projetada em 1849 com construções grandiosas, uma calçada – a Parade – e o píer mais comprido de Gales. O Great Orme tem 207m de altura e é acessado por estrada, **bondinho** *(meados mar-out: diariam)* e um **funicular** *(diariam)* com belas vistas. Explore a **Great Orme Mines** *(mar-out: diariam; www.greatormemines.info)*, a maior mina de cobre do mundo na Idade do Bronze, com túneis cavados há 3.500 anos. O Great Orme é um bom lugar para caminhar por trilhas naturais sinalizadas, e os fãs de esportes de inverno vão gostar de esquiar ou andar de tobogã no **Llandudno Ski and Snowboard Centre** *(diariam; www.llandudnoskislope.co.uk)*.

Entre outras atrações está a notável galeria de arte contemporânea **Oriel Mostyn** *(01492 879 201; www.mostyn.org)*, na Vaughan St.

ONDE COMER E BEBER

BETWS-Y-COED

Ty Gwyn Hotel *barato-moderado*
Antiga hospedaria para troca de cavalos, oferece variadas refeições de bar e restaurante, como ganso assado, bacalhau defumado e *cottage pie*.
Betws-y-Coed, LL24 0SG; 01690 710 383; www.tygwynhotel.co.uk

ARREDORES DE TREFRIW WOOLLEN MILLS

The Tannery *moderado*
Este moderno café/bistrô na A470 perto de Trefriw serve pratos criativos com sabor galês, em um terraço à beira-rio.
Willow St, Llanrwst; LL26 OES; 01492 640 172

CONWY

The Mulberry *barato-moderado*
Pub na marina, oferece desde tortas de carne até massas.
Ellis Way, Marina; LL32 8GU; 01492 583 350; www.themulberryconwy.com

Bistro Conwy *moderado-caro*
Pratos atuais de qualidade, com produtos galeses, neste pequeno bistrô à sombra dos muros da cidade.
26 Chapel St, LL32 8BP; 01492 596 326

PASSEIOS DE 1 DIA
As paradas pelo caminho servem de base para explorar o cenário espetacular, sítios históricos e atrações da área.

O prazer de fotografar
A começar pela histórica Machynlleth ❶, visite o bonito Tal-y-Llyn e aproveite os barcos e a pesca no lago. Continue até Brithdir ❷, a fim de ver a igreja, e vá até Llynnau Cregennan para uma caminhada à sombra de Cadair Idris ❸.

Siga as instruções para os motoristas.

Explorando Snowdonia
De Caernarfon ❼, veja o castelo antes de ir a Llanberis, e suba o monte Snowdon ❻ de trem. Depois viaje através de uma montanha com o Electric Mountain Centre. Por fim, vá até Beddgelert ❺ para ver o cenário deslumbrante.

Pegue a A4086 e a A498; mas volte a Caernarfon pela A4085.

Aventura em Anglesey
Hospedado em Beaumaris ❽, veja o castelo e passe a manhã num cruzeiro ao redor da Puffin Island. Vá para Moelfre ❾ e conheça a história marítima da ilha. Depois visite a bela casa do marquês de Anglesey: Plas Newydd ⓫.

Siga as intruções para os motoristas.

Diversão familiar
Explore a praia, tome o bondinho e suba até o Great Orme para ver as minas de cobre em Llandudno ⓯; siga para Conwy ⓮, visite o castelo e almoce. Vá de carro ao centro de Snowdonia, até Betws-y-Coed ⓬, e caminhe pelas Swallow Falls ou faça arborismo.

Pegue a A470 e a A55.

Onde Comer e Beber: barato, menos de £25; moderado, £25-£50; caro, acima de £50

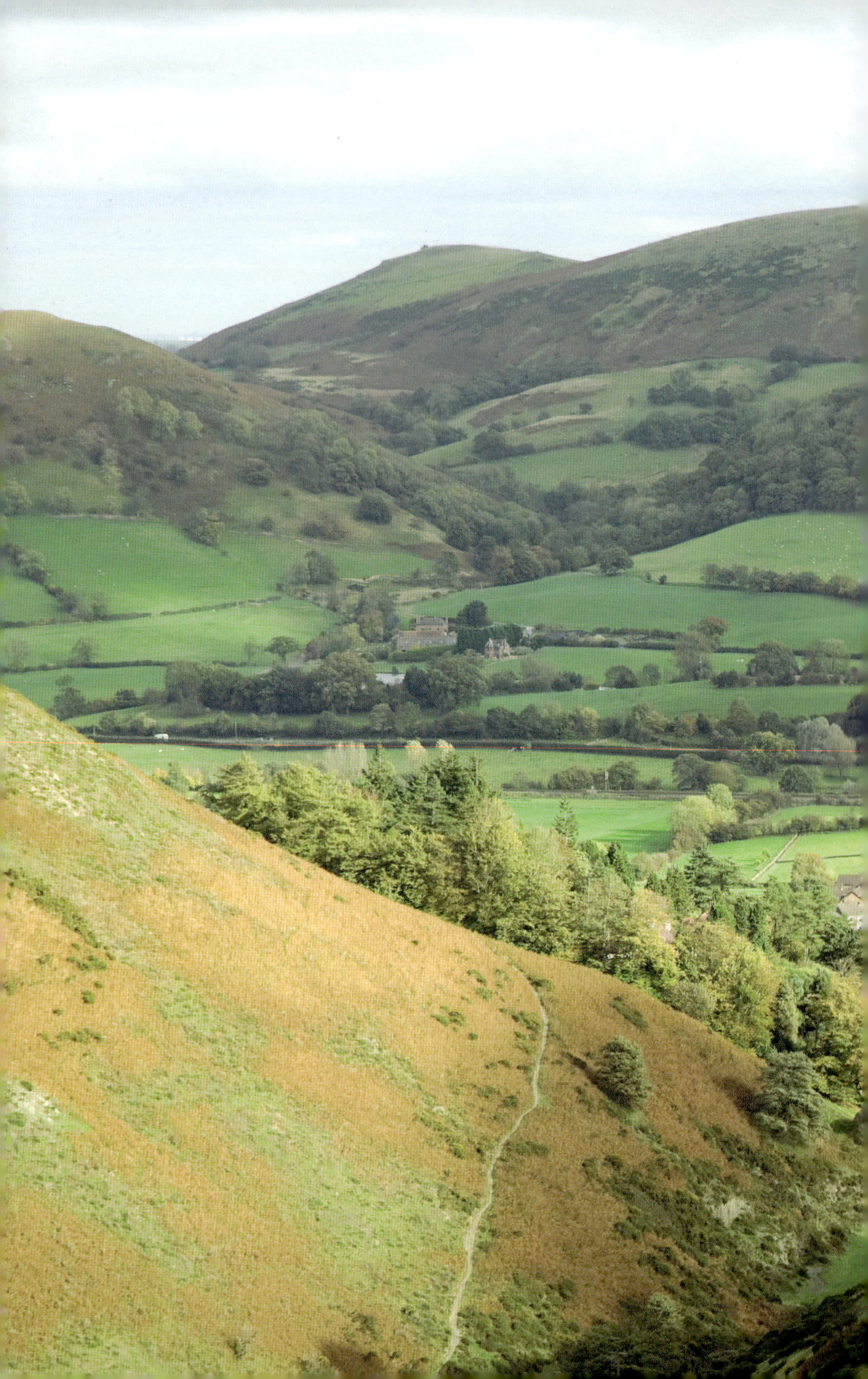

ROTEIRO **15**

No Dique de Offa

De Ludlow a Holywell

Destaques

- **Melhor cidade-mercado inglesa**
  Passeie pelo centro histórico de Ludlow, com casas de madeira aparente, ruas medievais, igreja antiga e lindo castelo

- **Magníficas residências senhoriais**
  Explore as bonitas residências dos castelos de Powis, Chirk e Bodelwyddan, dispostos em terrenos incríveis e cheios de objetos interessantes

- **O céu na terra**
  Passe algum tempo em Llangollen, com suas assombrações, castelo no alto do morro, ruínas da antiga abadia e canal e aqueduto notáveis

- **A Lourdes de Gales**
  Tome as águas de Holywell – talvez o mais antigo centro de peregrinação da Grã-Bretanha –, e sinta o ambiente de devoção e fé

Long Mynd, uma série de morros ondulados em Shropshire

No Dique de Offa

Este roteiro leva o visitante desde a fronteira inglesa até a bonita zona campestre de Gales, passando por Wenlock Edge e em volta de Long Mynd, vertente de um espigão. Agora, o trajeto corre paralelo ao dique de Offa – impressionante, mas inútil – e ruma para o norte até o estuário do rio Dee. No caminho, o roteiro sinuoso passa pelo que restou de antigos castelos poderosos, por casas de campo ainda grandiosas e pelo aqueduto no Llangollen Canal, em Pontcysylite, uma fantástica obra de engenharia vitoriana feita por Thomas Telford. Há também destaques culturais e religiosos. Veja um exemplar da primeira tradução da Bíblia para o galês na catedral de St. Asaph e o vitral com a árvore de Jessé na igreja de St. Dyfnog, e sinta a tranquilidade do poço de St. Winefride, em Holywell.

Acima Ruínas do Denbigh Castle, voltadas para a área rural *(p. 166)*

ATIVIDADES

Conheça o antigo artesanato rural no Acton Scott Farm Museum

Procure os raros milhafres-reais que pairam sobre o Powis Castle

Viaje a reboque de uma locomotiva a vapor pela zona rural de Gales, na Welshpool & Llanfair Light Railway

Suba até o Castell Dinas Bran pelas vistas fantásticas

Deslize a uma altura de 37m no Pontcysyllte Aqueduct, em uma barcaça do canal

Passeie pelos 600 anos de história das moradias de Ruthin

Siga uma trilha natural nas terras do Bodelwyddan Castle

Tome as águas curativas da Lourdes de Gales, Holywell

Abaixo Bodenham's, uma das muitas notáveis construções com madeira aparente em Ludlow *(p. 162)*

ROTEIRO 15: No Dique de Offa

Acima Bonito bosque à beira do lago em Dingle Nursery and Garden *(p. 163)*

PLANEJAMENTO

Início/fim: De Ludlow a Holywell.

Número de dias: 4, com reserva de meio dia para Ludlow e para Llangollen.

Distância: Cerca de 207km (129 milhas).

Condições das estradas: Boas, bem pavimentadas e sinalizadas.

Quando ir: Primavera e verão são ótimos para caminhar nos morros.

Horários de funcionamento: Galerias, museus e atrações costumam abrir das 10h às 17h, e fecham mais cedo de nov-Páscoa. Lojas funcionam por mais tempo. As igrejas abrem até o anoitecer.

Principais dias de mercado:
Ludlow: 4 dias por semana, Castle Sq; sáb de manhã, Church St; **Welshpool:** 1ª sex do mês, Feira do produtor, Town Hall; **Llangollen:** sex de manhã, Town Hall; **Denbigh:** últ sex do mês, Town Hall; **Holywell:** qui e sáb de manhã.

Compras: Muitos produtos e comidas locais de Shropshire, ao redor de Ludlow, e cerâmica em St. Asaph. Colheres do amor de madeira podem ser encontradas em qualquer parte de Gales.

Principais festas: Ludlow: Arts festival, jun-jul; Food Festival, início set *(www.foodfestival.co.uk);* **St. Asaph:** North Wales International Classical Music Festival, fim set *(www.northwalesmusicfestival.co.uk);* **Llangollen:** International Musical Eisteddfod, jul.

PASSEIOS DE 1 DIA

Famílias adoram ficar em Ludlow para visitar o **castelo** e um **museu de fazenda** para um **piquenique**, antes de ir até Welshpool para andar de **trem a vapor** e talvez visitar o **castelo**. Ou passe o dia perto de Llangollen – suba o morro até o **castelo**, caminhe junto a um **canal**, veja o **aqueduto**, admire as **vistas** no Horseshoe Pass, visite uma **abadia** e depois vá de carro até o Chirk Castle e aprecie os **interiores** e os **jardins**. Quem se interessa por tesouros culturais e religiosos pode ver o **castelo** de Denbigh e as **igrejas**, a **Bíblia galesa** em St. Asaph, **tesouros** e **jardins** no Bodelwyddan Castle, o **centro de peregrinação** e o **poço** em Holywell, além do **vitral de Jessé** em St. Dyfnog's. Detalhes *p. 167.*

Acima Fachada de madeira entalhada do Feathers Hotel, Ludlow

❶ Ludlow
Shropshire; SY8

A cidade-mercado de Ludlow é ótima base para explorar a bela zona rural de Marches. Enriquecida com o comércio medieval de lã, Ludlow se tornou um importante centro político. Boa parte de seu padrão medieval de ruas sobreviveu quase intacta e há alguns exemplos excelentes de construções com madeira aparente e um castelo em ruínas. Esta caminhada é uma boa introdução à cidade.

Passeio a pé de 2 horas

Da Mill St, vire à esquerda na direção do **Ludlow Castle** ① *(diariam)*, do século XI, um de vários castelos normandos em Marches para dominar os galeses. Volte à Castle Sq, atravesse a Mill St à direita e vá até os **Assembly Rooms** ② – um centro de informação turística e museu com exposições sobre história e geologia locais. Continue a descer a estreita Market St e dobre à direita na **Broad Street** ③. Aprecie a miscelânea de elegantes construções de tijolos e casas Tudor com madeira aparente sem emendas. Torne a subir a Broad St e vire à direita na King St em direção a **The Tolsey** ④, o posto de pedágio do século XV, restaurado. Agora ocupado por escritórios de advocacia e lojas, servia para a coleta de taxas para cada cabeça de gado trazida ao mercado. No pub Old Bull Ring, vire à esquerda para Bull Ring e vá até o **Feathers Hotel** ⑤, de 1619, cuja fachada recebeu primorosa decoração. As sacadas foram acrescentadas no século XIX. Volte pela rua e admire o trabalho de madeira nas construções. Dobre à direita e vá até a **Butter Cross** ⑥, reconstruída em 1744 em estilo neoclássico, como a prefeitura, e que servia como mercado de manteiga. Vire à direita, passando pelo Barclays Bank até a **St. Laurence's Church** ⑦. Fundada no século XI, ela foi refeita em 1199 e modificada no século XV. Procure o túmulo de Arthur Tudor (filho de Henrique VII) e as cenas medievais entalhadas. Suba na torre de 42m para vistas fantásticas. Observe os vitrais – a janela de Palmer retrata a visita do rei Eduardo, o Confessor, à Terra Santa. As cerejeiras no cemitério celebram o poeta A. E. Housman (1859-1936), cujas cinzas estão guardadas na parede da igreja,

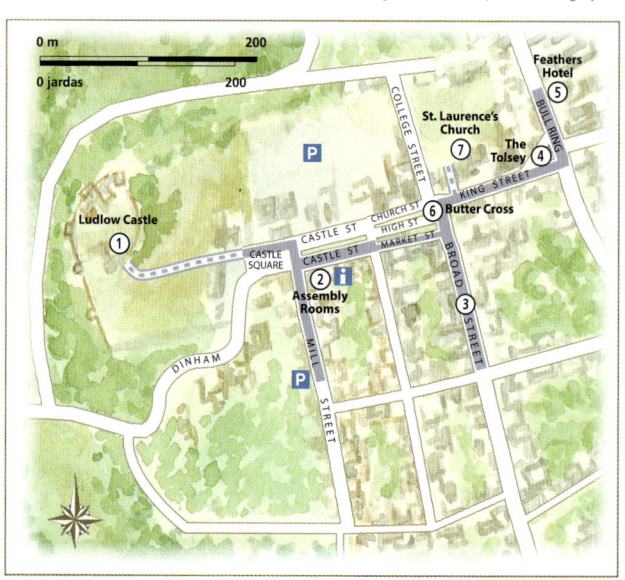

Arco de pedra entalhado no Ludlow Castle

PARA VISITAR LUDLOW

Estacionamento
Siga até o centro e pare o mais perto possível da Castle Sq: há um estacionamento com talão exposto no painel em Mill St e Dinham, ao lado do castelo, e ao lado da Castle St.

Informação turística
Castle St, SY8 1AS; 01584 875 053; www.shropshiretourism.co.uk

ONDE FICAR

LUDLOW

De Grey's Town House *moderado*
Bonita casa Tudor com madeira aparente, em cima de uma casa de chá, tem nove suítes e boa decoração.
Broad St, SY8 1NG; 01584 872 764; www.degreys.co.uk

ARREDORES DE LUDLOW

The Clive *moderado*
Antiga sede de fazenda, ao norte de Ludlow pela A49, possui quinze quartos com banheiro. Serve produtos frescos no café da manhã. Tem bar e restaurante, abertos a quem não é hóspede.
Bromfield, SY8 2JR; 01584 856 565; www.theclive.co.uk

WELSHPOOL

The Royal Oak Hotel *moderado*
Ex-hospedaria georgiana para troca de cavalos, este hotel possui quartos confortáveis e elegantes, com decoração moderna ou clássica.
The Cross, SY21 7DG; 01938 552 217; www.royaloakhotel.info

Onde Ficar: barato, menos de £80; moderado, £80-£150; caro, acima de £150

ROTEIRO 15: No Dique de Offa

Acima Vista da zona rural de Shropshire, ao redor de Ludlow

perto da porta oeste. Ao sair da igreja volte à King St. Vire à direita e desça pela Church St até a Castle Sq, virando à esquerda para voltar à Mill St.
🚗 Pegue a A49 rumo a Shrewsbury, depois a B4365 à direita até um entroncamento em T (B4368). Vire à esquerda, depois a primeira à direita para ir até Ticklerton e o museu, 2km adiante.

❷ Acton Scott Farm Museum
Shropshire; SY6 6QN
Este museu *(abr-out: fecha seg)* recria a vida em uma fazenda de Shropshire no fim do século XIX, voltando aos tempos dos cavalos de carga, dos montes de feno e das ordenhadeiras. O lugar tem animais de fazenda, inclusive de raças raras. As crianças adoram as encenações feitas por trabalhadores vestidos com roupas de época. Há também passeios a pé por caminhos marcados a partir da fazenda.
🚗 Vire à esquerda ao sair do estacionamento e siga pela A49. Dobre à direita, depois à esquerda na B4370, e pegue a A489 à direita. Entre na B4385 e vá até o castelo e o estacionamento.

❸ Montgomery Castle
Powys; SY15
Foi o cavaleiro normando Roger de Montgomerie (primeiro conde de Shrewsbury) quem construiu aqui o primeiro forte, por volta de 1070 – o Hen Domen, com torre e paliçada, no sopé de Castle Hill. O castelo atual *(diariam)* foi erguido em 1223, no reinado de Henrique III, para defender a fronteira contra o príncipe galês Llywelyn, o Grande (1173-1240). Foi demolido durante a Guerra Civil. Oferece vistas maravilhosas da ampla extensão rural ao norte e a leste.
🚗 Siga para noroeste pela B4385 e entre na A483 norte, com a várzea de Se-

vern se alongando para o sul, à direita. Pegue a esquerda na bifurcação da A490 e entre em Welshpool. Pare na Church St.

❹ Welshpool
Powys; SY21 8RF
Na pitoresca área rural do Severn Valley, Welshpool é uma excelente base para explorar a região. A grande atração, ao lado da A490 quando se entra na cidade (com estacionamento ou uma caminhada de 1km pelo parque), é o fantástico **Powis Castle** *(mar-out: qui-seg; jul-ago: qua-seg)*. Originalmente um forte do século XIII, é o único castelo galês a manter uma residência da Idade Média até a atualidade. Os anos dourados do castelo ocorreram no período elisabetano, quando foi adquirido e reformado pela família Herbert (1587). Em 1784, Henrietta Herbert casou-se com Edward Clive, filho de Clive da Índia. A coleção de Clive no museu é talvez o maior acervo de arte mogul indiana fora do subcontinente. O "castelo vermelho" (Castell Coch, em galês) é rodeado por um belíssimo jardim barroco em terraço, do século XVII, cheio de esculturas e cercas vivas bem cuidadas. Veja também os milhafres-reais, que pairam acima.
    Na ponta oeste da cidade, a **Welshpool & Llanfair Light Railway** *(abr-ago: diariam; set: fecha seg; 01938 810 441; www.wllr.org.uk)*, construída em 1903, leva o visitante em um passeio de ida e volta de 26km, que atravessa a área rural de Powys numa ferrovia de bitola estreita. O **Dingle Nursery and Garden** *(diariam; www.dinglenurseries.co.uk)*, em Frochas, ao norte de Welshpool pela A490, tem um magnífico jardinzinho.
🚗 Continue pela A490, depois pegue a A483 e a A5, entrando na B5070 até Chirk. Siga as placas à esquerda para o Chirk Castle (com estacionamento).

ONDE COMER E BEBER

LUDLOW
Koo *barato-moderado*
Agradável surpresa é encontrar cozinha japonesa por tão boa relação custo-benefício. Saboreie a comida fresquíssima e de aparência convidativa. O serviço é simpático e o restaurante vive cheio.
127 Old St, SY8 1NU; 01584 878 462; www.koo-ook.co.uk

Mr Underhills *moderado-caro*
Em belo cenário ao lado do dique, este restaurante com estrelas Michelin tem serviço acolhedor e comida magnífica: o menu degustação com sete pratos muda diariamente. É preciso reservar.
Dinham Weir, Ludlow SY8 1EH; 01584 874 431; www.mr-underhills.co.uk

La Bécasse *moderado-caro*
Serviço atento, cuidado com os detalhes e pratos bem-feitos marcam o lugar. Prove o pombo com foie gras e wasabi, ou pannacotta de alcaçuz e zabaione de iogurte.
17 Corve St, SY8 1DA; 01584 872 325; www.labecasse.co.uk

WELSHPOOL
Revells *moderado*
Com localização central, dotado de café/lanchonete, delicatéssen e restaurante, o Revells é um bom lugar para se abastecer de provisões para piquenique. Tem noites de música nos fins de semana.
Berriew St, SY21 7SQ; 01938 559 000; www.revellsbistro.co.uk

ARREDORES DE WELSHPOOL
Seeds *moderado*
Curioso restaurante em um chalé 18km ao norte de Welshpool pela A490, tem fama de servir ótima comida. O menu apresenta preciosidades como camarões em conserva caseira e carré de cordeiro galês, além de pratos vegetarianos.
5 Penybryn Cottage, High St, Llanfyllin, SY22 5AP; 01691 648 604

Abaixo O imponente Powis Castle, avermelhado, disposto num requintado jardim em terraços

Onde Comer e Beber: barato, menos de £25; moderado, £25-£50; caro, acima de £50

6 Llangollen
Denbighshire; LL20

O galês David Lloyd George (1863-1945), primeiro-ministro britânico, descreveu a região de Llangollen como "Um pedacinho do céu na terra". Llangollen é mais conhecida pelo International Musical Eisteddfod, criado em 1947 para estimular as boas relações entre as nações após a Segunda Guerra. A cidade fica muito movimentada durante o festival, em julho. Visite a **Plas Newydd** *(Páscoa-out: diariam)*, com madeira aparente, antiga casa das "damas de Llangollen", lady Eleanor Butler e miss Sarah Ponsonby, que fugiram da Irlanda para viver aqui, entre 1780 e 1829. Cidade famosa na sociedade do período da Regência, teve entre seus visitantes o duque de Wellington, Wordsworth, Byron, Shelley e os Darwins. Acima da cidade, a 213m de altura, estão as ruínas do **Castell Dinas Bran**. Siga o caminho marcado desde a ponte do Canal Wharf até o topo para admirar a vista. O **Llangollen Canal**, com 74m de extensão pelo vale do Dee, é

5 Chirk Castle
Wrexham; LL14 5AF

Erguido como forte de fronteira no século XIII por Roger Mortimer, líder militar de Eduardo I, o Chirk Castle *(fev-out: qua-dom)* tem belos móveis e pinturas. Comprado no século XVI por sir Thomas Myddleton, seus descendentes contrataram Augustus Pugin (1812-52), arquiteto das Casas do Parlamento, para executar uma reforma profunda. Há também algumas salas neoclássicas de Joseph Turner. A biblioteca contém ótimos livros, e o jardim, formatado no século XVIII com topiaria em teixos, é um destaque em si. Os portões apresentam um complexo rendilhado de ferro.

🚗 Volte a Chirk, pegando a B5070 norte para a A5 seguindo até Llangollen. Pare no centro ou atravesse a ponte e vire à direita na Mill St para entrar no estacionamento de longa permanência.

O dique de Offa
Offa de Mércia (757-96), rei anglo-saxão, é mais conhecido por seu dique, uma fortificação com disposição norte-sul, erguida para proteger a fronteira entre Mércia e Gales. Construído de 780 a 790, tinha 27m de largura e 8m de altura, provavelmente com um muro ou uma paliçada no topo. Porém, teve sucesso limitado e logo foi ultrapassado. Agora, os 285km da **Offa's Dyke Footpath** *(www.nationaltrail.co.uk/offasdyke)* são uma bonita trilha nacional que passa perto de Montgomery, Powis Castle, Chirk Castle e Castell Dinas Bran.

Acima, em sentido horário Topiaria decorativa no Chirk Castle; Placa de pub em Llangollen; Ruínas da Valle Crucis Abbey, em bela região rural

ONDE FICAR

ARREDORES DO CHIRK CASTLE

The West Arms Hotel *moderado*
O percurso até esta hospedaria antiga, no tranquilo Ceiriog Valley, é longo mas prazeroso. A 18km de Chirk pela B4500, tem quartos com banheiro e belas vistas.
Llanarmon Dyffryn Ceiriog, LL20 7LD; 01691 600 665; www.thewestarms.co.uk

LLANGOLLEN

Gales of Llangollen *barato*
Este hotel tem quinze quartos com banheiro, TVs widescreen e Wi-Fi. Alguns quartos ficam sobre o bar; outros, em uma construção com madeira aparente.
18 Bridge St, LL20 8PF; 01978 860 089; www.galesofllangollen.co.uk

RUTHIN

Firgrove Country House *moderado*
Charmosa casa georgiana a oeste de Ruthin pela B5105, tem jardins amplos, dois quartos de B&B e uma suite com autosserviço. Serve refeições à noite.
Llanfwrog, LL15 2LL; 01824 702677; www.firgrovecountryhouse.co.uk

Manorhaus *moderado*
Este hotel-butique dispõe de oito quartos modernos e elegantes. Há toques de luxo, como roupa de cama fina, aparelhos de DVD, banheiros sofisticados e até cinema para os hóspedes.
Well St, LL15 1AH; 01824 704 830; www.manorhaus.com

À dir. As colinas coloridas e o vale do Horseshoe Pass, perto de Llangollen

Onde Ficar: barato, menos de £80; moderado, £80-£150; caro, acima de £150

ROTEIRO 15: No Dique de Offa

um belo lugar para caminhar. Ele cruza o **Pontcysyllte Aqueduct**, com 37m de altura, projetado por Thomas Telford e William Jessop. Terminado em 1805, é o mais longo e mais alto aqueduto do RU. Para observá-lo melhor, pegue a A539 para leste e ande 5km. Aqui, o visitante pode alugar uma barcaça para um dia de cruzeiro pelo canal, na **Trevor Wharf Services** *(Canal Wharf, LL20 7TY; 01978 821 749)*. A oeste de Llangollen, ao longo da A542 (com estacionamento), fica a **Valle Crucis Abbey**, ruína de uma abadia cisterciense de 1201. Vá até o **Eliseg's Pillar**, instalado no século IX pelo rei de Powys em memória de seu bisavô. Um pouco à frente, a estrada sobe até o **Horseshoe Pass** (416m, muitas vezes bloqueado pela neve) e o Ponderosa Café – que vale uma parada em razão das vistas, mas cuidado com os ágeis carneiros-da-montanha.

🚗 *Pegue a A542, depois a A525 até Ruthin. Estacione na saída da Station Rd.*

Acima Barcaças deslizam calmamente pelo Llangollen Canal

❼ Ruthin
Shropshire; LL15

O centro desta cidade histórica tem construções com madeira aparente. A **Nantclwyd y Dre** é uma casa histórica (c. 1435) na Castle St, e tem aposentos do século XV ao XX. Vale a pena espiar o novo **Ruthin Craft Centre** (e o centro de informações), que exibe artesanato das ilhas britânicas. O **Ruthin Gaol** *(fev-out: diariam; nov-jan: fins de semana; www.ruthingaol.co.uk)*, na frente do Watergate Tea Room, foi restaurado como museu prisional.

🚗 *Siga pela A525 até Denbigh. Procure uma placa para Llanrhaeadr à esquerda (fácil de perder) e pare perto da igreja.*

❽ St. Dyfnog's Church
Denbigh; LL16 4NN

Na vila de Llanrhaeadr, a St. Dyfnog's Church guarda um dos mais importantes tesouros eclesiásticos de Gales. Trata-se do mais completo vitral da "árvore de Jessé" (mostrando que Jesus descende de Jessé, pai do rei Davi). A obra data de 1544 e foi financiada por peregrinos que buscavam os poderes curativos do poço santo de St. Dyfnog – visível no bosque atrás da igreja. É considerado o melhor vitral de Gales, antes da Reforma. Observe sua profundidade de cores revelada em 23 retratos de Jessé, reclinado na base, até outras figuras associadas à linhagem de Jesus. Ao lado fica a **Anvil Pottery**, numa antiga forja, onde dois ceramistas fazem belos potes utilitários e louça de cerâmica vitrificada.

🚗 *Pegue a A525 sentido norte para Denbigh, depois a A453. O estacionamento fica à direita.*

Acima Plas-Newydd, bela residência das "damas de Llangollen"

ONDE COMER E BEBER

ARREDORES DO CHIRK CASTLE
The West Arms Hotel *moderado*
Lareiras acolhedoras e vigas rebaixadas dão personalidade a esta hospedaria histórica, 18km a oeste de Chirk pela B4500. Serve grelhados, truta local e pratos vegetarianos.
Llanarmon Dyffryn Ceiriog, LL20 7LD; 01691 600 665; www.thewestarms.co.uk

LLANGOLLEN
The Corn Mill *moderado*
O cenário à beira-rio é muito bonito nesta fábrica de fubá transformada em pub premiado. Prove os sanduíches deliciosos de bife, bolos de peixe e pudim caramelado.
Dee Lane, LL20 8PN; 01978 869 555; www.brunningandprice.co.uk/cornmill

ARREDORES DE LLANGOLLEN
The Sun Inn *barato*
Esta hospedaria do século XIV para vaqueiros tem muita personalidade. Fica a oeste de Llangollen na B103, saindo da A542. Vigas de madeira, lareira e boa comida de bar, com cerveja tipo ale.
Rhewl, LL20 7YT; 01978 861 043

Ponderosa Café *barato*
A ótima vista atrai mais que a comida. Barato, alegre e simpático com crianças.
Horseshoe Pass, LL20 8DR; 01978 790 307; www.ponderosacafe.co.uk

RUTHIN
Wynnstay Arms *barato-moderado*
Hospedaria do século XVI para troca de cavalos, oferece um moderno menu de tapas, além de almoço tradicional aos domingos, com cordeiro galês assado e comida de bar. Peça o *eton mess* (morango, chantili e suspiro) de sobremesa.
Well St, LL15 1AN; 01824 703 147; www.wynnstayarms.com

Acima Casas com madeira aparente ladeiam a rua da cidade-mercado de Ruthin

Onde Comer e Beber: barato, menos de £25; moderado, £25-£50; caro, acima de £50

Acima A antiga St. Asaph Union Workhouse, agora HM Stanley Hospital

A Bíblia de William Morgan

Os Atos de União de 1536-43, de Henrique VIII, transformaram o inglês no idioma oficial de Gales e marginalizaram a língua galesa. William Morgan, estudioso e bispo, criou sua Bíblia galesa usando os originais hebraico e grego para criar um clássico acurado, embora poético. Terminou sua tradução em 1588, e ela foi usada para ensinar muitas gerações a ler e escrever em galês. A clareza e a força de sua linguagem ressoam através dos séculos.

ONDE FICAR

ARREDORES DE DENBIGH

Pentre Mawr Country House *moderado*
De Denbigh vá para leste pela Ruthin Rd, pegando a estrada secundária mais a leste até a B5429. Vire à esquerda e novamente à esquerda até esta residência histórica. Quartos bonitos com banheiro privativo; alguns têm cama com dossel. As vistas são lindas. Há piscina e hidromassagem. Faz jantar caseiro a pedido.
Llandyrnog, LL16 4LA; 01824 790 732; www.pentremawrcountryhouse.co.uk

Tan-yr-Onnen *barato*
Ao sul da Junction 28 na A55, este B&B oferece quartos modernos com Wi-Fi e DVD. Pães caseiros no café da manhã.
Waen, LL17 0DU; 01745 583 821; www.northwalesbreaks.co.uk

ARREDORES DE ST. ASAPH

Bach y Graig *barato*
Esta sede de fazenda do século XVI fica em área rural ao sul de St. Asaph, ao lado da A541. Cinco quartos aconchegantes com banheiro e saguão com lareira.
Tremeirchion, LL17 0UH; 01745 730 627; www.bachygraig.co.uk

HOLYWELL

Greenhill Farm *barato*
Ativa, esta fazenda de laticínios nos arredores de Holywell tem quatro quartos. Tome o substancioso café da manhã, enquanto as vacas estão sendo ordenhadas.
Bryn Celyn, CH8 7QF; 01352 713 270; www.greenhillfarm.co.uk

À dir. Uma das torres do castelo de Denbigh, erguido para subjugar os galeses

9 Denbigh
Denbighshire; LL16

Ponto alto da cidade, o **Denbigh Castle** *(diariam)* foi erguido em 1282 a mando de Henry de Lacy, conselheiro de Eduardo I. Maravilhe-se com a grande entrada com torre tríplice, onde está a estátua do rei Eduardo – apenas o grandioso Caernarfon Castle *(pp. 152-3)* tem algo semelhante. Até os muros da cidade foram feitos para se integrarem ao castelo. Caminhe para o norte descendo até o **Burgess Gate**, o principal portão do muro, com quadriculado de pedra. A caminho, procure a torre da **St. Hilary's Chapel**, feita em 1300, e a **Leicester's Church**, o que restou da igreja inacabada de Robert Dudley, conde de Leicester. Ela é importante porque foi a única grande igreja construída (1579-80) entre a Dissolução dos Mosteiros e a reconstrução da St. Paul's Cathedral, em Londres.

🚗 *Saia pela A525 até St. Asaph. Pare perto da catedral (na A525).*

Peça da Earthworks Pottery, St. Asaph

10 St. Asaph
Denbighshire; LL17

Esta pequena cidade ocupa um belo cenário com vistas do Vale of Clwyd e abriga a menor catedral da Grã-Bretanha. A **St. Asaph's Cathedral** *(diariam)* foi fundada em 560 por St. Kentigern, bispo escocês exilado. Porém, sua história turbulenta – foi saqueada por Henrique III em 1245, por Eduardo I em 1282 e por Owain Glyndŵr em 1402 – mostra que a atual construção é quase toda do século XIV, com acréscimos feitos pelo arquiteto vitoriano sir George Gilbert Scott (1867-75). Ela guarda um exemplar de 1588 da Bíblia em galês, traduzida por William Morgan, que mais tarde se tornaria bispo do local. A versão revisada, publicada em 1620, permitiu a sobrevivência da língua galesa e seu uso contínuo até hoje, mesmo com a pressão do inglês. Com formato de cruz, a **St. Asaph Union Workhouse** foi construída em 1838. Um de seus internos foi o órfão John Rowlands, que mudou o nome para Henry Morton Stanley e, como

Onde Ficar: barato, menos de £80; moderado, £80-£150; caro, acima de £150

ROTEIRO 15: No Dique de Offa

Da esq. p/ dir. Tanque de banho no St. Winefride's Well, Holywell; Vitral da capela de St. Winefride's Well, Holywell

jornalista, encontrou o explorador perdido dr. Livingstone.

🚗 Pegue a B5381 para Betws-yn-Rhos; passe a rotatória e faça uma curva acentuada à direita. Siga placas até o castelo.

⑪ Bodelwyddan Castle
Denbighshire; LL18 5YA
Uma casa "fortificada" e um museu instalados em terras extensas fazem parte do **Bodelwyddan Castle** *(fins de semana; dias úteis no verão e férias escolares; 01745 584 060; www.bodelwyddan-castle.co.uk)*, batizado em homenagem a Elwyddan, um comandante romano-britânico do século V. Embora a propriedade date do século XV, a maior parte do que se vê atualmente – as torres de calcário e as defesas – foi criada por John Hay Williams entre 1830 e 1852 com os arquitetos Hansom e Welch. Como posto avançado da National Portrait Gallery, é um verdadeiro tesouro de artes e também exibe móveis do Victoria and Albert Museum e esculturas da Royal Academy of Arts. O interior é suntuoso e há galerias no andar de cima. Por fora, há jardins e bosques com trilhas naturais. As terras também conservam trincheiras para o treinamento de soldados da Primeira Guerra Mundial.

🚗 Ao sair do castelo, vire à direita e pegue a A55 rumo a Chester. Saia para a A5026 pela esquerda e vire na placa para St. Winefride's Well. Pare na rua.

⑫ Holywell
Flintshire; CH8 7PN
Próxima ao estuário do rio Dee, Holywell é uma histórica cidade-mercado cujo nome deriva de sua principal atração, o **St. Winefride's Well** *(diariam)*. Consta que, em 660 d.C., o filho do chefe local, Caradoc, decapitou a jovem Winefride depois que ela o rejeitou. A água jorrou da terra no local em que a cabeça da moça caiu, e ela voltou à vida pelas mãos de seu tio, St. Beuno. A fonte brota na cripta de um salão do século XVI e flui para um amplo tanque de banho. Procure a escultura de um peregrino sendo carregado para o poço nas costas de um amigo. Diz-se que águas das "Lourdes de Gales" realizam curas milagrosas desde o século VII até hoje. Peregrinos vêm do mundo inteiro para rezar no santuário e beber a água. Na Idade Média, a estrada de Holywell e de St. David ligava os dois santuários mais importantes de Gales e ficou conhecida como a "Estrada dos Peregrinos" até o século XIX.

COMPRAS EM ST. ASAPH

Wendy Gill ,da **Earthworks Pottery** *(Lower St, LL17 0SG; 01745 583 353; www.earthworkspottery.co.uk)*, cria uma bonita cerâmica feita à mão. Procure peças avulsas, como jarras, bules, vasos e potes decorados. Estacione na vizinha Lower St.

ONDE COMER E BEBER

ST. ASAPH
The Plough Inn *moderado*
Esta antiga hospedaria para troca de cavalos agora é um pub gastronômico, com bar no térreo e bistrô art déco em cima. Comida fresca e cervejas tipo ale. *The Roe, LL187 0LU; 01745 585 080*

ARREDORES DE HOLYWELL
Red Lion Inn *barato*
Pegue a A5026 noroeste, depois a A5151, virando à direita em Llanasa para chegar a este acolhedor pub campestre. Grande variedade de comida de bar, como o tradicional peixe com fritas. *Llanasa, CH8 9NE; 01745 855 296*

PASSEIOS DE 1 DIA
Ludlow, Llangollen e Denbigh são ótimas bases para explorar os tesouros de Gales.

Para crianças
De Ludlow ❶, veja o castelo e compre comida para um piquenique. Depois siga para o Acton Scott Farm Museum ❷ para ver os animais e almoçar no campo. Em Welshpool ❹, faça um passeio de trem a vapor e visite o Powis Castle, se der tempo.

Siga o roteiro mas volte pelas A490, A489 e A49 para ir mais rápido.

Em Llangollen
Comece em Llangollen ❻, com uma visita à casa das damas da sociedade de Plas Newydd; depois suba até Dinas Bran para aproveitar a vista. Após uma visita ao canal e ao aqueduto, almoce no Horseshoe Pass e veja a Valle Crucis Abbey. Vá pelo sul até o Chirk Castle ❺, admirar o interior e os jardins.

Siga as instruções do roteiro ao contrário.

Tesouros culturais e religiosos
Em Denbigh ❾, visite o castelo e as igrejas antes de ir a St. Asaph ❿ ver a bíblia de William Morgan; vá até o Bodelwyddan Castle ⑪, cheio de tesouros, e faça uma peregrinação a Holywell ⑫. Volte para Denbigh; passe por ela e continue até Llanrhaeadr e a St. Dyfnog's Church ❽, para ver o vitral da árvore de Jessé.

Siga as instruções o tempo todo e volte.

Onde Comer e Beber: barato, menos de £25; moderado, £25-£50; caro, acima de £50

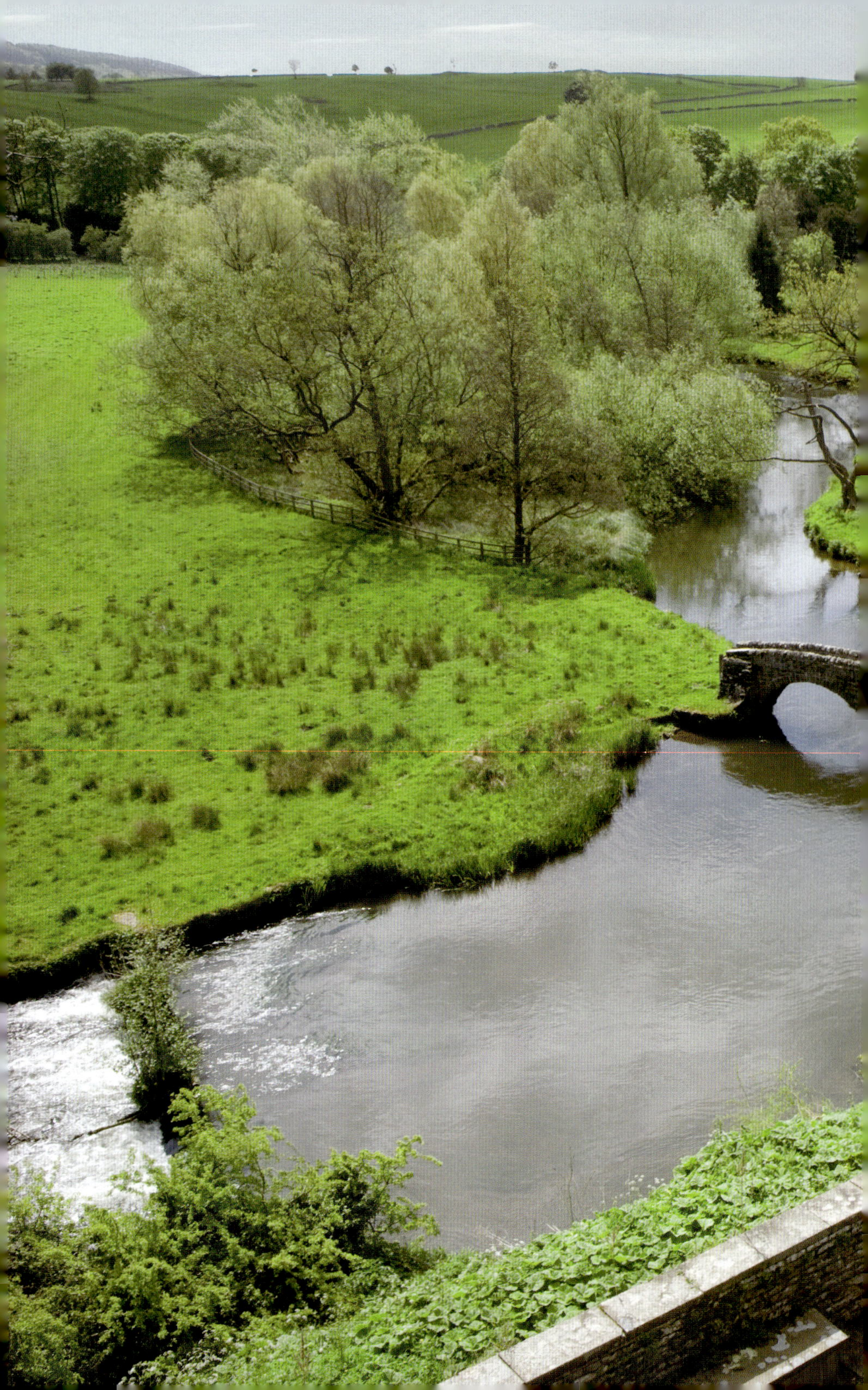

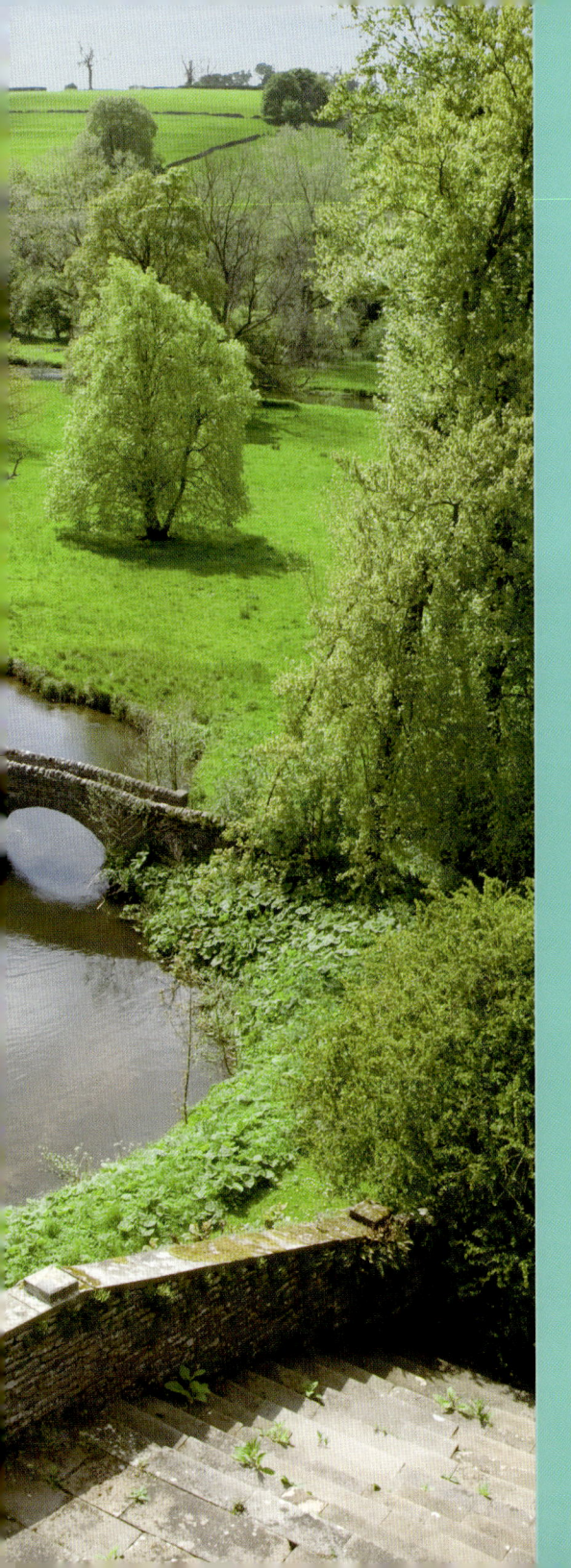

ROTEIRO **16**

O Peak District

De Ashbourne a Matlock Bath

Destaques

- **Paisagens de Peak**
  Viaje por algumas das áreas rurais mais belas da Inglaterra – suba a pé nos altos rochedos de Stanage Edge, atravesse de carro o sinuoso Winnats Pass e divirta-se no abrigado Dovedale.

- **Cidades e vilas com personalidade**
  Descubra Georgian Buxton, o singular Bakewell com seus pátios, e mergulhe na atmosfera local dos antigos pubs de vila em Edale e Eyam.

- **Mansões grandiosas**
  Admire um dos palácios aristocráticos mais majestosos em Chatsworth, que ocupa terras maravilhosas, e um dos solares medievais mais preservados da Inglaterra, em Haddon Hall.

O rio Wye visto de Haddon Hall, o melhor solar medieval da Inglaterra

O Peak District

Há tempos o Peak District em Derbyshire é reconhecido por sua beleza natural, que fez dele o primeiro parque nacional do país, em 1949. Apesar de estarem no centro da Inglaterra industrializada, as cidades e vilas da área dão a impressão de ser distantes e mantêm uma individualidade perdida em outros lugares – a poucos minutos do estacionamento, o visitante pode explorar vales isolados ou caminhar por morros de onde se tem vistas maravilhosas. O Peak District divide-se em dois: ao sul, o White Peak de calcário, onde a água escavou reentrâncias na pedra macia, formando cavernas e vales abrigados, e ao norte de Buxton o Dark Peak, onde a rocha mais dura criou uma paisagem espetacular, com espigões e charnecas varridas pelo vento.

Acima Cenário típico do Peak District, na encantadora estrada para Edale (p. 173)

ATIVIDADES

Ande de bicicleta pela bonita Tissington Trail, a partir de Ashbourne

Caminhe pelo belo cenário do Peak District em Ilam

Beba as águas da elegante cidade-spa de Buxton

Percorra a pé a Pennine Way, ou parte dela, a partir de Edale

Percorra as úmidas cavernas de Castleton para ver os minerais azuis exclusivos da área

Perca-se no labirinto de Chatsworth e maravilhe-se com a grandiosidade da casa de campo e dos jardins

Saboreie um Bakewell Pudding original e outras delícias em um passeio pelas lojas e mercados de Bakewell

Volte até a Idade Média em Haddon Hall

Olhe o mundo de cima no bondinho de Matlock Bath

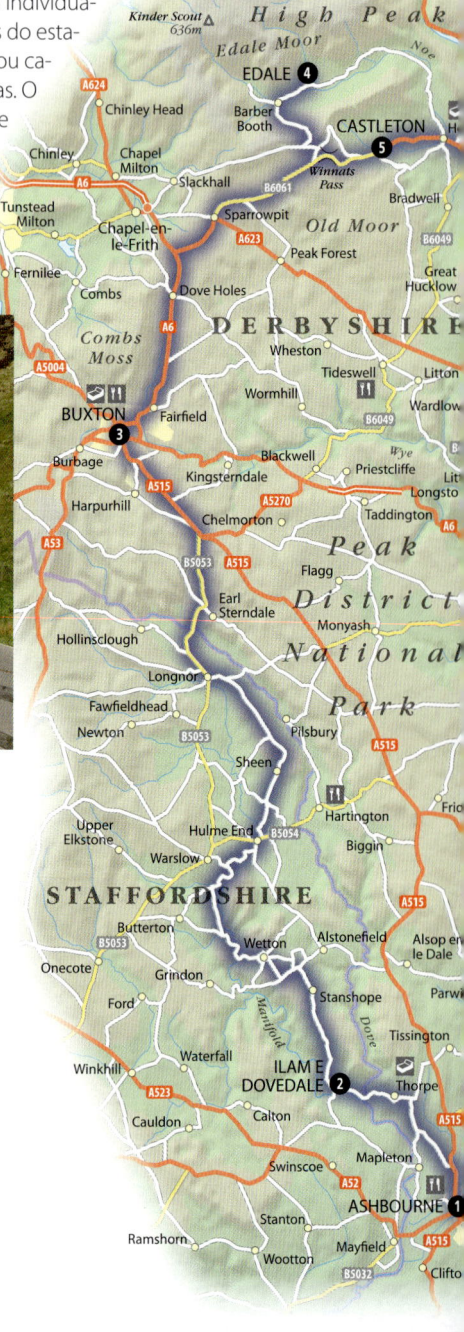

ROTEIRO 16: O Peak District 171

LEGENDA

━━ Roteiro

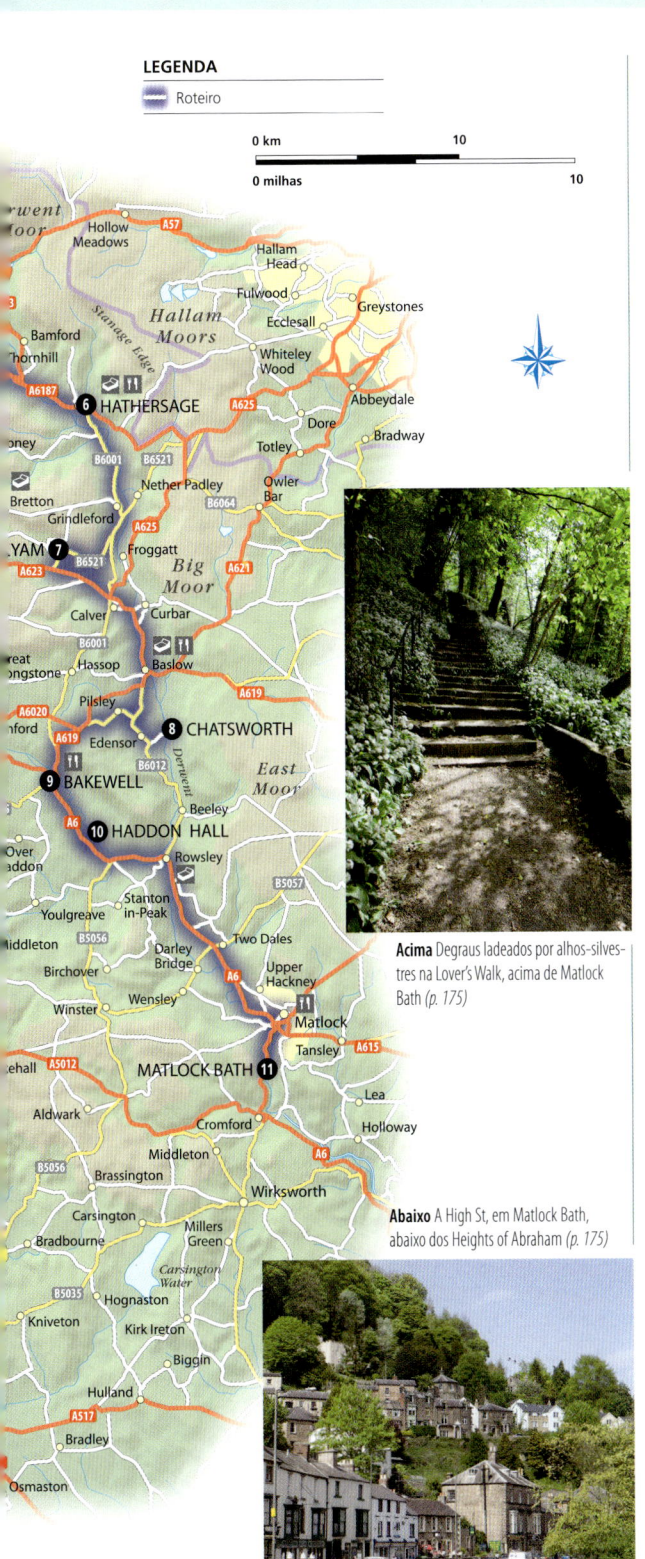

0 km — 10
0 milhas — 10

PLANEJAMENTO

Início/fim: De Ashbourne a Matlock Bath.

Número de dias: 2-3, com reserva de meio dia para caminhar em Dovedale.

Distância: Cerca de 97km (60 milhas).

Condições das estradas: Boas.

Quando ir: O clima em Peak District é sabidamente instável, mas de mai a set a possibilidade de tempo bom é maior.

Horários de funcionamento: Em geral, museus e atrações abrem das 10h às 17h, mas fecham mais cedo (ou nem abrem) de nov à Páscoa. As lojas têm horário mais amplo. Igrejas costumam abrir até o anoitecer.

Compras: Para o prato mais famoso da região, procure a Bakewell Pudding Shop na Bridge St, Bakewell. Veja também a cutelaria de David Mellor, em Hathersage, e a Blue John, para pedras puras ou joias, em Castleton e Bakewell.

Principais dias de mercado: Ashbourne: qui, sáb; **Buxton:** ter, sáb, Feira do produtor 1ª qui do mês; **Castleton**, Feira do produtor, 1º dom do mês; **Bakewell:** seg, Feira do produtor últ sáb do mês; **Matlock:** Market Hall seg-sáb, Feira do produtor 3º sáb do mês.

Principais festas: Ashbourne: Shrovetide Football Match, terça-feira de Carnaval e Quarta-feira de Cinzas; **Buxton:** Festival of Music and Arts, jul; **Castleton:** Garland Ceremony, 29 mai; **Bakewell:** Bakewell Show (show agrícola), 1ª semana ago; **Matlock:** River illuminations, fim set.

Acima Degraus ladeados por alhos-silvestres na Lover's Walk, acima de Matlock Bath *(p. 175)*

Abaixo A High St, em Matlock Bath, abaixo dos Heights of Abraham *(p. 175)*

PASSEIOS DE 1 DIA

Visite o White Peak a partir de Ashbourne, com seu **pub** e **igreja**, vá até Ilam para uma **caminhada** nos **vales** e termine na **cidade-spa** de Buxton. Ou, para ver o Hope Valley, **caminhe** em Edale e visite as **cavernas** em Castleton antes de saborear as **delícias** de Bakewell. Quem gosta de história deve começar em Bakewell, fazer um **piquenique** para conhecer a grandiosa **propriedade** em Chatsworth, depois visitar o **solar** medieval Haddon Hall e andar de **bondinho** em Matlock Bath. Detalhes *p. 175*.

Acima Uma das muitas casas de Ilam em estilo chalé suíço

PARA VISITAR ASHBOURNE

Estacionamento
Pare no Market Place ou perto do Shawcroft Car Park, ao lado da Park Rd.

Informação turística
13 Market Place, DE6 1EU; 01335 343 666; www.visitpeakdistrict.com

Aluguel de bicicletas em Ashbourne
Mapleton Lane, DE6 2AA; 01335 343 156; www.peakdistrict.org/cycle.htm

ONDE FICAR

ILAM E DOVEDALE

Hillcrest House *barato*
Charmoso B&B na estrada de Ilam para Ashbourne, com quartos espaçosos e comodidades modernas. Café da manhã generoso e ótima localização.
Thorpe, DE6 2AW; 01335 350 436; www.hillcresthousedovedale.co.uk

BUXTON

Old Hall Hotel *barato*
Talvez o hotel mais antigo da Inglaterra, agora com recursos modernos. Tem bar e salas aconchegantes, e o restaurante usa ótimos produtos locais.
The Square, SK17 6BD; 01298 22841; www.oldhallhotelbuxton.co.uk

Buxton Hilbre *barato*
B&B acolhedor com três quartos, famoso pelo café da manhã orgânico.
8 White Knowle Rd, SK17 9NH; 01298 22358; www.buxtonhilbre.co.uk

ARREDORES DE CASTLETON

Losehill House Hotel & Spa *caro*
Hotel luxuoso, com quartos confortáveis e claros. Hope fica na A6187; pegue a Edale Rd norte, depois a esquerda na bifurcação, e mantenha-se à direita.
Edale Rd, Hope, S33 6RF; 01433 621 219; www.losehillhouse.co.uk

Onde Ficar: barato, menos de £80; moderado, £80-£150; caro, acima de £150

❶ Ashbourne
Derbyshire; DE6

Esta cidade-mercado é cheia de cantos fascinantes, como a **Ashbourne Gingerbread Shop**, com madeira aparente, do século XV, e o **Green Man & Black's Head Royal Hotel**, cuja placa de pub atravessa a rua principal. Ashbourne é famosa pela Shrovetide Football Match – uma partida anual do ancestral do futebol moderno, jogada o dia inteiro, com metade da vila de cada lado. Uma caminhada pela Church St passa pela bonita **Grammar School**, de 1585, e pelos albergues da década de 1640, levando até a igreja gótica de **St. Oswald**, com túmulos belamente esculpidos que datam do século XIV ao XVIII, na capela Cockayne-Boothby.

Para explorar a área rural, alugue uma bicicleta na **Ashbourne Cycle Hire** e pedale pelos 21km planos da **Tissington Trail**, uma linha de trem desativada.

🚗 Saia pela A515 norte e vire à esquerda na placa para Thorpe, Ilam e Dovedale. Pare perto do obelisco na vila de Ilam.

❷ Ilam e Dovedale
Staffordshire; DE6 2AZ

Começando por Ilam, esta caminhada explora Dovedale, um desfiladeiro sinuoso e escondido, formado de rochedos e bosques, ao lado do cintilante rio Dove. Sua beleza é bem conhecida, o que o torna muito procurado – embora nos dias úteis seja mais fácil evitar o burburinho.

Passeio a pé de 3 horas

Do **obelisco de Ilam** ①, pegue a estrada à margem do rio até passar pelo último chalé. Entre no campo por um portão à esquerda. Suba até uma trilha mais larga, vire à esquerda e, em uma placa da trilha, vá para a direita a caminho de **Stanshope**. Ela sobe pela lateral de **Bunster Hill** ②, grande pico entre Ilam e Dovedale. Em um muro de pedra, em vez de atravessar o portão, mantenha o muro à esquerda e siga para o caminho íngreme que leva ao topo. Lá em cima, descanse e desfrute da vista. Retorne ao caminho e atravesse o portão e o campo vizinho até um portão largo com cinco barras e entre em uma trilha larga entre muros de pedra. Do lado de fora da **Ilamtops Farm** ③, vire à direita e pegue o caminho que desce até **Air Cottage** ④. Antes do chalé, siga a placa que indica a saída pela direita. Pare sobre os penhascos para admirar a vista de Dovedale, lá embaixo. Abaixo do chalé, o caminho sinalizado serpenteia pelos

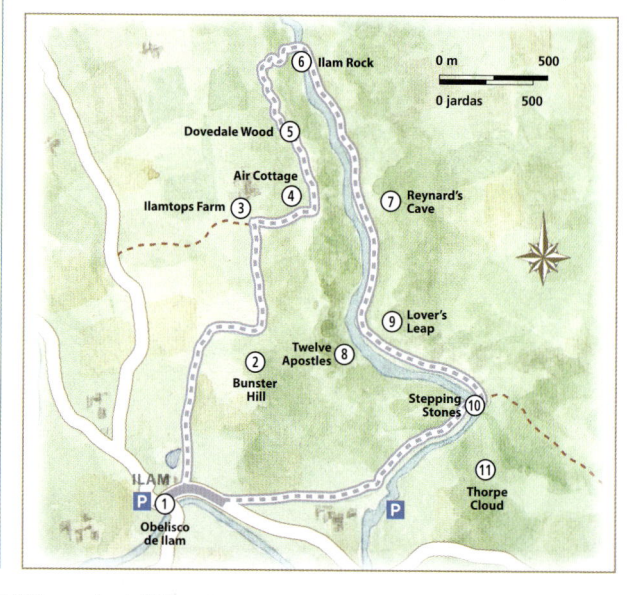

ROTEIRO 16: O Peak District

Acima, da esq. p/ dir. Pessoas caminham ao lado do rio Dove, em Dovedale; A Edale Parish Church e o National Park's Moorland Centre

bosques antes de subir de novo até um portãozinho que entra em **Dovedale Wood** ⑤. O caminho atravessa o bosque e, ao virar à direita, começa uma descida íngreme e sinuosa até o fundo de Dovedale, chegando a um pilar de pedra chamado **Ilam Rock** ⑥.

Vire à direita e atravesse uma ponte de pedestres até o caminho no lado leste do vale. Nos bosques, procure a entrada das cavernas e os marcos naturais, como o arco de pedra para a **Reynard's Cave** ⑦, as torres de pedra dos **Twelve Apostles** ⑧, o **Lover's Leap** ⑨ e as **Stepping Stones** ⑩, na margem oeste. Aqui, o Dove vira **Thorpe Cloud** ⑪, abaixo de outro morro. Siga a trilha de volta ao estacionamento de Dovedale e pegue a trilha da direita para retornar a Ilam.

🚗 Suba até Stanshope, atravesse a vila, e no cruzamento dobre à esquerda para Wetton. Tome a bifurcação da esquerda no sopé do morro, vire à direita e depois à esquerda na placa de Hulme End. Após o túnel, vire para Hulme End, à esquerda no cruzamento e à direita em Manifold Inn (B5054). Vire à esquerda para Sheen e Longnor, e pegue a B5053 e a A515 para Buxton. Pare perto do crescente.

❸ Buxton
Derbyshire; SK17

Famosa pela água mineral desde os tempos romanos, Buxton se transformou na década de 1780, quando o duque de Devonshire criou um spa refinado, imitando Bath e encomendando prédios neoclássicos, como o **crescente** e os **estábulos**, agora Derby University. A popularidade de Buxton continuou no início do século XX, quando ganhou o **Pavilion Gardens** e a **Opera House**, de 1905 (www.buxtonoperahouse.org.uk) – centro do Buxton Festival of Music and Arts (jul). A água do **St. Ann's Well** ainda é apreciada.

Agora os banhos viraram shopping center, com os azulejos vitorianos.

🚗 Pegue a A6 norte e vire à direita na A623. Em Sparrowpit, dobre à esquerda para Edale (B6061). No cruzamento, fique à esquerda até Barber Booth, depois vire à esquerda rumo a Chapel-en-le-Frith. Dobre à direita para Barber Booth e estacione à esquerda em Edale.

❹ Edale
Derbyshire; S33

Situada num amplo vale, a bela Edale atrai caminhantes para iniciar o **Pennine Way**, caminho de 412km até à Escócia – mas há outras caminhadas mais curtas na área. Visite o **Moorland Centre**, do National Park, para conseguir mapas, informações e percursos de caminhadas. Dois pubs da vila, o **Rambler Inn** e o **Old Nag's Head**, são bem procurados após as caminhadas.

🚗 Refaça o trajeto até a B6061 e vire na segunda à esquerda para ir de Edale (Winnats Pass) até Castleton.

❺ Castleton
Derbyshire; S33

Winnats Pass, uma espetacular fenda profunda, leva a **Castleton**, contemplado pelas ruínas do **Peveril Castle**, do século XI (meados mar-out diariam; nov-meados mar: fecha ter, qua), que deu nome a Castleton. Esta antiga vila de pedra fica perto das bonitas **cavernas** (diariam) das quais minerais como o Blue John, um espato púrpura exclusivo do local, foi minerado por séculos. Para visitar, as melhores são a **Blue John Cavern**, no topo do Winnats Pass, e **Peak Cavern**, **Treak Cliff Cavern** e **Speedwell Cavern**, uma mina inundada onde só se chega de barco. Mais para baixo no vale, **Hope** é uma vila com bonita igreja do século XIV.

🚗 Continue a descer pela Hope Valley Rd (A6187) até Hathersage.

ONDE COMER E BEBER

ASHBOURNE

St. John Street Gallery & Café barato
O ex-tribunal de justiça foi transformado em um movimentado centro de arte, que também possui um café simpático com deliciosos lanches, saladas e pratos principais. Há opções vegetarianas, e entre as especialidades caseiras há queijo Stilton e patê de nozes. Tem cervejas e vinhos.
50 St. John St, DE6 1GH; 01335 347 425; www.sjsg.co.uk

ARREDORES DE ILAM E DOVEDALE

The Manifold Inn moderado
Esta clássica hospedaria de pedra para troca de cavalos fica no caminho de Ilam a Buxton. Tem terraço com jardim e serve uma das melhores comidas de pub do país, como torta de carne e de cerveja e opções mais leves. Há quartos.
Hulme End, Hartington, SK17 0EX; 01298 84537; www.themanifoldinn.co.uk

BUXTON

Pavilion Gardens moderado
Este café aproveita ao máximo o espaço e a luz, já que ocupa estufas vitorianas magníficas no grande parque de Buxton. Escolha entre o café principal ou o Art Café, em cima, decorado por artistas do local. O menu, baseado em produtos da região, vai desde café da manhã até pratos para o almoço.
St. John's Rd, SK17 8PF; 01298 23114; www.paviliongardens.co.uk

ARREDORES DE BUXTON

Vanilla Kitchen barato
Pegue a A6 leste, depois a B6049 norte até Tideswell para encontrar este café premiado, que usa ingredientes sazonais e locais, seja no almoço saboroso ou na deliciosa variedade de bolos. Há cervejas, vinhos e excelente café.
Queen St, Tideswell, SK17 8PF; 01298 871 519; www.vanillakitchen.co.uk

Onde Comer e Beber: barato, menos de £25; moderado, £25-£50; caro, acima de £50

ESTRADAS DA INGLATERRA, ESCÓCIA E PAÍS DE GALES

Acima O bonito Chatsworth Park, criado por Capability Brown na década de 1760

ONDE FICAR

HATHERSAGE
Cannon Croft *barato*
Bonito e ecológico, este B&B fica em um chalé com lindas vistas a partir de seu jardim e da estufa interna. Oferece generoso café da manhã orgânico.
Cannonfields, S32 1AG; 01433 650 005; www.cannoncroftbedandbreakfast.co.uk

ARREDORES DE EYAM
Bretton Cottage *moderado*
Hospedaria diferenciada uma sede de fazenda do século XVII, na encosta de um morro, fica ao lado da Sir William Hill Rd, ao norte de Eyam. Oferece quartos enormes com área de estar, frigobar e recursos para fazer chá e café. Tem café da manhã substancial. Há também três chalés com autosserviço para alugar.
Bretton, perto de Eyam, S32 5QD; 01433 631 076; www.peakholidayhomes.com

ARREDORES DE CHATSWORTH
Bubnell Cliff Farm *barato*
Há dois quartos cheios de personalidade, com banheiro amplo e lindas vistas de todos os lados, neste B&B instalado na sede de uma fazenda em Baslow, ao lado da A619, na ponta da propriedade de Chatsworth. O generoso café da manhã conta com produtos da fazenda.
Wheatlands Lane, Baslow, perto de Bakewell, DE45 1RF; 01246 582 454; www.bubnellcliff.co.uk

ARREDORES DE HADDON HALL
East Lodge Hotel and Restaurant *caro*
Em Rowsley, ao lado da A6, ao sul de Haddon Hall, esta elegante casa antiga foi muito bem restaurada com uma mistura de casa de campo e hotel-butique. Dispõe de apenas doze quartos suntuosos. O restaurante gourmet, voltado para o jardim, oferece menus modernos e sazonais.
Rowsley, Matlock, DE4 2EF; 01629 734 474; www.eastlodge.com

Onde Ficar: barato, menos de £80; moderado, £80-£150; caro, acima de £150

❻ Hathersage
Derbyshire; S32

Em Hope Valley avista-se um muro espetacular de pedra vermelha, o **Stanage Edge**, a nordeste de Hathersage. Vá até o "Edge" para admirar as vistas fantásticas – muitas trilhas começam perto da tranquila igreja do século XIV em Hathersage. No cemitério da igreja fica o **Little John's Grave**, onde, segundo a lenda, foi enterrado o melhor amigo de Robin Hood. No lado sul da vila acha-se o **Round Building**, oficina e loja do consagrado designer de cutelaria David Mellor (1930-2009).

🚗 *Pegue a B6001, que atravessa Grindleford; vire à direita (B6521) para Eyam. Siga as placas até o museu de Eyam, onde há um grande estacionamento.*

❼ Eyam
Derbyshire; S32

Eyam ficou famosa como exemplo surpreendente de renúncia. Em 1665, quando a Peste atingia Londres, a doença chegou a Eyam. A vila resolveu cortar todos os contatos com o mundo exterior até que a peste acabasse, a fim de evitar o contágio das vilas vizinhas. Assim foi durante quase um ano, no qual 257 pessoas morreram. Essa história é contada no **Eyam Museum** *(fim mar-início nov: ter-dom)* e por monumentos pela cidade, como **Riley Graves**, onde os sete membros da família Hancock foram enterrados em um campo. Apesar dessa história terrível, agora Eyam é uma vila charmosa de velhas casas de pedra. A imponente mansão de **Eyam Hall** abriga um centro de artesanato e está aberta à visitação *(veja horários de funcionamento em www.eyamhall.co.uk)*.

🚗 *Pegue a B6521 sul e depois a A623 à esquerda para Baslow, onde Chatsworth está bem sinalizada. A B6012 atravessa a propriedade de Chatsworth.*

Pubs do Peak District
Os aconchegantes e velhos pubs de pedra estão entre as preciosidades do Peak District, e muitos oferecem comida a preços razoáveis. Além do **Manifold Inn** *(p. 172)*, aqui estão outros bons pubs: o **Smith's Tavern** e o histórico **Green Man & Black's Head Royal Hotel** *(p. 173)*, em Ashbourne, o **Bluebell Inn**, em Tissington, perto de Ilam, o **Old Nag's Head** e o **Ramblers' Inn**, em Edale, o **Cheshire Cheese**, em Hope, próximo a Castleton, o **Miners' Arms**, em Eyam, e o **Plough Inn**, ao sul de Hathersage.

❽ Chatsworth
Derbyshire; DE45 1PP

Uma das grandiosas mansões da Grã-Bretanha e modelo de elegância do século XVIII, o solar em estilo paladiano de Chatsworth *(diariam)* foi residência dos duques e duquesas de Devonshire desde o início dos anos 1700. A casa tem decoração suntuosa e obras de arte, e é ainda mais magnífica por ser peça central de um majestoso parque criado por Capability Brown na década de 1760, com jardins, fontes, labirinto e cursos d'água em cascatas. Há um playground, lojas e exposições especiais. Na frente da entrada de Chatsworth, **Edensor** é um bonito modelo de vila, construído na década de 1830, quando o duque decidiu que a vila de Edensor original estava muito próxima.

🚗 *Vire à direita ao sair de Chatsworth, rumando para Baslow, depois à esquerda na estrada sinalizada para Pilsley e Bakewell (B6048). Vire à esquerda na A619 e entre em Bakewell. Use o estacionamento pago na saída da rua principal.*

Abaixo Igreja de Eyam, vila quase dizimada durante a Peste de 1665

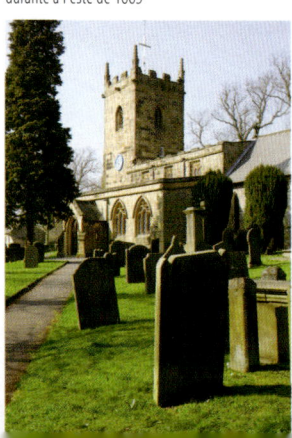

ROTEIRO 16: O Peak District

⑨ Bakewell
Derbyshire; DE45

Movimentada cidade-mercado no centro de Peaks, Bakewell é um lugar charmoso para passear e espiar vitrines. Conhecida pela boa comida, tem lojas de alimentos ao lado da rua principal e muitas casas de chá com especialidades do local – aqui surgiu o delicioso Bakewell Pudding. Além de seu mercado semanal, a cidade recebe mensalmente o **Farmers' Market**, que atrai muitos produtores locais e independentes de alimentos. O **Old House Museum** *(abr-out: diariam)*, a casa mais antiga de Bakewell, surgiu em 1543 e foi transformado em um fascinante museu da vida cotidiana.

🚗 *Pegue a A6 sul. Haddon Hall fica à esquerda, mas pare à direita.*

Acima Extravagante topiaria nas terras de Haddon Hall

⑩ Haddon Hall
Derbyshire; DE45 1LA

Solar medieval e elisabetano, o Haddon Hall *(abr, out: sáb-seg; mai-set: diariam; www.haddonhall.co.uk)* ficou quase inalterado, exceto pela manutenção, desde a década de 1600, e ainda pertence à família Manners. Entre as características originais estão as enormes cozinhas medievais, os pátios com piso de pedra, a capela do século XII com pinturas de parede do século XV e a galeria com painéis de madeira.

🚗 *Vire à direita ao sair do estacionamento e continue pela A6 até Matlock Bath. Pare na rua principal e estacione com um talão pré-pago.*

⑪ Matlock Bath
Derbyshire; DE4

Matlock cresceu no século XIX como spa, com apelo ao mercado de massa. Ainda é um destino concorrido, especialmente o **Matlock Bath** ao sul da cidade principal, onde o rio Derwent passa por um desfiladeiro estreito. A rua principal (A6) ao lado do rio é cheia de restaurantes populares, sorveterias e lojas de suvenires. A atração que mais agrada as famílias é **Heights of Abraham** *(meados fev-nov: diariam; www.heightsofabraham.com)*, no topo do desfiladeiro, ao qual se chega por um bondinho – há vistas, jardins, playgrounds, trilhas naturais e cavernas.

Acima, da esq. p/ dir. Casas de pedra na cidade montanhosa de Bakewell; Os belos jardins e o solar medieval de Haddon Hall; Matlock Bath, instalada à margem do rio Derwent

ONDE COMER E BEBER

HATHERSAGE

The Walnut Club *moderado*
Elogiado por sua comida orgânica e criativa, este restaurante tem decoração moderna e elegante, e jazz ao vivo à noite. Sex-dom – é preciso reservar.
The Square, Main Rd, S32 1BB; 01433 651 155; www.thewalnutclub.com

ARREDORES DE CHATSWORTH

Rowley's Restaurant *moderado*
Sofisticado bar e restaurante em Baslow, na A619 ao norte de Chatsworth, serve comida britânica moderna e criativa de alto padrão.
Church St, Baslow, DE45 1RY; 01246 583 880; www.rowleysrestaurant.co.uk

BAKEWELL

Piédaniel's *moderado*
O chef Eric Piédaniel combina suas habilidades e tradições culinárias francesas com produtos locais. Seu restaurante é um espaço calmo e relaxante.
Bath St, DE45 1BX; 01629 812 687; www.piedaniels-restaurant.com

MATLOCK BATH

The Strand Restaurant *barato*
Brasserie simpática e movimentada. Os menus a preço fixo no meio da semana são uma pechincha.
Dale Rd, Matlock, DE4 3LT; 01629 584 444; www.thestrandrestaurant.com

---

PASSEIOS DE 1 DIA
Aproveite o campo, as casas históricas e as cidades encantadoras.

Pelo White Peak
Explore Ashbourne ① e dê uma caminhada pelo campo em Dovedale ②, antes de ir para o norte, passando pelas singulares vilas do Peak para relaxar nos pavilhões georgianos ③ de Buxton.

Siga o roteiro para o norte, mas volte pela A515 e ganhe tempo.

Ao longo de Hope Valley
Se ficar em Buxton ③, vá até Edale ④ e caminhe acima da vila; depois visite as cavernas em Castleton ⑤. Continue, passando por Hathersage ⑥, com vistas de Stanage Edge. Por fim, pare em Bakewell ⑨ para comprar comida.

Siga o roteiro, mas volte pela A6.

Grandes casas nos Peaks
Em Bakewell ⑨, compre algo para o almoço, visite o majestoso Chatsworth ⑧ e faça um piquenique no parque. Passe pela Haddon Hall ⑩ e termine o dia com diversão familiar em Matlock Bath ⑪.

Pegue a A6 e volte.

Onde Comer e Beber: barato, menos de £25; moderado, £25-£50; caro, acima de £50

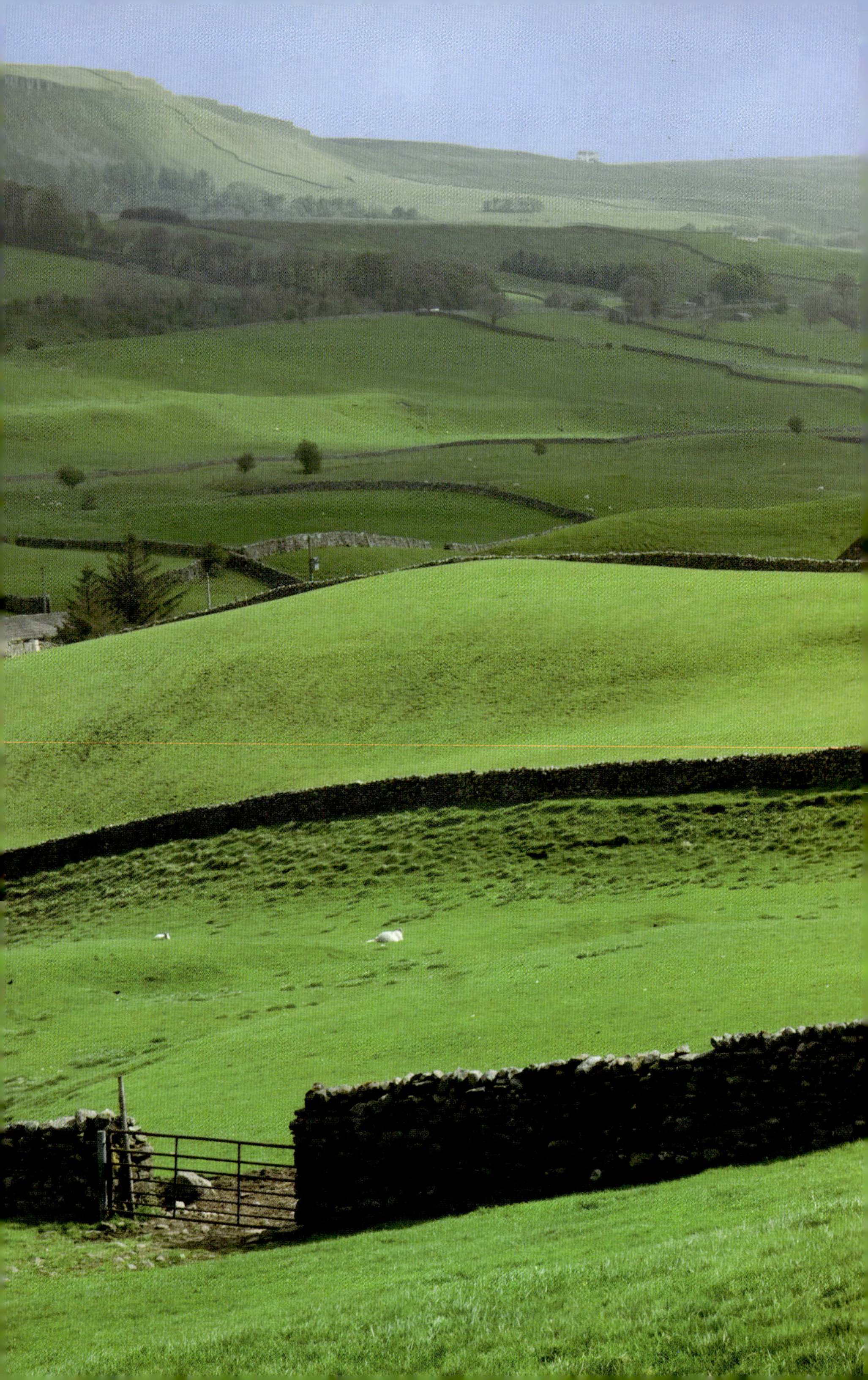

ROTEIRO **17**

Vales e Abadias de Yorkshire

De Harrogate a Bolton Abbey

Destaques

- **As águas de Harrogate**
  Experimente as águas medicinais deste gracioso spa-resort vitoriano, com excelente arquitetura e belos parques

- **Abadias em ruínas**
  Dê uma volta pelas ruínas históricas dessas abadias que foram importantes em Yorkshire, numa belíssima área rural

- **Jardins espetaculares**
  Admire as charmosas hortas de temperos, os canteiros de flores, uma coleção nacional de jacintos e um belo jardim aquático ornamental

- **Belas vistas dos vales**
  A pé ou de carro, há sempre vistas de tirar o fôlego no bonito Yorkshire Dales National Park

Os campos verdejantes de Wensleydale são perfeitos para ovelhas, de cujo leite se faz queijo

Vales e Abadias de Yorkshire

Este roteiro parte da bonita cidade-spa de Harrogate e segue um circuito que atravessa o Yorkshire Dales National Park, com alguns trechos maravilhosos que merecem atenção em um ritmo mais sossegado. No caminho estão a vila de Ripley e seu castelo, a pequena catedral de Ripon, as encantadoras cidades-mercado de Middleham e Leyburn, ligadas por uma ponte antiga sobre o rio Ure, e Hawes, terra do queijo Wensleydale. Os pontos altos do roteiro são as ruínas e as terras das abadias de Jervaulx, Fountain e Bolton. Saqueadas no século XVI a mando de Henrique VIII, tais edificações monásticas, que já foram magníficas, agora são monumentos à transitoriedade do poder.

Acima O castelo de Middleham, de 1170, residência preferida do jovem Ricardo III *(p. 182)*

ATIVIDADES

Tome um banho turco na bonita cidade-spa de Harrogate

Acerte o relógio em Ripon, quando o Hornblower soar no mercado às 21h, todas as noites

Explore as comoventes ruínas da Jervaulx Abbey, destruída pelos homens de Henrique VIII

Observe os jovens cavalos de corrida galopando de manhã pelas charnecas de Middleham

Caminhe pelos belos Yorkshire Dales levando um delicioso piquenique comprado em Hawes

Aprenda a pescar com mosca em Bolton Abbey, dê uma volta no trem a vapor, veja a fazenda de animais de estimação ou apenas aprecie o panorama

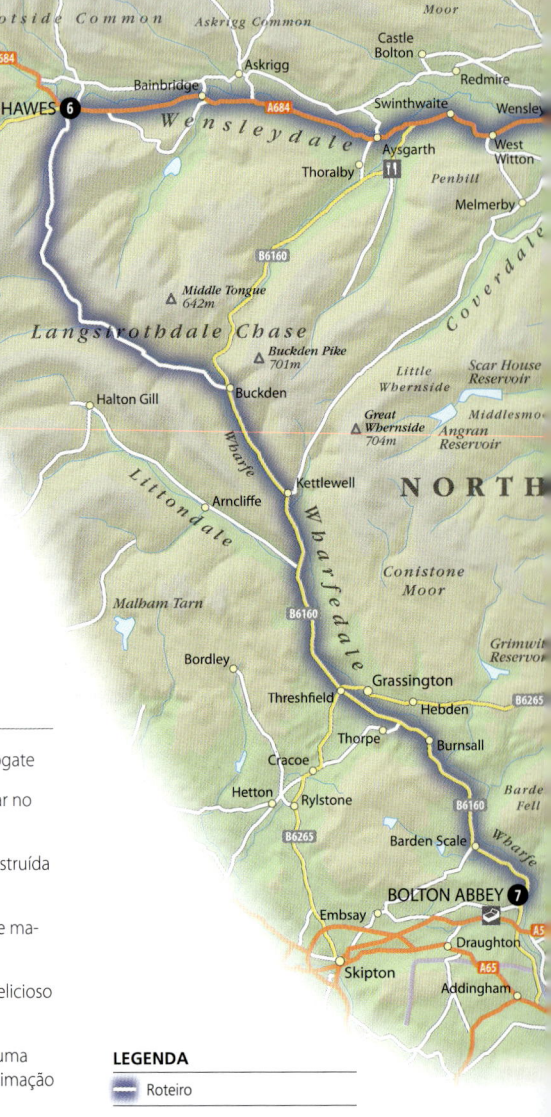

LEGENDA — Roteiro

ROTEIRO 17: Vales e Abadias de Yorkshire

Acima Panorama dos vales de Yorkshire entre Hawes e Bolton Abbey *(p. 183)*

PLANEJAMENTO

Início/fim: De Harrogate a Bolton Abbey.

Número de dias: 3, em ritmo tranquilo.

Distância: Cerca de 160km (100 milhas).

Condições das estradas: Estradas em boas condições e sem problemas.

Quando ir: O melhor momento é entre a primavera e o começo do outono – Harrogate, com seus espaços verdes, fica maravilhosa no tempo da florada.

Horários de funcionamento: Em geral, museus e atrações abrem das 10h às 17h, mas fecham mais cedo (ou nem abrem) nov-Páscoa. Lojas têm horários mais amplos. Igrejas costumam abrir até o anoitecer.

Principais dias de mercado: Harrogate: Feira do produtor, 2ª qui do mês; Ripon: qui; Feira do produtor, dom. Leyburn: sex; North Dales Farmers' Market, 4º sáb do mês; Hawes: Feira do produtor e de antiguidades, ter.

Compras: Faça um estoque de *toffee* de Harrogate e diversos tipos de queijo Wensleydale – jovem, maturado, defumado etc. Procure produtos de fazendas de Nidderdale, como carne ou frango. Há também boas cervejas locais.

Principais festas: Harrogate: Music Festival, jul; Ripon: Ripon International Festival, set (música, artes, arquitetura e natureza); Leyburn: Dales Festival of Food, mai.

PASSEIOS DE 1 DIA

Famílias se divertem fazendo **compras** em Harrogate e pegando o **trem a vapor** para visitar a **fazendinha** e o **parque** em Bolton Abbey. Quem gosta de jardim e os fãs de história vão apreciar a **cidade-mercado** de Ripon, as magníficas **ruínas da Fountains Abbey** e os **jardins aquáticos** ali perto, assim como o **castelo** e os **jardins** em Ripley. Siga os passos da realeza por meio dos **pitorescos vales**, desde Middleham, com seu **castelo**, até Leyburn, com suas **belas vistas**, chegando a Hawes por causa dos **queijos** famosos e a Jervaulx Abbey pelo encanto das **ruínas**. Detalhes *p. 183*.

❶ Harrogate
North Yorks; HG1 1

Esta elegante e movimentada cidade-spa na extremidade dos vales (*dales*) cresceu ao redor de uma fonte sulfurosa, encerrada no Royal Pump Room, de 1842. O visitante encontra opções de butiques, antiquários, restaurantes, bares e muitas áreas verdes em Crescent Garden e Valley Gardens. O amplo parque aberto, chamado The Stray, surgiu em 1778 para que o povo de Harrogate tivesse acesso às fontes.

Passeio a pé de 2 horas

Do estacionamento, suba a Montpellier Rd até o centro turístico instalado nos **Royal Baths** ❶, na Crescent Rd. De 1897, os banhos eram o destino de ricaços com problemas de saúde, que vinham atrás de água sulfurosa, banhos de lama e outros cuidados. Dentro, os banhos turcos, com azulejos victorianos originais, foram restaurados para readquirir o esplendor do século XIX. De costas para Crescent Gardens, e com os banhos à direita, vire à esquerda na Parliament St, passe o Royal Hall, erguido em 1903, e pegue a Swan Rd à esquerda. Foi no **Old Swan Hotel** ❷ que Agatha Christie, autora de histórias de suspense, esteve após sofrer um acidente de carro e desaparecer, em 1926. Registrada como Theresa Neele – amante de seu marido –, ela alegou amnésia, mas não se sabe o que houve por trás disso tudo. Visite a **Mercer Art Gallery** ❸ (*fecha seg menos feriados bancários; dom só à tarde*), na Swan Rd, com acervo de 2 mil obras de arte dos séculos XIX e XX. No **Royal Pump Room Museum** ❹, do século XIX (*diariam*), construído ao redor do Old Sulphur Well, prove a água sulfurosa mais forte da Europa. Dirija-se a **Valley Gardens** ❺ (*diariam*), na frente, e siga o rio para ver a Colonnade dos anos 1930, restaurada, o Sun Pavilion e o Magnesia Pump Room. Volte ao Royal Pump Room e rume para o Royal Parade; à direita na rotatória, passe o luxuoso Crown Hotel, suba a Cold Bath Rd e note as bonitas casas georgianas. Vire à esquerda na Queens Rd e à esquerda na Lancaster Rd até West Park Stray. Dobre à direita em Beech Grove e à esquerda na Otley Rd rumo à rotatória do Prince of Wales. Vire à direita na Trinity Rd. Admire a **Trinity Church** ❻, em estilo neogótico do século XIX, depois atravesse a Leeds Rd e entre no ótimo equipamento público que é **The Stray** ❼. O caminho arborizado que cruza o parque leva ao Tewit Well, o spa mais antigo da Inglaterra. Aqui, em 1571, William Slingsby descobriu uma fonte e, provando da água, lembrou-se dos spas europeus. Siga a Slingsby Walk, que cruza a ferrovia, a fim de apreciar o tamanho do parque, ou volte à cidade pela West Park St para descansar no salão de chá de Yorkshire **Betty's** ❽, à esquerda, antes de retornar ao estacionamento.

➤ Rume para norte pela Parliament St (a A61), e pegue a esquerda na bifurcação para entrar em Ripley. O estacionamento é grátis ao lado do castelo.

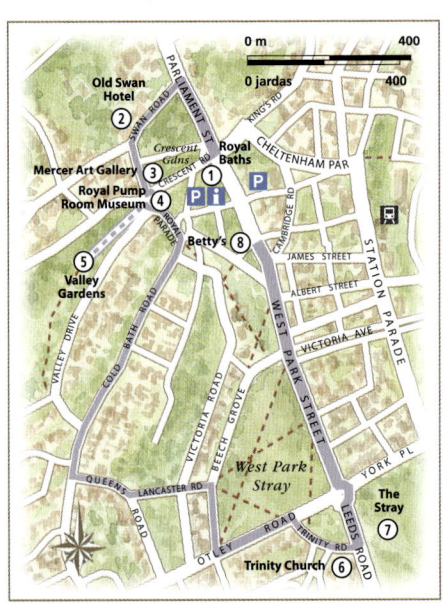

Acima Lindas flores em Crescent Gardens, na frente do Royal Hall, Harrogate

PARA VISITAR HARROGATE

Estacionamento
Siga as placas até o centro para estacionar na Montpellier Rd ou na Union St.

Informação turística
Royal Baths, Crescent Rd, HG1 2RR; 0845 389 3223; www.harrogate.gov.uk

ONDE FICAR

HARROGATE
Balmoral Hotel *moderado*
Elegante hotel-butique em construção antiga. Quartos opulentos com banheiros victorianos, a bons preços.
16-18 Franklin Mount, HG1 5EJ; 01423 508 208; www.balmoralhotel.co.uk

Grants *moderado-caro*
Em local central e sossegado, esta mansão victoriana tem modernas suítes e bistrô de frutos do mar.
3-13 Swan Rd, HT1 2SS; 01423 560 666; www.grantshotel-harrogate.com

April House *barato*
Este B&B pequeno e simpático, em uma casa victoriana, fica numa avenida calma e oferece quartos com banheiro.
3 Studley Rd, HG1 5JU; 01423 561 879; www.aprilhouse.com

RIPLEY
Boar's Head Hotel *moderado*
Hotel simpático da família Ingilby, tem quartos meio antigos mas confortáveis, com acesso ao castelo.
Ripley Castle Estate, HG3 3AY0; 01423 771 888; www.ripleycastle.co.uk

RIPON
The Old Deanery *moderado*
Este pequeno hotel central e histórico dispõe de suítes decoradas individualmente. Bom restaurante.
Minster Rd, HG4 1QS; 01765 600 003; www.theolddeanery.co.uk

Onde Ficar: barato, menos de £80; moderado, £80-£150; caro, acima de £150

ROTEIRO 17: Vales e Abadias de Yorkshire

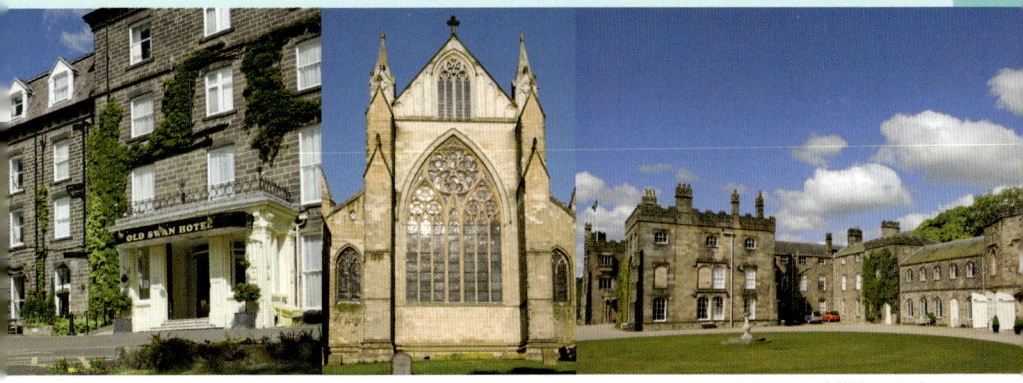

Acima, da dir. p/ esq. O Old Swan Hotel, refúgio de Agatha Christie, Harrogate; Janela no lado leste da Ripon Cathedral; O Ripley Castle, residência da família Ingilby durante 700 anos

❷ Ripley
North Yorks; HG3 3AY

Residência da família Ingilby desde o século XIV, o **Ripley Castle** *(nov e mar: fecha seg, qua, sex; dez-fev: fecha seg-sex)* fica entre jardins murados e caminhos pelos bosques, lagos e um parque com cervos e carvalhos. Na horta são cultivadas muitas ervas e variedades raras de vegetais, e o castelo também tem uma National Hyacinth Collection – de março a outubro a florada de jacintos é espetacular. Dentro, sete salas estão abertas ao público para visitas guiadas. Conhece uma história de turbulência política, militar, religiosa e social, desde o Renascimento até a Revolução Industrial. A **vila de Ripley**, vizinha ao castelo, foi construída na década de 1820 por um capricho de sir William Ingilby, que, inspirado em suas viagens pela Europa, dotou-a de um *hôtel de ville* (prefeitura) em uma praça com suprimentos, uma cruz de mercado e um memorial de guerra.

🚗 Deixe a vila e vire à direita na A61. Após 10km pegue a primeira saída da rotatória para a A6108; siga as placas para o centro.

❸ Ripon
North Yorks; HG4 1QT

Pequena, Ripon está centralizada na praça do mercado e tem várias atrações, a começar pela imponente **catedral** do século XIII. Na praça, o Hornblower (corneteiro) "acerta o relógio" tocando a corneta às 21h, tradição do século XI. Para um passeio excelente, pegue a B6265 oeste, virando à esquerda para **Fountains Abbey and Studley Royal** *(diariam)*. Este Patrimônio da Humanidade contém uma abadia cisterciense de 1132, a maior ruína de abadia do país, com um jardim aquático georgiano ornamentado e verdadeiramente espetacular.

Vitral da Ripon Cathedral

🚗 Vá para noroeste pela A6108 e siga as placas até Jervaulx Abbey. Há um estacionamento com uma caixa aberta: cada um paga o valor que achar melhor.

ONDE COMER E BEBER

HARROGATE

Betty's Café Tea Rooms *barato*
O Betty's original atrai clientes desde 1919, com a promessa de "algo fresco e delicioso". Há muitas opções de comida, assim como mais de 300 pães, bolos e 50 chás e cafés diferentes.
1 Parliament St, HG1 2QU; 01423 877 300; www.bettys.co.uk

Hales Bar *barato*
O pub mais antigo da cidade manteve seu caráter vitoriano, com espelhos e lampiões a gás que funcionam. Equipe simpática, ótima cerveja tipo ale e comida boa e simples. O estranho cheiro de enxofre vem das fontes que correm sob a adega.
1 Crescent Rd, HG1 2RS; 01423 725 570; www.halesbar.co.uk

Drum and Monkey *moderado-caro*
Restaurante de peixe em bonita construção de dois andares. Peixes e mariscos, lagostas, linguados de Dover, ostras, halibutes e robalos são entregues diariamente. Não é barato, mas no almoço são servidos sanduíches econômicos.
5 Montpellier Gardens, HG1 2TF; 01423 502 650; www.drumandmonkey.co.uk

RIPON

Lockwoods *barato-moderado*
Café-bar durante o dia e restaurante à noite, é gerido por uma família e fica perto da praça. Serve brunch, sanduíches, almoços leves e jantares mais elaborados, com menu eclético.
83 North St, HG4 1DP; 01765 607 555; www.lockwoodsrestaurant.co.uk

À esq. Cobertura art déco de ferro forjado no Betty's Café Tea Rooms, Harrogate

Acima Jóqueis saem com jovens cavalos de corrida para exercitá-los, Middleham

ONDE FICAR

JERVAULX ABBEY

Park House
Nas terras da abadia, este pequeno B&B tem localização perfeita, instalado em dois antigos chalés reformados. Ali também moram os donos da abadia, que recebem os hóspedes com chá e um delicioso bolo caseiro.
Jervaulx Abbey, HG4 4PH; 01677 460 184; www.jervaulxabbey.com

MIDDLEHAM

Domus House *moderado*
Esta é uma das diversas hospedarias simples reunidas ao redor da praça da cidade, em uma casa georgiana forrada de hera. Há três suítes.
Market Place, DL8 4NR; 01969 623 497; www.myspace.com/domushouse

The Black Swan *moderado*
Charmosa hospedaria do século XVII, oferece a legítima cerveja ale. Fica ao lado do castelo e dispõe de lareira e vigas de carvalho. Os quartos, porém, são de gosto discutível.
Market Place, DL8 4NP; 01969 622 221; www.blackswan-middleham.co.uk

The White Swan *moderado*
De frente para a Market Sq, o White Swan incorporou a agência do correio e passou por uma reforma, acrescentando uma brasserie moderna.
Market Place, DL8 4PE; 01969 622 093; www.whiteswanhotel.co.uk

BOLTON ABBEY

Devonshire Arms *caro*
Esta casa de campo está com a família Devonshire desde 1753. Decorada com antiguidades, está muito bem situada e oferece muitas mordomias, como spa, sauna, quadras de tênis, além de bons restaurantes.
Bolton Abbey, BD23 6AJ; 01756 710 441; www.thedevonshirearms.co.uk

Onde Ficar: barato, menos de £80; moderado, £80-£150; caro, acima de £150

④ Jervaulx Abbey
North Yorks; HG4 4PH

Fundado em 1156, este mosteiro cisterciense já foi majestoso. Agora está privatizado, mas permite o acesso do público. Confiscado pelo rei Henrique VIII *(p. 192)*, seu telhado perdeu as chapas de chumbo e a igreja foi destruída com pólvora. O que sobreviveu a esse vandalismo é um lugar totalmente tranquilo, num campo de flores silvestres em meio aos Yorkshire Dales. Visite o que sobrou desta construção notável, como o dormitório, a cozinha, o salão, a enfermaria e o claustro. O bolo caseiro das casas de chá é excelente.

🚗 *Continue pela A6108 até Middleham; estacione de graça na praça calçada de pedra.*

⑤ Middleham
North Yorks; DL8 4QG

Esta cidade histórica exibe um castelo imponente, duas praças de mercado e estábulos para treinamento de cavalos de corrida. O visitante pode assistir as cavalgadas pela manhã nas charnecas, do outro lado do **Middleham Castle** *(out-mar: fecha qui e sex)*. Em 1461, este castelo era residência de Ricardo, duque de York, que subiria ao trono para um breve reinado como Ricardo III, em 1483. Depois foram acrescentados aposentos e câmaras ao forte do século XII para criar um palácio mais luxuoso.

Pegue a A6108 noroeste e atravesse uma ponte do século XIX sobre o rio Ure. Vá até a bonita **Leyburn**, cheia de lojas de artesanato, galerias, um *chocolatier* e um ceramista. Este é um bom lugar para caminhadas. No topo da praça do mercado, siga as placas para **Leyburn Shawl**, onde se diz que Maria Stuart deixou cair um xale na fuga do Bolton Castle, e ficou presa em 1538-9. Suba pelas escarpas para uma caminhada curta e aprecie a vista de Wensleydale. Quem gosta de andar pode fazer os 11km até o Bolton Castle (e voltar de ônibus). Para se informar, visite *www.dalesbus.info/richmond/walk_5.htm*.

🚗 *De Leyburn pegue a A684 oeste, que cruza o Yorkshire Dales National Park até Hawes. No caminho, Aysgarth Falls é um bom lugar para fazer um piquenique.*

Acima A Aysgarth Falls, no pitoresco vale de Lower Wensleydale

---

Wensleydale

Ótimo queijo artesanal feito com o leite das vacas que pastam no capim de Upper Wensleydale. O White Wensleydale é um queijo fresco, de sabor suave, meio adocicado. Compre-o, assim como os tipos maturados e defumados com carvalho, ou de leite de ovelha, na **Wensleydale Creamery** e no centro de visitantes à esquerda da Gayle Lane, a caminho de Hawes *(www.wensleydale.co.uk)*.

Abaixo As ruínas assombradas de Jervaulx Abbey em bela paisagem bucólica

ROTEIRO 17: Vales e Abadias de Yorkshire

Acima (todas as fotos) Bolton Abbey, profundamente danificada durante a Dissolução dos Mosteiros, em 1539

⑥ Hawes
North Yorks; DL8 3NT
A bonita e animada Hawes, na ponta de Wensleydale, o vale das cachoeiras, é a maior cidade-mercado de Yorkshire. Aqui há ótimas caminhadas para fazer; para informações, visite www.wensleydale.org. Compre itens para um piquenique na **Wensleydale Creamery** *(diariam)* e veja como é feito o famoso queijo. Terça-feira é dia de mercado, e barracas de produtos cobrem as ruas. Vale a pena visitar o **Dales Countryside Museum** *(diariam)*, com mostras da história, do povo e da paisagem da região; fica em uma estação de trem adaptada.

🚗 Vá para o sul pela Gayle Lane até Buckden. Vire à direita no B6160 e prossiga para Bolton Abbey. Use os estacionamentos do local.

Placa da Wensleydale Creamery, Hawes

⑦ Bolton Abbey
Skipton on Swale; N Yorks; BD23 6EX
Bolton Abbey *(diariam; www.boltonabbey.com)*, atualmente propriedade do duque e da duquesa de Devonshire, está localizada à margem do rio Wharfe e foi fundada por monges agostinianos em 1154. Embora os prédios do priorado tenham sido parcialmente destruídos na Dissolução dos Mosteiros, a igreja de St. Mary e St. Cuthbert sobreviveu e funciona até hoje. Para entender melhor, convém visitar as ruínas com um guia voluntário ou fazer o download de um mapa detalhado do site e planejar a visita.

Bolton Abbey oferece uma experiência muito diferente da de Jervaulx. Há muito o que fazer em seus 12.140ha, como os mais de 130km de trilhas à beira-rio e nas charnecas, o trem a vapor para uma viagem nostálgica até Embsay, os rios cheios de peixes para pesca com mosca (com aulas, se for preciso), os bosques e parques para piqueniques, uma fazenda para crianças, além de grande variedade de lojas e lugares para comer.

ONDE COMER E BEBER

ARREDORES DE MIDDLEHAM
The Sandpiper Inn *moderado*
Esta hospedaria tradicional oferece ótimas cervejas tipo ale e culinária inovadora com menu que muda sempre. Prove sopas caseiras, sanduíche de queijo Wensleydale, peixe com fritas ou cordeiro dos vales.
Market Place, Leyburn, DL8 5AT; 01969 622 206; www.sandpiperinn.co.uk

George and Dragon
barato-moderado
Estalagem para troca de cavalos do século XVII, situada na A684 – entre Hawes e Leyburn –, serve sopas, sanduíches e refeições completas com ingredientes locais e sazonais, como peito de frango assado de Nidderdale com risoto de bacon defumado na lenha de macieira.
Aysgarth, DL8 3AD; 01969 663 358; www.georgeanddragonaysgarth.co.uk

PASSEIOS DE 1 DIA

Escolha entre uma diversão familiar ao redor de Harrogate, os belos jardins de Fountains Abbey e do Ripley Castle, ou um dia nos vales (dales).

Cidade e campo
Explore Harrogate ①. Observe os jardins floridos, a arquitetura e as instalações de spa. Vá até Bolton Abbey ⑦ e dê uma volta no trem a vapor, veja algumas fazendas de criação, pesque ou apenas desfrute a bonita área rural.
De Harrogate pegue a panorâmica A59, depois a B6160 até Bolton Abbey.

Jardins e história
Se ficar em Ripon ③, visite a catedral antes de ir para Fountains Abbey e Water Gardens. Após caminhar ao redor da abadia cisterciense mais bem conservada da Inglaterra, prossiga até o histórico Ripley ② para um piquenique no parque com cervos do castelo, nos jardins ou na vila, ou vá aos salões de chá. Depois volte a Ripon para jantar e ouvir o corneteiro.
Pegue a B6265 até Fountains Abbey; desça a Fountains Lane e pegue a B6165 até Ripley. Volte pelas A61 e A6108.

Realeza nos vales
Visite o castelo em Middleham ⑤, antigo abrigo de Ricardo III; dê um pulo na singular Leyburn e siga os passos de Maria Stuart até Leyburn Shawl por conta das vistas. Aproveite a viagem até Hawes ⑥ para comprar queijos para um piquenique a caminho dos vales, até as ruínas de Jervaulx Abbey ④, destruída pelo rei Henrique VIII.
Siga as instruções para ir até Hawes e vá pela B6160, mas vire à esquerda em Kettlewell e volte para Middleham.

Onde Comer e Beber: barato, menos de £25; moderado, £25-£50; caro, acima de £50

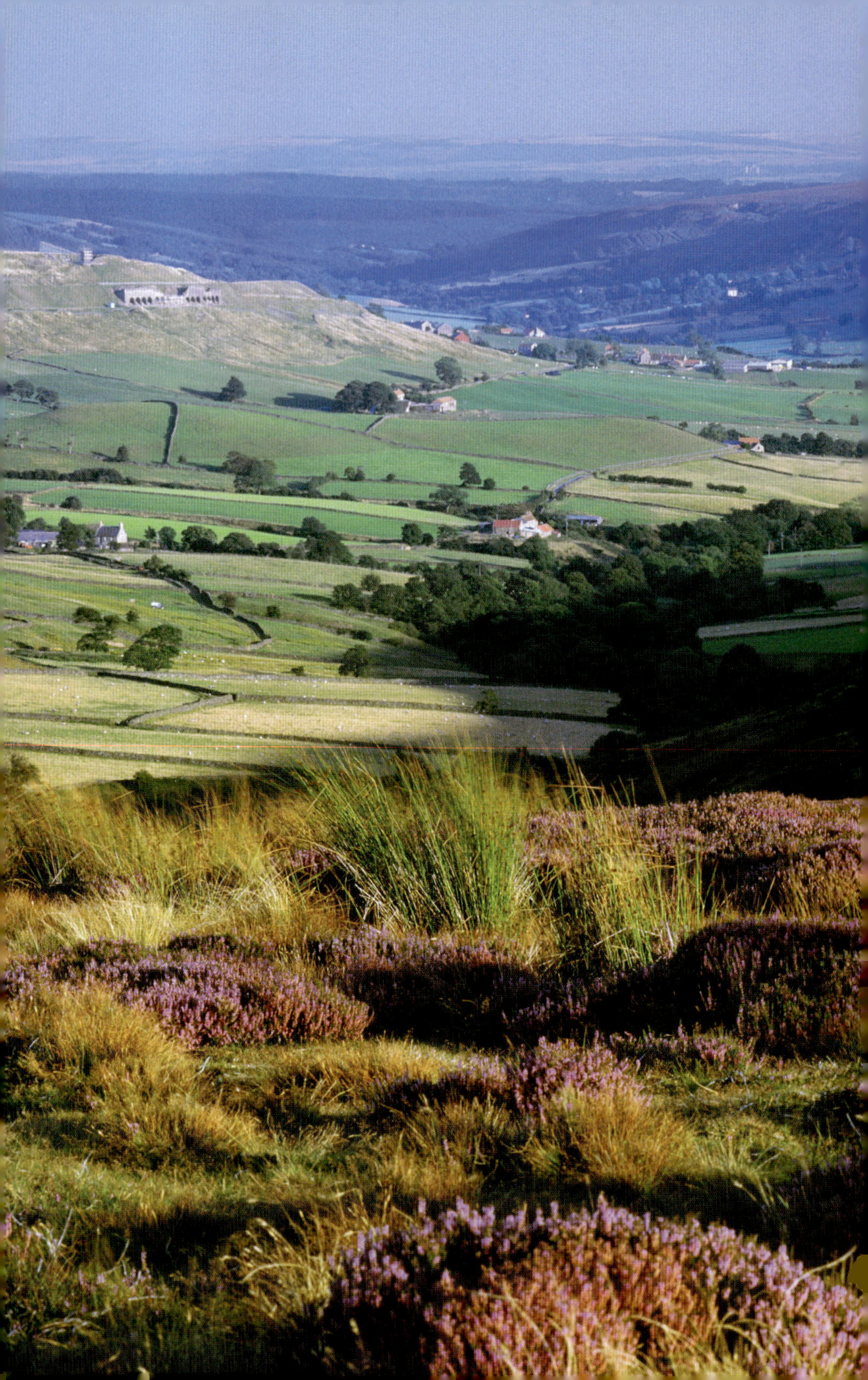

ROTEIRO **18**

Litoral e Charnecas de North Yorkshire

De York a Sutton Park

Destaques

- **York histórica**
  Caminhe pelo museu vivo que é esta cidade com catedral, ruas medievais e solares georgianos

- **As mais pomposas moradias**
  Admire o magnífico Castle Howard e o encantador Sutton Park

- **Charnecas agrestes de North York**
  Explore a ampla extensão de urzes, bosques e vales ondulados – a pé, de bicicleta ou no trem a vapor

- **Abadias inspiradoras**
  Visite as ruínas em Rievaulx e Gisborough, e a gótica Whitby, inspiração para a história do Drácula

- **Diversão e pesca no litoral**
  Dê um pulo nas cidades pesqueiras e nos balneários deste litoral

As urzes dão cor às colinas e aos vales nas charnecas de North York, Rosedale, Yorkshire

Litoral e Charnecas de North Yorkshire

Maior condado da Inglaterra, North Yorkshire é repleto de vilas pitorescas, antigas cidades-mercado, residências e castelos magníficos, igrejas históricas, ruínas notáveis e muito mais. Seu litoral é singular, animado e preservado. As charnecas altas, cobertas de urzes, são muito bonitas e permitem ótimas vistas de onde as ovelhas pastam tranquilamente. O percurso tem alguns trechos panorâmicos. Antes de chegar à costa, este roteiro, que atravessa as Howardian Hills e o centro do North York Moors National Park, oferece mais que um vislumbre de todos esses aspectos. O passeio tem como ponto de partida a cidade histórica de York, com uma caminhada pelo seu maravilhoso centro.

Acima Sandsend, ao norte de Whitby, é uma cidadezinha com longa praia de areia *(p. 191)*

ATIVIDADES

Suba os 275 degraus da York Minster e observe o labirinto de ruas e construções medievais

Saboreie um Yorkshire Fat Rascal – tradicional bolinho de frutas e nozes – no Betty's Tea Rooms, em York

Revisite Brideshead, na realidade Castle Howard, residência palaciana usada como cenário da série de TV e do filme baseados no romance de Evelyn Waugh

Cruze de bicicleta a floresta de Yorkshire, nos arredores de Pickering

Viaje pelo tempo nas construções que contam a história rural dos 400 anos de Hutton-le-Hole, uma das vilas mais bonitas do país

Suba a bordo de um trem a vapor no Rail Trail, que atravessa as charnecas de Yorkshire, desde Grosmont até a charmosa Goathland, e volte a pé

Pesque em alto-mar em Whitby, centro pesqueiro no litoral de Yorkshire

Olhe a Rievaulx Abbey de cima – a primeira abadia cisterciense da Inglaterra é fantástica quando vista do Rievaulx Terrace

Caminhe pela Cleveland Way National Trail a partir da encantadora cidade de Helmsley

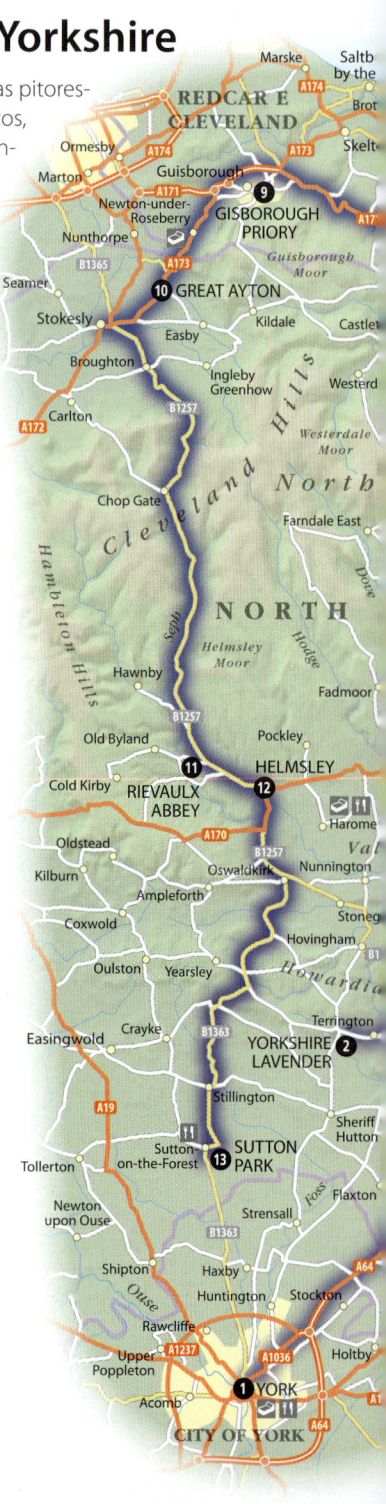

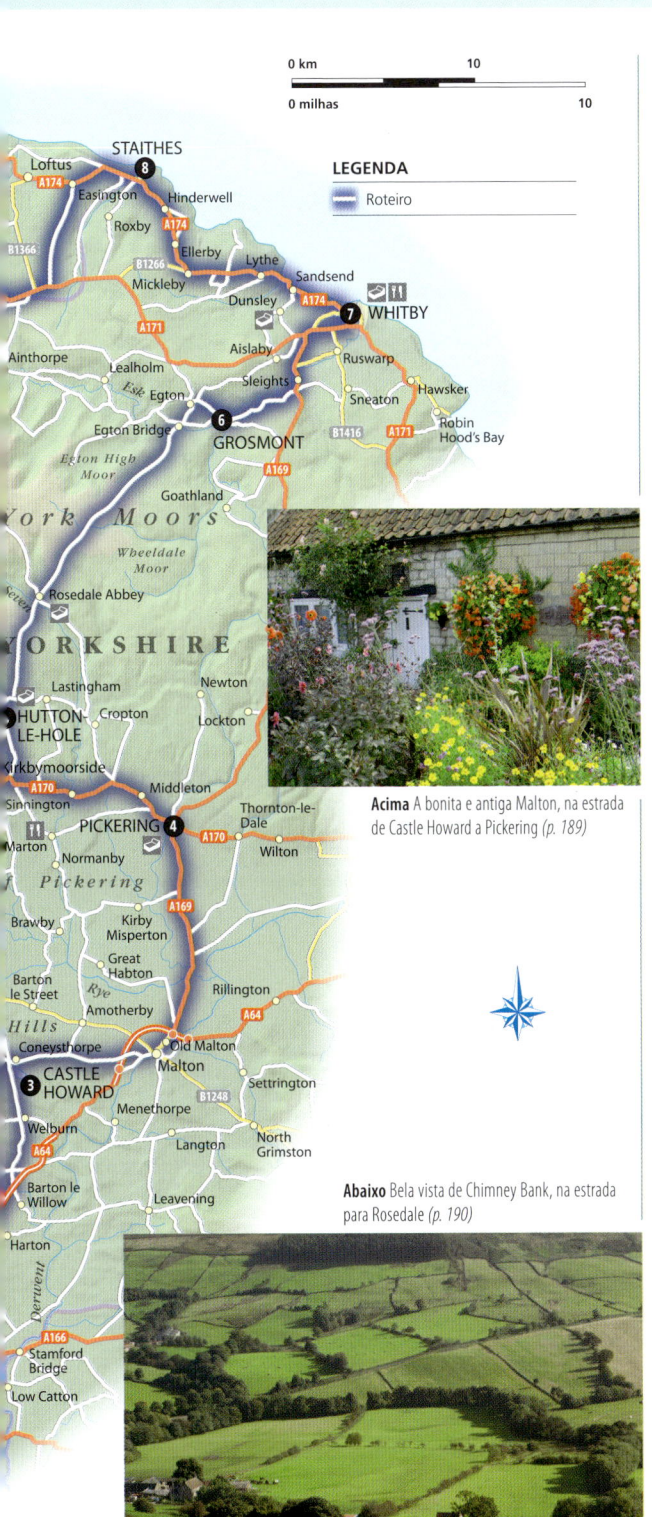

ROTEIRO 18: Litoral e Charnecas de North Yorkshire

PLANEJAMENTO

Início/fim: De York a Sutton Park.

Número de dias: 4, com reserva de meio dia para York.

Distância: 233km (145 milhas).

Condições das estradas: Geralmente bem conservadas. Os trechos mais íngremes nas charnecas altas exigem subir em primeira marcha.

Quando ir: É melhor do fim de abril até meados de setembro. No verão, as urzes das charnecas dão flores de cor púrpura.

Horários de funcionamento: Em geral, galerias, museus e atrações abrem das 10h às 17h, mas podem fechar mais cedo de nov-Páscoa. Lojas têm horários mais longos. Igrejas costumam abrir até o anoitecer.

Principais dias de mercado: York: Mercado aberto, Newgate, diariam; Pickering: Mercado de rua, seg; Whitby: sáb; Helmsley: sex; Gisborough: qui e sáb.

Compras: Procure joias de azeviche e salmão local defumado; mel de urze das charnecas de Yorkshire; e agasalhos de tricô feitos com a lã de ovelhas da área.

Principais festas: York: Spring Festival of New Music, mai; Early Music Festival, jul; National Book Fair, set; Food and Drink Festival, set; Whitby: Regatta and Carnival, início ago; Folk Week, fim ago.

Acima A bonita e antiga Malton, na estrada de Castle Howard a Pickering *(p. 189)*

Abaixo Bela vista de Chimney Bank, na estrada para Rosedale *(p. 190)*

PASSEIOS DE 1 DIA

Veja a **catedral** e as **ruas medievais** de York, depois explore o **palácio** e as **terras** do Castle Howard, desfrute do aroma da **lavanda** e termine na **mansão georgiana** de Sutton Park. De Pickering, explore as **charnecas** a pé, de **bicicleta** ou de **trem a vapor** e maravilhe-se com alguns **afrescos**; em Hutton-le-Hole, veja as **construções históricas** e dê um passeio emocionante pelas **charnecas altas**. De Whitby, visite as **ruínas da abadia**, faça um passeio de **pescaria**, vá a Grosmont para **uma volta no trem a vapor** e **volte a pé**. Detalhes *p. 193*.

Acima Exemplo de arquitetura georgiana no centro da cidade de York

❶ York
Yorkshire; YO1 7JN

Cidade murada sobre o rio Ouse e capital espiritual do norte da Inglaterra por 2 mil anos, York é ideal para uma caminhada. Sua composição arquitetônica mistura itens medievais com construções Tudor e o estilo georgiano. Além da cultura de igrejas, galerias e museus, há muitos bares arrojados, restaurantes modernos e espaços abertos.

Passeio a pé de 3 horas
Comece pela **Minster** ① *(diariam)*, o marco mais notável de York. Construída de calcário magnesiano entre 1220 e 1470, é a maior catedral gótica no norte da Europa, com vitrais maravilhosos. Suba os 275 degraus da torre para apreciar a vista. No vizinho Minster Yard fica **Treasurer's House and Garden** ② *(fecha sex)*, cujo interior cobre 400 anos de design. Da Minster, vire à esquerda para Deangate. Siga pela Goodramgate, ao lado da Lady Row, fila de casas mais antigas de York, de 1316 – ótimos exemplos de casas em projeção, nas quais o andar de cima se projeta para frente. Adiante, na mais alta das quatro portas medievais de York, fica **Richard III Museum** ③ *(diariam)*, que desvenda mitos sobre o último rei Plantageneta. A seguir, vire à esquerda e siga a Lord Mayor's Walk, depois à esquerda de novo e desça até Gillygate. Atravesse para a Exhibition Sq e a **York Art Gallery** ④ *(diariam)*, com acervo impressionante de pinturas e cerâmicas. Volte ao portão e entre na antiga rua comercial de High Petergate. Pare no Café Concerto para tomar o melhor cappuccino da cidade. Continue pela Low Petergate, e depois da Church St dobre à direita para entrar na balbúrdia de **Shambles** ⑤. Esta é uma das ruas medievais mais bem conservadas da Europa, com construções de madeira aparente de 1350. Antigo centro de açougueiros de York, seu nome vem das *shammels*, prateleiras para colocar a carne. Daqui, vire à direita e desça até The Pavement e Coppergate, depois à esquerda em Castlegate. No fim fica uma bela man-

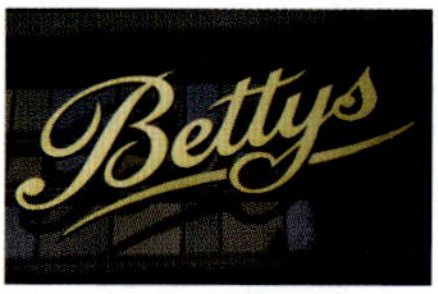

Placa do Betty's Café Tea Rooms

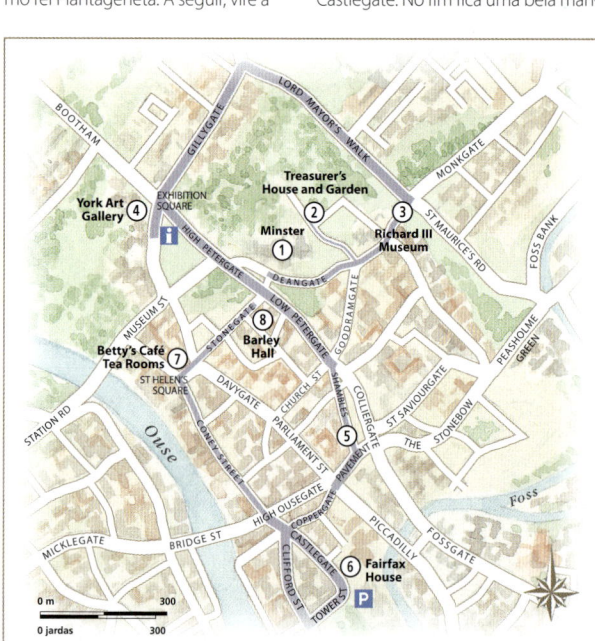

PARA VISITAR YORK

Estacionamento
Os motoristas têm dificuldade para circular em York. Aproveite um dos locais em que você estaciona e toma uma condução para o centro *(park-and-ride)*; eles estão bem sinalizados.

Informação turística
Compre um York Pass no centro turístico, se for visitar diversas atrações.
The De Grey Rooms, Exhibition Sq, YO1 7HB; 01904 550 099; www.visityork.org

---

ONDE FICAR EM YORK

The Bloomsbury *barato*
Bonita casa vitoriana em área arborizada, perto do centro. Serviço simpático com pequeno estacionamento (pode-se estacionar na rua).
127 Clifton, YO30 6BL; 01904 634 031; www.bloomsburyhotel.co.uk

Galtres Lodge *barato*
Acolhedor e moderno, este pequeno hotel é uma construção georgiana de tijolo à vista, com treze quartos (nem todos têm banheiro). Há uma brasserie.
54 Low Petergate, YO1 7HZ; 01904 622 478; www.galtreslodgehotel.co.uk

Deancourt *moderado-caro*
Situado no centro, perto da catedral, este hotel bonito é gerido pela Best Western. Quartos agradáveis e modernos.
Duncombe Place, YO1 7EF; 01904 625 082; www.deancourt-york.co.uk

The Grange *moderado-caro*
Hotel de alto nível, em um maciço casarão em estilo Regência, oferece 30 quartos bem decorados, alguns com móveis sofisticados e antiguidades.
1 Clifton, YO30 6AA; 01904 644 744; www.grangehotel.co.uk

Onde Ficar: barato, menos de £80; moderado, £80-£150; caro, acima de £150

ROTEIRO 18: Litoral e Charnecas de North Yorkshire

Acima, da esq. p/ dir. Pubs ao longo do rio Ouse, York; Fazenda com cultivo de lavanda em Yorkshire, no Vale of York; Vitral magnífico na catedral de York, Minster

são georgiana, a **Fairfax House** ⑥ *(segqui e dom à tarde; sex com hora marcada)*, com um acervo riquíssimo de móveis e relógios. Desça a Tower St, vire à direita na Clifford St e na Coney St, depois à direita de novo na St. Helen's Sq para outra tradição de York: chá e bolos no **Betty's Café Tea Rooms** ⑦, Art Déco. Atravesse o Davygate e a meio caminho para Stonegate vire à direita no Coffee Yard até o **Barley Hall** ⑧ *(mai-out: diariam; nov-abr: fecha seg, ter exceto nas férias escolares)*, que recria a vida de uma casa do século XV. Cruze o High Petergate e volte à Minster.

🚗 Pegue a A64 norte do anel viário externo. Após 11km, vire à esquerda na placa para Castle Howard. Passe o monumento e vire à esquerda. Atravesse Terrington e siga as placas até a fazenda.

❷ Yorkshire Lavender
Terrington, North Yorks; YO60 6PB
Esta fazenda de lavanda, com viveiro de ervas *(fecha dez-mar; www.yorkshirelavender.com)*, cultiva centenas de variedades diferentes de lavanda, que criam uma manta lilás no verão, em suas encostas da face sul. Admire os jardins, compre plantas, ervas, velas aromáticas e óleos essenciais; deleite-se com geleias de mirtilo e lavanda e bolinhos de ervas no salão de chá.

🚗 Volte para Terrington e pegue a Malton Rd, seguindo as placas para o Castle Howard (tem estacionamento).

❸ Castle Howard
North Yorks; YO60 7DA
Jardins imensos rodeiam este palácio autêntico *(diariam; www.castlehoward.co.uk)*, construído durante três séculos desde 1699 pela família Howard, que ainda mora aqui. Em 1981, Castle Howard se tornou Brideshead na série de TV (e novamente em 2007 no filme) *Memórias de Brideshead*, baseada no romance de Evelyn Waugh. O interior suntuoso e os jardins com paisagismo e fontes fantásticas estão abertos à visitação. Admire o Great Hall sob a abóbada, caminhe pelo Rose Garden ou pelo Potager e visite a linda Turquoise Drawing Room.

🚗 Volte à Malton Rd e siga para leste, passando por Malton e Old Malton; pegue a A169 para Pickering. Use o estacionamento na rotatória, no centro.

COMPRAS EM YORK

Para peças de tricô feitas com lã de ovelhas de raças raras, salvas do abate, vá à **Responsibly Gorgeous** *(1 Peter Lane, York; 01904 675 987)*. A loja também vende outras roupas éticas e com produção autossustentável.

ONDE COMER E BEBER EM YORK

Betty's Café Tea Rooms *barato*
Um dos pequenos e consagrados salões de chá de Yorkshire, o Betty's serve uma mistura singular de comida da Suíça e de Yorkshire – prove o bolo de frutas com queijo Wensleydale ou um rösti com Gruyère. O dia todo há refeições quentes e lanches.
6-8 St. Helen's Sq, YO1 8QP; 01904 659 142; www.bettys.co.uk

Café Concerto *barato*
Este é um café-bistrô europeu interessante e moderno, cujas paredes são decoradas com partituras. Ótimo café, wraps, saladas, baguetes, sanduíches e pratos mais substanciais.
21 High Petergate, YO1 7EN; 01904 610 478; www.cafeconcerto.biz

Melton's Too *barato*
Ótimo café, bar e bistrô, em uma construção de três andares do século XVII. Bonito e informal, serve café da manhã, sanduíches e tapas o dia inteiro.
25 Walmgate, YO1 9TX; 01904 629 222; www.meltonstoo.co.uk

Melton's *moderado*
Restaurante excelente com comida caseira e ingredientes de Yorkshire, como caranguejo de Whitby, cordeiro e ervas de Swaledale.
7 Scarcroft Rd, YO23 1ND; 01904 634 341; www.meltonsrestaurant.co.uk

À esq. Castle Howard, linda morada histórica com um dos melhores jardins da Grã-Bretanha

Onde Comer e Beber: barato, menos de £25; moderado, £25-£50; caro, acima de £50

PARA VISITAR WHITBY

Estacionamento
Pare no pátio da Whitby Station ou passe entre a Co-op e o centro de informação turística para mais vagas.

Informação turística
Langbourne Rd, YO21 1YN; 01723 383 636; www.discoveryorkshirecoast.com

ONDE FICAR

PICKERING

Bramwood Guest House *barato*
Oito quartos em bonita casa de pedra do século XVIII. Café da manhã com produtos locais.
19 Hallgarth, YO18 7AW; 01751 474 066; www.bramwoodguesthouse.co.uk

White Swan Inn *caro*
Antiga hospedaria para troca de cavalos, tem conforto no prédio principal e modernidade nos estábulos.
Market Place, YO18 7AA; 01751 472 288; www.white-swan.co.uk

HUTTON-LE-HOLE

Burnley House *moderado*
Sede georgiana de fazenda que tem rio com trutas. Os donos recebem os hóspedes com chá e bolo.
Hutton-le-Hole, YO62 6UA; 01751 417 548; www.burnleyhouse.co.uk

Milburn Arms *moderado*
Pub-restaurante bem localizado, oferece confortáveis quartos com banheiro.
Rosedale Abbey, YO18 8RA; 01751 417 312; www.milburnarms.co.uk

WHITBY

White Horse and Griffin *barato*
Quartos bons e ótimo menu de café da manhã, com salmão, omelete de cogumelo local e Bloody Mary.
87 Church St, YO22 4BH; 01947 604 857; www.whitehorseandgriffin.co.uk

Dunsley Hall *moderado-caro*
Esta luxuosa casa de campo, erguida em 1900, possui 26 suítes, muitas terras e fazenda ativa.
Dunsley, YO21 3TL (ao norte da A171 rumo a Whitby); 01947 893 437; www.dunsleyhall.co.uk

❹ Pickering
North Yorks; YO18 8DY

Esta cidade-mercado é ótima base para explorar o North Yorkshire Moors National Park, a pé ou de bicicleta *(www.northyorkmoors.org.uk)*. O **Purple Mountain Bike Centre** *(01751 460 011; www.purplemountain.co.uk)*, em Dalby Forest, aluga bicicletas e tem detalhes de trilhas para todos os níveis. Um jeito tranquilo de ver as charnecas é de trem. A **North York Moors Railway** *(abr-out; www.nymr.co.uk)* vai até Whitby. Há muita coisa para ver em Pickering. A charmosa **Church of St. Peter and St. Paul**, do século XV, contém belos afrescos descobertos em 1878, que estavam escondidos sob cal passado durante a Reforma, no século XVI. Explore o **Pickering Castle** *(abr-out: diariam)*, construído de madeira e terra em 1079 e reconstruído com pedra no século XIII.

🚗 *Vá para oeste pela A170, virando à direita para Hutton-le-Hole. Pare no topo da vila.*

❺ Hutton-le-Hole
North Yorks; YO62 6UA

Hutton foi construída perto de áreas verdes onde pastam ovelhas Swaledale e Blackface. Perfeito para um piquenique, o riacho Hutton atravessa a vila e é cruzado por lindas pontes. **The Ryedale Folk Museum** *(diariam)* é uma vila dentro da vila. Treze prédios históricos revelam a vida de pessoas do local através dos séculos até os anos 1950. Veja um solar elisabetano, um chalé coberto de colmo, uma loja de 1950 e até a cabana de uma bruxa.

Ao deixar a vila, vire à direita na estrada para Lastingham e pegue a esquerda na bifurcação (imprópria para trailers) na estrada para **Rosedale**. Ela cruza Chimney Bank, de onde o vale se espalha como uma grande colcha de retalhos verdes. Verifique os freios antes de fazer este trecho – dizem que a descida para a vila de Rosedale Abbey é a mais íngreme da Inglaterra.

🚗 *Em Rosedale Abbey, pegue a estrada ao lado de Milburn Arms, em frente à área verde sinalizada para Egton. Vire à direita na placa para Grosmont. Pare na estação de Grosmont.*

❻ Grosmont
North Yorks; YO22 5QE

No bonito Esk Valley, esta vila é famosa por dois motivos: o primeiro é a **Grosmont Station** *(abr-out; www.nymr.co.uk)*. Voluntários gerenciam esta antiga estação para a North York Moors Railway, que vai de Pickering a Whitby. Suba a bordo para uma viagem nostálgica e visite a vila de Goathland.

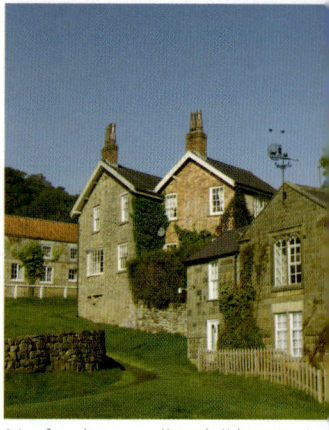

Acima Casas charmosas em Hutton-le-Hole, erguidas ao redor de uma série de pastagens de ovelhas

Abaixo, da esq. p/ dir. Trem a vapor na North York Moors Railway, na Grosmont Station; Loja oferece o tradicional equipamento de praia, refrigerantes e outras bebidas

Onde Ficar: barato, menos de £80; moderado, £80-£150; caro, acima de £150

Volte a pé pelos 5km da **Rail Trail**. Outro motivo da fama foi ter sido cenário para a popular série de TV *Heartbeat*.
🚗 *Saia pela Front St, vire à esquerda em Sleights na A169 e à direita na A171. Dobre à esquerda na Prospect Hill e pegue a terceira saída na rotatória para a praia.*

❼ Whitby
North Yorks; YO21 1YN
O agitado porto pesqueiro e balneário de Whitby ocupa os morros à margem do rio Esk, com a silhueta das ruínas da abadia contra o céu. Entre outros destaques arquitetônicos estão belas casas georgianas e chalés brancos de pescadores, ligados por vielas. A **Whitby Abbey** *(diariam)* foi fundada por Santa Hilda em 655 d.C., mas as ruínas atuais são das construções do século XIII destruídas por Henrique VIII e danificadas por navios alemães em 1914. Na encosta do morro ficam a **St. Mary's Church** *(diariam)* e seu cemitério, depois de uma escada com 199 degraus. As duas edificações criaram um cenário notável para o romance *Drácula* (1897), de Bram Stoker. Em 1876, o artista Frank Sutcliffe, nascido em Leeds, montou um estúdio em Whitby, e tirou fotos de pescadores, fazendeiros, navios e charnecas. Veja a obra dele na **Sutcliffe Gallery** *(Flowergate, www.sutcliffegallery.co.uk)*.
Até **Sandsend**, a caminhada é curta. Lá existe uma bela praia e boa arrebentação. Ou pode-se caminhar mais até a **Robin Hood's Bay**, boa para famílias. Também é possível subir, passar pela abadia e explorar o Cleveland Way *(www.northseatrail.co.uk)*, ou pescar em alto-mar em um passeio de meio dia *(01947 605 658; www.wsatsite.com)*.
🚗 *Vá para o interior, virando à direita na A174 que atravessa Sandsend e à direita para Staithes; estacione com talão pré-pago.*

❽ Staithes
North Yorks; TS13 5BH
Quando jovem, o explorador James Cook (1728-79) trabalhou como balconista nesta cidade pesqueira, e foi aqui que começou o sonho de ser navegante. Rodeada de rochedos que permitem caminhadas espetaculares, a vila portuária deve ter mudado pouco desde então. Ao norte ficam os **Boulby Cliffs**, os mais altos no leste da Inglaterra.
🚗 *Vá para oeste pela A174. Vire à esquerda em Easington em uma estrada secundária até a A171. Vire à direita e siga as placas para Guisborough.*

Abaixo O Yorkshire, Moors And Coast, passa sobre o Rosedale Chimney Bank

Placa de loja de chocolate em Whitby

Acima Armadilhas de siri e lagosta em Whitby, um centro pesqueiro ativo

COMPRAS EM WHITBY

Azeviche de Whitby
No luto pelo príncipe Albert, a rainha Vitória lançou a moda das negras pedras de azeviche. O litoral de Whitby foi uma rica fonte dessa bela pedra. Compre-a no **Whitby Jet Heritage Centre** e na **W. Hamond** *(ambas na Church St)*.

Defumados de Whitby
A **W. R. Fortunes** *(22 Henrietta St)* produz saborosos arenques, defumados com lascas de carvalho e faia.

ONDE COMER E BEBER

ARREDORES DE PICKERING

Appletree Country Inn *moderado*
Este pub serve jantar com excelentes produtos locais: bolos de caranguejo, carne de Marton e Marton Mess (suspiro de lavanda, frutas e creme).
Marton, Nr Pickering YO6 6RD (na Marton Rd, à esquerda ao lado da A170); 01751 431 457; fecha seg, ter

WHITBY

Elizabeth Botham & Sons *barato*
Casa de chá gerida por família. Peça o chá especial para acompanhar bolo de gengibre com queijo Coverdale ou bolo de ameixa amanteigado.
35 Skinner St, YO21 3AH; 01947 602 823; www.botham.co.uk

Magpie *barato*
Esta instituição de Whitby serve excelentes frutos do mar: ostras, cremes, coquetel de camarão e caranguejo de Whitby. Costuma lotar no almoço.
14 Pier Rd, YO21 3PU; 01947 602 058; www.magpiecafe.co.uk

Green's Seafood Bistro and Restaurant *moderado*
Oferece frutos do mar que chegam ao porto de manhã, assim como carne de boi e de caça local. O menu de bistrô é mais simples, e serve a pesca do dia.
13 Bridge St, YO22 4BG; 01947 600 284; www.greensofwhitby.com

Onde Comer e Beber: barato, menos de £25; moderado, £25-£50; caro, acima de £50

CAMINHAR PELA CLEVELAND WAY NATIONAL TRAIL

Os 176km da Cleveland Way National Trail atravessam o North Moors National Park em um percurso em forma de ferradura, desde a cidade-mercado de Helmsley até Saltburn, no litoral, chegando a Filey. Diversas empresas oferecem serviço de transferência de bagagem para quem caminha longas distâncias, ou há várias possibilidades de caminhadas curtas e circulares. Encontre informações no site da trilha (*www.nationaltrail.co.uk/ ClevelandWay*).

ONDE FICAR

ARREDORES DO GISBOROUGH PRIORY
King's Head *moderado*
B&B premiado, abrange dois chalés vizinhos do século XVII, no sopé de Roseberry Topping. Oito suítes. Café da manhã com bacon local, morcela, linguiças e defumados de Whitby.
The Green, Newton-under-Roseberry TS9 6QR; a 8km pelas A171 e A173; 01642 722 318; www.kingsheadhotel.co.uk

ARREDORES DE HELMSLEY
Pheasant Hotel *moderado*
Hotel campestre gerido por família em vila sossegada, 5km ao sudeste de Helmsley. As doze suítes têm vistas pitorescas do laguinho da vila, do parque com cervos ou do jardim murado.
Harome, Helmsley YO62 5JG; 01439 771 241; www.thepheasanthotel.com

Abaixo, da esq. p/ dir. A Rievaulx Abbey era uma das grandes abadias de Yorkshire; Estátua do explorador James Cook, em Great Ayton

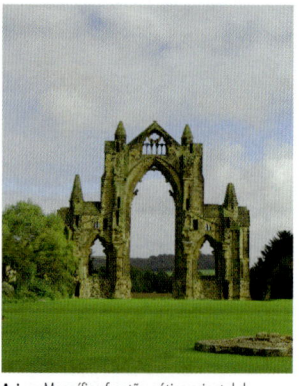

Acima Magnífico frontão gótico oriental do Gisborough Priory

⑨ Gisborough Priory
North Yorks; TS14 6HG

Resta pouca coisa deste **mosteiro agostiniano** do século XIV *(fecha seg, ter)*, mas o elevado esqueleto do frontão oriental dá uma ideia da obra-prima que tal construção deve ter sido. Fundado em 1119 pela família Bruce, que reinou na Escócia, o priorado foi reconstruído duas vezes. Após a Dissolução dos Mosteiros, a mando de Henrique VIII, o priorado foi adquirido pela família Chaloner, que criou um jardim magnífico no local. Voluntários estão trabalhando para restaurá-lo como espaço público. No verão, aqui são encenadas peças.

🚗 *Vá para oeste pela Middlesborough Rd (A171), depois vire à esquerda na A173 para ir a Great Ayton.*

A Dissolução dos Mosteiros

Quando o papa se recusou a anular seu casamento com Catarina de Aragão, em 1531, Henrique VIII declarou-se Chefe da Igreja da Inglaterra. Além de resolver seus problemas matrimoniais, isso permitiu que ele e seu ministro, Thomas Cromwell, assumissem o poder da Igreja Católica na Inglaterra. Tomando a vanguarda da Reforma Protestante na Europa, Henrique VIII afirmou que lutava contra a ganância e a corrupção da Igreja. Em 1540, mais de 850 mosteiros e santuários haviam sido fechados e suas posses foram apropriadas pela Coroa.

⑩ Great Ayton
North Yorks; TS9 6NB

O explorador e capitão James Cook passou oito anos da infância nesta bela vila com vistas do morro de arenito Roseberry Topping. O High Green tem uma estátua de Cook com 16 anos olhando para Staithes e o mar. Low Green, à margem do Leven, é ótimo para piquenique. Agora, a Postgate School é o **Captain Cook School Museum** *(abr-out: diariam à tarde)*. Em Low Green, a **All Saints Church**, do século XII, onde a família de Cook foi enterrada, ainda é usada para preces à luz de velas *(dom à tarde, qua de manhã)*.

🚗 *Siga pela A173, pegando a B1257 à esquerda para um passeio fantástico de 32km. Vire à direita na placa para Rievaulx Abbey. Pare ao lado da entrada.*

Onde Ficar: barato, menos de £80; moderado, £80-£150; caro, acima de £150

⑪ Rievaulx Abbey
North Yorks; YO62 5LB
Esta construção parcialmente em ruínas (abr-ser: diariam; out-mar: fecha ter, qua; www.english-heritage.org.uk) é considerada a primeira abadia cisterciense da Inglaterra. Os restos dos pilares altos e dos arcos dispostos na encosta de um vale sossegado estimulam a imaginação. Fundada em 1131, por volta do século XIII abrigava 150 monges e mais de 500 irmãos leigos. Uma exposição explora os aspectos agrícolas, comerciais e espirituais da abadia. O café serve comida fresca do local – e sidra da Ampleforth Abbey. Ali perto, e nas proximidades da estrada principal, **Rievaulx Terrace and Temples** (diariam) tem dois templos georgianos clássicos e vistas magníficas da Rievaulx Abbey.

🚗 Pegue a B1257 até Helmsley. Pare na praça do mercado ou na Cleveland Way.

Acima A preservada Helmsley atrai caminhantes para North York Moors

⑫ Helmsley
North Yorks; YO62 5AB
Cidade-mercado pequena mas agitada no rio Rye, é dominada pelas ruínas do **Helmsley Castle**, do século XIII (mar-out: diariam; nov-fev: fecha ter, qua). Com esse pano de fundo, o **Helmsley Walled Garden** (abr-out) é uma bonita horta do século XVIII, com frutas e verduras e um bom local para piquenique. No início da Cleveland Way National Trail, a cidade é uma base procurada por caminhantes.

🚗 Pegue a B1257, depois a A170, e volte à B1257. Vire à direita na B1363 sul, rumo a York. Em Sutton-on-the-Forest, siga as placas para Sutton Park.

⑬ Sutton Park
Sutton-on-the-Forest, N Yorks; YO61 1DP
Residência de sir Reginald e lady Sheffield (abr-set: qua, dom e feriados bancários, à tarde; 01347 811 251), esta belíssima mansão no estilo georgiano precoce (1730) fica em um parque. A mobília veio da Buckingham House (antes de se tornar palácio). Há caminhadas pelos bosques, uma casa georgiana para gelo e jardins – principalmente roseirais, fantásticos no verão.

Acima Flores no lado de fora de um pub, na bonita cidade-mercado de Helmsley

ONDE COMER E BEBER

ARREDORES DE HELMSLEY

Star Inn *moderado*
Pub-restaurante premiado, com comida criativa. Usa produtos frescos e locais, temperados com ervas da horta. Morcela grelhada com foie gras e agrião de Pickering; torta de peixe do mar do Norte com cobertura de Cheddar de Montgomery ou pernil assado do cervo do Duncombe Park. *High St, Harome, YO62 5JE (5km a sudeste de Helmsley); 01439 770 397; www.thestaratharome.co.uk*

SUTTON PARK

Rose and Crown *moderado*
Pub gastronômico que serve pratos criativos, como carpaccio de atum, bife de costela de Yorkshire com rúcula e salada de queijo defumado, e robalo com vagem na manteiga. *Sutton-on-the-Forest, YO61 1DP; 01347 811 333; www.rosecrown.co.uk*

PASSEIOS DE 1 DIA
Em qualquer lugar a história está sempre presente, assim como as charnecas.

Beleza arquitetônica
Em York ❶, veja a Minster e os *shambles* medievais. Visite o magnífico Castle Howard ❸ e vá até Yorkshire Lavender ❷ pelos aromas e para almoçar. Termine com o interior sofisticado e os jardins de Sutton Park ⓭.

Pegue a A64 norte. Vire para Castle Howard e Yorkshire Lavender, depois continue para oeste até a B1363 e o sul.

Aventuras nas charnecas
Se ficar em Pickering ❹, veja os afrescos da igreja antes de passar algumas horas pedalando na Dalby Forest. Siga para Hutton-le-Hole ❺ e explore as construções rurais históricas do Rydale Folk Museum. Finalize o dia com o emocionante passeio pela Rosedale Chimney Bank, desfrutando a vista.

Vá para oeste pela A170, virando à direita para Hutton-le-Hole, e siga as placas para Rosedale. Pegue a Moor Lane sul.

Ruínas, pescaria e trem a vapor
Assuste-se com as ruínas góticas da abadia e o assombrado cemitério de Whitby ❼. Se os vampiros não estiverem mordendo, talvez os peixes o façam – por isso, vá pescá-los em um passeio de barco. Se der tempo, chegue até Grosmont ❻ para pegar o restaurado trem a vapor para Goathland. Quem conseguir pode voltar a pé para Whitby pela Rail Trail.

Dirija-se a Whitby pela A171, vire à esquerda na A169 e à direita em Eskdaleside para Grosmont.

Onde Comer e Beber: barato, menos de £25; moderado, £25-£50; caro, acima de £50

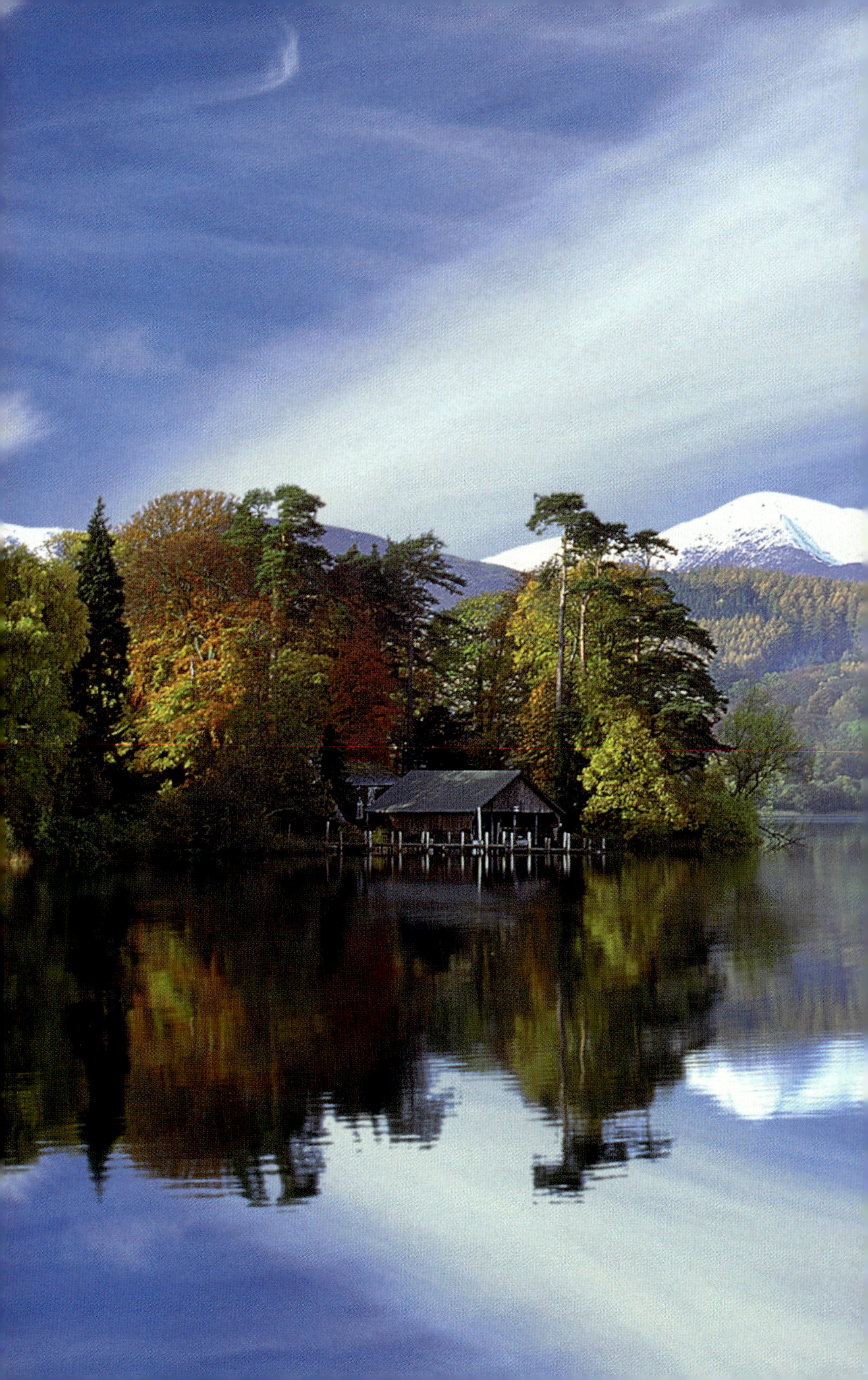

ROTEIRO **19**

A Poesia dos Lagos

De Carlisle a Coniston

Destaques

- **A bela Carlisle**
  Conheça a cidade fronteiriça da Cúmbria, com magnífico conjunto de catedral e castelo histórico

- **Maravilhas naturais**
  Atravesse florestas exuberantes e passos nas montanhas; veja águias-pescadoras no ninho, cascatas altas e uma pedra enorme trazida da Escócia por uma geleira

- **Joias lacustres**
  Aproveite ao máximo as águas quase intocadas do Lake District – faça um cruzeiro, reme, pesque ou apenas relaxe nas praias

- **Paisagens literárias**
  Visite a casa de Wordsworth, a bela residência de John Ruskin e o charmoso chalé de Beatrix Potter

Barco a remo desliza nas águas claras e mansas do Derwent, no Lake District

A Poesia dos Lagos

Este roteiro serpenteia pelo Lake District e começa atravessando as pastagens verdes para ovelhas. Há também alguns trechos longos em meio aos mais bonitos cenários naturais da Grã-Bretanha. O percurso conta com dois passos de montanha nada problemáticos; compreende fazendas dispersas, com casas cobertas de ardósia; e passa por lagos grandes e pequenos, turísticos ou tranquilos. As paradas ao longo do caminho incluem a cidadezinha de Cockermouth, a movimentada Keswick, em Derwent Water, e o famoso Dove Cottage, em Grasmere, onde morou o poeta William Wordsworth – que se inspirou na beleza natural do lugar.

Acima Chalé típico do Lake District construído com pedras do local, combinando com os muros de pedra sem argamassa

ATIVIDADES

Conheça a história de Carlisle, perto da fronteira escocesa, e veja a catedral magnífica e o castelo maciço

Visite uma cervejaria tradicional para ver a cerveja Cockermouth em produção e provar as ales no bar da fábrica

Observe as águias-pescadoras nos ninhos no Whinlatter Forest Park

Faça caminhadas, ande de bicicleta, veleje, passeie de canoa – o Lake District é um amplo playground de aventuras

Desça na última mina de ardósia da Grã-Bretanha, no fantástico Honister Pass

Passe uma noite no teatro em Keswick e saia para ver Derwent Water banhando a praia à sua frente

Experimente a receita secreta de Sarah Nelson: um tradicional bolo cúmbrico de gengibre, em Grasmere

Confira o trabalho dos sopradores de vidro e compre um suvenir em Ambleside

À beira do lago, visite a casa vitoriana de John Ruskin, poeta, artista, comentarista e preservacionista

Faça um agradável cruzeiro por Coniston em um barco a vapor

LEGENDA
— Roteiro

Abaixo Tradicional barco de cruzeiro desliza pela superfície do lago Ullswater, perto de Keswick (p. 201)

ROTEIRO 19: A Poesia dos Lagos

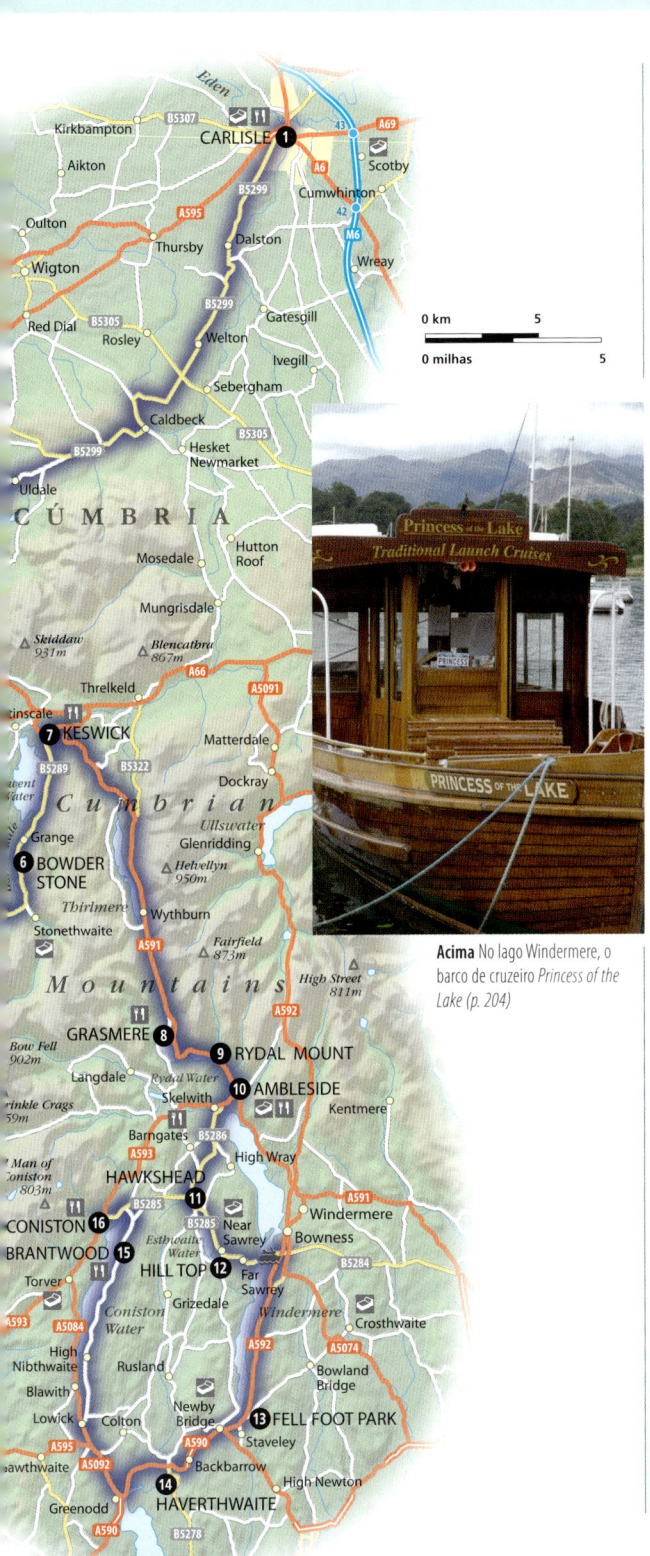

PLANEJAMENTO

Início/fim: De Carlisle a Coniston.

Número de dias: 5, com reserva de meio dia para Carlisle.

Distância: Cerca de 217km (135 milhas).

Condições das estradas: Boas, mas cuidado com ovelhas desgarradas.

Quando ir: A primavera é o momento ideal para ver a florada de milhares de narcisos dourados; mai-jun é quando as azaleias florescem; o verão é divertido, mas movimentado; e out revela as belas cores do outono.

Horários de funcionamento: Em geral, galerias, museus e atrações abrem das 10h às 17h, mas fecham mais cedo de nov-Páscoa. Lojas têm horários mais longos. Igrejas costumam abrir até o anoitecer.

Principais dias de mercado: Keswick: sáb; **Carlisle**: Feira do produtor, 1ª sex do mês; Mercado coberto, fecha dom.

Compras: Procure bolo de gengibre em Grasmere, sorvete em Buttermere, ótimas conservas em Hawkshead e *fudge* em Coniston. Há também peças de lã e de vidro em Ambleside.

Principais festas: Cúmbria: Cumbria Life Food and Drink Festival, abr-mai; Lake District Summer Music Festival, ago; **Carlisle**: International Summer Festival, jul; **Cockermouth**: Summer Festival, jul; **Keswick**: Film Festival, fev; Words by the Water, mar; Jazz Festival, mai; **Grasmere**: Lake Artists Society Summer Exhibition, ago; **Coniston**: Water Festival, jul.

Acima No lago Windermere, o barco de cruzeiro *Princess of the Lake* (p. 204)

PASSEIOS DE 1 DIA

Famílias gostam de descobrir as **fortificações** e a **catedral** Carlisle, e depois visitar Cockermouth, com as **ruínas do castelo**. Siga até o Whinlatter Forest Park para **caminhar** ou **pedalar**. Conheça a pedra de Lakeland, no **antigo círculo de pedra** de Keswick, suba na **Bowder Stone**, cruze o **Honister Pass**, desça na **mina de ardósia** e aprecie a **vista** em uma **caminhada** pelo Buttermere Lake. Os amantes de poesia podem visitar o **chalé** e a **sepultura** de Wordsworth, em Grasmere; a casa dele em **Rydal Mount**, Ambleside e Hawkshead. Também se pode **caminhar** ou **pescar**. Detalhes *p. 205*.

❶ Carlisle
Cúmbria; CA3 8JA

Ruas com casas geminadas rodeiam o antigo centro desta cidade de fronteira, que ainda está intacta e é muito inspiradora – mesmo com suas fachadas sem graça de lojas. Nem chique nem cosmopolita, Carlisle tem personalidade, com forte orgulho cívico. Possui uma catedral pequena, mas bonita. Os melhores prazeres gastronômicos ficam em áreas campestres próximas, e não na própria cidade.

Acima Antiga porta de madeira no castelo de Carlisle (séculos XII-XIV)

PARA VISITAR CARLISLE

Estacionamento
Saia da M6 no entroncamento 43 e pegue a A69 Rotary Way para a Warwick Rd até ver a Lowther St. Vire à direita para o estacionamento The Lanes, à esquerda, ou siga as placas até a estação para estacionar por pouco ou muito tempo (deixe o talão pré-pago bem visível). Você pode parar na rua na Main St, Station St e na Market Place.

Informação turística
Old Town Hall, Market Sq, CA3 8JE; 01228 625 600; www.visitcumbria.com

ONDE FICAR

CARLISLE

Cornerways Guest House *barato*
Este é um B&B com boa relação custo-benefício, e está convenientemente localizado. Nem todos os quartos têm banheiro. Serve café da manhã completo, inglês ou continental.
107 Warwick Rd, CA1 1EA; 01228 521 733; www.cornerwaysbandb.co.uk

Number Thirty-One *moderado*
Esta hospedaria premiada oferece B&B mais jantar a preço fixo, com pratos baseados nos melhores e mais frescos produtos do dia.
31 Howard Place, CA1 1HR; 01228 597 080; www.number31.co.uk

ARREDORES DE CARLISLE

Willowbeck Lodge *moderado*
Chalé em estilo escandinavo, construído para ser hotel, oferece café da manhã com defumados de Craster, ovos caipiras e panquecas escocesas.
Lambley Bank, Scotby, CA4 8BX; 5km a leste pela A69; 01228 513 607; www.willowbeck-lodge.com

Passeio a pé de 2 horas

Comece na **Railway Station** ①, com imponente fachada em estilo Gótico-Tudor. Foi projetada em 1847 por sir William Tite, que desenhou o Bank of England e a London's Royal Exchange. Da estação, o próximo passo é a **cidadela** ② *(jul-ago: seg-sex)*; as torres leste e oeste, ovais, foram iniciadas em 1810-1 segundo projeto de Thomas Telford; ali ficavam o tribunal de justiça e a prisão. A torre oeste dispõe de salas do tribunal, o salão do grande júri e celas com painéis de carvalho. Caminhe entre as torres e suba a English St rumo ao shopping center da cidade. No centro da área de pedestres fica a Carlisle Cross, de 1682. O centro de turismo fica aqui, instalado na **Old Town Hall** ③, fundada em 1122 e reconstruída muitas vezes. No lado de fora há uma caixa de correio vitoriana que marca o fato de que, na Inglaterra, a primeira dessas caixas foi feita em Carlisle, em 1853. Vire à direita ao sair do centro de turismo e entre na **Carlisle Cathedral** ④, de pedras vermelhas e cinza. Aprecie os magníficos vitrais, alguns deles do século XIV. Sob uma abóbada cilíndrica com teto estrelado há pinturas excelentes, um tríptico entalhado em carvalho da Antuérpia, que data de 1510, e cadeiras de coro do século XV.

Ao redor da catedral há algumas construções do século XVII, como o Old Registry, de 1699; o Deanery, com torre de observação defensiva; e o Fratry, um refeitório monástico do século XIII. Dobre à esquerda e novamente à esquerda na Abbey St e entre na **Old Tullie House** ⑤ *(diariam)*, museu e galeria instalados em uma mansão jacobita de 1689. Suas mostras expõem história social, arqueologia, vida silvestre, geologia e belas-artes da região. Pegue a saída de trás e encontre a **Millennium Gallery** ⑥. Trata-se de um metrô inteligente que corre sob a rua, com objetos que exaltam a cidade. Entre eles há uma pedra para xingamentos que registra as palavras severas do bispo de Glasgow destinadas aos saqueadores de fronteira. Entre no **castelo Carlisle** ⑦ pela porta e ponte levadiça do século XIV e avance para a fortaleza do século XII, com os úmidos calabouços em que Maria Stuart ficou presa. Caminhe por fora do castelo e entre no Bitts Park, no cruzamento com a Castle Way. Atravesse o parque até o rio Eden e

Abaixo O que restou da versão mais antiga e maior da Carlisle Cathedral

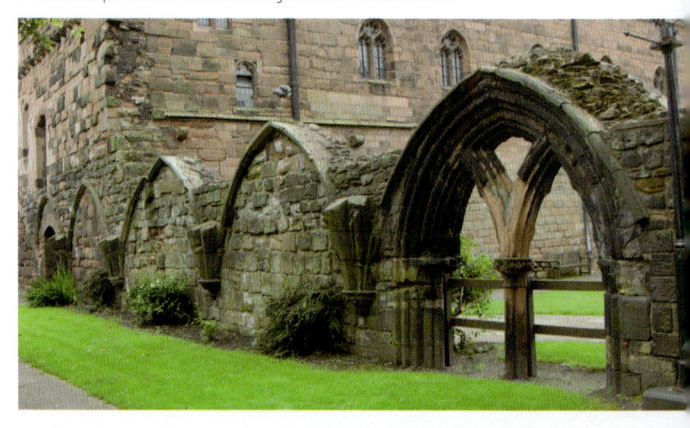

Onde Ficar: barato, menos de £80; moderado, £80-£150; caro, acima de £150

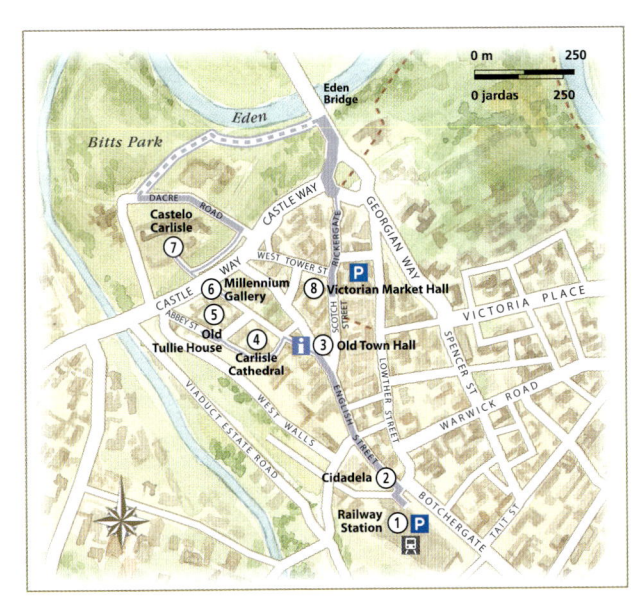

ROTEIRO 19: A Poesia dos Lagos

Acima Simpática e colorida, esta é uma cafeteria independente em Cockermouth

suba os degraus da Eden Bridge. À direita fica o alto Civic Centre; à esquerda, o **Hadrian's Wall**, que segue pela margem do Eden em Stanwix. Volte ao centro pelo Rickergate e passe pelo **Victorian Market Hall** ⑧, com telhado de vidro, construído em 1890. Retorne à estação.

🚗 Pegue a A6 (Lowther St). Tome a primeira saída na rotatória para a A595, vire à esquerda na B5299, depois pegue a esquerda na bifurcação para Uldale. Siga a B5291, sinalizada como Bassenthwaite/Keswick, e a A66. Na rotatória, pegue a B5089 para Cockermouth e entre na B5292 até o centro.

② Cockermouth
Cúmbria; CA13 9NP
Berço de William Wordsworth (1770-1850), esta pequena cidade-mercado, na confluência dos rios Derwent e Cocker, é fácil de explorar a pé. Entre na **Wordsworth House** *(fecha dom)*, um casarão georgiano em que o poeta passou a infância, para ver como era a vida na década de 1770. Na cozinha são realizadas degustações, e no jardim murado há variedades de flores, além de uma horta com frutas e verduras. Quase em ruínas, o **Cockermouth Castle**, mais bem apreciado

quando visto do rio, só abre à visitação durante o Summer Festival, em julho. Há lojas de antiguidades na Station St. Quem gosta de cervejas tipo ale deve marcar uma visita à **Jennings Brewery**, do século XIX *(www.jenningsbrewery.co.uk; 0845 1297 185)*.

🚗 Pegue a B5292 para Lorton. Entre à esquerda na bifurcação para ficar na B5292 até Whinlatter Forest.

Placa do Whinlatter Forest Park

③ Whinlatter Forest Park
Cúmbria; CA12 5TW
A estrada atravessa a única verdadeira floresta de montanha inglesa (plantada para extração de madeira após a Primeira Guerra), e oferece vistas do Lake District e do estuário de Solway em direção à Escócia. Veja águias-pescadoras, ou tentilhões e esquilos avermelhados na área de alimentação. O **centro de visitantes** *(www.forestry.gov.uk/whinlatterhome; 01229 860 373)* tem detalhes sobre caminhadas nos bosques, ou passeios de mountain bike na Altura Trail, mais longa trilha feita para isso no Lake District. Alugue bicicletas e roupas na Cyclewise Whinlatter *(www.cyclewise.co.uk; 017687 78711)*.

🚗 Volte pela High Lorton e vire à esquerda na B5289 para Buttermere. Há um estacionamento na vila.

ONDE COMER E BEBER

CARLISLE
La Pergola *barato*
Casa italiana gerida por família, oferece pratos consagrados em bela localização.
28 Castle St, CA3 8TP; 01228 534 084; www.ristorantelapergola.co.uk

The Spice Enterprise *barato*
Em antigo pub, serve pratos tradicionais e especialidades interessantes – camarões graúdos grelhados com molho apimentado de limão e coelho especial ao molho de iogurte. Tem vinhos orgânicos e com certificação de Comércio Justo. Crianças são bem-vindas.
Briar Bank, CA3 9SN; 01228 599 888; www.thespiceenterprise.co.uk

La Mezzaluna *barato*
Este restaurante italiano serve comida tradicional no café da manhã, almoço e jantar, com opções vegetarianas.
6 The Crescent, CA1 1QW; 01228 534 472; www.lamezzalunacarlisle.co.uk

Alexandros *barato*
Restaurante pequeno e acolhedor, oferece autêntica comida grega, com alguns toques modernos e criativos.
68 Warwick Rd, CA1 1DR; 01228 592 227; www.thegreek.co.uk

COCKERMOUTH
The Bitter End *barato*
Pub simpático com boas ales, tem cervejaria própria e serve sanduíches, torta de carne com cerveja e peixe com fritas.
Kirkgate, CA13 9PJ; 01900 828 993; www.bitterend.co.uk

Old Stackyard Tearooms *barato*
Lugar encantador para saborear lanches caseiros premiados e refeições leves.
Wellington Farm, CA13 0QU (ao lado das A66 e da rotatória da A5086); 01900 822 777; www.wellingtonjerseys.co.uk

Quince and Medlar *moderado*
Em uma casa georgiana magnífica, oferece criativo menu vegetariano, com vinhos orgânicos e ótimos sucos de fruta.
13 Castlegate, CA13 9EU; 01900 823 579

Onde Comer e Beber: barato, menos de £25; moderado, £25-£50; caro, acima de £50

Acima, da esq. p/ dir. Lancha tradicional em Derwent Water, perto de Keswick; Vista panorâmica de Keswick, Derwent Water e Fells

PARA VISITAR KESWICK

Estacionamento
É pago ao lado do teatro e em pontos sinalizados pela cidade.

Barcos
A oeste, na **Derwent Water Marina**, ao lado da A66, alugue caiaques, barcos a remo, veleiros e pranchas de windsurfe, e faça algumas aulas.
(Portinscale, CA12 5RF; 01768772 912; www.derwentwatermarina.co.uk)

ONDE FICAR

ARREDORES DE BUTTERMERE

New House Farm *moderado-caro*
Esta ótima hospedaria do século XVII, na B5289 para Buttermere, oferece belos quartos com painéis de madeira.
Lorton, Cockermouth, CA13 9UU; 07841 159 818; www.newhouse-farm.com

ARREDORES DE HONISTER PASS

Langstrath Country Inn *barato*
Há oito boas suítes nesta hospedaria calma, boa para caminhantes, ao lado da B5289, após a mina de ardósia de Honister. Tem muita personalidade e serve comida excelente – prove o cordeiro local, os queijos da Cúmbria e as cervejas tipo ale.
Stonethwaite, Borrowdale, CA12 5XG; 017687 77239; www.thelangstrath.com

ARREDORES DE KESWICK

Swinside Lodge *moderado*
Casa de campo georgiana, perto de Stair, na margem oeste de Derwent Water, tem sete quartos com belas vistas. O menu muda a cada dia, com ingredientes frescos, e inclui pães caseiros, sopas, sorvetes e queijos da Cúmbria.
Newlands, CA12 5UE; 017687 72948; www.swinsidelodge-hotel.co.uk

---

❹ Buttermere
Cúmbria; CA13 9UZ

Este vilarejo tem localização cinematográfica ao pé de picos e penhascos, entre o tranquilo Buttermere Lake e o Crummock Water, maior. A caminhada pela trilha leva de 2 a 3 horas ao redor de Buttermere (que significa "lago com pastagens para laticínios"); costuma haver uma van de sorvete no final da trilha. Há também uma caminhada curta do vilarejo até a espetacular **Scale Force**, a cascata mais alta do Lake District, com queda única de 52m.

🚗 *Pela B5289, passe sobre o Honister Pass e vá até a mina.*

❺ Honister Pass
Cúmbria; CA12 5XN

O trajeto que cruza o **Honister Pass** é muito bonito, atravessando riachos e rios caudalosos, difíceis encostas verdes e trechos com pedras. E as lanosas ovelhas Herdwick estão por toda parte. Na B5289, a **Honister Slate Mine** *(diariam; 017687 77230; www.honister-slate-mine.co.uk)* é a última mina de ardósia ativa da Grã-Bretanha, e produz a tradicional pedra verde de Westmoreland. Todo dia, oferece quatro visitas guiadas de 90 minutos, que percorrem 18km de túneis. Conheça a extração e o processamento da ardósia (é preciso reservar).

🚗 *Prossiga pela B5289 até Bowder Stone. Note a ponte de pedra dupla na vila de Grange, mas não a cruze no auge do verão, pois a vila fica lotada.*

A dama do lago

Mary Robinson, a linda filha do proprietário do Fish Hotel, era conhecida como a "Bela de Buttermere". Em 1802, ela se casou com o nobre Alexander Augustus Hope, tenente-coronel do 14º Regimento de Infantaria. Na realidade, porém, ele era John Hatfield, impostor e bígamo, e foi enforcado em 1803 em Carlisle como falsário. A história de Mary inspirou o romance do escritor e radialista sir Melvyn Bragg: *The Maid of Buttermere*.

---

❻ Bowder Stone
Grange, Cúmbria

Pode-se imaginar que esta pedra de 2 mil toneladas, com 9m de altura, tenha simplesmente rolado da superfície rochosa. Mas não se trata de uma pe-

Abaixo Um visitante da Escócia: a colossal Bowder Stone, Grange

Onde Ficar: barato, menos de £80; moderado, £80-£150; caro, acima de £150

ROTEIRO 19: A Poesia dos Lagos

Ao lado, da esq. p/ dir. Ponte de pedra sobre o rio Greta, em Keswick; A Dove Cottage, casa do famoso poeta do lago William Wordsworth

COMPRAS EM GRASMERE

O bolo de gengibre de Sarah Nelson é vendido na **Grasmere Gingerbread Shop**, no que antes era a escola da vila, Lych Gate, onde Wordsworth deu aulas. *(Portinscale, CA12 5RF; 01768772 912; www.derwentwatermarina.co.uk)*

dra da região; foi provavelmente trazida por geleiras do Período Glacial diretamente da Escócia. A tradição manda cumprimentar um amigo ao lado da pedra e depois subir até o topo.

🚗 *Continue pela B5289 até Keswick.*

❼ Keswick
Cúmbria; CA12 5JR

Grande destino turístico, esta cidade movimentada tem bonita localização em Derwent Water, rodeada pelos outeiros de Saddleback, Helvellyn e Grizedale Pike. Entre as atrações estão o **Theatre by the Lake**, *(www.theatrebythelake.co.uk)*, com companhia teatral profissional e galerias de arte. Mas também se pode remar e andar de caiaque no lago, ou fazer um cruzeiro. A leste, pela A591, fica o enigmático **Castlerigg Stone Circle**, com vistas do Skiddaw, Blencathra e Lonscale Fell. Com alinhamento de significado astrológico, o círculo de 38 pedras encerra um retângulo de outras dez, e data de cerca de 3000 a.C.

🚗 *Vá para o sul pela A591 até Grasmere.*

Placa de sorvete local, Buttermere

do poeta e, no lado de fora, estão oito teixos plantados por ele. Um deles agora marca o túmulo que Wordsworth compartilha com a mulher, Mary. Ali perto estão enterrados quatro de seus filhos, sua irmã Dorothy, a irmã de Mary, e Hartley, filho de Samuel Taylor Coleridge. Depois da vila, pela A591, há um estacionamento grátis à esquerda para a **Dove Cottage** *(fecha 24-26 dez e 3 semanas em jan)*, residência de William e Dorothy de 1799 a 1808. Aqui, o poeta teve uma fase áurea de criatividade, e as paredes caiadas, os pisos de pedra e os painéis escuros refletem a presença dele. Aqui, também, Dorothy escreveu seus *Grasmere Journals*. Em 1802, William casou-se com Mary Hutchinson. Entre os hóspedes da casa estavam o poeta Samuel Taylor Coleridge, e os romancistas sir Walter Scott e Thomas de Quincey. Restaurado, o jardim readquiriu seu estado quase silvestre, como planejaram William e Dorothy.

🚗 *Siga pela A591 ao longo de Rydal Water até Rydal Mount.*

As ovelhas Herdwick

Muito resistentes, as ovelhas Herdwick são nativas do Lake District, onde pastam desde o século XII (ou antes). A carne é apreciada pelos gourmets da Cúmbria. O sabor diferenciado vem de uma dieta de capim dos outeiros e urze. A lã é consistente, fibrosa e durável.

❽ Grasmere
Cúmbria; LA22 9SH

Na trilha Wordsworth, a vila de Grasmere conta com a resistente igrejinha de **St. Oswald**. Ela abriga uma caixa de vidro que guarda o livro de orações

ONDE COMER E BEBER

KESWICK
Luca's Ristorante *barato*
A casa se considera um excelente restaurante italiano em Keswick e tem clientela fiel. Localizado ao lado do rio, dispõe de menu variado.
High Hill, Greta Bridge, CA12 5NX; 017687 74621; www.lucasristorante.co.uk

Square Orange *barato*
Café-bar em estilo europeu, oferece ótimo café, pizzas e tapas. Conta com jogos de salão para dias de chuva.
20 St. John's St, CA12 5AS; 017687 73888; www.thesquareorange.co.uk

Highfield Restaurant *caro*
Com menu baseado em produtos locais sazonais, este hotel-restaurante serve carne da Cúmbria, caça e queijos cúmbricos premiados.
The Heads, CA12 5ER; 017687 72508; www.highfieldkeswick.co.uk

GRASMERE
The Jumble Room *moderado*
Este restaurante peculiar, com menu eclético, serve delícias como a tradicional torta de caça de Graythwaite e o incomum ravióli ítalo-tailandês.
Langdale Rd, LA22 9SU; 015394 35188; www.thejumbleroom.com

Abaixo O Castlerigg Stone Circle, um dos mais antigos círculos de pedra britânicos

Onde Comer e Beber: barato, menos de £25; moderado, £25-£50; caro, acima de £50

PARA VISITAR AMBLESIDE

Estacionamento
Com talão pré-pago à direita, quando se entra na cidade.

Informação turística
Central Buildings, Market Cross LA22 9BS; 015394 32582; www.amblesideonline.co.uk

ONDE FICAR

AMBLESIDE

Cote How Organic Guest House *moderado*
Em um belo cenário, esta hospedaria tem seis quartos com banheiro e serve produtos orgânicos, sustentáveis e com certificado de Comércio Justo. *Rydal, LA22 9LW; 015394 32765; www.cotehow.co.uk*

Barnes Fell B&B *moderado*
B&B-butique, tem três ótimas suítes. Café da manhã com produtos orgânicos e bacon local. *Low Gale, LA22 0BD; 015394 33311; www.barnesfell.co.uk*

ARREDORES DE HILL TOP

Ees Wyke Country House *moderado*
Encantadora casa de campo georgiana voltada para Esthwaite Water. *Near Sawrey, LA22 0JZ; 11km ao sul de Hill Top; 015394 36393; www.eeswyke.co.uk*

Abaixo, em sentido horário Fileira de B&Bs vitorianos de pedra, em Ambleside; Rydal Water, um dos menores lagos da área; Rydal Mount, última casa em que viveu Wordsworth; O Old Corn Mill, em Ambleside, data de 1680

❾ Rydal Mount
Rydal, perto de Ambleside; LA22 9LU
Em 1813, William e Mary Wordsworth se mudaram para o **Rydal Mount**, do século XVI *(fecha jan; seg e ter no inverno e 25-26 dez; 015394 33002; www.rydalmount.co.uk)*, com três de seus filhos – dois haviam morrido no ano anterior –, a irmã de William, Dorothy, e a cunhada, Sara. Esta foi a residência nos últimos 37 anos da vida dele. Use um folheto como guia para visitar a casa e o jardim e ver relíquias como a caixa de piquenique do poeta, e a correspondência relativa à sua designação como poeta laureado. Caminhe até o vizinho Rydal Water, um dos lugares preferidos dele.

🚗 *Continue pela A591 até Ambleside, e ache o estacionamento pago à direita.*

❿ Ambleside
Cúmbria; LA22 9BS
Destino procurado por caminhantes, Ambleside fica no meio do Lake District National Park e tem muitos pubs, restaurantes e hotéis. Aqui, Wordsworth conseguiu emprego como vendedor de selos. Visite a **Glass Blowing Workshop** *(compras em Ambleside)* e o escritório do National Trust na **Bridge House**, de dois andares, construída sobre a antiga ponte de cavalos de carga. Na antiga loja de maçãs com 4m x 2m, o casal Rigg criou seis filhos na década de 1850.

🚗 *Pegue a A591, vire à direita na A593 rumo a Coniston e pegue a esquerda na bifurcação da B5286 para Hawkshead. Pare no estacionamento fora da vila.*

Os poetas do lago

A primeira menção à Lake School of Poetry – poetas românticos que viviam no Lake District – surgiu em 1817. Tais poetas eram Samuel Taylor Coleridge, Robert Southey, Thomas de Quincey e William Wordsworth, o único nascido aqui. Boa parte da obra dele era confessional e autobiográfica – original na época. A poesia "Narcisos", uma evocação arrebatada da beleza da primavera nos lagos, é provavelmente sua obra mais conhecida e uma das mais apreciadas da língua inglesa.

⓫ Hawkshead
Cúmbria; LA22 0NT
Esta é uma vila charmosa, com lindos chalés, a antiga Court House e a **Beatrix Potter Gallery** *(fecha sex)*, dedicada à escritora de livros infantis, com algumas das ilustrações feitas por ela. A partir de 1779 e durante oito anos, Wordsworth foi um dos alunos do **Hawkshead Grammar School** *(fecha nov mar; dom de manhã)*. Pode-se ver onde ele (supostamente) entalhou seu nome em uma carteira. Perto fica o vasto Esthwaite Water, descrito no "Prelúdio" de Wordsworth como "nosso laguinho", cheio de peixes e procurado

Onde Ficar: barato, menos de £80; moderado, £80-£150; caro, acima de £150

ROTEIRO 19: A Poesia dos Lagos

por quem pesca com anzol. É possível conseguir autorização de pesca, equipamento, aulas e aluguel de barco na **Esthwaite Water Trout Fishery** *(015394 36541; www.hawksheadtrout.co.uk)*, na margem sudoeste. Quem gosta de caminhadas deve ir a **Tarn Hows**, 5km a noroeste, um belo lago com ótimas vistas. No meio de bosques, é rodeado por uma trilha de 2,5km, adequada para cadeirantes.
Visite *www. hawkshead-village. co.uk/walks/tarn_ hows.html* ou compre um mapa no centro turístico.
  Há cinco trilhas que saem do **Grizedale Forest Park Visitor Centre** *(01229 860 010)*, onde se pode comprar um mapa de orientação. Para chegar nele, siga para o sul na Main St e vire à primeira à direita na placa "Theatre in the Forest". Ou alugue uma mountain bike e divirta-se em trilhas seguras.
🚗 *Da Main St, vire à esquerda na B5285 para Near Sawrey (com pequeno estacionamento).*

Abaixo A Hawkshead Grammar School, fundada pelo arcebispo de York em 1585

⑫ **Hill Top**
Near Sawrey, Ambleside; LA22 0LF
Residência da escritora de livros infantis Beatrix Potter a partir de 1905, **Hill Top** *(015394 36369; www.nationaltrust. org.uk; fecha sex)* foi adquirida com os lucros de *A história do Pedro Coelho*, primeiro livro dela. Esta sede de fazenda do século XVII, com jardim de flores e horta com verduras e ervas, foi mantida como se a escritora estivesse viva. Os fãs de sua obra reconhecerão elementos das histórias dela, como o relógio de *The Tailor of Gloucester* e a cômoda de *The Tale of Samuel Whiskers*. Na vila, observe os jardins floridos da Buckle Yeat Guesthouse, inspiração para *Tale of Tom Kitten*, de Potter.
🚗 *Continue pela B5285 até Far Sawrey e o Lake Windermere e pegue o ferryboat em uma viagem de 15 minutos até a margem oriental (diariam; há filas na alta temporada). Percorra a A592 ao longo da margem do lago até o Fell Foot Park.*

Placa de rua em Hawkshead

Acima, da esq. p/ dir. A florida Buckle Yeat Guesthouse, em Near Sawrey; Tower Bank Arms, em Near Sawrey, atrás da casa de Beatrix Potter; Topiaria em forma de bule de chá em Hawkshead, Cúmbria

COMPRAS EM AMBLESIDE

A **Glass Blowing Workshop** *(Rydal Rd, LA22 9AN; 01539 433 039)* faz peças modernas de vidro para iluminação, enquanto Jane Exley produz manualmente tapetes exclusivos em seu estúdio à beira-rio, o **Woolly Rug Co.** *(Old Mill Bridge, North Rd, LA22 9DT; www.woollyrug.com; 01539 433 003)*.

COMPRAS EM HAWKSHEAD

A **Hawkshead Relish Company** produz conservas caseiras, à venda na Buttercups e na Hawkshead Fine Teas *(The Square, LA22 0NZ)*, e pontos de venda da área. Para recordações de Beatrix Potter e estatuetas, procure a loja Haddows Gifts *(The Car Park, LA22 0NT)*.

ONDE COMER E BEBER

AMBLESIDE
The Giggling Goose *barato*
Terraço à beira-rio, com salão de chá no andar de cima. Serve sopas, sanduíches e bolos. Aproveite o ar fresco sentando-se ao lado da calha do moinho.
The Old Mill, LA22 9DT; 01539 433 370; www.gigglinggoose.co.uk

Glass House *moderado*
No almoço, delicie-se com sanduíches, enrolado de tortilla e hambúrguer na foccacia. À noite, o menu é sofisticado.
Rydal Rd, LA22 9AN; 01539 432137; www.theglasshouserestaurant.co.uk

ARREDORES DE HAWKSHEAD
Drunken Duck *moderado*
Pub gastronômico e hospedaria, serve sanduíches e comida criativa. Vire à direita na B5286 na frente da Outgate Inn.
Barngates, LA22 0NG; 015394 36347; www.drunkenduckinn.co.uk

Onde Comer e Beber: barato, menos de £25; moderado, £25-£50; caro, acima de £50

Acima, da esq. p/ dir. Parte da reformada Haverthwaite & Lakeside Railway; Locomotiva britânica mais antiga, que ainda funciona, na Haverthwaite Station

ONDE FICAR

ARREDORES DE FELL FOOT PARK

Punch Bowl Inn *caro*
Depois do ferryboat, pegue a A5074 sul e vire para Crosthwaite até chegar a esta hospedaria campestre do século XVIII, com nove quartos característicos. A culinária é criativa até no café da manhã: suco de laranja feito na hora, panquecas de batata e endro com ovo de codorna e molho holandês.
Crosthwaite, Lyth Valley, LA8 8HR; 015395 68237; www.the-punchbowl.co.uk

Newby Bridge Hotel *caro*
Hotel sofisticado em cenário maravilhoso à margem do Windermere (ao lado da A590 ao sul de Fell Foot), com centro de lazer que conta com piscina e pequena academia. O menu muda todo dia, com produtos frescos da horta e da fazenda.
Newby Bridge, LA12 8NA; 015395 31222; www.newbybridgehotel.co.uk

ARREDORES DE CONISTON

Old Rectory *moderado*
Este hotel, ao sul de Coniston pela A593 – pegue a primeira à esquerda depois da Little Arrow –, ocupa uma casa do século XIX situada em grandes jardins e bosques. Tem nove quartos, cada um decorado de um jeito, e serve café da manhã com produtos locais.
Torver, Coniston, LA21 8AX; 015394 41353; www.theoldrectoryhotel.com

À dir. Ovelhas pastam no campo e a névoa da manhã se levanta do outro lado de Coniston Water

Onde Ficar: barato, menos de £80; moderado, £80-£150; caro, acima de £150

Lago Windermere

Com 18km de extensão de norte a sul, o Windermere é o maior lago da Inglaterra e foi importante curso d'água desde os tempos romanos. Alimentado pelos rios Brathay e Rothay na cabeceira setentrional, recebe o rio Leven na Newby Bridge, ao sul. Na margem oriental, a ampla Bowness-on-Windermere é o principal balneário, com muitos hotéis, lojas, pubs e atrações, além de diversos acessos ao lago. Na alta temporada, a cidade fica lotada de visitantes. A bonita estrada à beira do lago passa por margens densamente arborizadas, que têm casas cobiçadas com vistas espetaculares.

⑬ Fell Foot Park
Cúmbria; LA12 8NN

Jardim vitoriano tardio na ponta sul do Windermere, tem gramados, rododendros, carvalhos e pinheiros. O Fell Foot Park *(diariam; 015395 31273; www.nationaltrust.org.uk)* tem ótimos acessos à margem do lago e vistas fantásticas dos Fells. Há áreas para piquenique, aluguel de barcos a remo e um salão de chá em uma casa-barco vitoriana que serve almoços leves.

🚗 *Prossiga para Newby Bridge, virando à direita na A590 e à esquerda na B5278.*

⑭ Haverthwaite
Cúmbria; LA12 8AL

Arthur Ransome, escritor de livros para crianças e espião, terminou seus dias aqui. Mas o principal motivo para visitar Haverthwaite é a **Haverthwaite & Lakeside Railway** *(diariam; trens trafegam abr-out; 015395 31594; www.lakesiderailway.co.uk)*. A estação fica na A590 (à direita de Newby Bridge). A ferrovia era usada para levar mercadorias a Windermere; o serviço fechou em 1967. Graças a entusiastas, as locomotivas voltaram a funcionar ao longo do rio Leven. Veja as máquinas ou experimente o percurso até **Lakeside**. A cidade oferece cruzeiros no lago e o divertido **Lakes Aquarium** *(diariam)*.

🚗 *Volte à A590, vire à direita na A5092, tome a direita na bifurcação na A5084 e dobre à direita em Lowick (com placa de Nibthwaite/a leste do lago) e depois à esquerda até Brantwood.*

ROTEIRO 19: A Poesia dos Lagos

Ao lado, da esq. p/ dir. Iates em Coniston Water, no centro de Lakeland Fells; Aula de caiaque em Coniston Water

COMPRAS EM CONISTON

Compre *fudges* deliciosos – feitos artesanalmente com laticínios locais – na **Coniston Fudge Co** *(Post Office, LA21 8DU; 015394 41259; www.conistonfudge.co.uk)*. Entre as variedades, o Coniston Cookie Crunch e o Ginger Biscuit. O bom é que se pode provar antes de comprar.

⑮ Brantwood
Cúmbria; LA21 8AD

John Ruskin (1819-1900), pintor, escritor, poeta, crítico e pensador, morou em Brantwood desde 1871. A casa dele *(diariam; meados nov-meados mar: fecha seg-ter; 015394 41396; www.brantwood.org.uk)* está tão impregnada de sua personalidade que parece que ele foi apenas dar uma volta. Aquarelas e desenhos dele estão pendurados junto aos de outros pintores. Aos 81 anos, Ruskin morreu de gripe e foi enterrado na St. Andrew's Church, em Coniston. As vistas de Coniston, principalmente da torre, são muito bonitas e há belos jardins. É melhor visitar no fim de maio, na florada das azaleias.

🚗 *Vá para o norte, virando à esquerda junto ao lago para entrar na B5285 rumo a Coniston, e entre no estacionamento pago no Coniston Pier.*

⑯ Coniston
Cúmbria; LA21 8AJ

Situada na ponta de Coniston Water – terceiro maior dos lagos centrais da Cúmbria –, esta vila era o centro da indústria de mineração de cobre, que se expandiu nos séculos XVIII e XIX. Ela é contemplada por um outeiro de 802m, o Old Man of Coniston, e fica perto de **Tarn Hows**. O *Gondola* (abr-out; www.nationaltrust.org.uk), assim chamado por causa da proa alta, é um iate a vapor vitoriano que desliza do píer de Coniston até o de Brantwood. O passeio de 45 minutos (ida e volta) dá aos passageiros a oportunidade de apreciar a beleza do lago cercado pelos Coniston Fells. Ou alugue um caiaque, uma canoa ou um barco a remo no **Coniston Boating Centre** *(015394 41366)*, também localizado perto do píer, para explorar o lago.

ONDE COMER E BEBER

BRANTWOOD

Jumping Jenny Coffee House and Restaurant *barato*
Almoce no terraço com vistas de Coniston neste café-restaurante localizado em antigos estábulos, em Brantwood. O menu conta com sopas caseiras, flã, casserole, massas, bolos e doces. *Brantwood, LA21 8AD; 015394 41715; www.jumpingjenny.com*

CONISTON

Black Bull Inn *barato*
Esta antiga hospedaria de troca de cavalos recebeu o poeta Samuel Taylor Coleridge, o pintor J. M. W. Turner e Donald Campbell, que morreu em Coniston na tentativa de estabelecer novo recorde de velocidade na água. O lugar oferece sanduíches e refeições substanciosas, como linguiça de Cumberland, quarto dianteiro de carneiro e hadoque com fritas. Tudo acompanhado de ales como a Bluebird (fabricação própria). Dispõe de alguns quartos. *Coppermines Rd, LA21 8HL; 015394 41133; www.blackbullconiston.co.uk*

PASSEIOS DE 1 DIA
Carlisle, Keswick e Ambleside são boas bases para explorar a zona rural e seguir os passos dos poetas.

Guerra e paz
Faça um passeio por Carlisle ❶, uma cidade fronteiriça atacada muitas vezes por saqueadores do norte. Veja a cidadela, o castelo e a catedral. Depois vá para sudoeste até Cockermouth ❷, dando uma olhada no castelo. Tome sorvete no Old Stackyard Tearooms. Se der tempo, vá ao Whinlatter Forest Park ❸ para caminhar ou pedalar nos bosques tranquilos.
Siga as instruções do roteiro até o Whinlatter Forest Park. Continue para Keswick pela B5292 e volte a Carlisle pelo lado leste do Bassenthwaite Lake.

Pedras dos lagos
Se ficar em Keswick ❼, aproveite a localização do lago e o Castlerigg Stone Circle, depois suba na Bowder Stone ❻. Siga para o Honister Pass ❺ e a Honister Slate Mine, última mina ativa de ardósia no RU. Vá até Buttermere ❹; faça um piquenique e caminhe ao redor do lago, admirando picos e rochedos. Prossiga para o norte até Lorton e atravesse o Whinlatter Forest Park ❸ para voltar a Keswick.
Siga as instruções do roteiro no retorno a Keswick pelo Whinlatter Forest Park. Depois vá para leste e volte a Keswick.

Ande por vales e morros
Siga a trilha de Wordsworth a partir de Grasmere ❽, para ver a igreja e o chalé com ligações com o poeta, depois continue até Rydal Mount ❾ e o lago vizinho – dois lugares preferidos dele. Ambleside ❿, onde o poeta trabalhou, é um bom local para almoçar. A seguir vá para Hawkshead ⓫, onde Wordsworth estudou, para dar uma caminhada ou pescar, antes de rumar para Hill Top ⓬, do outro lado do lago no ferryboat, voltando pela margem leste de Windermere.
Siga as instruções do roteiro para ir a Hill Top e cruzar o lago Windermere. Vire à esquerda na A592, cruzando Bowness para voltar a Ambleside ou Grasmere.

Onde Comer e Beber: barato, menos de £25; moderado, £25-£50; caro, acima de £50

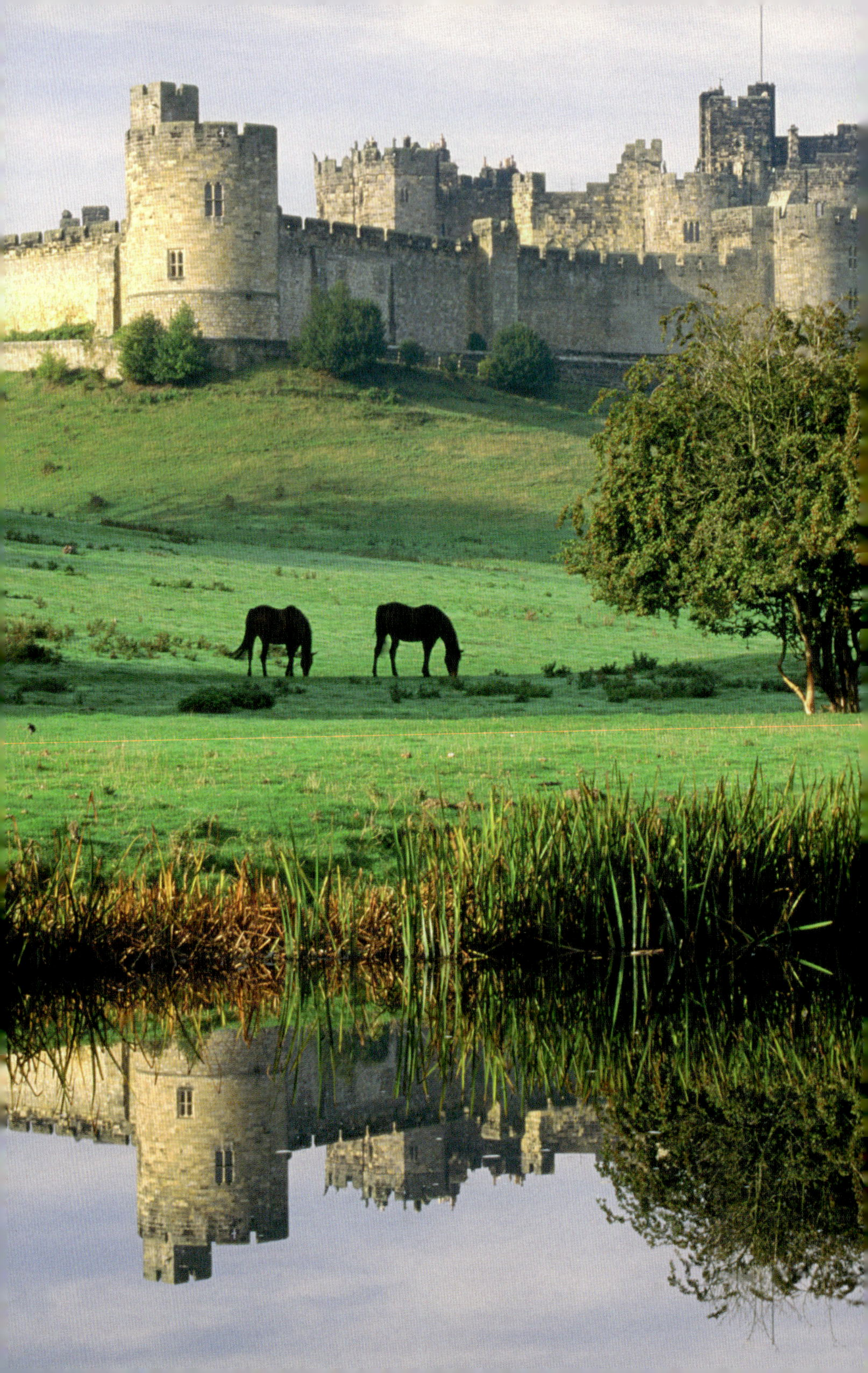

ROTEIRO **20**

A Agreste Northumbria

De Kielder Water a Lindisfarne

Destaques

- **Aventura nos lagos**
  Aproveite as atividades nas maiores extensões artificiais de água da Europa setentrional, em Kielder Water

- **Castelos em abundância**
  Veja fortalezas medievais, ruínas no litoral, as defesas de uma ilha e uma moradia ducal magnífica

- **Natureza de perto**
  Procure lontras esquivas e veados tímidos na Kielder Forest; coloridos papagaios-do-mar e andorinhas-do-mar ao largo de Amble; focas e aves marinhas migratórias na Lindisfarne Island

- **Berço da cristandade**
  Atravesse o caminho inundado pela maré até a Holy Island (Lindisfarne), local especial de peregrinação, que tem um mosteiro antigo

O Alnwick Castle, familiar aos fãs de Harry Potter como o exterior de Hogwarts

A Agreste Northumbria

Com população escassa e amplo e intocado habitat de charnecas, Northumberland é um condado de beleza silvestre. O longo e baixo litoral ganhou mais desenvolvimento do que o interior, mais agreste e montanhoso, mas cerca de um quarto do condado é protegido como parte do Northumberland National Park. Isso faz da região uma das melhores do país para passar férias – em geral, as estradas ficam vazias e a paisagem é maravilhosa. Quanto à arquitetura, a área surpreende pela riqueza. Na fronteira com a Escócia e de frente para o mar do Norte, Northumberland sempre esteve sujeita a ataques de saqueadores escoceses e vikings. O resultado disso é que o litoral e o interior estão guarnecidos com mais castelos do que qualquer outro condado.

Acima Dunas em Beadnell Beach, perto do Bamburgh Castle

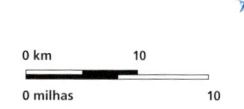

PLANEJAMENTO

Início/fim: De Kielder Water a Lindisfarne.

Número de dias: 2, incluindo espera da maré.

Distância: 126km (179 milhas).

Condições das estradas: Bem conservadas.

Quando ir: Do fim de maio ao início de agosto – mas pode ventar o ano inteiro.

Principais dias de mercado: Alnwick: Market Sq, sáb e qui (mar-set); Feira do produtor, últ sex do mês.

Festas: Alnwick: International Music Festival, ago; Cragside: Rothbury Traditional Music Festival, jul; Brinkburn Priory Music Festival, início jul.

Acima No caminho que leva ao imponente Bamburgh Castle

ROTEIRO 20: A Agreste Northumbria

Acima, da esq. p/ dir. Cragside se eleva acima de seu amplo jardim com pedras; Solar vitoriano tecnologicamente avançado em Cragside

❶ Kielder Water
Northumberland; NE48 1BX
Com 43km de margens dispostas entre frescas florestas de pinheiros e charnecas com urzes, Kielder Water é o maior lago artificial no norte da Europa. Visite o **Tower Knowe Visitor Centre** (fecha de nov-mar; www.nwl. co.uk) para descobrir o que há para fazer, como caminhadas, pescarias, cruzeiros no lago, mountain bike e cavalgadas. Mais a oeste pela margem fica o **Leaplish Waterside Park** (0870 240 3549), com chalés para alugar, o Bird of Prey Centre, piscinas, saunas, aluguel de barcos e passeios de ferryboat. A floresta é cheia de vida selvagem, como lontras, veados pequenos e águias-pescadoras, e abriga três quartos dos esquilos avermelhados do RU.
🚗 *Vire à esquerda ao sair do centro de visitantes e siga por estradas secundárias rumo a Greenhaugh. Dobre à direita logo antes desse vilarejo e depois à esquerda na B6320 para Otterburn. Vire à direita na A696 e à esquerda na B6341 logo depois de Rothbury até Cragside.*

❷ Cragside Estate
Rothbury, Northumberland; NE65 7PX
Uma das grandiosas casas vitorianas do nordeste e a primeira a usar energia hidrelétrica, em 1880, **Cragside Estate** (mar-set; www.nationaltrust.org.uk) foi encomendada pelo cientista e fabricante de armas sir William Armstrong. A casa se destaca nas terras arborizadas e tem o maior jardim de pedras da Europa. O interior suntuoso contém muitos aparelhos. O terreno é acidentado; por isso, use calçados próprios para caminhadas, e fique de olho nos esquilos avermelhados e na maior árvore da Inglaterra, o abeto-de-douglas, no pinheiral. As crianças adoram brincar com os minigeradores de eletricidade e com a colônia de salamandras. Aventure-se na área de lazer e no labirinto de rododendros.
🚗 *Siga para Rothbury pela B6341, vire à esquerda na B6344; dobre à esquerda na A697 e à direita na B6345, depois na A1068 até Amble.*

❸ Amble
Northumberland; NE65
Importante centro de distribuição de carvão no século XIX, Amble viu sua riqueza declinar junto com a indústria de mineração. Na foz do rio Coquet, agora Amble é uma cidade agradável. Siga para o norte ao longo do Coquet até **Warkworth** para ver o **castelo**, antiga fortaleza da família Percy, com torre em forma de cruz. Saboreie o almoço no Mason's Arms (p. 208) ou faça um piquenique na ampla praia. No verão, pegue um barco que vai da marina até **Coquet Island**, com farol de 24m de altura, e observe os ninhos de aves marinhas: papagaios-do-mar, patos-êider-edredão e a rara andorinha-do-mar-rosada. Ou ande para o sul ao longo do litoral e faça um piquenique nas dunas do **Druridge Country Park**.
🚗 *Pegue a A1068 norte e dirija 14,5km até Alnwick. Vire à direita na Greenwell Rd e vá até o estacionamento.*

> **O lar do homem é seu castelo**
> Durante séculos, Northumberland foi palco de batalhas e ataques fronteiriços dos escoceses. Assim, não surpreende que tenha mais castelos que qualquer outra parte da Inglaterra. Há também casas menores fortificadas com bastiões e torres, praticamente imbatíveis. No período elisabetano essas construções acolheram clãs invasores, como os saqueadores de fronteira (p. 198).

COMO CHEGAR A KIELDER WATER
Da A1, vire à esquerda na A68 após Darlington, e à esquerda para a estrada até Kielder.

ONDE FICAR

ARREDORES DE KIELDER WATER
Pheasant Inn *barato-moderado*
Na estrada (1km) de Kielder Water, esta simpática hospedaria em casa de fazenda tem ótima localização e bons quartos. *Stannersburn, Falstone, NE48 1DD; 01434 240 382; www.thepheasantinn.com*

ARREDORES DE AMBLE
Roxbro House *moderado*
Este B&B-butique em uma antiga casa de pedra, 3km ao norte de Amble pela A1068, tem charme e simpatia. Ótimo café da manhã com produtos locais. *5 Castle Terrace, Warkworth, NE65 0UP; 01665 711 416; www.roxbrohouse.co.uk*

ONDE COMER E BEBER

ARREDORES DE KIELDER WATER
Old School Tea Room *barato*
Bonito salão de chá e loja de artesanato, em um prédio escolar vitoriano, é ideal para lanches baratos. *Falstone, NE48 1AA; 01434 240 459*

ARREDORES DE CRAGSIDE
Angler's Arms *moderado*
Hospedaria para troca de cavalos de 1760, fica à beira do rio Coquet, cerca de 10km a leste de Cragside. Refeições servidas em um antigo vagão. *Weldon Bridge, Longframlington, NE65 8AX; 01665 570 271*

ARREDORES DE AMBLE
Mason's Arms *barato*
Neste pub de Warkworth, 3km ao norte de Amble pela A1068, as refeições caseiras contam com patê de salmão defumado e linguiça da Northumbria. *3 Dial Place, Warkworth, NE65 0UR; 01665 711 398*

Onde Comer e Beber: barato, menos de £25; moderado, £25-£50; caro, acima de £50

Acima Muralha do Alnwick Castle, usada nos filmes de Harry Potter

PARA VISITAR ALNWICK

Estacionamento
Vire à direita antes do arco de Bondgate para Greenwall Rd e estacione.

Informação turística
The Shambles, NE66 1TN; 01665 511 333; www.visitnorthumberland.com/alnwick

PARA VISITAR LINDISFARNE

Tabelas das marés
As tabelas ficam em postes; 01289 389 200; www.visitnorthumberland.com

ONDE FICAR

ALNWICK

Tate House B&B *barato*
Três quartos, dois com banheiro, em uma casa vitoriana fora do centro.
11 Bondgate Without, NE66 1PR; 01665 604 661

Oaks Hotel *barato-moderado*
Há doze quartos confortáveis neste pub-hotel na rotatória, na saída de Bondgate.
South Rd, NE66 2PN; 01665 510 014; www.theoakshotel.co.uk

White Swan *moderado-caro*
Com 300 anos, esta hospedaria para troca de cavalos tem 57 quartos, localização central, boa comida e estacionamento para hóspedes.
Bondgate Within, NE66 1TD; 01665 602 109; thewhiteswan.classiclodges.co.uk

ARREDORES DE DUNSTANBURGH

The Mason's Arms *barato*
Hospedaria acolhedora, 3 km ao norte de Denwick pela B1340. Tem dezesseis confortáveis suítes e serve boa comida de pub.
Rennington, NE66 3RX; 01665 577 275; www.masonsarms.net

Onde Ficar: barato, menos de £80; moderado, £80-£150; caro, acima de £150

❹ Alnwick

Northumberland; NE66 1TN

Esta cidade-mercado é um labirinto de ruas e antigas construções de pedra, e vielas encaixadas entre suas principais atrações: Alnwick Castle and Garden. Tem localização ideal para passeios ao interior e ao litoral. Reserve ao menos meio dia para conhecer a cidade e seus destaques.

Passeio a pé de 2 horas

Do estacionamento, desça a Greenwell Rd até a **Bondgate Tower** ① (ou Hotspur Tower), do século XV, originalmente um dos quatro portões da cidade. Caminhe por Bondgate Within, passe pelo Market Place e pelo Cross and Northumberland Hall, à esquerda, e entre no Narrowgate, que faz uma curva para a direita. Vire à esquerda em Bailiffgate, com charmosas casas antigas, e visite o **Bailiffgate Museum** ② *(fecha seg; www.bailiffgatemuseum.co.uk)*, na antiga St. Mary's Church, dedicado às pessoas e aos lugares da área. Quem gosta de andar pode descer a Ratten Row por 1km para explorar o **Hulne Park** ③, vasta propriedade com florestas, fazenda e serraria. Vá até o distante Carmelite Hulne Friary, do século XIII. Se não, vire à esquerda na Northumberland St e passe pela Pottergate Tower na Dispensary St. Dobre à esquerda na Clayport St, suba a Market St e vire à direita para voltar a Bondgate Within. Retorne pela Tower, descendo a Bondgate Without. Depois de passar pelo War Memorial, à esquerda, vindo da Percy Tenantry Lion Column, procure o prédio da Alnwick Station, do século XIX, local da **Barter Books** ④, excelente sebo de livros com um trem em miniatura que passeia por cima das prateleiras. Volte ao estacionamento na Greenwell Rd.

Um caminho que sai de trás do estacionamento da Greenwell Rd leva ao **Alnwick Castle** ⑤ *(abr-out: diariam; www.alnwickcastle.com)*, segundo maior castelo habitado do país e sede dos duques de Northumberland desde 1309. Os fãs dos filmes de Harry Potter reconhecerão o exterior da escola de Hogwarts. O castelo data do século XI e teve grandes ampliações a partir do século XIV. O visitante pode ver os grandiosos salões de luxo, a biblioteca, a fabulosa sala de visitas do Renascimento e a coleção de arte que inclui obras de Van Dyke e Canaletto.

Volte até o caminho que leva ao belo **Alnwick Garden** ⑥ *(diariam; www.alnwickgarden.com)*. Em 1997, Jane Percy, duquesa de Northumberland, resolveu revitalizar o jardim próximo ao castelo. O trabalho ainda está em andamento, criado pelos paisagistas belgas Jacques e Peter Wirtz. A Grand Cascade, vista na entrada, é o maior curso d'água desse tipo no RU. Há muito o que ver, passando do gracioso ao sinistro, do Rose Garden ao Poison Garden, e aos Tree Walk, para crianças. Volte ao estacionamento.

🚗 *Saia de Alnwick pelo Bondgate Without virando à esquerda na B1340. Após Denwick, siga as placas para Dunstanburgh, e pegue a direita na bifurcação até Craster para estacionar. Caminhe até o castelo.*

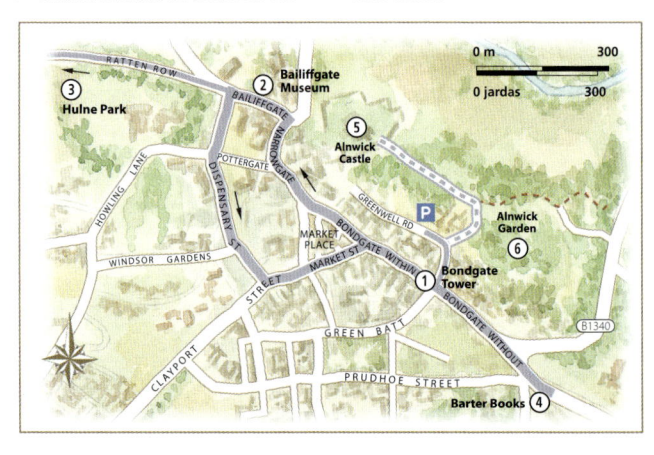

ROTEIRO 20: A Agreste Northumbria **211**

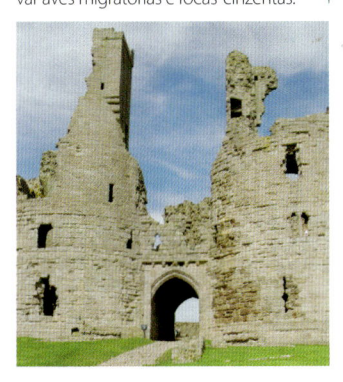

Acima, da esq. p/ dir. Bistrô-restaurante Lilburns, no centro de Alnwick; Imponente Bamburgh Castle, morada da família Armstrong

❺ Dunstanburgh Castle
Craster, Alnwick; NE66 3TT
As ruínas maciças desta edificação são visíveis da vila pesqueira de Craster, elevando-se das areias até o topo de um rochedo. O castelo não foi feito para oferecer conforto; por isso, use calçados fortes, impermeáveis, para caminhar pela praia e subir até o Dunstanburgh Castle. Ele foi iniciado no século XIV pelo conde de Lancaster, e o que restou dos muros, da torre de observação e da portaria, instiga a imaginação e faz o visitante viajar no tempo.
🚗 *Retorne ao interior, virando à direita na B1339 e depois na B1340 até Bamburgh.*

❻ Bamburgh Castle
Bamburgh, Northumberland; NE69 7DF
Em um penhasco de basalto, o Bamburgh Castle *(mar-set: diariam; www.bamburghcastle.com)* está voltado para as Farne Islands. Erguido pelos normandos, quase foi destruído no século XV, na Guerra das Rosas, por Eduardo IV. A restauração começou em meados do século XVIII, e foi levada adiante por sir William Armstrong *(p. 209)* em 1894. Ainda é a residência da família Armstrong, mas o turista pode visitar dezesseis salões de armaduras, antiguidades e pinturas, como os magníficos King's Hall e Cross Hall, o arsenal, a padaria e a copa. Há também um pequeno museu.

🚗 *Entre na B1342, vire à direita na A1 e à direita para Lindisfarne. Pare na ilha.*

❼ Lindisfarne Island
Northumberland; TD15
Também conhecida como Holy Island, esta ilhota é inacessível de carro na maré alta, o que confere um pouco de emoção a uma visita ao berço da cristandade inglesa. O Lindisfarne Monastery foi fundado em 635 d.C. e tornou-se um poderoso centro cristão. Prepare-se para ser conquistado por este local de peregrinação. Visite o priorado em ruínas e suba até o castelo e o jardim murado, caminhe pelo promontório e pelo porto, e prove os famosos sanduíches de caranguejo e o hidromel de Lindisfarne. Reserva natural, a ilha é um ótimo lugar para observar aves migratórias e focas-cinzentas.

COMPRAS

Craster Kippers
Em Craster, os Robson fazem seus defumados com carvalho, os melhores arenques e métodos tradicionais.
L Robson & Sons Ltd, NE66 3TR; 01665 576 223; www.kipper.co.uk

ONDE COMER E BEBER

ALNWICK
The Art House *barato-moderado*
Restaurante e galeria na Bondgate Tower, serve sopas, sanduíches e saladas no almoço e pratos sofisticados no jantar.
14 Bondgate Within, NE66 1TD; 01665 602 607; www.arthouserestaurant.com

Lilburns *barato-moderado*
Com localização prática, ao lado de Bondgate Within, este bistrô tem ambiente familiar e serve boa comida.
7 Paikes St, NE66 1HX; 01665 603 444

ARREDORES DE DUNSTANBURGH
Dunstanburgh Castle Hotel *moderado*
Este hotel e restaurante, 3km ao norte de Craster pela B1339, serve boa comida de pub, como sopas caseiras, carne de Northumbria, salmão defumado e lagostim *(scampi)* de Whitby.
Embleton, NE66 3UN; 01665 576 111; www.dunstanburghcastlehotel.co.uk

À esq. Ruínas do Dunstanburgh Castle, ao norte da vila de Craster

---

PASSEIOS DE 1 DIA

Kielder Water e Alnwick são bases ideais para explorar a área.

Um dia à beira do lago
Kielder Water ❶ é o lugar perfeito para passear ou ficar em um chalé, aprender a pescar, velejar ou cavalgar; ande de bicicleta ou caminhe ao lado do lago e depois relaxe no spa.

Castelos e litoral
Se ficar em Alnwick ❹, veja o castelo e o jardim, depois vá a Amble ❸ para caminhar até o Warkworth Castle e fazer piquenique na praia. Volte a Alnwick pela Cragside Estate ❷, com interior luxuoso e exterior cheio de aventura.

Inverta as instruções para chegar a Amble e a Cragside; volte pela B6341.

Castelos e cristandade
Caminhe para ver as ruínas do Dunstanburgh Castle ❺, depois vá até o imponente Bamburgh Castle ❻. Prossiga para a Lindisfarne Island ❼ para andar ao redor da ilha, do castelo e do priorado. Altere essa ordem, dependendo da maré.

Siga as instruções do roteiro. Volte pela A1.

Onde Comer e Beber: barato, menos de £25; moderado, £25-£50; caro, acima de £50

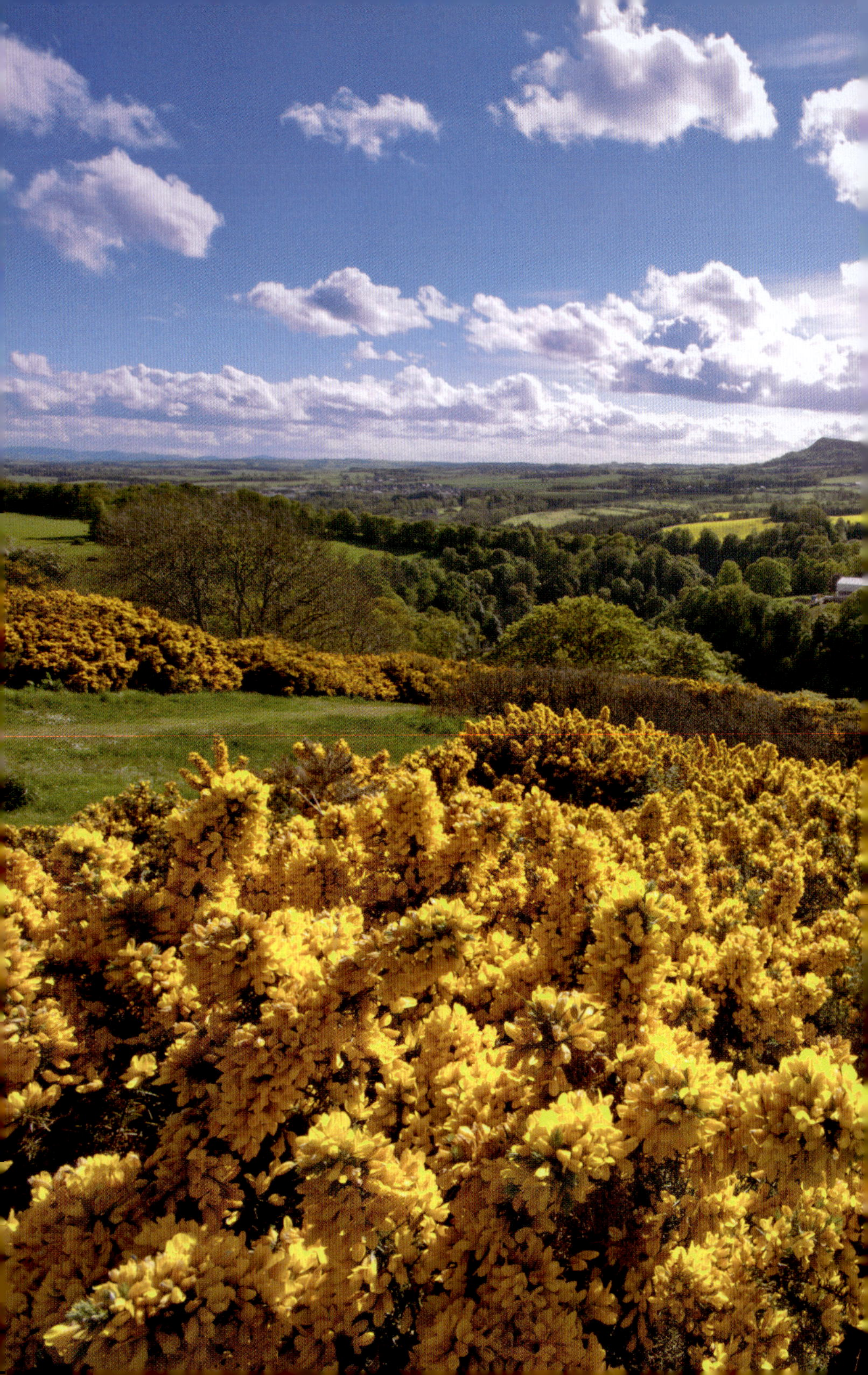

ROTEIRO **21**

História e Romance nas Borders

De Edimburgo à Rosslyn Chapel

Destaques

- **Capital cultural**
  Passeie por Edimburgo, a bonita capital da Escócia, cheia de história e de arquitetura imponente, onde o medieval se mistura ao moderno

- **Prazeres no litoral**
  Nos escarpados rochedos do belo litoral de East Lothian, observe as abundantes aves marinhas e a rica vida silvestre, e aproveite as praias de areia

- **Romance histórico**
  Visite as ruínas de abadias, as grandiosas casas históricas e a região rural silvestre das Borders, terra que inspirou os romances de sir Walter Scott

Na Scott's View, panorama espetacular das Borders, visto da estrada para Abbotsford

História e Romance nas Borders

A cidade de Edimburgo pode ser o ponto alto da Escócia, mas um pouco mais ao sul fica uma paisagem magnífica que muita gente ainda precisa descobrir. Este roteiro circular abrange cidades e vilas litorâneas que ocupam rochedos escarpados ao lado de areias douradas, com aves marinhas voando e soltando seus gritos. Depois ele se dirige para o interior, até as Borders, onde rios caudalosos como o Tweed passam por cidades movimentadas e velhas abadias, e onde casas históricas imponentes fazem parte da sossegada zona rural. Por fim, o roteiro vai para o norte, com última parada na Rosslyn Chapel, famosa por seus entalhes extraordinários – e misteriosos.

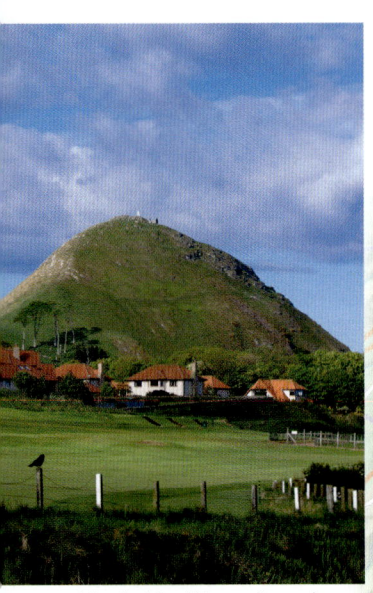

Acima North Berwick Law, a colina ao sul do Scottish Seabird Centre *(p. 217)*

ATIVIDADES

Cace fantasmas em Mary King's Close, um labirinto de ruelas em Edimburgo

Tome alguns goles de uísque no Whisky Experience, em Edimburgo

Faça um safári marítimo de barco para ver papagaios-do-mar e araus no Scottish Seabird Centre

Caminhe pelo Berwickshire Coastal Path até o farol em St. Abb's Head

Prove uma ale jacobita na histórica cervejaria do século XVIII em Traquair House

Decifre o código secreto dos misteriosos entalhes da Rosslyn Chapel

ROTEIRO 21: História e Romance nas Borders 215

Acima A Princes St vista de Calton Hill, Edimburgo *(p. 216)*

PLANEJAMENTO

Início/fim: De Edimburgo à Rosslyn Chapel.

Número de dias: 2-3, com reserva de ao menos meio dia para Edimburgo.

Distância: Cerca de 362km (225 milhas).

Condições das estradas: Boas e bem sinalizadas. Algumas estradas nas Borders podem ser muito estreitas e a panorâmica B709, para Traquair House, costuma ficar coberta de neve no inverno.

Quando ir: Para ver aves, é melhor ir na primavera e no início do verão; o outono é bom para ver folhas coloridas.

Horários de funcionamento: Em geral, museus e atrações abrem das 10h às 17h, mas fecham mais cedo (ou nem abrem) de nov-Páscoa. Lojas tem horários mais amplos. Igrejas costumam abrir até o anoitecer.

Principais dias de mercado: Kelso: Feira do produtor, 4º sáb do mês; Traquair House: Feira do produtor de Peebles, 2º sáb do mês.

Compras: Adquira finas caxemiras, tecidos ou peças de lã nas Borders, principalmente nos arredores de Selkirk e Kelso, centro da indústria de malhas de lã da Escócia.

Principais festas: Edimburgo: Festival e Festival Fringe, meados ago-início set; Manderston House: Duns Summer Festival, jul; Dryburgh Abbey, Abbotsford e Traquair House: Selkirk, Melrose e Peebles: Common Ridings, jun.

PASSEIOS DE 1 DIA

As famílias que ficarem em Edimburgo vão gostar de visitar um **palácio real** e algumas **vielas mal-assombradas**, antes de explorar o **antigo bastião** do castelo de Edimburgo. Depois dirija-se até North Berwick para ver **papagaios-do-mar** e **focas** no Scottish Seabird Centre e dê uma **volta de barco na ilha**; descanse na **praia**. Quem gosta de história deve ir a Kelso para ver a **abadia** local e o magnífico **castelo**, e depois a **abadia** de Dryburgh e a inconfundível **casa** de sir Walter Scott, Abbotsford. A seguir, aproveite a bonita **zona rural** a caminho de uma **casa de campo** histórica, que data de 1107. Detalhes *p. 219*.

LEGENDA
— Roteiro

À dir. Plantação de colza no roteiro de St. Abb's Head à Manderston House *(p. 217)*

Acima Princes St, em Edimburgo, com o Balmoral Hotel e o Scott's Monument à esquerda

PARA VISITAR EDIMBURGO

Estacionamento
Há estacionamentos ao lado da Waverley Station, no Castle Terrace e na Greenside Place.

Informação turística
3 Princes St, EH2 2QP; 0845 22 55 121; www.edinburgh.org

ONDE FICAR

EDIMBURGO

The Bonham *moderado-caro*
Esta mansão chique num canto arborizado de West End tem quartos-butique.
35 Drumsheugh Gdns, EH3 7RN; 0131 226 6050; www.townhousecompany.com

NORTH BERWICK

The Glebe House *moderado*
Solar encantador com quatro quartos charmosos e vistas pitorescas.
Law Rd, EH39 4PL; 01620 892 608; www.glebehouse-nb.co.uk

ARREDORES DE NORTH BERWICK

The Castle Inn *barato*
Hospedaria para troca de cavalos, com reforma recente, oferece cinco quartos. Na A198 para Edimburgo.
Manse Rd, Dirleton, EH39 5EP; 01620 850 221; www.castleinndirleton.com

❶ Edimburgo
Lothian; EH1

Com um castelo que desperta a imaginação, penhascos fantásticos e rica história, Edimburgo é a cidade mais romântica da Escócia, além de ser sua capital. Os visitantes se encantam com as ruas medievais na Old Town e os quarteirões georgianos na New Town, e se divertem nos bares e restaurantes da cidade. Não é de espantar que ela tenha inspirado gerações de escritores, de Robert Louis Stevenson a J. K. Rowling.

Passeio a pé de 3 horas

Comece no estacionamento da Waverley Station. Suba a New St, vire à direita na Market St e depois à esquerda na rotatória da Cockburn St. Atravesse a Old Town medieval, com ruas de pedra, becos e construções altas – a cidade era cercada de muros, por isso cresceu para cima. No alto, vire à esquerda e desça a High St – a Royal Mile. Passe pela **John Knox House** ❶ *(seg-sáb; jul-ago também dom à tarde)*, inconfundível edificação do século XVI que dizem ter sido residência do reformador religioso. Ao lado fica a **Canongate Kirk** ❷ *(diariam)*, igreja em que estão enterrados o economista Adam Smith, do século XVIII, e David Rizzio, secretário de Maria Stuart, morto por seu marido ciumento, lord Darnley. No final da Royal Mile fica o novo Scottish Parliament, na frente do **Palace of Holyroodhouse** ❸, residência oficial da rainha na Escócia *(diariam, exceto meados jun-meados jul e nas visitas reais)*.

Volte à Royal Mile, passe a Cockburn St e vá até a **St. Giles' Cathedral** ❹ *(diariam)*, fundada no século XII. Foi daqui que Knox liderou a Reforma na Escócia. Aqui perto encontra-se o **Mary King's Close** ❺ *(diariam)*, um labirinto de ruelas antigas, supostamente mal-assombradas, na parte baixa da cidade. Depois da catedral, vire à esquerda na George IV Bridge, depois à direita para descer a charmosa Victoria St, ladeada de lojas especializadas. Embaixo, dobre à direita no **Grassmarket** ❻ – agora com pubs e lojas, mas que foi palco dos assassinatos de Burke e Hare, que vendiam corpos para aulas de medicina no século XIX. Ao descer o Grassmarket, vire à direita na Castle Wynd South. Suba os degraus íngremes, atravesse a rua no topo e suba mais uma escada até Castle Hill. O grandioso **castelo** ❼ de Edimburgo *(diariam)* fica à esquerda. Construído sobre um vulcão extinto, data do século XII, mas já era um forte desde 600 d.C. Entre seus tesouros estão as Honours of Scotland (joias da coroa escocesa) e os Mons Meg, alguns dos maiores canhões do mundo.

Desça Castle Hill, parando para provar alguns goles na **Scotch Whisky Experience** ❽ *(diariam)*, à direita. Na Bank St, vire à esquerda e desça até The Mound, depois desça as Playfair Steps. A **National Gallery of Scotland** ❾ *(diariam)* fica à esquerda, e de lá consegue-se uma boa visão do monumento a sir Walter Scott, à direita. Atravesse a Princes St e pegue a Hanover St até as grandes avenidas e prédios da New Town georgiana do século XVIII, construída para que os ricos pudessem fugir da miséria da Old Town. Continue até a George St, a área das lojas mais elegantes da cidade. Vire à esquerda para a Charlotte Sq, projetada por Robert Adam, e dobre à direita para o la-

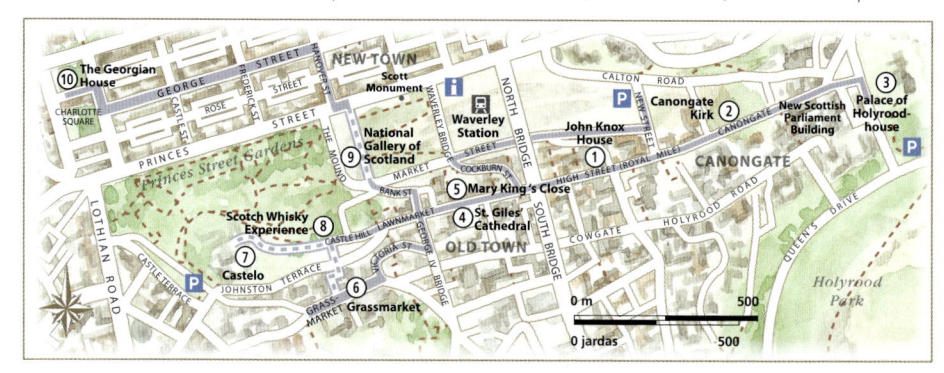

Onde Ficar: barato, menos de £80; moderado, £80-£150; caro, acima de £150

ROTEIRO 21: História e Romance nas Borders

do norte da praça até **The Georgian House** ⑩ *(diariam)*, ótimo exemplo de casarão de Edimburgo. Refaça o roteiro até a Princes St e vire à esquerda para voltar ao estacionamento.

🚗 Do estacionamento, vire à esquerda na New St, à esquerda na Carlton Rd e vá até uma junção em T; entre à esquerda na Leith St e à esquerda na A1. Ao sair da cidade, vire à esquerda na A198, pegando a estrada litorânea para North Berwick. Pare nas ruas perto do porto.

❷ North Berwick
Porto, North Berwick; EH39 4SS

Com câmeras high-tech nas ilhas, o **Scottish Seabird Centre** *(diariam; www.seabird.org)* permite ao visitante observar a vida animal o ano todo. No verão, há papagaios-do-mar e gansos-patolas com a ninhada; no inverno é a vez das focas-cinzentas e seus filhotes de olhos escuros. O visitante controla as câmeras, e há telescópios no deque de observação. Há safáris pelas ilhas em barcos rápidos. Vá até a orla da cidade para uma partida de "golfe maluco" ou apenas relaxe na praia.

🚗 Siga pela A198 e volte à A1. Após Cockburnspath vire à esquerda na A1107 e à esquerda na B6438 até St. Abb's. A Reserva fica à esquerda, antes da cidade.

❸ St. Abb's Head
Próx. Eyemouth, Berwickshire; TD14 5QF

A **St. Abb's Head National Nature Reserve** tem um centro de visitantes sem funcionários, que detalha diversas caminhadas litorâneas com belas vistas. O passeio mais interessante vai até o farol, construído em 1862 pela família Stevenson (parentes do escritor R. L. Stevenson), que antes funcionava com

Abaixo Vista do litoral escarpado de St. Abb's Head, voltado para o norte

querosene e agora é automatizado. Ao lado do centro de visitantes há um café *(mai-ago; diariam)*. Continue em **St. Abb's** para ver o porto charmoso.

🚗 Saia pela B6438, cruze a A1 (à direita, depois à esquerda), e fique na B6438; vire à esquerda na B6437. Dobre à direita na A6105 até o portão principal; ali as placas indicam a entrada e onde parar.

❹ Manderston House
Duns, Berwickshire; TD11 3PP

Mansão rural eduardiana, Manderston *(mai-set: qui e dom à tarde; www.manderston.co.uk)* foi erguida pelo rico baronete sir James Miller, para impressionar a sociedade. Seu ponto mais extravagante é a escadaria de prata. Agora, a casa é a residência de lorde e lady Palmer, donos dos biscoitos Huntley and Palmers.

🚗 Dirija até Duns e pegue a A6112 para Swinton; entre na B6461 até Kelso. Pare na praça principal ou ao redor dela.

Acima, em sentido horário Imponente fachada da Manderston House, remodelada em 1871; Os portões e a esplanada da Manderston House; O Scottish Seabird Centre, de alta tecnologia, em North Berwick

ONDE COMER E BEBER

EDIMBURGO

David Bann *moderado*
Comida vegetariana criativa, como bolo de berinjela e grão-de-bico ou risoto de aspargo, erva-doce e ervilha.
56-8 St. Mary's St, EH1 1SX; 0131 556 5888; www.davidbann.com

NORTH BERWICK

The Grange *moderado*
O menu sazonal deste restaurante concorrido pode ter bife do açougue local e verduras da horta.
35 High St, EH39 4HH; 01620 893 344

Osteria Nº 1
Comida italiana excelente neste restaurante aclamado, que serve almoço de três pratos com ótimo custo-benefício. Entre as opções, peito de frango recheado com panceta. Prove a cremosa pannacotta de sobremesa.
7 High St, EH39 4HG; www.osteria-no1.co.uk

ARREDORES DE NORTH BERWICK

Ducks at Aberlady
Restaurante premiado na A198 para Edimburgo; tem 26 quartos.
Main St, Aberlady, EH32 ORE; 01875 870 682; www.ducks.co.uk

ST. ABB'S HEAD

The Old Smiddy Café *barato*
Pequeno café agradável em antigo chalé nos arrabaldes de St. Abbs. Serve sopas, baguetes e bolos e tem mesas externas para dias de sol.
Ao lado do Nature Reserve Visitor Centre, TD14 5QF; 01890 71707; diariam mai-ago; mar e abr, só fins de semana

Onde Comer e Beber: barato, menos de £25; moderado, £25-£50; caro, acima de £50

Acima, em sentido horário A Abbotsford House foi residência de sir Walter Scott; O Floors Castle é moradia do duque de Roxburghe até hoje; Ruínas do arco de pedra da Kelso Abbey, do século XII

PARA VISITAR KELSO

Estacionamento
Se não houver lugar na praça, há diversos estacionamentos pequenos ali perto, ao lado da B6461 em Bowmont St, East Bowmont St e Jamieson's Entry.

Informação turística
Town House, The Square, TD5 7HF; 01835 863 170; www.visitscotland.com

ONDE FICAR

ARREDORES DE KELSO

The Roxburghe Hotel caro
É um prazer ficar no Roxburghe, um pouco ao sul de Kelso, ao lado da A698. Esta construção histórica imponente possui lareiras no inverno e ocupa amplas terras. Além de quartos e suítes luxuosos, o hotel orgulha-se do campo de golfe e de um restaurante sofisticado, à luz de velas.
Heiton, TD5 8JZ; 01573 450 331; www.roxburghe.net

ARREDORES DE ABBOTSFORD

Sunnybrae Guest House barato
Há duas suítes nesta hospedaria simpática em Selkirk, cada uma tem sala de estar, banheiro e conta com belas vistas dos morros vizinhos. Café da manhã com produtos orgânicos do local.
5 Tower St, Selkirk, TD7 4LS; 01750 21156

Ao lado O bonito jardim do século XV na Rosslyn Chapel, Roslin

⑤ Kelso
Roxburghshire; TD5

A bela Kelso está à margem do rio Tweed. Perto da praça principal ficam as ruínas da **Kelso Abbey**, do século XII, que já foi uma das mais ricas da Escócia e ainda revela belas obras de pedra. Na ponta da cidade acha-se o **Floors Castle** (Páscoa-out: diariam; www.floorscastle.com), residência grandiosa (1721) em amplas terras – ainda serve de moradia ao duque de Roxburghe. As salas suntuosas têm tapeçaria e pinturas de mestres, como Turner, Gainsborough e Hogarth. Os golfistas dispõem do **Roxburghe Hotel & Golf Course** (à esq.).

🚗 Saia pela A6089 rumo a Edimburgo, pegando a esquerda para entrar na B6397; vire à esquerda na B6404. Dobre à direita na B6356 e cruze Clintmains; depois pegue à esquerda até a Dryburgh Abbey e o estacionamento.

> **As Common Ridings**
> No século XIII, as Borders eram uma terra sem lei: ocorriam guerras contra a Inglaterra, e os *reivers* (ladrões de gado) assolavam a área. As pessoas tinham de patrulhar suas terras a cavalo. Com o tempo, isso virou os Common Ridings anuais: um homem carregando uma bandeira local galopa pelos limites da cidade, seguido por centenas de cavaleiros. No verão, cada cidade fronteiriça realiza sua própria Common Riding.

⑥ Dryburgh Abbey
St. Boswells, Melrose; TD6 ORQ

Fundada no século XI e feita de arenito vermelho, a **Dryburgh Abbey** (diariam) foi muito danificada nas guerras entre escoceses e ingleses. Mas sua beleza ainda é evidente e as ruínas valem uma visita: a janela em rosácea do refeitório, por exemplo, está intacta. Dois escoceses famosos foram enterrados aqui: sir Walter Scott, escritor de romances, e o comandante da Primeira Guerra Earl Haig. As sepulturas estão na capela do transepto norte.

🚗 Pegue a B6356 sinalizada para subir até Scott's View, de onde se avistam os Eildon Hills. Depois, vire à esquerda, e novamente à esquerda nos dois cruzamentos sem placas e entre na B6360. Passe sob um viaduto, atravesse Gattonside e vire à esquerda na B6374. Pegue a direita rumo ao A7 e A68, direto para a rotatória da A6091, e dobre à esquerda na B6360 até Abbotsford e o estacionamento.

⑦ Abbotsford
Melrose; TD6 9BQ

Abbotsford (meados mar-out: diariam; www.scottabbotsford.co.uk) se destaca por ter sido o lar do romancista do século XIX sir Walter Scott, autor de histórias clássicas como *Ivanhoé*. Ele

Onde Ficar: barato, menos de £80; moderado, £80-£150; caro, acima de £150

ROTEIRO 21: História e Romance nas Borders

Ao lado, da esq. p/ dir. A histórica Traquair House, que data do século XII; Intrincado trabalho de pedra no exterior da Rosslyn Chapel, Roslin

COMPRAS

Procure lã, caxemira e *tartan* (a típica estampa xadrez escocesa) nas Borders, especialmente em lugares que oferecem passeios a fábricas. Tente o **Lochcarron Scottish Cashmere and Wool Centre** *(Waverley Mill, Dunsdale Rd, Selkirk, TD7 5DZ; 01750 726 100; www.lochcarron. com)*. Hawick é uma tradicional cidade produtora de tecidos – pegue a A698 de Kelso ou a A7 de Selkirk. Além do museu de tecidos, visite **Trinity Mills** *(Duke St, TD9 9QA; 01450 371 221)*.

ONDE COMER E BEBER

KELSO

Oscar's *barato*
Bar e restaurante animado, serve pratos mediterrâneos modernos, como risoto de aspargo e tomilho, bolos de peixe caseiros e especiais do dia, como robalo com risoto de tomate e manjericão. *35-37 Horsemarket, TD5 7HE; 01573 224 008; www.oscars-kelso.com*

The Cobbles Inn *moderado*
Este restaurante concorrido oferece pratos britânicos modernos. O menu dispõe de carne de porco local com purê de mostarda ou carne de cordeiro dos morros do Cheviot com batatas e purê de ervilhas. Guarde espaço para o pudim de tâmaras com calda. *7 Bowmont St, TD5 7JH; 01573 223 548; www.thecobblesinn.co.uk*

ARREDORES DE ABBOTSFORD

The Waterwheel *barato*
Na A708, logo após Selkirk, a caminho da Traquair House, esta atraente cabana de madeira possui um deque externo e belas vistas campestres. Oferece refeições quentes a bons preços, assim como sopas e sanduíches. *Philiphaugh Old Mill, Selkirk, TD7 5LU; 01750 22258; fecha dom, seg*

mesmo encomendou a casa, cheia de personalidade, com armaduras no hall de painéis de carvalho, sua cadeira de couro gasto usada para escrever, no escritório, e milhares de livros nas prateleiras de sua bem usada biblioteca. As janelas da casa estão voltadas para o Tweed, o rio que ele tanto amava.

🚗 Do estacionamento vire à esquerda na B6360, depois pegue a A7 até Selkirk. Aqui, entre na A707, depois na A708 e atravesse uma bela paisagem, virando à direita na B709. Estas são as Borders remotas, sem nada para ver. Siga as placas para a Traquair House.

⑧ Traquair House
Innerleithen, Peeblesshire; EH44 6PW

Antiga casa escocesa, Traquair *(abr-out: diariam; www.traquair.co.uk)* remonta a 1107. Trata-se da residência da família Maxwell-Stuart, cheia de história. Com pisos inclinados e uma fascinante mistura de recintos, a casa exibe relíquias como o berço do filho de Maria Stuart, além de uma sala oculta com escadas secretas – um meio de fuga para padres, quando os católicos foram perseguidos do século XVI ao XVIII. A família foi fiel defensora de Jaime II e Jaime VI e dos monarcas Stuart. Cervejaria histórica, agora fabrica uma cerveja ale jacobita, com receita do século XVIII.

🚗 De Traquair, vire à esquerda na B709 rumo a Innerleithen, depois pegue a A72 para Peebles. Nos subúrbios da cidade entre na A703 para o norte; em Leadburn vire à direita na A6094 para Rosewell, depois pegue uma descida íngreme à esquerda na B7003. Dobre à direita na B7006 e à direita de novo até a Rosslyn Chapel.

⑨ Rosslyn Chapel
Chapel Loan, Roslin; EH25 9PU

Dentro da Rosslyn Chapel *(diariam; www.rosslynchapel.org.uk)*, fica difícil decidir o que observar primeiro, tantos são os entalhes extraordinários – e misteriosos. Um anjo tocando gaita de fole; "homens verdes" pagãos nos pilares; há até milho entalhado aqui, anos antes da "descoberta" do Novo Mundo. A capela, construída pela família St. Clair em 1450, é mais conhecida pelo pilar com primorosos entalhes, que alguns pensam ter escondido o Santo Graal, trazido para cá pelos Templários – uma teoria popularizada pelo livro *O código Da Vinci*.

🚗 Vá para o norte pela B7006, depois vire à direita na A701 até o centro de Edimburgo.

PASSEIOS DE 1 DIA

Edimburgo e Kelso são boas bases para famílias e fãs de história explorarem a área.

Fantasmas e praia
Se ficar em Edimburgo ❶, passeie a pé pela cidade, visite o Palace of Holyroodhouse e escute as histórias de como as pessoas viviam sem espaço em Mary King's Close e no Grassmarket. Depois compre itens para piquenique e vá até North Berwick ❷, para o Scottish Seabird Centre; faça um "Seafari" para ver aves de perto. Termine o dia descansando na praia.

Pegue a A1, depois a A198. Para voltar, siga o roteiro ao contrário.

Romance nas Borders
De Kelso ❺, veja a Kelso Abbey e o Floors Castle. A seguir, vá até as ruínas de Dryburgh Abbey ❻, onde está enterrado sir Walter Scott, e depois visite a casa dele, Abbotsford ❼. Passeie pela residência de Scott, com armaduras e recordações que fazem lembrar suas histórias romanceadas, antes de visitar Traquair House ❽, cheia de histórias e drama. Dirija de volta pela bonita e agreste zona rural da fronteira escocesa.

Siga as instruções do roteiro para fazer todas as paradas, mas volte pelas A72 e A699, se quiser ganhar tempo.

Onde Comer e Beber: barato, menos de £25; moderado, £25-£50; caro, acima de £50

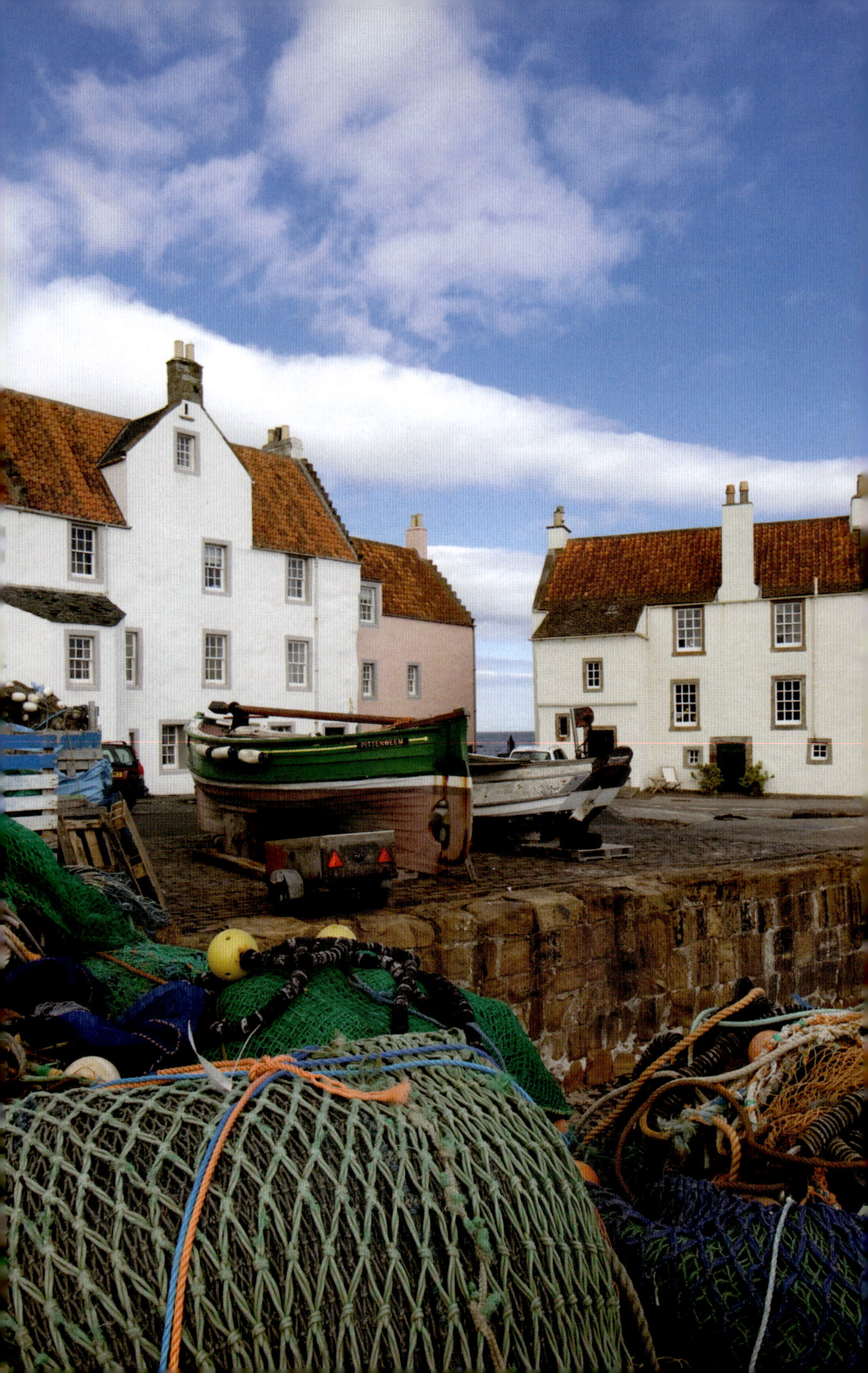
PITTENWEEM

ROTEIRO **22**

O Reino de Fife

De St. Andrews a Culross

Destaques

- **A terra do golfe**
  Explore a velha cidade universitária de St. Andrews, com plano medieval de ruas muito próximas, catedral e castelo, e o campo de golfe mais antigo do mundo

- **Prazeres no litoral do East Neuk**
  Caminhe pela trilha litorânea e chegue até o mar para observar a abundante vida natural, ou passeie pela encantadora vila pesqueira

- **Refúgios reais**
  Visite o fabuloso Falkland Palace renascentista, construído para Jaime IV da Escócia, e as ruínas do castelo no bonito Loch Leven, onde Maria Stuart ficou presa

Equipamentos de pesca na acolhedora Pittenweem, no East Neuk of Fife, ao longo do litoral de Anstruther

O Reino de Fife

Comprimida entre Firth of Tay e Firth of Forth, durante séculos Fife ficou isolada do restante da Escócia e ainda conserva seu caráter diferenciado. A região já foi a sede dos reis escoceses e este roteiro inclui alguns dos pontos mais fascinantes da área. Saindo de St. Andrews, com seus consagrados campos de golfe e universidade antiga – e suportando os ventos do mar do Norte –, o trajeto leva a um ex-bunker, profundamente escondido no subsolo. Além desse segredo subterrâneo, há uma porção de vilas pesqueiras pitorescas, dispostas na linha costeira de Fife. Depois, o roteiro ruma para o interior e passa por terras férteis, castelos e palácios, antes de voltar ao litoral até a cidade mercantil de Culross, impecavelmente conservada.

Abaixo Lower Largo, terra de Alexander Selkirk, o verdadeiro Robinson Crusoé *(p. 226)*

ATIVIDADES

Jogue uma partida de golfe no famoso Old Course, em St. Andrews

Percorra o revigorante Fife Coast Path, que sai de Anstruther

Ande de canoa ou de mountain bike, ou faça rapel no East Neuk of Fife

Dê uma volta de barco para ver a vida silvestre na Isle of May

Vá observar aves para localizar abibes e gansos-de-bico-curto em Loch Leven

Tome um ferryboat até a ilha no Loch Leven para ver a prisão de Maria Stuart

Caminhe pelo morro até a abadia voltada para Culross

ROTEIRO 22: O Reino de Fife

PLANEJAMENTO

Início/fim: De St. Andrews a Culross.

Número de dias: 1-2 dias, talvez 3, se passar mais de um dia em St. Andrews.

Distância: Cerca de 148km (92 milhas).

Condições das estradas: Em geral, boas, mas podem ficar congestionadas. Sinalização razoável.

Quando ir: Final da primavera e início do outono são momentos bons para a visita – se bem que os golfistas talvez prefiram os longos dias do verão para aproveitar os campos.

Horários de funcionamento: Em geral, museus e atrações abrem das 10h às 17h, mas fecham mais cedo (ou nem abrem) de nov-Páscoa. Lojas têm horários mais longos. Igrejas costumam abrir até o anoitecer.

Principais dias de mercado: St. Andrews: Feira do produtor, 1º sáb do mês.

Compras: Escolha itens feitos à mão na Crail Pottery; obras de arte locais no Fisher Studio, em Pittenweem; tacos e trajes de golfe na Auchterlonie's, em St. Andrews.

Principais festas: St. Andrews: Golf Week, abr; **Anstruther**: East Neuk Festival (artes), jul; Pittenweem Arts Festival, fim jul/início ago; **Ceres**: Highland Games, último sáb do mês; **Culross**: Culross Festival (artes), jun.

Abaixo Terras agrícolas férteis no East Neuk of Fife, perto de Anstruther *(p. 225)*

PASSEIOS DE 1 DIA

St. Andrews é uma ótima base para explorar Fife. Em St. Andrews, veja o **berço do golfe** no Old Course, visite a **universidade antiga** e a **catedral**, e faça uma caminhada até a **praia**; a seguir, vá até Ceres e veja o **museu folclórico**, e termine em Falkland para visitar o **palácio real**. Ou visite o **castelo de St. Andrews**, com seu calabouço, e depois dirija-se para o **bunker secreto subterrâneo** da Escócia. Continue até Anstruther para **fazer canoagem, rapel, ciclismo, caminhadas** ou observar a vida silvestre em um **passeio de barco**. Por fim, torne-se um **caça-fantasmas** em uma visita ao castelo mal-assombrado. Detalhes *p. 227*.

Acima Coreto vitoriano no parque à beira-mar em St. Andrews

PARA VISITAR ST. ANDREWS

Estacionamento
Há ao lado do porto.

Informação turística
70 Market St, KY16 9NU; 01334 472 021

Jogo de golfe
Há sete campos de golfe (à beira-mar). Uma votação diária decide quem joga no Old Course. Para todos os campos, ligue para **St. Andrews Links** (01334 466 666; www.standrews.org.uk).

ONDE FICAR

ST. ANDREWS

Doune House *barato*
Perto do Old Course e do centro, este B&B vitoriano tem quartos modernos, bonitos, com toques de *tartan*.
5 Murray Place, KY16 9AP; 01334 475 195; www.dounehouse.com

The Macdonald Rusacks Hotel
moderado-caro
O Rusacks fica ao lado do Old Course e de West Sands, a praia que aparece no filme *Carruagens de fogo*.
Pilmour Links, KY16 9JQ; 0844 879 9136; www.macdonaldhotels.co.uk/rusacks

ANSTRUTHER

Laggan House *barato*
Próximo à trilha litorânea, este B&B tem personalidade e é confortável. Possui jardim e quartos com vista para o mar.
The Cooperage, Cellardyke, KY10 3AW; 01333 311 170

Craw's Nest Hotel *moderado*
Peça um quarto com vista para o mar neste hotel três-estrelas, que fica perto de um campo de golfe de nove buracos. Boa opção para famílias, com belos jardins e funcionários simpáticos.
Bankwell Rd, KY10 3DA; 01333 310 691; www.crawsnesthotel.co.uk

Onde Ficar: barato, menos de £80; moderado, £80-£150; caro, acima de £150

① St. Andrews
Fife; KY16

O **Old Course**, campo de golfe mais antigo do mundo, atrai anualmente milhares de visitantes a St. Andrews. Mas foi a religião que deu fama à cidade. Diz a lenda que, no século IV, St. Rule trouxe de Constantinopla as relíquias de Santo André, e as manteve aqui, em uma capela, fundando a cidade. Elas foram transferidas para a **St. Andrews Cathedral** (*diariam*), após sua construção em 1160. O vizinho **St. Andrews Castle** (*ingresso conjunto com o da catedral*) era residência do clero mais velho. Agora, as duas construções em ruínas ainda compõem uma dupla imponente. No castelo, o visitante pode ver a masmorra em forma de garrafa, onde os prisioneiros eram jogados sem esperança de liberdade. De 1410, a **universidade** é a mais antiga da Escócia. Pode-se visitar duas faculdades: a de St. Salvator, na North St, e a de St. Mary, na South St. Esta última tem um espinheiro supostamente plantado por Maria Stuart.

🚗 *Do estacionamento do porto suba para a North St (A917) e vire à esquerda. Dobre à direita na B9131, depois à esquerda na B940, acompanhando as placas para o bunker secreto da Escócia.*

Abaixo, em sentido horário O Anstruther Harbour já teve uma ativa frota de pesca de arenque escocês; A Isle of May, vista dos penhascos de Anstruther; Praia de Anstruther, protegida pelos quebra-mares do porto

Festa nas Highlands

Os Highland Games fazem parte do verão escocês. Os competidores participam de atividades como o *tossing the caber* (arremesso de estaca de madeira), giro de martelo, disputas de gaita de fole e dança. Os jogos remontam a antigos encontros, como os *wappinschaws* – nos quais os clãs se reuniam para testar habilidades militares. Os jogos modernos datam de 1820, e a retomada da cultura das Highlands foi estimulada pelo escritor sir Walter Scott.

② Scotland's Secret Bunker
Crown Buildings, Troywood; KY16 8QH

Entre no mundo secreto da vigilância neste ex-bunker militar, escondido sob uma sede de fazenda isolada. Envolto numa grossa camada de concreto, o Scotland's Secret Bunker (*meados mar-out: diariam; www.secretbunker.co.uk*) deveria servir como quartel-general de operações, caso o RU sofresse um ataque nuclear durante a Guerra Fria. No vasto labirinto, o visitante pode ver dormitórios básicos, equipamentos de comunicações e uma capelinha.

🚗 *Volte à B940 e vire à direita e, novamente, à direita para pegar a A917. Vá pela estrada litorânea até Anstruther. Pare ao lado do porto.*

❸ Anstruther
Fife; KY10

Vila pesqueira típica do East Neuk de Fife, Anstruther já foi um dos portos mais movimentados da Escócia. Agora, abriga principalmente iates, mas ainda tem muita personalidade com seus pubs, loja premiada de peixe com fritas e construções charmosas. O visitante também pode caminhar pela Fife Coastal Path, escolher entre muitas atividades ao ar livre ou ir de barco até a Isle of May para observar a vida silvestre.

Passeio a pé de 2 horas

Do estacionamento, vire à esquerda e passe pela estação de salva-vidas para visitar o **Scottish Fisheries Museum** ① *(diariam; www.scotfishmuseum.org)*, que conta a história da indústria pesqueira local. Caminhe à beira-mar pela James St. Quando já der para ver a cabine de pedágio do século XVI e a câmara do conselho, continue pela James St e depois pegue a George St, mantendo o mar à direita. Há pistas de que as casas eram de pescadores: algumas janelas de cima têm estacas para secar redes de pesca. Outras moradias possuem escadas externas (para secar redes e cestos para peixes) e frontão de telhado em estilo holandês (a Holanda foi uma histórica parceira comercial). Passe pelo **Cellardyke Harbour** ②. Depois dele há um estacionamento para trailers, à esquerda. Ao largo fica a Isle of May, onde estão as ruínas de um mosteiro do século XII e o farol mais antigo da Escócia (1635). A ilha é uma National Nature Reserve que abriga focas e colônias de papagaios-do-mar, araus-comuns e tordas-mergulheiras.

Logo depois de Cellardyke, o caminho entra em uma área com capim e cruza uma fazenda de porcos à esquerda. Passe por um portão ao lado de um banco e, depois, por outro portão. Observe os barcos de pesca flutuando no mar. No verão, o capim e as flores do campo ganham nuvens de abelhas, borboletas e outros insetos.

Suba alguns degraus em um muro baixo e vá em frente – procure cormorões que costumam se empoleirar nas pedras ao lado da praia. Atravesse uma pequena ponte sobre um riacho e continue ao lado do mar. Suba mais alguns degraus no muro e vá até um grande **afloramento de rochas** ③ – as camadas de sedimentos depositadas durante séculos podem ser vistas nas pedras expostas. Em uma curva, o caminho entra numa área verdejante com muitos arbustos de tojos à esquerda. Cruze outra ponte sobre um riacho para ver a vila de Crail a distância. Na maré baixa, surge uma **praia com conchas** ④, bom lugar para descansar em pedras que servem de bancos. Para quem tem disposição, o caminho continua até Crail; caso contrário, retorne ao estacionamento para um merecido peixe com fritas ao lado do porto.

🚗 *Volte à A917 e siga para Pittenweem. Vire à direita na Charles St; pegue a direita na bifurcação e depois dobre à esquerda na B9171. Vire à direita para chegar ao castelo e ao estacionamento.*

Abaixo Bonita paisagem na trilha litorânea de Anstruther até Crail

ATIVIDADES EM ANSTRUTHER

Para canoagem, rapel, escalada, ciclismo e arco e flecha, tente a **East Neuk Outdoors** *(01333 311 929; www.eastneukoutdoors.co.uk)*. Para passeios de barco à Isle of May, compre passagem na **Anstruther Pleasure Trips**, no porto *(01333 310 054; www.isleofmayferry.com)*.

ONDE COMER E BEBER

ST. ANDREWS

The Glass House *barato*
Este restaurante calmo no centro da cidade oferece pizzas, massas e saladas.
80 North St, KY16 9AH; 01334 473 673; www.glasshouse-restaurant.co.uk

The Doll's House *moderado*
Concorrido, serve pratos franco-escoceses, como cordeiro escocês com lentilhas e pudim de café caramelado.
3 Church Sq, KY16 9NN; 01334 477 422; www.dollshouse-restaurant.co.uk

ANSTRUTHER

Anstruther Fish Bar *barato*
Esta lendária casa de peixe com fritas sempre ganha prêmios por sua comida.
42-4 Shore St, KY10 3AQ; 01333 310 518; www.anstrutherfishbar.co.uk

The Cellar *moderado*
Serve pratos escoceses modernos, com ênfase em frutos do mar.
24 East Green, KY10 3AA; 01333 310 378; fecha dom; almoço sex e sáb; www.cellaranstruther.co.uk

Onde Comer e Beber: barato, menos de £25; moderado, £25-£50; caro, acima de £50

Acima, em sentido horário Jardins em estilo vitoriano rodeiam o antigo Kellie Castle, considerado mal-assombrado; Imponente construção com torreões do Kellie Castle; O Falkland Palace já foi pavilhão real de caça

❹ Kellie Castle
Pittenweem; KY10 2RF

Considerado mal-assombrado, o Kellie Castle *(abr-mai e set, out: sex-ter; jun-ago: diariam)* data do século XIV. Foi reconstruído em boa parte pela família Lorimer, no século XIX, depois de quase ruir. Os salões contêm ótimas pinturas, grandioso teto de gesso e móveis desenhados pelo arquiteto sir Robert Lorimer, no estilo Arts and Crafts. Há vistas magníficas do Bass Rock e do jardim em estilo vitoriano, com rosas e plantas herbáceas.

🚗 Vire à direita na B9171, e à esquerda na B942 até A917. Dobre à direita em Upper Largo e vá direto até a A915 (ou desvie para Lower Largo – veja o box), depois vire à direita na B927 para se afastar do litoral. Entre à direita na A916 norte, depois à direita na B939 até Ceres. O museu fica na High St, à direita.

❺ Fife Folk Museum
Fife; KY15 5NF

A bela vila de Ceres conta com o **Fife Folk Museum** *(abr-out: diariam; www.fifefolkmuseum.org)*, que conta a história do povo de Fife. Instalado em uma edificação do século XVII, dispõe de um interessante arranjo de itens que vão de instrumentos agrícolas a colchas de retalhos e uma bicicleta vitoriana. A sala de estar de um chalé foi reconstituída para recriar o ambiente de uma moradia do período pré-industrial.

🚗 Da B939 vá até a A916. Dobre à direita e, após Scotstarvit Tower, entre à esquerda na bifurcação e pegue uma estrada secundária. Na A914, vire à esquerda (placa de Glenrothes), depois à direita numa estrada após Kettlebridge, cruzando a A92 até a B936; passe por Freuchie para ir a Falkland. Entre na A912 e vire à esquerda em East Port, onde estão a High St, o palácio e o estacionamento.

O verdadeiro Robinson Crusoé

Alexander Selkirk, nascido em Lower Largo no século XVII, serviu de inspiração ao romance *As aventuras de Robinson Crusoé*, de Daniel Defoe. Selkirk foi para o mar e em 1704 servia como mestre no navio *Cinque Ports*. Ele discutiu com o capitão e pediu para deixar o navio. Seu desejo foi atendido, e ele foi desembarcado em Juan Fernandez, uma ilha desabitada ao largo do Chile. Viveu ali por mais de quatro anos até ser resgatado, em 1709.

❻ Falkland Palace
Falkland; KY15 7BU

O magnífico **Falkland Palace** renascentista *(mar-out: diariam)* foi feito para ser um pavilhão de caça para Jaime IV da Escócia, no século XV; tornou-se o refúgio preferido de Maria Stuart. Além de conhecer o pró-

---

ONDE FICAR

ARREDORES DO FALKLAND PALACE

Ladywell House *barato*
Esta residência bonita que ocupa terras ao lado da A912, nos arredores de Falkland, pertenceu à mãe da princesa Diana. Agora é um B&B com seis quartos elegantes, decorados em estilo campestre. Os hóspedes tomam café da manhã numa grande estufa.
Falkland, KY15 7DE; 01337 858 414; www.ladywellhousefife.co.uk

À dir. A Vane Farm, da Royal Society for the Protection of Birds (RSPB), instalada nas bonitas margens do Loch Leven

Onde Ficar: barato, menos de £80; moderado, £80-£150; caro, acima de £150

prio palácio, com tapeçarias flamengas e tetos pintados, o visitante pode andar pelos jardins e pela quadra real de tênis, construída em 1539.

🚗 *Volte à A912 e vire à esquerda na A91. Vire de novo à esquerda, depois entre na B996 para Milnathort. Vire à esquerda na A992 e depois pegue a B996 até o centro de Kinross. Vire à esquerda na Burns Beggs St, depois à direita na Pier Rd até o estacionamento do ferry-boat para o Loch Leven Castle.*

Acima Jardim do Falkland Palace, onde fica a quadra de tênis mais antiga da Grã-Bretanha

❼ Loch Leven
Ao lado de Kinross; KY13 8UF

Loch Leven é famoso pelo solitário **castelo** (abr-set: *diariam*), em uma ilha no meio das águas, onde se chega apenas de ferryboat. Aqui, Maria Stuart ficou presa por ordem de Elizabeth I. Nesse período, Maria foi obrigada a abdicar a favor de seu filho Jaime VI. Após um ano, ela fugiu com a ajuda do carcereiro, mas foi novamente aprisionada em Fotheringay, na Inglaterra. Agora o castelo do século XIV está em ruínas.

O lago é conhecido pela variedade de aves. Vá para o sul pela B996, depois vire à esquerda na B9097 até a **Vane Farm**, da **Royal Society for the Protection of Birds** (*diariam*), com trilhas naturais e pontos de observação, de onde são avistadas aves comuns como os gansos-de-bico-curto.

🚗 *Do píer de Loch Leven, volte à B996 e vire à direita, depois à esquerda na Station Rd. Continue pela A977 e prossiga até Kincardine, depois dobre à esquerda para entrar na A985 (rumo à Forth Road Bridge). Depois de 6km vire à direita e vá de Gallows Loan a Culross. Estacione no centro, perto do palácio.*

❽ Culross
Culross; KY12 8JH

Culross foi um dos maiores portos escoceses no século XVI. Os navios levavam carvão e sal de Fife para os Países Baixos e voltavam com telhas de barro, usadas para cobrir construções. Esta cidade, com influência arquitetônica holandesa e ruas calçadas com pedras, está muito bem conservada. Suas principais atrações são o **Culross Palace** (abr-mai, e set, out: qui-seg; jun-ago: *diariam*), construído para um comerciante local; e **The Study** (ingresso junto com o do palácio), uma casa-torre do século XVII. E vale a pena caminhar até a **abadia** em ruínas, fundada pelos cistercienses no século XIII, que se encontra no morro acima da cidade.

Acima A prefeitura do século XVII, um exemplo de arquitetura em estilo holandês em Culross

ONDE COMER E BEBER

ARREDORES DE KELLIE CASTLE

The Inn at Lathones moderado
Antiga hospedaria com restaurante concorrido, tem pratos tradicionais, como *game suet pudding* (caça feita com gordura de carneiro) e purê de raízes. Pegue a B942 e a B941 até Largoward, e a A915. *Largoward, KY9 1JE; 01334 840 494; www.theinn.co.uk*

Sangsters moderado-caro
Restaurante com estrelas do Michelin, serve caça, caranguejo, salmão e carne. Há pratos vegetarianos. Vá pela A917. *51 High St, Elie, KY9 1BZ; 01333 331 001; www.sangsters.co.uk; fecha dom à noite, seg, ter e qua, sáb no almoço; convém reservar*

ARREDORES DO FIFE FOLK MUSEUM

The Peat Inn moderado-caro
Hospedaria campestre premiada, com destaque para produtos frescos. Pratos criativos, como canelone de lagostim e vieira. De Ceres, vá rumo ao norte pela B939; vire à direita na B940 até a Peat Inn. *Peat Inn, KY15 5LH; 01334 840 206; www.thepeatinn.co.uk*

PASSEIOS DE 1 DIA
St. Andrews é uma base excelente para conhecer Fife.

A Fife real e plebeia
Passe a manhã em St. Andrews ❶, com seu campo de golfe real, universidade e catedral antiga. Passeie pela praia, depois vá de carro até Ceres visitar o Fife Folk Museum ❺ e ter uma noção de como viviam os moradores.

Dirija-se até o Falkland Palace ❻ renascentista, sede dos monarcas Stuart.

De St. Andrews pegue a A915, depois a B939 até Ceres. Siga as instruções do roteiro até Falkland. Volte pelo mesmo caminho.

Diversão familiar em East Neuk
Em St. Andrews ❶, visite a masmorra do castelo e vá de carro até o Scotland's Secret Bunker ❷, muito interessante para adultos e crianças. A seguir, visite Anstruther ❸ para andar de canoa, bicicleta, barco ou apenas relaxar na praia. Se quiser mais emoção, vá caçar fantasmas no Kellie Castle ❹.

Siga as instruções do roteiro até o Kellie Castle. Para voltar, pegue a B9171, vire à esquerda e continue até a B9131. Aqui, vire à esquerda para St. Andrews.

Onde Comer e Beber: barato, menos de £25; moderado, £25-£50; caro, acima de £50

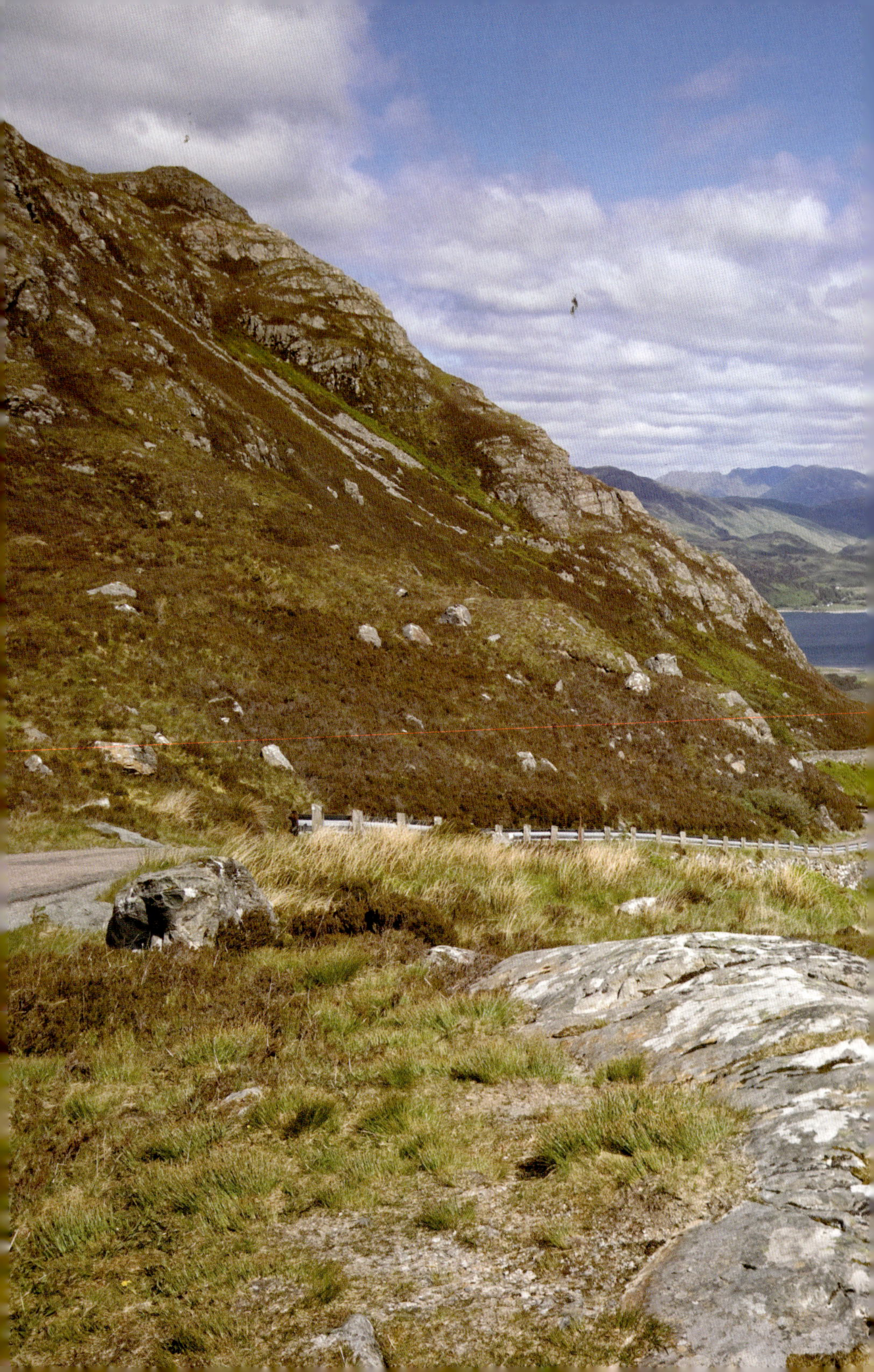

ROTEIRO **23**

O Selvagem Litoral Oeste da Escócia

De Inveraray a Plockton

Destaques

- **Moradores antigos**
  Veja a abundante vida silvestre: focas comuns e cinzentas, lontras brincalhonas, martas tímidas, majestosos veados-vermelhos e águias raras

- **Esplendor natural**
  Viaje por paisagens espetaculares – profundos braços de mar rodeados por montanhas escarpadas, e rios acidentados que percorrem vales com laterais íngremes

- **Aventuras históricas**
  Visite Glencoe, palco de uma traição infame; vá de barco até a caverna que abrigou Bonnie Prince Charlie (príncipe Carlos Eduardo Stuart), e explore castelos antigos com muitas conexões históricas

Ao longe, Glenelg Bay vista da estrada para Kylerhea Otter Hide

O Selvagem Litoral Oeste da Escócia

O litoral oeste da Escócia é o mais impressionante e acidentado da Grã-Bretanha. O roteiro começa à beira do Loch Fyne, na bonita cidade de Inveraray, em cujo castelo grandioso ainda mora uma família. O trajeto passa por montanhas e bosques notáveis e atravessa Glencoe, cenário de um massacre terrível em 1692. De vez em quando vê-se um castelo fortificado, testemunha da história turbulenta da área. Os sinuosos percursos litorâneos levam à remota Ardnamurchan Peninsula, antes de rumar para o norte; aqui, o visitante deve pegar um ferryboat para ir até as montanhas escarpadas e as praias arenosas da Ilha de Skye. O ponto final é em terra firme – entre as palmeiras de Plockton –, aquecida pelas águas da corrente do Golfo.

Acima A bonita praia de Sanna, com areia branca feita de conchas trituradas, na Ardnamurchan Peninsula (p. 234)

LEGENDA

— Roteiro

ATIVIDADES

Penetre fundo numa montanha na Cruachan Power Station

Suba na torre de McCaig, em Oban, para avistar a Isle of Mull

Veja uma arraia de perto no aquário do Scottish Sea Life Sanctuary

Explore as cascatas e montanhas em Glencoe e veja o local do terrível massacre

Observe martas e águias na remota Ardnamurchan Peninsula

Faça um passeio de barco que sai de Elgol para ver a caverna do Bonnie Prince Charlie

Examine as lontras que inspiraram o livro *Ring of Bright Water*, no Kylerhea Otter Hide

Abaixo Barcos ancorados nas águas calmas do porto de Oban (p. 233)

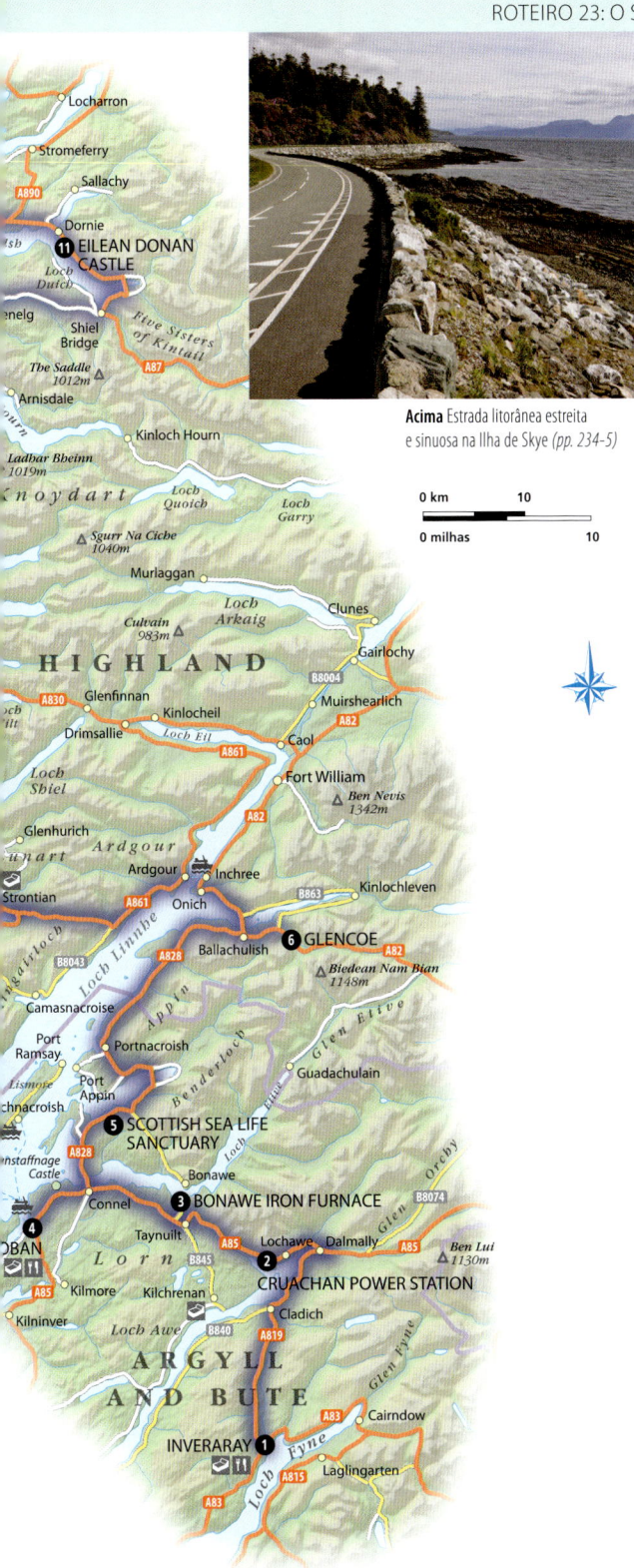

ROTEIRO 23: O Selvagem Litoral Oeste da Escócia   231

Acima Estrada litorânea estreita e sinuosa na Ilha de Skye (pp. 234-5)

PLANEJAMENTO

Início/fim: De Inveraray a Plockton.

Número de dias: De 5 a 6.

Distância: Cerca de 478km (297 milhas).

Condições das estradas: Em geral, boas, mas com longos trechos de pista única (com pontos de ultrapassagem) que pedem direção cuidadosa. O caminho até Glenelg, em Skye, não é utilizável com neve ou gelo – use a Skye Bridge.

Quando ir: O auge do verão (jul-ago) oferece mais horas de sol, mas tudo pode ficar congestionado. Mai, jun, set e out são ideais. As estradas costumam ser bloqueadas pela neve no inverno.

Horários de funcionamento: Em geral, museus e atrações abrem das 10h às 17h, mas fecham mais cedo (ou nem abrem) de nov-Páscoa. Lojas têm horários mais longos. Igrejas costumam abrir até o anoitecer.

Principais dias de mercado: Oban: Feira do produtor em Benderloch, perto de Oban, 1ª e 3ª qui do mês.

Compras: Skye tem muitas lojas de artesanato que vendem pele de carneiro, joias celtas, cerâmica e peças de tricô. A ilha e outras partes da costa oeste também atraem pintores, cujos estúdios podem ser visitados.

Principais festas: Inveraray: Highland Games, jul; Oban: Highland and Islands Music & Dance, 4 dias no fim de abr; Skye: Highland Games, ago.

PASSEIOS DE 1 DIA

Com bonita área rural e vida silvestre, a Escócia é ótima para crianças. Em Inveraray, veja o **castelo** e depois vá até a **usina** de Cruachan, penetrando fundo na **montanha**. Faça um piquenique à beira do **lago** na **fornalha de ferro** em Bonawe e depois veja **focas**, **arraias** e **peixes** no **santuário de vida marinha**. Os românticos talvez queiram ficar em Plockton, com **palmeiras** e **porto**, para depois visitar os **jardins** de Armadale. Continue até Elgol para ver as **montanhas** de Cuillin e reviver as **façanhas** de um príncipe. Depois pegue um **ferryboat** e vá de carro até as **ruínas do castelo**. Detalhes p. 235.

❶ Inveraray
Argyll; PA32

À margem do Loch Fyne, Inveraray é pequena, mas imponente. A cidade foi formada pelo terceiro duque de Argyll, no século XVIII, e tem duas grandes atrações: a cadeia do século XIX e o castelo. O passeio começa com uma visita ao castelo e explora as matas ao redor.

Passeio a pé de 1 hora e meia

Ao sair do estacionamento, visite o **Inveraray Castle** ❶ *(abr-out: diariam; www.inveraray-castle.com)*. O prédio pertence ao duque de Argyll, e a família encabeça o clã Campbell – o regimento do primeiro duque realizou o famoso massacre em Glencoe *(p. 234)*. O castelo é repleto de tapeçarias, pratarias e porcelanas e de itens mais comuns, como a bolsa de couro de Rob Roy.

Na entrada do castelo, procure a placa do caminho de "Dun na Cuaich" e siga as setas azuis ao longo da trilha calçada com macadame, que passa pelo **monumento** ❷ em homenagem aos dezessete líderes Campbell executados pelo primeiro marquês de Atholl, em 1685. Essa foi a penalidade por contradizerem a afirmação de Jaime II, rei Stuart, de que ele seria o verdadeiro chefe da igreja.

Atravesse a charmosa **ponte de pedra** ❸ – construída por John Adam –, que cruza o rio Aray, depois vire à direita para entrar nos bosques. No portão, siga em frente pela trilha até chegar ao outro portão que leva ao bosque – na primavera, o chão fica acarpetado de jacintos. O caminho logo passa pelas ruínas do antigo **forno de cal** ❹, no lado esquerdo. Continue a subir; pegue a direita na bifurcação após alguns minutos, ainda seguindo as setas azuis.

Por fim, a trilha faz uma curva à direita e fica mais plana, e o ar se enche do aroma fresco dos pinheiros. Depois de passar pelos restos de um muro, o bosque se abre, oferecendo um vislumbre dos morros ao redor. Suba em zigue-zague para chegar ao topo, que fica coberto de flores do campo no verão e também tem um banco. As vistas do castelo, da cidade e do lago se espalham e são maravilhosas. **Dun na Cuaich** ❺ significa algo como "forte dos cálices", em gaélico, e nesse pico ficava um forte na Idade do Ferro. O topo é coroado com um monumento construído por um dos famosos arquitetos da família Adam. Alguns dizem que era usado como torre de observação pelos Campbell, outros falam que foi construído apenas para realçar a paisagem.

Depois de aproveitar a vista e desfrutar de um merecido descanso, desça a trilha de volta a Inveraray. No castelo

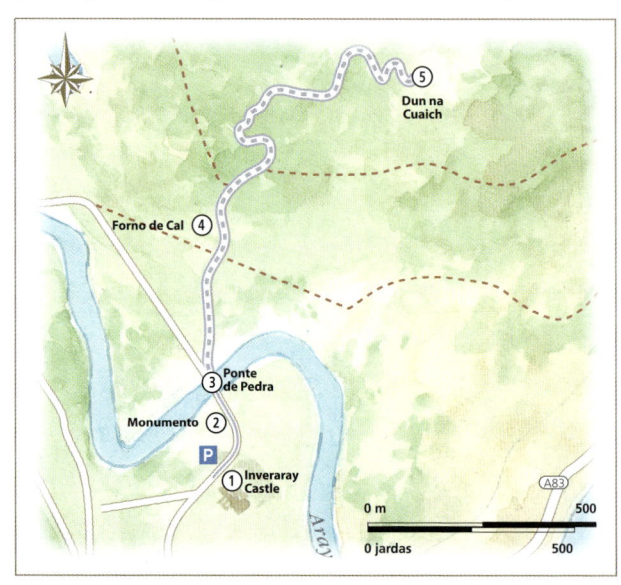

Acima Vista do Argyll Hotel e da torre da igreja de Loch Fyne

PARA VISITAR INVERARAY

Estacionamento
Há um ao lado de The Avenue, no centro, e junto ao castelo.

Informação turística
Front St, PA32 8UY; 08452 255 121; www.visitscottishheartlands.com; abr-out: diariam; nov-mar: fecha dom

ONDE FICAR

INVERARAY

Creag Dhubh *barato*
Em um casarão instalado no meio de jardins, este B&B gerido por uma família tem cinco quartos e belas vistas.
Main St South, PA32 8XT; 01499 302 430; www.creagdhubh.freeuk.com

Rudha-Na-Craige *moderado*
Em casa erguida no século XIX pelo duque de Argyll, é um B&B quatro-estrelas. Seis quartos com vista do Loch Fyne.
Inverarary, PA32 8YX; 01499 302 668; www.rudha-na-craige.f2s.com

Loch Fyne Hotel and Spa *caro*
Perto do porto, com linda vista do Loch Fyne, este hotel tem quartos confortáveis e elegantes, piscina e spa.
Main St South, PA32 8XT; 01499 302 980; www.crerarhotels.com

BONAWE IRON FURNACE

Ardanaiseig Hotel *moderado*
Hotel à beira do Loch Awe (pegue a B845 em Taynuilt), nesta casa histórica que possui quartos luxuosos.
Kilchrenan, ao lado de Taynuilt, Argyll, PA35 1HE; 01866 833 333; www.ardanaiseig.com

OBAN

Kimberley House *moderado*
Este simpático B&B tem quartos que combinam a decoração antiga e moderna com vistas do mar.
Dalriach Rd, PA34 5EQ; 01631 571 115; www.kimberley-hotel.co.uk

Onde Ficar: barato, menos de £80; moderado, £80-£150; caro, acima de £150

ROTEIRO 23: O Selvagem Litoral Oeste da Escócia

há um café onde os caminhantes podem se reabastecer com chá e bolos.

🚗 **Pegue a A819 norte (placa para Oban).** Após avistar o Kilchurn Castle, vire à esquerda na A85 e vá até Cruachan Power Station e o estacionamento.

❷ Cruachan Power Station
Dalmally, Argyll; PA33 1AN
Nas profundezas de Ben Cruachan, esta usina hidrelétrica *(abr-out: diariam; nov-mar: seg-sex; fecha jan)* funciona com a água de um reservatório no alto da montanha. O visitante entra de ônibus em uma enorme caverna. Ao ver o funcionamento dessa estrutura tem-se a impressão de estar no mundo de James Bond. Depois, faça uma caminhada à beira do lago ou no topo de Ben Cruachan, para ver a represa.

🚗 **Siga pela A85 e vire à direita (placa para Brochroy)** quando a estrada se dividir; vá até Bonawe Iron Furnace. Pare no local.

❸ Bonawe Iron Furnace
By Taynuilt, Argyll; PA35 1JQ
É difícil imaginar uma indústria neste local tranquilo ao lado do Loch Etive, mas Bonawe *(abr-set: diariam)* já foi uma fornalha produtora de ferro. O que restou é o melhor exemplo de fábrica de artigos de ferro abastecida com carvão. As peças de ferro forjado eram feitas aqui no século XVIII porque havia madeira em abundância para carvão. Bonawe produziu grande suprimento de balas de canhão, muitas usadas por lorde Nelson em suas batalhas navais.

🚗 **Volte à A85, siga a estrada até Oban** e estacione na rua.

❹ Oban
Oban, Argyll; PA34
A bonita Oban tem um porto movimentado, com barcos pesqueiros em meio a ferryboats de passageiros que percorrem as ilhas Hébridas. Dominando a cidade está a **McCaig's Tower**,

um monumento que lembra o Coliseu romano. Ela tinha o propósito de ser o memorial de uma família e de oferecer trabalho para os pedreiros locais. Iniciada em 1897, ficou inacabada quando McCaig morreu, em 1902. Suba e aproveite as vistas. Ao sair da cidade, na A85 ficam as ruínas do **Dunstaffnage Castle** *(abr-set: diariam; out-mar: sáb-qua)*, um dos fortes de pedra mais antigos da Escócia. Surgiu no século XIII para defender o país dos saqueadores escandinavos e serviu de fortaleza aos lordes MacDougall até cair nas mãos dos reis da Escócia. Séculos depois, Flora MacDonald ficou presa aqui por ajudar Bonnie Prince Charlie a fugir, após a rebelião jacobita. Mais tarde, ela foi para a Torre de Londres.

🚗 **Pegue a A85 norte e vire à direita na A828** cruzando a Connel Bridge. Siga até o Sea Life Sanctuary e o estacionamento.

❺ Scottish Sea Life Sanctuary
Barcaldine, Argyll; PA37 1SE
À beira do Loch Creran, o Scottish Sea Life Sanctuary *(diariam; www.sealsanctuary.co.uk)* resgata filhotes de foca encontrados no litoral, cuida deles e os devolve a seu habitat – também há focas residentes. O aquário conta com criaturas do mar, de estrelas a arraias, e há um playground de aventura e uma trilha no bosque. Um lugar fascinante para adultos e crianças.

🚗 **Vá ao norte pela A828, junto ao litoral, e pegue a A82 com placa para Crianlarich.** Vire à direita e chegue ao Glencoe Visitor Centre e ao estacionamento.

Acima, em sentido horário A Bonawe Iron Furnace, do século XVIII; Oban, vista da imponente McCaig's Tower; Torre do Inveraray Castle, residência do duque de Argyll *Abaixo* A Inveraray Jail é uma atração popular

ONDE COMER E BEBER

INVERARAY

The George Hotel *barato*
Este concorrido pub à beira-mar serve pratos tradicionais e vegetarianos. Prove mariscos com fritas, torta escocesa de carne ou haggis (cozido de miúdos).
Main St East, PA32 8TT; 01499 302 111; www.thegeorgehotel.co.uk

OBAN

Oban Chocolate Company *barato*
Relaxe nos sofás e aproveite a vista do mar nesta cafeteria moderna, que serve café, bolos e sorvete – além, claro, de chocolates artesanais.
34 Corran Esplanade, PA34 5PS; 01631 566 099; www.obanchocolate.co.uk; fecha jan

Coast *barato-moderado*
Restaurante contemporâneo em antigo banco, especializado em frutos do mar locais. Prove os lagostins do Loch Linnhe.
102-104 George St, PA34 5NT; 01631 569 900; www.coastoban.co.uk

Room 9 Restaurant *moderado*
À beira d'água, serve sanduíches simples, patê de salmão defumado e carne com morcela de Stornoway.
9 Craigard Rd, PA34 5NP; 01631 564 200; fecha dom

Temple Seafood *moderado*
Pequeno restaurante com ótimas vistas. Tem creme de vieira e lagosta, e travessas de frutos do mar. É preciso reservar.
Gallanach Rd, PA34 4LW; 01631 566 000; www.templeseafood.co.uk; qui-dom

Onde Comer e Beber: barato, menos de £25; moderado, £25-£50; caro, acima de £50

Acima A verdejante Ardnamurchan Peninsula, um refúgio da vida silvestre escocesa

TRAVESSIA PARA SKYE

Serviços de ferryboat para carros
A travessia de ferryboat de Mallaig para Skye leva cerca de 30 minutos e é feita pela **Caledonian Macbrayne** *(08000 665 000; www.calmac.co.uk)*. A **Glenelg-Skye Ferry** *(Páscoa-set: diariam, a cada 20 minutos; www.calmac.co.uk)* vai de Kylerhea a Glenelg.

ONDE FICAR

ARREDORES DE GLENCOE

Kilcamb Lodge Hotel *moderado*
Hotel tranquilo, com bela localização à beira do lago, na A861. Fica após Strontian, no passeio pela Ardnamurchan Peninsula. Combina luxo, simpatia e atenção aos detalhes. Excelente comida.
Strontian, Argyll, PH36 4HY; 01967 402 257; www.kilcamblodge.co.uk

ARREDORES DE ARMADALE CASTLE GARDENS

Kinloch Lodge *moderado*
Ambiente acolhedor na residência do chefe do clã Macdonald e de sua mulher, que escreve sobre culinária. Uma lareira queima toras na sala de estar e os quartos têm decoração individual.
Sleat, Ilha de Skye, IV43 8QY (na A851); 01471 833 333; www.kinloch-lodge.co.uk

Tigh an Dochais *moderado*
Quartos elegantes neste B&B impecável, à beira-d'água, com vista da Broadford Bay. Geleia e pão caseiro no café da manhã.
13 Harrapool, Ilha de Skye, IV49 9AQ; 01471 820 022; www.skyebedbreakfast.co.uk; fecha dez-fev

PLOCKTON

The Plockton Hotel *moderado*
Este hotel fica na orla de Plockton. Por isso, peça um quarto com vista do lago. Quartos com banheiro e, no térreo, um bar e restaurante concorrido.
41 Harbour View, IV52 8TN; 01599 544 274; www.plocktonhotel.co.uk

À dir. Cascata em Glencoe, palco do massacre brutal em 1692

❻ Glencoe
Glencoe; PH49 4LA

As montanhas de Glencoe, descritas pela rainha Vitória como "duras, escarpadas e íngremes", são impressionantes e abrigam vida silvestre variada, como lebres-da-montanha e águias-douradas. Mas foi pelo massacre de 1692 que este lugar sombrio ficou conhecido. O **Glencoe Visitor Centre** *(mar-out: diariam; nov-fev: qui-dom; www.nts.org.uk)* tem exposição e um filme sobre a história e a vida silvestre do vale; uma plataforma de observação e informes sobre caminhadas e escaladas na área.

🚗 *Pegue a A82 para Fort William. Após Onich, siga as placas para Corran Ferry e vá até Ardgour. Depois, siga a A861 para Salen, e pegue a B8007 até o Natural History Centre e o estacionamento.*

❼ Ardnamurchan Peninsula
Argyll; PH36 4JG

Esta península remota tem clima úmido mas ameno, e abriga muitas plantas e animais. O **Natural History Centre** *(abr-out: diariam)* exibe fauna e flora com mostras, circuito fechado de TV, tocas de marta especialmente construídas de pinheiro e uma "câmera de águias" ao vivo. Siga pela B8007 até o Ardnamurchan Point, considerado o ponto mais ocidental da terra firme da Grã-Bretanha. Construído em 1849 e automatizado em 1988, o **farol** *(abr-out; 01972 510 210; www.ardnamurchanlighthouse.com)* é também um museu – suba os 152 degraus até o topo para aproveitar a vista. Abaixo, há uma praia fantástica em **Sanna**, com areia branca que provém de conchas.

🚗 *Siga a B8007 de volta a Salen, vire à esquerda na A861 e à esquerda na A830 para Mallaig. Tome o ferryboat para Skye. Na ilha, pegue a A851 até o castelo.*

❽ Armadale Castle Gardens
Armadale, Ilha de Skye; IV45 8RS

Quase todo em ruínas, o castelo foi residência de membros do clã Donald, antigos governantes da área – a jacobita Flora Macdonald casou-se aqui. O visitante pode passear pelos **Castle Gardens** *(abr-out: diariam; www.clandonald.com)* e pelos bosques. Há também um **Museum of the Isles** *(mesmos horários)*, com a história da área e do clã Donald. A biblioteca ajuda a resgatar a história das famílias.

🚗 *Continue pelas A851 e A87 até Broadford, e vire à esquerda na B8083. Siga pela panorâmica estrada de pista única até Elgol. Pare acima do porto.*

O Massacre de Glencoe

Os Macdonalds de Glencoe eram partidários dos reis Stuart. O governo ofereceu anistia aos chefes das Highlands, que fizeram juramento de fidelidade aos novos monarcas, Guilherme e Maria. Mas o chefe Macdonald se atrasou para fazer sua declaração. Então, o regimento do conde de Argyll, liderado pelo capitão Campbell, foi para Glencoe. Após aproveitar a hospitalidade local por dez dias, em 13 de fevereiro de 1692, os soldados atacaram seus anfitriões, matando 38 Macdonalds.

⑨ Elgol
Ilha de Skye; IV49 9BJ
Elgol oferece belas vistas dos Cuillins de Skye, montanhas que desafiam até alpinistas experientes. Bonnie Prince Charlie foi escondido em uma caverna por membros leais ao clã Mackinnon, após a derrota em Culloden, em 1746. Seguiu de barco até Mallaig e foi levado para a França. O visitante pode ir de barco até a caverna, ou ao Loch Coruisk, no centro dos Cuillins.

🚗 *Volte a Broadford pela B8083, vire à direita na A87 e à direita para Kylerhea, dobrando à esquerda no estacionamento de Otter Haven Hide.*

⑩ Kylerhea Otter Hide
Kylerhea, Ilha de Skye; IV42 8
Este refúgio *(diariam)* oferece ótimas vistas das águas do Kylerhea até Glenelg. Observe lontras nas margens, focas comuns e as cinzentas do Atlântico nas águas, e até mesmo águias. As lontras inspiraram o romance *Ring of Bright Water*, de Gavin Maxwell.

🚗 *Pegue o ferryboat em Kylerhea até Glenelg, tome a estrada litorânea e vire à esquerda na Shiel Bridge. Pare no mirante das Five Sisters nas montanhas acima do Loch Duich. Na Shiel Bridge, vire à direita na A87, depois à esquerda rumo ao castelo. No inverno, quando não há ferryboats, saia de Skye pela A87, cruze a ponte para Kyle of Lochalsh e vá rumo a Plockton.*

⑪ Eilean Donan Castle
Dornie, ao lado de Kyle; IV40 8DX
Este pitoresco castelo *(mar-nov: diariam; www.eileandonancastle.com)*, ao qual se chega por uma ponte de pedra com arcos, fica em uma ilha rochosa ocupada no século VI por St. Donan. O castelo foi construído como defesa contra invasões vikings. Com o prédio cuidadosamente restaurado nos anos 1930, agora o visitante pode ver os salões grandiosos, os quartos e as cozinhas. Eilean Donan já apareceu em muitos filmes, como *O mundo não é o bastante*, da série James Bond.

🚗 *Continue pela A87. Em Balmacara, vire à direita em uma bonita estrada rural até Plockton. Estacione na rua.*

⑫ Plockton
Plockton, Ross-shire; IV52
Os ventos quentes da corrente do Golfo dão à vila de Plockton uma aparência exuberante: há palmeiras, flores coloridas e todos os tipos de plantas exóticas adaptadas aos jardins. No início, esta era uma vila pesqueira, planejada no século XVIII pelo conde de Seaforth. É um lugar calmo e procurado por marinheiros, que atracam seus iates no porto. O visitante aproveita o lago e as caminhadas nos morros, ou faz um cruzeiro marítimo pelo litoral, com a **Calum's Boat Trips** *(01599 544 306; www.calums-sealtrips.com)*.

Acima, da esq. p/ dir. Montanhas escarpadas ao redor de Elgol; Fêmea de veado-vermelho na Ardnamurchan Peninsula; A encantadora vila de Plockton, situada em terreno verdejante

ONDE COMER E BEBER

ARREDORES DE ARMADALE CASTLE GARDENS

Harbour View *moderado*
Este antigo chalé de pescador virou um concorrido restaurante especializado em peixes e frutos do mar. Prove a torta de peixe ou as *moules*.
7 Bosville Terrace, Portree, Ilha de Skye, IV51 9DG (na A87 norte); 01487 612 069; www.harbourviewskye.co.uk

The Three Chimneys *caro*
Restaurante elogiado no norte de Skye, serve a moderna culinária escocesa: lombo de coelho selvagem, truta do mar frita e pudim quente de laranja.
Colbost, Dunvegan, Ilha de Skye (na A87 norte), IV55 8ZT; 01470 511 258; www.threechimneys.co.uk

PLOCKTON

The Haven Hotel *barato*
Pequeno bistrô agradável localizado em um hotel central, oferece pratos variados, como filés e bolo de peixe ao limão.
3 Innes St, IV52 8TW; 01599 544 223; www.havenhotelplockton.co.uk

Plockton Shores *moderado*
Parte mercearia, parte restaurante, este estabelecimento fica na orla de Plockton. Serve produtos locais, como vieiras ou caça ensopada com zimbro e tomilho.
30 Harbour St, IV52 8TN; 01599 544 263; www.plocktonshoresrestaurant.co.uk

---

PASSEIOS DE 1 DIA
Este roteiro pode ser dividido em passeios de 1 dia, de Inveraray e Plockton.

Aventura para a família
Em Inveraray ①, adquira itens para piquenique e visite o castelo, com interior suntuoso; depois rume para o norte até a Ben Cruachan Power Station ② e entre na montanha. A seguir, vá até Bonawe Iron Furnace ③ e faça um piquenique nas terras bucólicas antes de ir de carro ao Scottish Sea Life Sanctuary ⑤, para ver as focas, o aquário e caminhar na mata.

Siga a A819, depois entre na A85 norte. Vire à direita na A828. Repita o caminho na volta.

Castelos e Skye
Aproveite o clima temperado de Plockton ⑫ e o bonito porto marcado por palmeiras. Depois cruze a ponte para a Ilha de Skye e passeie pelos Armadale Castle Gardens ⑧. Vá até Elgol ⑨, perto da caverna que escondeu Bonnie Prince Charlie, e volte para a terra firme no ferryboat Glenelg-Skye para visitar as ruínas do Eilean Donan Castle ⑪.

De Plockton, vá para Kyle of Lochalsh e pegue a A87, depois a A851 até os jardins do castelo. Siga o roteiro para voltar.

Onde Comer e Beber: barato, menos de £25; moderado, £25-£50; caro, acima de £50

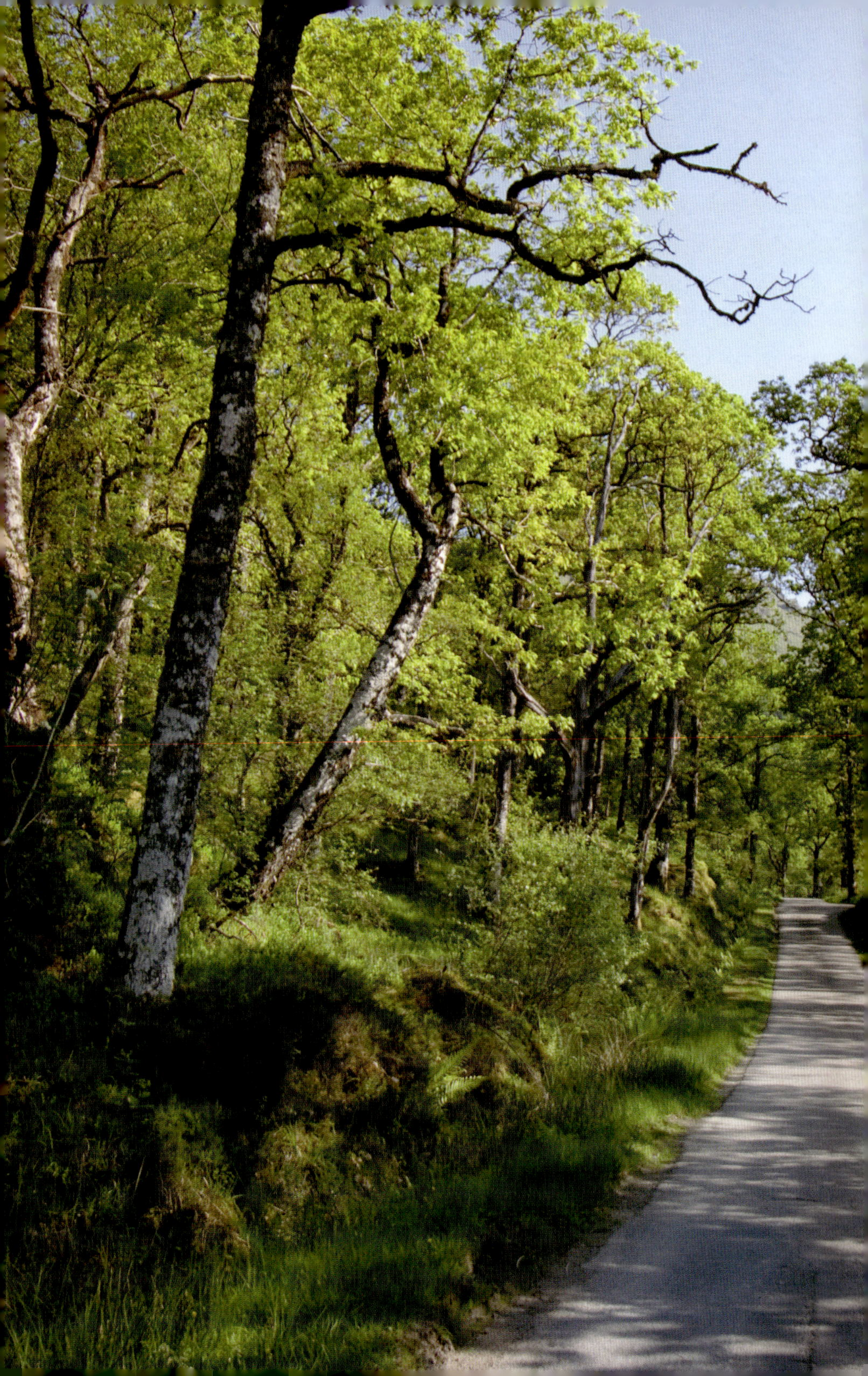

ROTEIRO **24**

O Coração da Escócia

De Perth a Loch Lomond

Destaques

- **Castelos de contos de fadas**
  Visite os grandiosos castelos escoceses em Blair Atholl e Glamis, e também o histórico Scone Palace, onde os reis da Escócia eram coroados

- **Rios e lagos**
  Aprecie o lindo cenário do grande rio Tay, que corre de Dunkeld até Perth; do estreito Loch Voil até a maior área de água doce do RU, o Loch Lomond

- **Associações literárias**
  Siga as conexões literárias: veja a casa de J. M. Barrie; o Birnam Wood mencionado em *Macbeth*, de Shakespeare, e visitado por Beatrix Potter; e os vales das highlands e o túmulo de Rob Roy, herói de sir Walter Scott e Daniel Defoe

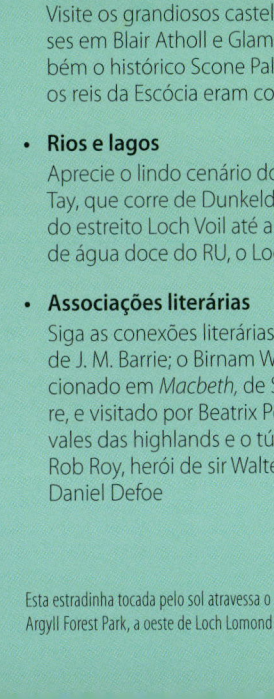

Esta estradinha tocada pelo sol atravessa o Argyll Forest Park, a oeste de Loch Lomond

O Coração da Escócia

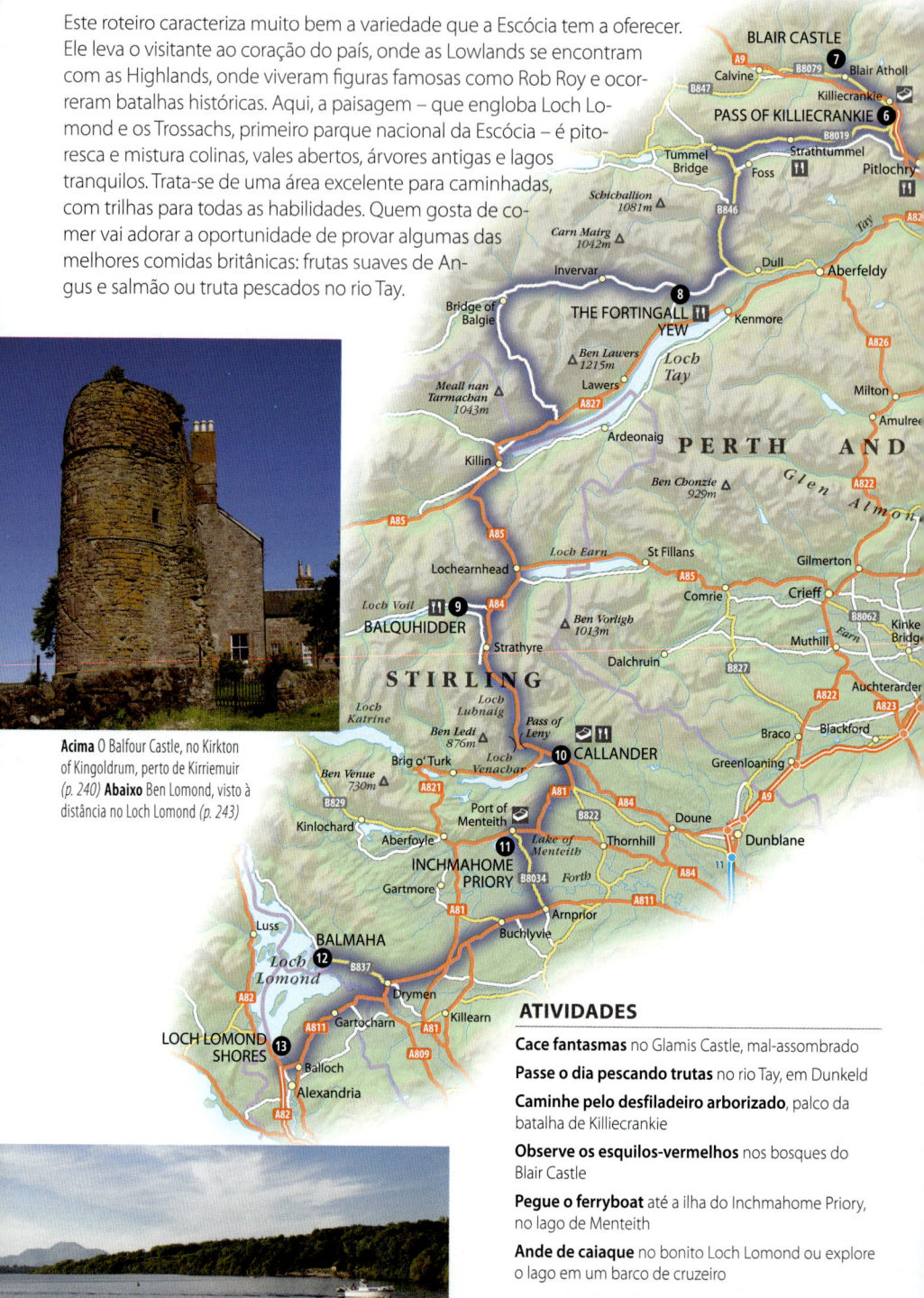

Este roteiro caracteriza muito bem a variedade que a Escócia tem a oferecer. Ele leva o visitante ao coração do país, onde as Lowlands se encontram com as Highlands, onde viveram figuras famosas como Rob Roy e ocorreram batalhas históricas. Aqui, a paisagem – que engloba Loch Lomond e os Trossachs, primeiro parque nacional da Escócia – é pitoresca e mistura colinas, vales abertos, árvores antigas e lagos tranquilos. Trata-se de uma área excelente para caminhadas, com trilhas para todas as habilidades. Quem gosta de comer vai adorar a oportunidade de provar algumas das melhores comidas britânicas: frutas suaves de Angus e salmão ou truta pescados no rio Tay.

Acima O Balfour Castle, no Kirkton of Kingoldrum, perto de Kirriemuir (p. 240) **Abaixo** Ben Lomond, visto à distância no Loch Lomond (p. 243)

ATIVIDADES

Cace fantasmas no Glamis Castle, mal-assombrado

Passe o dia pescando trutas no rio Tay, em Dunkeld

Caminhe pelo desfiladeiro arborizado, palco da batalha de Killiecrankie

Observe os esquilos-vermelhos nos bosques do Blair Castle

Pegue o ferryboat até a ilha do Inchmahome Priory, no lago de Menteith

Ande de caiaque no bonito Loch Lomond ou explore o lago em um barco de cruzeiro

ROTEIRO 24: O Coração da Escócia   239

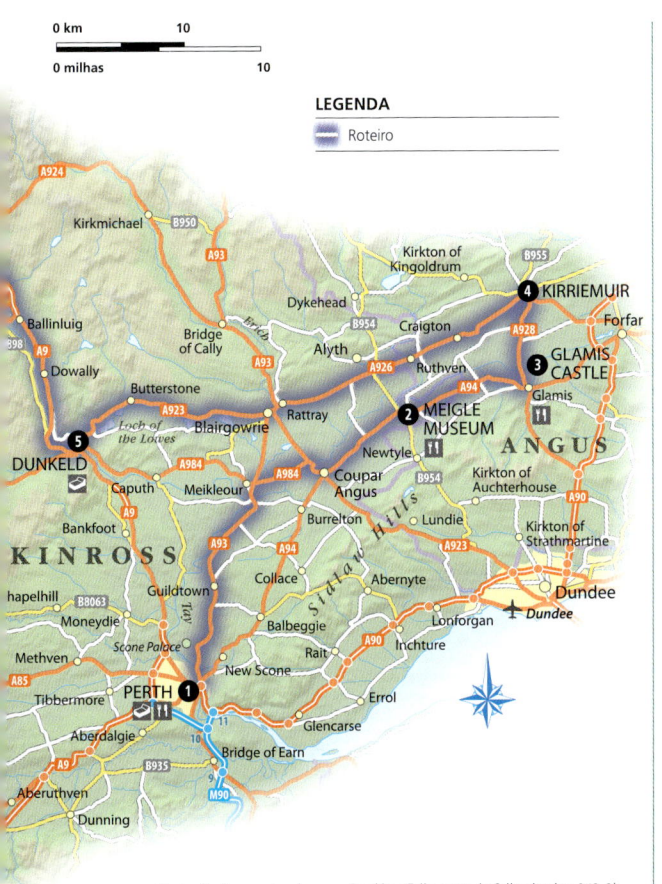

Abaixo Rochas espetaculares em Bracklinn Falls, perto de Callander *(pp. 242-3)*

PLANEJAMENTO

Início/fim: De Perth a Loch Lomond.

Número de dias: 3-4.

Distância: Cerca de 400km (248 milhas).

Condições das estradas: Em geral, boas e bem sinalizadas, apesar de alguns trechos sinuosos e íngremes, e estradas estreitas de pista única. A que vai para Bridge of Balgie é intransitável para trailers, e ninguém passa se chover, nevar ou formar gelo; a alternativa é a A827.

Quando ir: A primavera é ótima para a visita. No verão o tempo é melhor, mas há mais visitantes e mosquitos. O outono é lindo, pois as árvores mudam de cor. Partes do roteiro podem ficar bloqueadas pela neve no inverno.

Horários de funcionamento: Em geral, museus e atrações abrem das 10h às 17h, mas fecham mais cedo (ou nem abrem) de nov-Páscoa. Lojas têm horários mais longos. Igrejas costumam abrir até o anoitecer.

Principais dias de mercado: Perth: Feira do produtor, 1º sáb do mês.

Compras: Geleias de frutas locais; peças de lã; joias celtas; comidas finas em Loch Lomond Shores e no National Park Gateway, Balloch.

Principais festas: Perth: Scottish Game Fair (Scone Palace), jul; **Glamis**: Strathmore Highland Games, 2º sáb de jun; **Dunkeld**: Birnam Highland Games, últ sáb de ago; **Blair Castle**: International Horse Trials, ago; Glenfiddich Piping and Fiddling Championships, out; **Balloch**: Loch Lomond Highland Games, jul.

PASSEIOS DE 1 DIA

Se ficar em Perth, visite seus lindos **jardins**, a **igreja**, a **galeria** e o **palácio** em Scone. Depois vá até Dunkeld para uma caminhada à beira do **rio**, com **ponte** de pedras enormes, **catedral** em ruínas e **árvores** vigorosas. Os românticos podem andar ao lado do **rio** em Callander, espiar as **lojas** e depois ir de carro ao **lago** até o **vale** de Balquhidder, para ver a **sepultura** de Rob Roy; depois, ir para o sul visitar o **priorado da ilha** em Inchmahome. Detalhes *p. 243*.

PARA VISITAR PERTH

Estacionamento
Há os de longa duração na estação de trem, na High St e South St.

Informação turística
Lower City Mills, West Mill St, PH1 5QP; 01738 450 600; www.perthshire.co.uk

PARA VISITAR DUNKELD

Estacionamento
Há um grande no centro, atrás da High St.

Informação turística
The Cross, PH8 0AN; 01350 727 688; www.perthshire.co.uk

ONDE FICAR

PERTH

Ardfern House *barato*
Quartos bonitos em confortável casa vitoriana. Tem lareira no saguão e muitas opções de café da manhã.
15 Pitcullen Crescent, PH2 7HT; 01738 637 031; www.ardfernguesthouse.co.uk

Beechgrove Guest House *barato*
B&B interessante, de frente para o Tay, um pouco fora do centro. Oferece suítes e tem amplo terreno.
Dundee Rd, PH2 7AQ; 01738 636 147

Halton House *moderado*
A arquitetura Arts and Crafts se destaca neste B&B. O saguão possui uma lareira, acesa no inverno. Quartos com Wi-Fi.
11 Tullyumb Terrace, PH1 1BA (ao lado da Glasgow Rd); 01738 643 446

ARREDORES DE DUNKELD
Kinnaird Hotel *caro*
Magnífica casa de campo do século XVIII em uma área sossegada ao lado do rio Tay. Quartos elegantes com belas vistas. Café da manhã delicioso, com frutas frescas, doces e panquecas.
Kinnaird Estate, ao lado de Dunkeld (na B898 ao norte de Dunkeld); PH8 0LB; 01796 482 440; www.kinnairdestate.com

① Perth
Perthshire; PH1

A Fair City (Cidade Formosa), como sir Walter Scott apelidou Perth, fica à margem do Tay – o rio mais longo da Escócia. É repleta de áreas verdes, como os **Branklyn Gardens** *(Dundee Rd; diariam)*, famosos pelas papoulas azuladas do Himalaia, e os **Cherrybank Gardens** *(Glasgow Rd; diariam)*, que contêm a coleção nacional de urzes. O **Museum and Art Gallery** *(fecha dom)* exibe aquarelas de Beatrix Potter, criadora de Peter Rabbit *(ao lado)*. Ao norte da cidade, ao lado da A93, está o **Scone Palace** *(abr-out; diariam; www.scone-palace.co.uk)*. Em suas terras fica Moot Hill, onde antigos reis escoceses foram coroados, a exemplo de Macbeth e Robert the Bruce. A Stone of Destiny ficava aqui até Eduardo I levá-la para Londres, em 1296, ficando sob o trono da coroação até 1996. Agora, ela está no castelo de Edimburgo.

🚗 Continue pela A93, passe a cerca viva de faia com 30m de altura, plantada em 1745. Logo depois, vire à direita na A984 na placa para Coupar Angus; na encruzilhada, vire à direita na A923. Em Coupar Angus pegue a A94 até Meigle.

② Meigle Museum
Meigle, Perthshire; PH12 8SB

O **Meigle Museum** *(abr-set: diariam)* contém magnífico acervo de pedras do povo picto, do século VIII. Entre as imagens entalhadas pelos pictos nessas pedras misteriosas estão um camelo, um urso e animais mitológicos.

🚗 De Meigle, continue pela A94; vire à esquerda e vá até o Glamis Castle.

Acima O lindo Italian Garden, no Glamis Castle, projetado em 1910

③ Glamis Castle
Glamis, Angus; DD8 1RJ

Com torres grandiosas e janelas minúsculas, o **Glamis Castle** *(mar-dez: diariam; só visitas guiadas; www.glamis-castle.co.uk)* parece um castelo francês ou algo saído de um conto de fadas. Sede dos condes de Strathmore desde 1372, foi a residência onde a rainha-mãe Elizabeth passou a infância. O visitante pode ver o quarto dela e sua sala de estar. Dizem que o castelo é a edificação mais mal-assombrada da Escócia, e a arrepiante cripta contém uma sala secreta: segundo a lenda, era onde um dos senhores de Glamis jogava cartas com o diabo. Mais tarde, a sala foi selada. No verão, aqui são realizados os Strathmore Highland Games.

🚗 Pegue a A928 norte e pare no centro.

④ Kirriemuir
Angus; DD8

Conhecida no século XIX pelas fábricas de juta, hoje Kirriemuir é famosa como **terra natal de J. M. Barrie** *(Páscoa-out: sáb-qua; jul, ago: diariam; www.nts.org.uk)*. O museu fica ao lado da praça central. O criador de Peter Pan foi o nono de dez filhos, e é difícil imaginar como todos cabiam nos minúsculos quartos do andar superior. O pai de Barrie, um tecelão, trabalhava no térreo. Fora fica a pequena lavanderia, na qual o escritor, com sete anos, apresentou as primeiras peças e que serviu de inspiração para a casa de Wendy.

🚗 Pegue a A926 rumo a Blairgowrie, entre na A923 após Loch of the Lowes Visitor Centre (veja águias-pescadoras no fim da primavera) e entre em Dunkeld.

Da esq. p/ dir. A compacta e bonita cidade de Perth, ao lado do rio Tay; Elegante jardim de chá, com pavão, no Scone Palace do século XIV, em Perth

ROTEIRO 24: O Coração da Escócia

Da esq. p/ dir. Dunkeld: fonte neogótica na cruz do mercado; Parte da ala em ruínas da Dunkeld Cathedral; A Dunkeld Bridge atravessa o rio Tay

⑤ Dunkeld
Perthshire; PH8

Esta charmosa cidade-mercado, com lojas, restaurantes e catedral do século XIV, é indicada como parada para descanso. Encontra-se à margem do rio Tay, com a cidade de Birnam em frente. Além da pesca de salmão e truta no Tay, os bosques e morros próximos oferecem ótimas caminhadas – informe-se no centro de informação turística.

Passeio a pé de 1 hora e meia

Do estacionamento, desça a Bridge St e atravesse a **Dunkeld Bridge** ①, sobre o Tay. Ela foi construída no início do século XIX por Thomas Telford, e custou £15.000 (cerca de £1 milhão atual). Trata-se de uma estrutura magnífica com mais de 200m de extensão. Mantenha-se à esquerda e, passando a ponte, desça os degraus até o rio – uma placa diz: Birnam Walk. Sob a ponte, vire à esquerda para pegar um caminho que oferece vistas da **Dunkeld Cathedral** ②, quase toda em ruínas, resultado dos danos sofridos na Reforma (século XVI).

Daqui, a opção mais panorâmica e agradável é refazer o trajeto sob a ponte, mantendo o rio à esquerda. Depois de atravessar a pequena ponte para pedestres, há um plátano enorme e o **Birnam Oak** ③, cujos galhos mais baixos apoiados em estacas lembram, por exemplo, um idoso encurvado sobre um bastão. Este é o último sobrevivente do Birnam Wood, mencionado em *Macbeth*, de Shakespeare.

Siga por este bonito caminho ladeado de árvores ao longo do rio até uma **cabana de pesca** ④ pintada de azul, à beira do Tay. Volte pelo mesmo trajeto junto ao rio, mas, antes de chegar ao Birnam Oak, vire à esquerda e suba uma escada. Siga o caminho até a estrada em Birnam e atravesse para visitar a **Beatrix Potter Exhibition** ⑤ (*diariam*). Quando criança, a escritora de livros infantis Beatrix Potter costumava passar as férias em Birnam, e ficava horas explorando o lugar com o naturalista Charles Macintosh. A vida silvestre e a área rural inspiraram Beatrix a criar personagens marcantes, como Peter Rabbit e Mrs. Tiggy Winkle. A exposição conta com uma sala de aula vitoriana e o Beatrix Potter Garden – o museu é um local ideal para crianças pequenas. Há também um café.

Para voltar a Dunkeld, caminhe à beira do rio ou siga a Perth Rd em Birnam até atravessar a ponte novamente.

🚗 *Pegue a A9 norte; após Pitlochry vire à esquerda até a B8019, e depois à direita e entre na B8079 até Killiecrankie. O Pass Visitor Centre está indicado claramente.*

ONDE COMER E BEBER

PERTH

63 Tay Street *moderado*
No centro de Perth, tem toque atual. Prove o risoto de lagosta e vieiras. *63 Tay St, PH2 8NN; 01736 441 451; www.63taystreet.com; fecha dom, seg*

MEIGLE

The Joinery Coffee Shop *barato*
Café pequeno e encantador numa antiga marcenaria de Meigle. Peça sopas caseiras, *panini* frescos e bolos deliciosos. *The Square, PH12 8RN; 01828 640717; www.meiglecoffeeshop.co.uk*

ARREDORES DO GLAMIS CASTLE

Castleton House Hotel *moderado*
Este hotel, 10 minutos a oeste de Glamis pela A94, serve ótimos assados, como carne de porco de sua própria criação da raça Tamworth e carne de caça dos vales de Angus, na temporada. *Glamis, Angus DD8 1SJ; 01307 840 340; www.castletonglamis.co.uk*

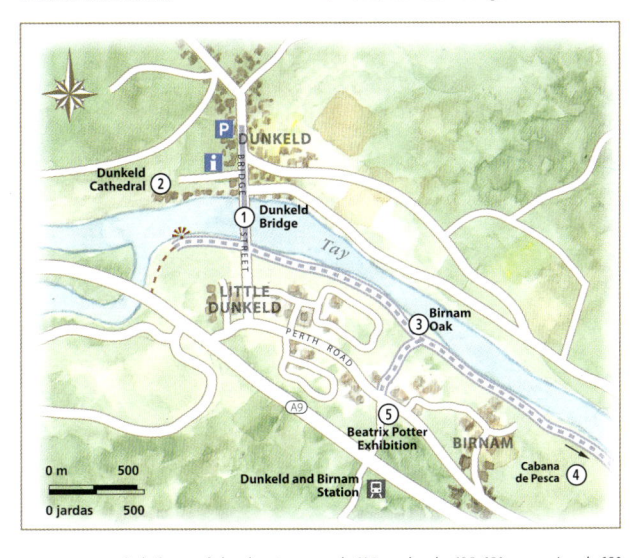

Onde Comer e Beber: barato, menos de £25; moderado, £25-£50; caro, acima de £50

PARA VISITAR CALLANDER

Informação turística
Ancaster Sq, FK17 8ED; 01877 330 342; www.visitscotland.co.uk

ONDE FICAR

PASS OF KILLIECRANKIE

Killiecrankie House Hotel *caro*
Pequeno hotel campestre, com roupa de cama macia. Decoração de bom gosto e café da manhã com produtos locais.
Pass of Killiecrankie, PH16 5LG; 01796 473 220; www.killiecrankiehotel.co.uk

CALLANDER

Arden House *barato*
Bonita casa vitoriana com quartos confortáveis, de bom tamanho.
Bracklinn Rd, FK17 8EQ; 01877 330 235; www.ardenhouse.org.uk

Leny Estate *moderado*
Propriedade sossegada nos limites de Callander, tem seis cabanas com aquecimento e um apartamento no castelo.
Leny House, FK17 8HA; 01877 331 078; www.lenyestate.com

Roman Camp Country House *moderado-caro*
Pavilhão de caça do século XVII, esta casa tem painéis de madeira e teto ornamentado, com confortos tradicionais.
Ao lado da Main St, FK17 8BG; 01877 330 003; www.roman-camp-hotel.co.uk

INCHMAHOME PRIORY

Lake of Menteith Hotel *caro*
Este hotel fica do outro lado do lago, rumo ao Inchmahome Priory. Quartos claros. Café da manhã com produtos locais.
Port of Menteith, FK8 3RA; 01877 385 258; www.lake-hotel.com

⑥ Pass of Killiecrankie
Pitlochry, Perthshire; PH16 5LG

Na noite de 27 de julho de 1689, o desfiladeiro de Killiecrankie virou um campo de batalha, quando tropas das Highlands lideradas por John Graham de Claverhouse derrotaram as forças do governo na primeira batalha da rebelião jacobita. O **centro de visitantes** *(abr-out: diariam)* conta a história da batalha e tem mostras da história natural do desfiladeiro, que adquire uma bela aparência quando as árvores mudam de cor no outono. Vá até o mirante do **Soldier's Leap**, onde um soldado do governo pulou 5,5m para cruzar o rio Garry e fugir dos inimigos.

🚗 *Vire à esquerda ao sair do desfiladeiro e pegue a B8079 até o Blair Castle e o estacionamento.*

⑦ Blair Castle
Blair Atholl, Pitlochry; PH18 5TL

Com posição estratégica para defender os passos das Highlands, o **Blair Castle** *(abr-out: diariam; www.blair-castle.co.uk)* impressiona. Morada dos duques de Atholl, data do século XIII e foi muito ampliado com o passar dos anos. No verão, um gaiteiro de fole uniformizado talvez toque no lado de fora – um *highlander* de Atholl, do único exército particular da Europa, mantido pelo 4º duque em 1778. Aqui, há muita coisa para ver, com itens que vão desde móveis da rainha Vitória até a bússola de marfim de Bonnie Prince Charlie. As terras contam com um parque de veados, jardins e bosques, abrigo de esquilos-vermelhos.

🚗 *Volte a Killiecrankie, na B8079, depois pegue à direita na B8019. Na Tummel Bridge, vire à esquerda na B846 e à direita para Fortingall. Pare na igreja.*

⑧ The Fortingall Yew
Fortingall, Aberfeldy; PH15 2NQ

No cemitério da igreja está o Fortingall Yew (Teixo de Fortingall). Provavelmente a estrutura viva mais antiga da Europa, imagina-se que tenha 5 mil anos. Diz-se que Pôncio Pilatos viu esta árvore, e é possível que o pai dele, um oficial do exército, tenha estacionado aqui durante a ocupação romana.

🚗 *Continue pela estrada até a Bridge of Balgie e vire à esquerda na A827. Dobre à direita, atravesse Killin e entre na A85 rumo a Perth. Em Lochearnhead, pegue a A84; vire à direita e vá até Balquhidder.*

⑨ Balquhidder
Perthshire; FK19 8PA

Este vilarejo fica ao lado do Loch Voil, perto de belas montanhas. No **cemitério da igreja** está o túmulo de uma das figuras mais famosas da Escócia: Rob Roy Macgregor (1671-1734), cujo apelido vem de seus cabelos ruivos (*roy* significa "vermelho", em gaélico). Ele lutou em Killiecrankie. Após uma disputa com o duque de Montrose, ele se envolveu em roubo de gado e se tornou um fora da lei. Evitando a prisão, ele virou herói romântico nos textos de sir Walter Scott e Daniel Defoe.

🚗 *Volte à A84 sul até Callander e estacione no centro.*

⑩ Callander
Callander, Stirling; FK17

Chamada "portão das Highlands", Callander, com lojas e restaurantes, é boa base para explorar a área. Nas décadas de 1960/70 ficou famosa como Tannochbrae na versão para a TV de *Dr. Finlay's Casebook*, de A. J. Cronin. Pode-se caminhar por trilhas sinalizadas pelo rio Teith e ir às Bra-

Em sentido horário Bosque sombreado no desfiladeiro do Pass of Killicrankie; Magnífico exterior pintado de branco do Blair Castle, do século XIII; Sepultura de Rob Roy, em Balquhidder

Onde Ficar: barato, menos de £80; moderado, £80-£150; caro, acima de £150

ROTEIRO 24: O Coração da Escócia 243

cklinn Falls, subir o vizinho Ben Ledi e pedalar pela ciclovia nacional.

🚗 Pegue a A81 rumo a Glasgow. Vire à esquerda na B8034 até o estacionamento do Port of Menteith para ferryboat.

⓫ Inchmahome Priory
Lake of Menteith; FK8 3RA
Há poucos lugares mais pitorescos do que o **Inchmahome Priory** *(abr-set: diariam; www.historic-scotland.gov.uk)*. Este mosteiro agostiniano fica numa ilhota do Lake of Menteith, onde só se chega de ferryboat. Erguido em 1283, abrigou uma pequena comunidade religiosa por 300 anos. Pode-se caminhar pelas ruínas do priorado que serviu de refúgio para a jovem Maria Stuart.

🚗 Continue pela B8034, vire à direita na A811. Em Drymen, dobre à direita na B837 para Balmaha e o estacionamento.

⓬ Balmaha
Loch Lomond; G63 OJQ
Balmaha é um vilarejo na margem leste do **Loch Lomond**, em meio a velhos bosques de carvalho – estes garantem a subsistência de tanta vida silvestre que se tornaram um local de interesse científico. Caminhe pelo **Millennium Forest Path**, que atravessa os bosques, ou vá de ferryboat até a ilha de **Inchcailleach**. Com 39km de comprimento e 8km de largura, o Loch Lomond é a maior extensão de água doce da Grã-Bretanha. O lago dispõe de muitas ilhas arborizadas, como a **Inchconnachan**, que abriga uma incrível colônia de *wallabies* (cangurus pequenos), introduzida no início do século XX.

🚗 Volte a Drymen e pegue a A811 até Balloch. Siga as placas para o estacionamento das Loch Lomond Shores.

⓭ Loch Lomond Shores
Ben Lomond Way, Balloch; G83 8QL
Quem visita Balloch deve ir até **Loch Lomond Shores** *(diariam; www.lochlomondshores.com)*, entrada para o Loch Lomond National Park, e comprar artesanato local e mapas para caminhadas. Aqui também é possível alugar bicicleta, canoa e caiaque, ou fazer um cruzeiro pelo lago. O visitante com crianças vai adorar a visita ao aquário, onde se pode ver de perto criaturas como estrelas-do-mar e tubarões.

Acima, da esq. p/ dir. A intocada Callander, localizada nas belas colinas de Trossach; Barcos no sereno Loch Lomond, vistos de Balmaha **Abaixo** Barco de cruzeiro no Loch Lomond aguarda os passageiros, Balloch

ONDE COMER E BEBER

ARREDORES DE BLAIR CASTLE

Loch Tummel Inn *barato*
Esta hospedaria, ao lado do Loch Tummel, fica na B8019 (a 15 minutos de Killiecrankie). Entre as opções, sanduíches grandes, mexilhões ao vinho ou hambúrguer de Aberdeen Angus.
Strathtummel, PH16 5RP; 01882 634 272; www.lochtummelinn.co.uk

THE FORTINGALL YEW

Fortingall Hotel *moderado*
Vizinho do famoso Fortingall Yew, este hotel-restaurante serve bons produtos escoceses, como salmão fresco do Tay e cordeiro de criação local.
Fortingall, PH15 2NQ; 01887 830 367; www.fortingall.com

BALQUHIDDER

Monachyle Mhor *moderado-caro*
Faça uma refeição chique na margem norte do Loch Voil. Moderno menu escocês e pratos vegetarianos. Também tem bons quartos.
Balquhidder, FK19 8PQ; 01877 384 627; www.monachylemhor.com

CALLANDER

Ciro's *moderado*
Restaurante italiano no centro, serve massas e pizzas, além de bife de costela.
114 Main St, FK17 8BG; 01877 331 070; www.cirositalianrestaurant.co.uk; fecha qua

---

PASSEIOS DE 1 DIA
Perth e Callander são ótimas bases para passeios de 1 dia.

Jardins e o rio Tay
Se ficar em Perth ❶, passe a manhã aproveitando o rio, os jardins e as galerias. Depois visite o Scone Palace, onde os reis da Escócia eram coroados. Vá de carro até Dunkeld ❺ para ver a catedral e as árvores históricas ao lado do rio Tay, e caminhe em Birnam.

Pegue a A93 para Scone Palace, volte ao centro de Perth e siga pela A9. Retorne a Perth pela A9.

Romance nos lagos
De Callander ❿, explore a cidade e faça uma caminhada à beira-rio. A seguir vá até Balquhidder ❾ para ver o túmulo de Rob Roy e os vales. Volte a Callander e dirija-se para o sul, pegando um barco até o romântico Inchmahome Priory ⓫, em uma ilha do Lake Menteith.

De Callander entre na A84, depois siga as placas para Balquhidder. Refaça o percurso e vá pela A81 até o Inchmahome Priory.

Onde Comer e Beber: barato, menos de £25; moderado, £25-£50; caro, acima de £50

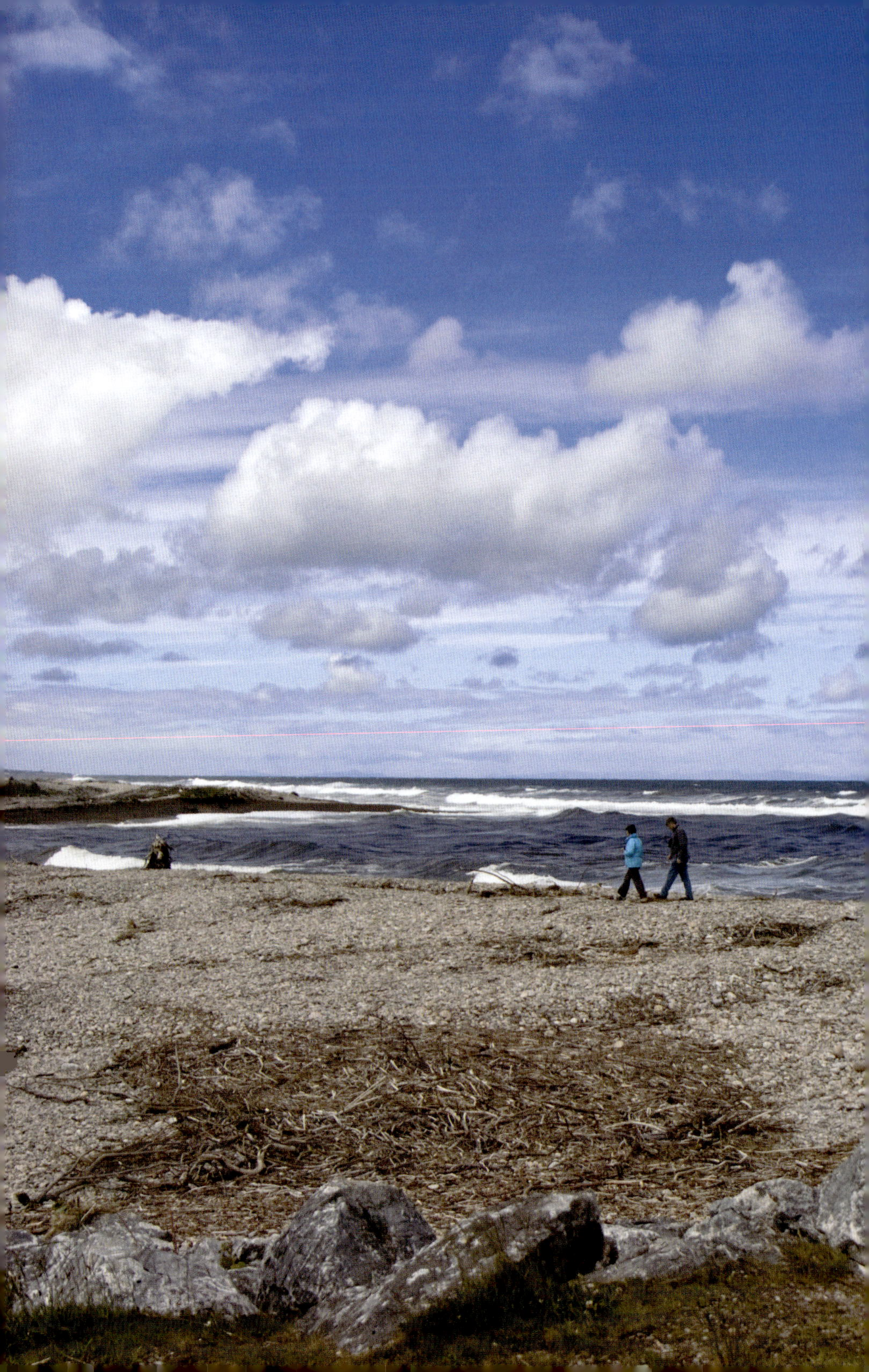

ROTEIRO **25**

Na Trilha do Uísque das Highlands

De Inverness a Aberdeen

Destaques

- **Castelos encantados**
  Visite alguns dos castelos mais bonitos da Escócia, como o Cawdor, imortalizado por Shakespeare em *Macbeth*, e o Dunnottar Castle, no topo de um rochedo, que guardava as joias da Coroa escocesa

- **A espetacular Speyside**
  Observe os golfinhos no litoral de Moray, depois acompanhe o rio Spey para provar os melhores malt whiskies, feitos nas encostas forradas de urzes

- **Cidades de pedra**
  Explore Inverness, notável por suas construções de arenito rosado, ao lado do rio Ness, e a histórica Aberdeen, no mar do Norte

Impressionante costa de Spey Bay, no WDCS Wildlife Centre

Na Trilha do Uísque das Highlands

Este roteiro abrange destilarias escocesas. O percurso atravessa uma paisagem cheia de montanhas e rios cintilantes, marcada por castelos notáveis, fábricas de barris e produtores de uísque mundialmente famosos. Com início em Inverness, o roteiro visita Culloden para ver o local da famosa batalha, continua até Cawdor Castle, depois segue para o norte a fim de observar golfinhos no litoral de Moray. Dirigindo-se para o sul através de Speyside, terra do uísque, o visitante tem a oportunidade de provar a bebida, antes de voltar para conhecer o Grampian Transport Museum. Ao chegar ao litoral leste, há os espetaculares rochedos escarpados de Dunnottar Castle, antes que o passeio termine na histórica Aberdeen, cidade feita de granito.

Abaixo Caminho em arco no bonito Flower Garden do Cawdor Castle *(p. 248)*

ATIVIDADES

Procure o famoso monstro em um cruzeiro de barco pelo misterioso lago Ness

Marche em um campo de batalha e veja o tocante memorial nas campinas de Culloden

Observe a vida silvestre no Whale and Dolphin Conservation Society Wildlife Centre, em Spey Bay

Caminhe pela Speyside Way, em Craigellachie

Embarque em um trem de época da Keith & Dufftown Railway

Prove um ou dois goles de single malt whisky em um passeio pela Glenfiddich Distillery

Faça um piquenique nas terras de Leith Hall

Veja os salmões saltando sobre as águas do Feugh

ROTEIRO 25: Na Trilha do Uísque das Highlands

Acima Lagoa tranquila para barcos no parque perto do centro de Elgin *(p. 249)*

LEGENDA

— Roteiro

PLANEJAMENTO

Início/fim: De Inverness a Aberdeen.

Número de dias: 3-4, com reserva de meio dia para Aberdeen.

Distância: Cerca de 291km (181 milhas).

Condições das estradas: Boas, mas podem ficar interditadas pela neve no inverno.

Quando ir: Belo roteiro para o outono, quando as árvores mudam de cor. No verão, as estradas estarão mais movimentadas, mas o clima é ótimo e os dias ficam mais longos.

Horários de funcionamento: Em geral, museus e atrações abrem das 10h às 17h, mas fecham mais cedo (ou nem abrem) de nov-Páscoa. Lojas têm horário mais longo. Igrejas costumam abrir até o anoitecer.

Principais dias de mercado: Inverness: Feira do produtor, 1º sáb do mês; Aberdeen: Feira do produtor, 1º e último sáb do mês.

Compras: O uísque escocês é mundialmente famoso; por isso, aproveite para comprar aqui a bebida feita de puro malte. Procure geleias excelentes, tablets (versão escocesa do *fudge*) e biscoitos amanteigados.

Principais festas: Inverness: Highland Games, jul; Dufftown: Spirit of Speyside Whisky Festival, mai; Dunnottar Castle: Stonehaven Folk Festival, jul; Stonehaven Fireballs Ceremony, dez; Aberdeen: Highland Games, jun.

PASSEIOS DE 1 DIA

Fãs de história vão adorar a **catedral** e o **museu** de Inverness, antes de caminhar pelo **campo de batalha** de Culloden e explorar as **masmorras** do Cawdor Castle. Termine o dia na **praia de areia** de Nairn. **Apreciadores de uísque** podem ficar em Craigellachie, observar os **golfinhos** na Spey Bay e ver os tanoeiros trabalhando na Speyside Cooperage. Termine o dia com uma visita a Dufftown para provar **uísque** e dar uma volta num **trem antigo**. Se ficar em Aberdeen, visite o **museu do transporte**, em Alford, as **cachoeiras** e o **castelo**, em Banchory, e o **castelo à beira do penhasco**, em Dunnottar; depois, volte para ir ao **parque de diversões na praia** em Aberdeen. Detalhes *p. 253*.

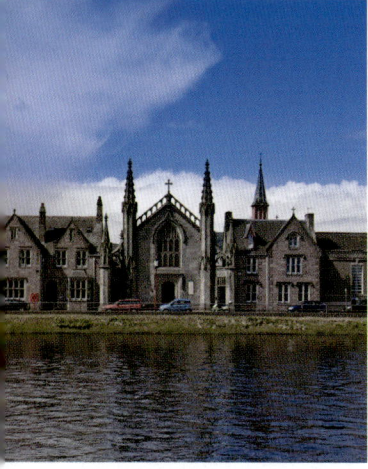

Acima A St. Mary's Catholic Church ao lado do rio Ness, Inverness

PARA VISITAR INVERNESS

Estacionamento
Para tempos longos estacione na Rose St, ao lado das A82/B865.

Informação turística
Castle Wynd, IV2 3BJ; 0845 2255 121

ONDE FICAR

INVERNESS

Trafford Bank Guest House *moderado*
Quartos chiques, com assinatura de designers, neste B&B cinco-estrelas. Conta com banheira, aparelho de DVD e artigos de luxo para toalete.
96 Fairfield Rd, IV3 5LL; 01463 241 414; www.traffordbankguesthouse.co.uk

Glenmoriston Town House Hotel *moderado-caro*
Hotel-butique à beira-rio, oferece lençóis de algodão macio e quartos elegantes, com TV moderna e Wi-Fi grátis. Tem bons restaurantes.
20 Ness Bank, IV2 4SF; 01463 223 777; www.glenmoristontownhouse.com

ARREDORES DE CAWDOR CASTLE

Sunny Brae Hotel *moderado*
Siga a B9090 até o mar em Nairn e encontre quartos confortáveis com banheiro, alguns com vista de Moray Firth. O saguão é muito bonito.
Marine Rd, Nairn, IV12 4EA; 01667 452 309; www.sunnybraehotel.com

ARREDORES DE ELGIN

Milton of Grange Farmhouse *barato*
Nesta fazenda ativa, há três suítes e belas vistas da área rural. O hóspede escolhe entre um café da manhã escocês completo ou uma travessa de frutas e queijo. De Elgin, pegue a A96 até Forres, depois vire à direita na B9011.
Forres, Moray, IV36 2TR; 01309 676 360; www.forres-accommodation.co.uk

① Inverness
Highland; IV1

Em uma localização serena à beira do rio Ness, Inverness é reconhecida como capital das Highlands. Ao lado do Ness fica um **castelo** de pedra rosada, construído no século XIX, no local onde havia uma estrutura mais antiga destruída pelo exército jacobita após 1746. No outro lado fica a **Inverness Cathedral**, com alguns vitrais finos. O **City Museum** *(seg-sáb)* contém variados itens associados às Highlands. O visitante pode fazer um cruzeiro pelo **lago Ness** *(www.jacobite.co.uk)* e conhecer a vida silvestre dele – o que inclui, é claro, o monstro lendário. Os ônibus até os barcos partem da Inverness Bus Station.

🚗 *Do estacionamento da Rose St dirija até a rotatória da A82, virando à direita. Depois, entre na A9 sul por uma distância curta, virando à esquerda na B9006. Bem sinalizado, o Culloden Visitor Centre fica ao lado da estrada e dispõe de estacionamento.*

② Culloden
Culloden Moor, Inverness; IV2 5EU

Parece que o vento nunca dá uma trégua na desolada extensão de Culloden Moor, charneca em que, em 16 de abril de 1746, ocorreu a última batalha dos levantes jacobitas. Ela durou apenas uma hora, mas anunciou o fim do típico sistema de clãs, trazendo muitas modificações às Highlands escocesas. O excelente **centro de visitantes** *(diariam; www.nts.org.uk)* explica o contexto histórico da batalha e tem recordações como medalhas jacobitas e relatos dos envolvidos nos eventos. O visitante pode caminhar pelo campo de batalha.

🚗 *Continue pela B9006 e vire à direita na B9091. Dobre à direita na B9090 e vá até o Cawdor Castle.*

O mistério de Loch Ness
Histórias de um monstro que fica à espreita no lago Ness datam do tempo de St. Columba, que dizem ter salvo um homem da besta. Os avistamentos mais recentes começaram em 1933, quando disseram que uma criatura de pescoço comprido morava no lago. Surgiram fotos e filmes borrados do monstro. Muitos acham que são uma fraude, outros têm certeza de que Nessie existe. Expedições científicas nunca conseguiram achá-lo, e o mistério continua.

③ Cawdor Castle
Cawdor, Nairn; IV12 5RD

Embora a única ligação do **Cawdor Castle** *(mai-out: diariam; www.cawdorcastle.com)* com o verdadeiro Macbeth só tenha existido na imaginação de Shakespeare, isso não desmerece seu encanto. Foi construído no final do século XIV, bem depois da morte de Macbeth, e conserva um ar medieval, com escadas de pedra, passagens e um calabouço. Ainda é residência da família Cawdor e há fotos misturadas a tapeçarias flamengas, camas com dossel e obras de arte de Landseer e Edward Lear. Existem diversos jardins coloridos – murado, de flores e silvestre –, deliciosos de explorar.

🚗 *Continue na B9090 até Nairn (pode-se fazer um desvio até a praia). Depois*

Abaixo As imponentes torres oeste da Inverness Cathedral, gótica, construída em 1866

pegue a A96 leste e uma ramificação até a B9011 em Forres, para virar à direita na B9010. Atravesse campos férteis e vire à esquerda numa estrada sinalizada mas sem classificação até chegar à abadia. Tem estacionamento no lado esquerdo.

❹ Pluscarden Abbey
Elgin, Moray; IV30 8UA

A **Pluscarden Abbey** *(diariam; www.pluscardenabbey.org)* se encontra em um vale protegido e rodeado de árvores, e transmite tranquilidade. Fundada em 1230 pelo rei Alexandre II da Escócia, esta edificação venerável ainda abriga uma comunidade de monges beneditinos – o único mosteiro medieval da Grã-Bretanha utilizado para seus propósitos originais. A igreja da abadia contém vitrais contemporâneos, cuja maioria foi feita por monges nas oficinas da abadia.

Continue na estrada secundária e vire à esquerda na B9010, perto de Elgin. Uma coluna de 24m de altura, erguida em memória do duque de Gordon em 1839, pode ser vista de longe. Pegue a B9010 e entre em Elgin; há um estacionamento próximo à catedral, ao lado da High St e da North St.

❺ Elgin
Elgin, Moray; IV30

Com construções históricas, traçado medieval de ruas e belo parque, Elgin é uma cidade agradável para passear. Seu ponto alto consiste nas ruínas da **Elgin Cathedral** *(abr-out: diariam; nov-mar; sáb-qua)*, tão grande que ficou conhecida como Lanterna do Norte. Entalhes externos intrincados e a quase completa casa paroquial dão uma noção de seu antigo esplendor. O **Elgin Museum** *(abr-out: seg-sáb; www.elginmuseum.org.uk)* possui vasto acervo de itens fascinantes, desde antigas pedras dos pictos, moedas romanas, fósseis e pinturas de artistas locais até uma mostra sobre o condado e seu povo.

Pegue a A96 rumo a Keith. Depois do Baxters Visitor Centre (da empresa alimentícia), vire à esquerda na B9104 e vá até Spey Bay. O WDCS Visitor Centre e o estacionamento ficam no fim da estrada.

Acima, em sentido horário Ruínas da Elgin Cathedral, que já foi uma das melhores da Escócia; Campo onde foi travada a decisiva batalha de Culloden, em 1746; Detalhe da Pluscarden Abbey, que ainda abriga monges beneditinos

ONDE COMER E BEBER

INVERNESS

Riva *barato*
Este moderno restaurante italiano oferece pratos clássicos, como risoto de cogumelos, massa com almôndegas e pizzas.
4-6 Ness Walk, IV3 5NE; 01463 237 377; www.rivainverness.co.uk; dom fecha no almoço

The Kitchen on the River *barato-moderado*
Restaurante contemporâneo ao lado do rio Ness, serve comida escocesa moderna. Entre os pratos criativos há tortinhas de carne de faisão, ou peito de frango recheado com haggis. Há opções vegetarianas.
15 Huntly St, IV3 5PR; 01463 259 119; www.kitchenrestaurant.co.uk

The Rocpool *moderado*
Esta brasserie central oferece comida fusion, feita com produtos locais sempre que possível. Peça pratos como fígado de vitela à veneziana, brema-do-mar com chouriço, ou carne de caça com presunto de Parma e chouriço.
1 Ness Walk, IV3 5NE; 01463 717 274; www.rocpoolrestaurant.com

Acima Ruínas notáveis da Elgin Cathedral, com a casa paroquial quase intacta

Onde Comer e Beber: barato, menos de £25; moderado, £25-£50; caro, acima de £50

⑥ WDCS Wildlife Centre
Spey Bay, Moray; IV32 7PJ
Ao lado das areias preservadas da Spey Bay, o Whale and Dolphin Conservation Society Wildlife Centre (abr-out: diariam; mar e nov: fins de semana; www.wdcs.org) monitora as atividades dos golfinhos nas águas. Esta parte do litoral é conhecida por seus golfinhos-nariz-de-garrafa. Há boas chances de avistá-los – principalmente com a ajuda dos guardas da vida silvestre. Esta área também tem baleias-minke, águias-pescadoras, lontras e aves silvestres. Os funcionários dão palestras e fazem caminhadas guiadas pela reserva.

🚗 *Volte à A96 e vire à direita, depois à esquerda na B9015 rumo a Rothes. Ali, pegue a A941 sul, passando pela Glen Grant Distillery. Atravesse Craigellachie e vá até a Speyside Cooperage, onde há estacionamento.*

⑦ Speyside Cooperage
Craigellachie, Banffshire; AB38 9RS
Quase todos os barris da Escócia são feitos nesta tanoaria familiar. O **centro de visitantes** (seg-sex; www.speysidecooperage.co.uk) apresenta esta indústria antiga, e diz como são feitos os barris de carvalho e como são consertados os barris de xerez e bourbon, depois usados para conferir um sabor característico ao uísque. O visitante pode ver o trabalho de tanoeiros e aprendizes – o processo dura quatro anos – com ferramentas tradicionais. Há também boas caminhadas no Speyside Way saindo de Craigellachie.

🚗 *Vire à direita ao partir da tanoaria e pegue a A941. Antes de Dufftown, no lado esquerdo, fica a Keith & Dufftown Railway, com estacionamento.*

Abaixo Observação do mar a partir do WDCS Wildlife Centre, Spey Bay

As joias da Coroa escocesa
Após a execução de Carlos I, os escoceses coroaram o filho dele, Carlos II, no Scone Palace. Em 1650, Oliver Cromwell, líder antimonarquista, ordenou a invasão da Escócia. Para evitar que ele destruísse as joias da Coroa – the Honours of Scotland –, elas foram levadas para o Dunnottar Castle e mais tarde para a Kinneff Old Church – onde ficaram sob o piso por oito anos. Por fim, foram transferidas para o castelo de Edimburgo e escondidas novamente – tão bem, que todos esqueceram onde estavam, até que sir Walter Scott as redescobriu.

⑧ Dufftown
Keith, Banffshire; AB55
Dufftown é conhecida como "a cidade que foi construída sobre sete destilarias", em uma referência às destilarias que se espalham pela zona rural adjacente. Fundada em 1817, a chamada capital mundial dos maltes é uma cidade agradável, com imponente torre do relógio no centro. Fora de Dufftown fica a **Keith & Dufftown Railway** (Páscoa-mai e set: nos fins de semana; jun-ago: sex-dom; www.keith-dufftown-railway.co.uk), operada por voluntários, que faz uma ótima expedição familiar, em viagem de ida e volta que dura uma hora e meia. Um trem a diesel restaurado resfolega pelas Highlands, cruzando o Fiddich Viaduct, passando por destilarias e castelos em ruínas, até chegar à cidade-mercado de Keith, terra da Strathisla Distillery.

Bem ao sul da estação de trem fica a **Glenfiddich Distillery** (Páscoa-out: diariam; nov-Páscoa: seg-sex; www.glenfiddich.com), gerida por uma famí-

Acima Escultura de uma águia-pescadora nos jardins do WDCS Wildlife Centre, Spey Bay

---

PARA VISITAR DUFFTOWN

Estacionamento
Pare no alto da Balvenie St, sob o relógio, mesmo que a maioria das atrações fique fora da vila.

Informação turística
2 The Square, AB55 4AD; 01340 820 501

ONDE FICAR
ARREDORES DE SPEYSIDE COOPERAGE

Craigellachie Hotel *moderado*
Construído em 1893, o Craigellachie oferece acomodações de casa de campo no rio Spey, ao norte da Speyside Cooperage. É uma parada ideal na trilha do uísque, principalmente porque seu Quaich Bar tem mais de 700 uísques para escolher. Também é prático para caminhadas, pois o Speyside Way passa ao lado do hotel. Tem bom restaurante.
Craigellachie, Speyside, AB38 9SR; 01340 881 204; www.craigellachie.com

ARREDORES DE LEITH HALL

Castle Hotel *moderado*
Erguido no século XVIII como residência dos duques de Gordon (nobres escoceses poderosos), o hotel fica em um parque sossegado e tem quartos confortáveis, com decoração tradicional. É um lugar delicioso para relaxar.
Huntly, Aberdeenshire, AB54 4SH (siga as instruções do roteiro de Dufftown até Leith Hall); 01466 792 696; www.castlehotel.uk.com

---

Onde Ficar: barato, menos de £80; moderado, £80-£150; caro, acima de £150

lia, que produz single malt whisky desde 1887, usando água de fontes do local. O visitante pode fazer uma visita informativa, ver os brilhantes alambiques de cobre e os armazéns onde o uísque é estocado em tradicionais barris de carvalho. A visita termina com uma deliciosa dose grátis. Os fãs de uísque talvez prefiram se juntar à visita dos *connoisseurs* (com entrada paga), o que inclui uma degustação tutorada de mais uísques.

🚗 Continue na A941, depois dobre à esquerda na A920 até Huntly, para pegar a A96, depois a A97 sul. Atravesse as terras agrícolas férteis e, no final, vire à esquerda na B9002. Após 1,6km, entre à esquerda e estacione em Leith Hall.

⑨ Leith Hall
Nr Kennethmont, Huntly; AB54 4NQ
Esta mansão do século XVII *(área externa abre diariam)* foi residência dos Leith – família que apoiou a causa jacobita por muito tempo – por centenas de anos. Embora a casa (considerada mal-assombrada) esteja fechada à visitação, o jardim constitui um belo lu-

Abaixo, em sentido horário Notável Leith Hall, residência da família Leith por 350 anos; Barris de uísque na destilaria Glenfiddich, perto de Dufftown; O lindo jardim de Leith Hall, perfeito para um piquenique

gar para um piquenique. Há também boas caminhadas para fazer. Em suas terras, o visitante pode ver um plátano antigo conhecido como "dule tree" (árvore da forca), que parece ter sido usada para enforcar criminosos.

🚗 De Leith Hall continue pela B9002 e vire à direita no cruzamento com a B992. Vá para o sul pela A944 e vire à direita para Alford. Pare ao lado do museu.

⑩ Grampian Transport Museum
Alford, Aberdeenshire; AB33 8AE
Este museu excelente *(abr-out: diariam; www.gtm.org.uk)* dispõe de veículos fascinantes, desde uma carruagem do correio puxada por cavalos até um "carro" elétrico, o Sinclair C5. Há bicicletas e motocicletas antigas, um triciclo a vapor construído por um carteiro em 1895, carros de época cintilantes e o Jaguar verde de James Bond no filme *Um novo dia para morrer*, com lança-míssil na grade dianteira. O visitante tem a possibilidade de se sentar no selim de uma bicicleta de roda dianteira grande. Diversão para todas as idades.

🚗 Saia de Alford pela A944 oeste, e logo vire à esquerda na A980; depois, no cruzamento com a A93, dobre à direita rumo a Banchory. Pegue a B974 ao lado da High St e vá até o estacionamento da Bridge of Feugh.

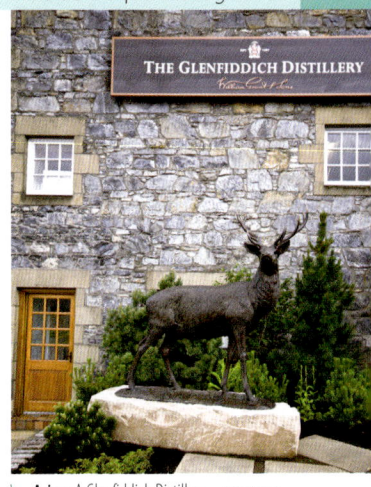

Acima A Glenfiddich Distillery – nome que significa "Vale dos Veados", em gaélico

COMPRAS EM DUFFTOWN

Para uma genuína aula sobre uísques, visite **The Whisky Shop Dufftown** *(1 Fife St, AB55 4AL; 01340 821 097; www.thewsd.co.uk)* para sessões de "conversas e degustações". A loja ajuda a organizar passeios a destilarias e conta aos possíveis compradores tudo o que eles precisam saber sobre *Uisge Beathe* (A Água da Vida).

ONDE COMER E BEBER

DUFFTOWN
A Taste of Speyside *moderado*
Venha provar os clássicos pratos escoceses feitos com ingredientes frescos do local. Tem *cullen skink* (sopa espessa de peixe), bifes e salmão fresco. De sobremesa, prove o bolinho de frutas com creme de licor de Glenfiddich. *10 Balvenie St, AB55 4AN; 01340 820 860; www.dufftown.co.uk; fecha seg*

La Faisanderie *moderado*
Restaurante no centro de Dufftown, com forte influência francesa. Prove o lombo de caça com cebola roxa e conserva de morango, ou bife servido com pimentões chamuscados. *2 Balvenie St, AB55 4AD; 01340 821 273; www.dufftown.co.uk; fecha ter e qua*

Onde Comer e Beber: barato, menos de £25; moderado, £25-£50; caro, acima de £50

Acima, da esq. p/ dir. As ruínas espetaculares do Dunnottar Castle, do século XV; Espira do Triple Kirk e os Union Terrace Gardens, Aberdeen; A St. Mark's Church, em Aberdeen, copiada da St. Paul's Cathedral

PARA VISITAR ABERDEEN

Estacionamento
Pare na College St, perto da estação de trem, ou no shopping center Bon Accord.

Informação turística
23 Union St, AB11 5BP; 01224 288 828; www.aberdeen-grampian.com

ONDE FICAR

BANCHORY

Old West Manse *barato*
Este B&B em uma casa vitoriana oferece três quartos aconchegantes, dois deles com banheiro e outro com alguns recursos. Está localizado no centro e perto das Falls of Feugh.
71 Station Rd, AB31 5YD; 01330 822 202; www.deeside-bed-and-breakfast.com

ARREDORES DE BANCHORY

Raemoir House Hotel *caro*
De Banchory, vá para o norte pela A980 até chegar a esta bonita mansão georgiana instalada em amplo terreno. Dispõe de dezesseis quartos confortáveis, alguns com belas vistas.
Banchory, AB31 4ED; 01330 824 884; www.raemoir.com

ABERDEEN

The Marcliffe Hotel and Spa *caro*
Hotel encantador com quartos luxuosos que mesclam estilo contemporâneo ao conforto tradicional. Oferece toalhas fofas em banheiros impecáveis, TV de plasma e café da manhã com excelentes produtos locais.
North Deeside Rd, AB15 9YA; 01224 861 000; www.marcliffe.com

⑪ Banchory
Aberdeenshire; AB31 6NL

Concorrido destino de férias desde os tempos vitorianos, Banchory fica no Royal Deeside, famoso pela zona rural e pelos castelos. Ao sul da cidade, pela A974, acha-se a **Bridge of Feugh**, feita de pedra no século XVIII, que atravessa um afluente do caudaloso rio Dee. As águas espumam com violência e existe a probabilidade de avistar salmões saltando sobre as pedras para alcançar as águas calmas adiante. O melhor momento para vê-los é set-nov e fev-mar. Pegue a A93 leste até o **Crathes Castle** *(jun-ago: diariam; set-out: fecha sex; nov-mai: o terreno abre diariam)*, uma obra de conto de fadas construída no século XVI. Atração que não se pode perder, tem interior requintado, com tetos originais pintados, e lindos jardins.

🚗 *Volte à A93, vire à direita e depois pegue a A957 para Stonehaven. Dobre à direita nas A90/A92 para uma curta distância e siga as placas para o castelo. Há uma área de estacionamento (que enche no verão) junto ao castelo.*

⑫ Dunnottar Castle
Perto de Stonehaven; AB39 2TL

Equilibrado sobre os rochedos, com revoada de gaivotas por cima e ondas que arrebentam abaixo, o **Dunnottar Castle** *(Páscoa-out: diariam; nov-Páscoa: sex-seg; www.dunnottarcastle.co.uk)* é uma atração obrigatória. O castelo, construído no século XV, foi a moradia de uma das mais poderosas famílias da Escócia. Visitado por William Wallace, Maria Stuart, marquês de Montrose e Carlos II, futuro rei, conquistou seu lugar na história quando as joias da Coroa (p. 250) foram escondidas aqui após a invasão de Oliver Cromwell. O castelo ficou sitiado por oito meses, mas as joias saíram clandestinamente para Kinneff Old Church, mais adiante pelo litoral.

Agora, Dunnottar é uma ruína pitoresca, à qual se chega por um íngreme lance de escada.

🚗 *Retorne às A92/A90 norte para Aberdeen, virando na A956 até o centro da cidade. Passe direto por duas rotatórias e pelo rio Dee até a College St e estacione ao lado da estação de trem.*

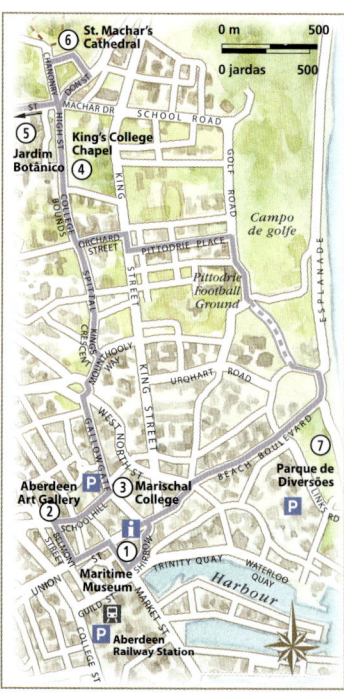

Onde Ficar: barato, menos de £80; moderado, £80-£150; caro, acima de £150

⑬ Aberdeen
Aberdeen; AB11

Chamada "Cidade de Granito" por causa de suas construções feitas com essa pedra, Aberdeen está voltada para o mar do Norte e possui forte tradição marítima. Durante séculos manteve conexões comerciais com a Escandinávia e ainda é importante porto pesqueiro. Tem edificações históricas entremeadas de lojas, bares animados e restaurantes.

Passeio a pé de 2 a 3 horas

Comece no centro de informação turística, na Union St. Vire à direita e desça a Shiprow St até o **Maritime Museum** ① *(ter-dom)*, que dá uma noção fascinante do patrimônio marítimo da cidade, além de boas vistas do porto. Ao sair do museu, vire à esquerda, suba a Shiprow e vire à esquerda na Union St, principal área de compras da cidade. Vire à direita na Belmont St e vá até a **Art Gallery** ② *(ter-dom)*, com grande coleção de retratos, pinturas impressionistas e obras de coloristas escoceses e de artistas vitorianos conhecidos como Glasgow Boys. Vire à direita e caminhe pela Schoolhill, continuando até Upper Kirkgate – localize a imponente **Marischal College** ③, neogótica, parte da Aberdeen University.

Vire à esquerda na Gallowgate, vá até a rotatória e atravesse para a direita; caminhe um trecho curto até Mounthooly Way, depois vá para a esquerda até o Kings Crescent, que logo se torna Spittal; entre na College Bounds, bonita rua ladeada de finas casas antigas. Passe pela magnífica King's College, à direita, parte da universidade, fundada no século XV. A **King's College Chapel** ④ *(seg-sex)* tem no alto uma inconfundível "torre da coroa", que simboliza a autoridade e a independência do rei escocês.

Continue e observe uma mansão georgiana adiante, que foi ponto de encontro de organizações comerciais da cidade. Mais à frente, atravesse a rua. Suba o histórico Chanonry, onde o **jardim botânico** ⑤ da universidade *(diariam)* fica a um curto desvio. Nos tempos medievais, Chanonry abrigava os cânones da **St. Machar's Cathedral** ⑥, que data do século XIII e possui belos vitrais. Depois da catedral, prossiga por Chanonry até a Don St, depois vire à direita para retomar a High St e passar pela King's College novamente. No início de Spittal, vire à esquerda e desça a Orchard Rd; dobre à direita no final e atravesse a King St para virar à esquerda em Pittodrie Place. Onde ela terminar vire à direita na Golf Rd – há um campo de golfe à esquerda e um estádio de futebol à direita. Suba os degraus na colina para chegar a um trecho de praia de areia dourada e a um **parque de diversões** ⑦. Para voltar ao centro, continue pelo litoral rumo ao sul e vire à direita no Beach Boulevard. Atravesse a rotatória com cuidado; pegue a Justice St, passe pela Mercat Cross e retorne à Union St.

Acima A velha Aberdeen vista da Union Street Bridge

ONDE COMER E BEBER

ARREDORES DE BANCHORY

The Irvine Arms *barato*
Este pub de vila, a leste da A93, tem batedeiras de manteiga como bancos de bar e oferece boas refeições caseiras, como sopas substanciosas e massas.
North Deeside Rd, Drumoak, AB31 5AU; 01330 811 423

ARREDORES DO DUNNOTTAR CASTLE

The Creel Inn *barato*
Em Catterline, ao lado da A92, antigos chalés de pescadores foram transformados nesta hospedaria concorrida. Serve frutos do mar.
Catterline, Stonehaven, AB39 2UL; 01569 750 254; www.thecreelinn.co.uk

ABERDEEN

Bistro Verde *barato-moderado*
Muito procurado, este bistrô se especializou em peixes. Prove o robalo grelhado, o peixe-pescador à moda basca ou a brema-do-mar com presunto de Parma.
59 The Green, AB11 6NY; 01224 586 180; fecha dom

The Marcliffe Hotel and Spa *moderado-caro*
Aproveite o ambiente sossegado deste concorrido restaurante de hotel, que serve lagosta escocesa, carne de corça e coelho assado. Há opções vegetarianas e sorvetes caseiros.
North Deeside Rd, AB15 9YA; 01224 861 000; www.marcliffe.com

A neogótica Marischal College, Aberdeen

PASSEIOS DE 1 DIA

Batalhas e praias
De Inverness ①, o passeio a Culloden ② é curto. Foi lá que terminou a campanha de Bonnie Prince Charlie. Visite o Cawdor Castle ③, depois vá até a praia de Nairn.
Pegue a B9006 de Inverness a Culloden, depois a B9091 e a B9090 para Cawdor e siga até Nairn. Volte pela A96.

Delícias de Speyside
De Craigellachie, vá até o WCDS Wildlife Centre ⑥, em Spey Bay, para ver golfinhos. Volte para fazer uma visita à Speyside Cooperage ⑦, dar um passeio de trem em Dufftown ⑧ e provar o uísque da Glenfiddich Distillery, para depois jantar em Dufftown.
Siga as instruções do roteiro ao contrário até o WCDS Wildlife Centre, volte pelas mesmas estradas e pegue a A941 até Dufftown.

Coisas de época
De Aberdeen ⑬, visite o museu do transporte ⑩ em Alford, com tanques e carros antigos. Depois vá até Banchory ⑪ e observe os salmões saltando pelo rio, ou veja o Crathes Castle. Visite o Dunnottar Castle ⑫ sobre o penhasco, e volte a Aberdeen e ao parque de diversões à beira-mar.
De Aberdeen, pegue a A944 até Alford, depois a A980 sul para Banchory. Siga as instruções do roteiro até Aberdeen.

Onde Comer e Beber: barato, menos de £25; moderado, £25-£50; caro, acima de £50

Índice

Os números de páginas em **negrito** referem-se aos temas principais

A

AA Roadwatch 18, 19
Abbey Dore **132**
Abbotsbury 59, **61**
Abbotsford **218-9**
Aberconwy House (Conwy) 157
Aberdeen 252, **253**
Abergavenny 135
Abergavenny Castle 135
Abergavenny Museum 135
Aberglasney Gardens (Llandeilo) 140
acidentes 18-9
Acton Scott Farm Museum **163**
Air Cottage (Dovedale) 172
Alfriston **92**, 93
All Saints Church (Great Ayton) 192
Almshouses (Chipping Campden) 80
Alnwick **210**, 211
Alnwick Castle 206-7, 210
aluguel de carros 20-1
Amberley **94-5**
Amberley Village Pottery 94
Amberley Working Museum 95
Amble **209**
Ambleside **202**, 203
ambulâncias 13
amêijoas Stiffkey Blues **126**
Amersham **85**
Ancient House (Stratford St. Mary) 117
Anstruther 224, **225**
Antelope Walk Shopping Arcade (Dorchester) 62
antiguidades em Cotswolds **79**
Antiques Centre (Abbey Dore) 132
Anvil Pottery (St. Dyfnog's Church) 165
Appledore **42**, 43
Ardnamurchan Peninsula 230, **234**
Arlington Court **53**
Armadale Castle Gardens **234**, 235
Armstrong, sir William 209, 211
Arnold Clark Car and Van Rental 20, 21
Art Gallery (Aberdeen) 253
Arts and Crafts, movimento **81**
Arundel 94, 95
Arundel Boatyard **95**
Arundel Castle 95
Arundel Wildfowl and Wetlands Centre 95
Ashbee, CR 81
Ashbourne **172**, 173
Ashbourne Cycle Hire 172
Ashbourne Gingerbread Shop (Ashbourne) 172
Ashdown Forest 98-9, **102**, 103
Ashdown Forest Centre 102
Assembly Rooms (Bath) 71
Assembly Rooms (Ludlow) 162
Audley End **114**
Austen, Jane 71
Automobile Association (AA) 18, 19
Avebury 68, **69**
Avis 20, 21

B

Backs, The (Cambridge) 112
Bailiffgate Museum (Alnwick) 210
Bakewell **175**
Balfour Castle 238
Balmaha **243**
Balquhidder **242**, 243
Bamburgh Castle 208, **211**
Banchory 252, 253
bancos **14**, 15
Barbara Hepworth Museum and Sculpture Garden (St. Ives) 32
Barclays Bank (Dorchester) 62

bares **24-5**
Barley Hall (York) 189
Barmouth 149
Barnstaple 54, 55
Barrie, J. M. 240
Barter Books (Alnwick) 210
Bates, H. E. 103
Bath 64-5, **70-1**
Bath Abbey 66, 70
Batsford Arboretum (Moreton-in-Marsh) 79
Battle 106, **107**
Battle Abbey 107
Beachy Head 91, **92**
Beachy Head Countryside Centre 92
Beadnell Beach 208
Beatrix Potter Exhibition (Dunkeld) 241
Beatrix Potter Gallery (Hawkshead) 202
Beaumaris 152, **153**
Beaumaris Castle 153
bed and breakfasts (B&Bs) **22**
Beddgelert 150, **151**
Bedgebury Pinetum (Goudhurst) 106
Bell, Vanessa 92
Ben Lomond 238
Berwick **92**
Beth Gellert (Beddgelert) 151
Betty's (Harrogate) 180
Betty's Café Tea Rooms (York) 189
Betws-y-Coed **156**, 157
Bewl Water **106**, 107
Bewl Water Outdoor Centre 106
Bideford **42**, 43
Big Pit: National Coal Museum (Blaenavon) **135**
Bill's (Lewes) 92
Birnam Oak (Dunkeld) 241
Bishop's Palace (St. Davids) 144
Bishop's Palace (Wells) 73
Blackmore, R. D. 53
Blaenavon 135
Blaenavon Ironworks 135
Blair Castle **242**, 243
Blakeney 124, **125**
Blakeney Point 125
Blisland (Bodmin Moor) 47
Bloomsbury Group 92
Blue John Cavern (Castleton) 173
Boathouse (Laugharne) 141
Bodelwyddan Castle **167**
Bodiam Castle **107**
Bodmin **46**
Bodmin Gaol (Bodmin) 46
Bodmin Moor **47**
Bolton Abbey 182, **183**
Bonawe Iron Furnace **233**
Bondgate Tower (Alnwick) 210
Booth, Richard 133
Borders **212-9**
Bosham 97
Bosham Hoe 97
Boulby Cliffs (Staithes) 191
Bourton-on-the-Water 78, **79**
Bovington Camp 60
Bowder Stone **200-1**
Bowood House **69**
Bracklinn Falls 239
Bradford-on-Avon **70**, 71
Branklyn Gardens (Perth) 240
Brantwood **205**
Braunton Burrows **55**
Brecknock Museum and Art Gallery (Brecon) 133
Brecon 131, 132, **133**
Brecon Beacons National Park 128-9, 130, **134**
Brecon Cathedral 133
Bridewell Museum (Norwich) 122
Bridge House (Ambleside) 202
Bridge of Feugh (Banchory) 252
Brighton 92, **93**

Brighton Museum 93
Brighton Pavilion 93
Britain & London Visitor Centre 15
Brithdir **150-1**
British Airways 10
Brittany Ferries 11
Broad St (Ludlow) 162
Broads, The 118-9, 120, **123**
Broadway 80, **81**
Broadway Golf Club 81
Broadway Tower 81
Brooke, Rupert 113
Brown Willy (Bodmin Moor) 47
Brown, Lancelot Capability 174
Buckinghamshire Chilterns, Nos **82-7**
Buckland-in-the-Moor 37
Bude 41, **44-5**
Bude Marshes Nature Reserve 45
Budget (aluguel de carros) 20, 21
Bull Inn (Henley-on-Thames) 87
Bulwark, The (Brecon) 133
Bunster Hill (Dovedale) 172
Burgess Gate (Denbigh) 166
Burne-Jones, Edward 102
Burnham Market **126**, 127
Burton Art Gallery (Bideford) 42
Butler, lady Eleanor 164
Butter Cross (Ludlow) 162
Buttermere **200**
Buxton 172, **173**

C

Cadair Idris **151**
Cadgwith 34
Caernarfon **152-3**
Caernarfon Castle 152-3
café da manhã 24
cafés **25**
caixas eletrônicos 14
Caldey Island 142
Callander **242-3**
Calum's Boat Trips (Plockton) 235
Cam, rio 108-9, 110
Camber Castle 105
Camber Sands 104
Cambridge 108-9, 111, **112-3**
Cambridge and County Folk Museum (Cambridge) 112
Cambridgeshire
   Rio Cam e a Terra de Constable, O **108-7**
Campden House (Chipping Campden) 80
camping **23**
Camping and Caravanning Club 23
Camping and Caravanning UK 20, 21
Canongate Kirk (Edimburgo) 216
Cape Cornwall 33
Capel Non (St. Davids Coast) 144-5
Captain Cook School Museum (Great Ayton) 192
Carew Castle **142-3**
Carew Cross 143
Carlisle **198-9**
Carlisle Castle 198
Carlisle Cathedral 198
Carlos II, rei 250, 252
Carmarthen Bay 141
Carreg Cennen Castle **140**
cartões de crédito 14, 24
casas históricas, hospedagem em 22
Castell Dinas Bran (Llangollen) 164
castelo com torre e paliçada (Kilpeck) 132
castelo de Edimburgo 216
castelo normando (Llandovery) 140
castelos
   hospedagem em **22**
   Northumbria **209**
Castle Hedingham 115
Castle Heritage Centre (Bude) 44

Índice

Castle Howard **189**
Castlerigg Stone Circle 201
Castleton 172, **173**
cavernas (Castleton) 173
Cawdor Castle 246, **248**
Cellardyke Harbour (Anstruther) 225
Celtic Cross (Nevern) 145
Cerne Abbas **63**
Cerne Giant (Cerne Abbas) 63
Chagall, Marc 97
Chalfont St. Giles **85**
Chanctonbury Ring 94
Chapel Down Vineyard (Tenterden) 105
Chapel, The (Aberdeen) 253
Charleston (Berwick) 92
Charlestown **36**
Chatsworth **174**, 175
Cheddar Gorge (Mendip Hills) 72
Chedworth 79
Chedworth Roman Villa **78**
Cherrybank Gardens (Perth) 240
Chesil Beach 61
Chichester 96, **97**
Chichester Cathedral 97
Chichester Harbour 97
Children's Farm (Abbotsbury) 61
Chiltern Open Air Museum **85**
Chilterns **82-7**
Chimney Bank 187, 190
Chipping Campden 76, 77, **80-1**
Chirk 164
Chirk Castle **164**, 165
Church of the Holy Sepulchre
 (Cambridge) 112
Circus, The (Bath) 71
Cirencester **78**, 79
Cissbury Ring 94
Citadel (Carlisle) 198
City Hall (Norwich) 122
City Museum (Inverness) 248
Cleeve Abbey (Washford) 52
Clergy House (Alfriston) 92
Cleveland Way National Trail 191, **192**
Cley-next-the-Sea 124, 125
Cley Windmill (Cley-next-the-Sea) **125**
clima 9, 21
Clouds Hill 60
Clyro 133
Cockermouth **199**
Cockermouth Castle 199
códigos de área 14, 15
Coleridge, Samuel Taylor 202
comer e beber **24-5**
comida para viagem **25**
Common Ridings (Borders) **218**
como chegar à Grã-Bretanha **10-1**
 de avião **10**
 de barco **11**
 de carro 11
 de ônibus 11
 de trem **11**
como dirigir na Grã-Bretanha **16-21**
compras 15
 Ambleside 203
 Beaumaris 152
 Borders 219
 Coniston 205
 Craster 211
 Dufftown 251
 Grasmere 201
 Hawkshead 203
 St. Asaph 167
 Whitby 191
 York 189
Condor Ferries 11
Congestion Charge, Londres 16, 17
Coniston 204, **205**
Coniston Boating Centre 205

Constable, John 116, 117
Conwy 156, **157**
Conwy Castle 157
Cook, capitão James 191, 192
Cool Campervans 20, 21
Coquet Island 209
Corfe Castle **60**, 61
Corinium Museum (Cirencester) 78
Cornish Wreckers, **34**
Cornualha
 Bideford a Bodmin Moor, De **38-47**
 Lizard Point e o Litoral Sul da
  Cornualha **28-37**
corpo de bombeiros 13
correios 14, 15
Cotswold Falconry Centre (Moreton-in-Marsh) 79
Cotswold Motoring Museum and Toy Collection
 (Bourton-on-the-Water) 79
Cotswold Perfumery (Bourton-on-the-Water) 79
Cotswolds **74-81**
Court Barn Museum (Chipping Campden) 80
Cowdray Estate (Midhurst) 96
Cowdray Ruins (Midhurst) 96
Cragside Estate **209**
Craster 211
Crathes Castle (Banchory) 252
Crescent (Buxton) 173
crianças, segurança em carros 20
Crickhowell 128-9, 134, 135
crimes 13
Cromer 121, **124**, 125
Cromwell, Oliver 250, 252
Crown Inn (Wells-next-the-Sea) 126
Cruachan Power Station 232, **233**
Crusoé, Robinson **226**
Culloden **248**
Culross **227**
Culross Palace 227
Cúmbria
 Poesia dos Lagos, A **194-205**
Cwmyoy Church (Vale of Ewyas) 132

D

Dahl, Roald 85
Dales Countryside Museum (Hawes) 183
danos ou quebras **16**, 18, 19
Daphne du Maurier Literary Centre (Fowey) 37
Dartington Crystal (Great Torrington) 43
Dartmoor 36, **37**
Dashwood Mausoleum (West Wycombe) 86
Dashwood, sir Francis 86
Dedham 116, **117**
Defoe, Daniel **226**, 242
Delabole Slate **45**
Dell Quay 97
Denbigh **166**
Denbigh Castle 160, 166
Denbighshire
 Dique de Offa, No **158-67**
dentistas 12
Derbyshire
 Peak District, O **168-75**
Derwent Water 194-5
Devizes 68, **69**
Devizes Marina 69
Devon
 Cabos e Angras **38-47**
 Litoral Norte de Devon e Exmoor
  48-55
Devonshire, duque de 174
DFDS Seaways 11
Dingle Nursery and Garden (Welshpool) 161, 163
dinheiro **14**, 15
Dinosaur Museum (Dorchester) 62
dique de Offa 160, **164**
 Offa's Dyke Footpath 164
Disabled Drivers' Association (Ireland) 20, 21
Disraeli, Benjamin 86

Dissolução dos Mosteiros, A **192**
Distinction Hotels 23
Ditchling **94**, 95
Ditchling Beacon 94
Docton Mill Gardens (Hartland Peninsula) 43
Dolbadarn Castle (Mount Snowdon) 152
Doll Museum (Dunster) 52
Dolls House Shop, The (Steyning) 94
Dorchester **62-3**
Dore Abbey 132
Dorset
 Terra de Hardy e o Litoral Jurássico **56-63**
Dorset County Museum (Dorchester) 62
Dorset Martyrs (Dorchester) 62
Dove Cottage (Grasmere) 201
Dovedale **172-3**
Dovedale Wood 173
Dover's Hill (Chipping Campden) 80
Drewsteignton 37
Druridge Country Park 209
Dryburgh Abbey **218**
Dufftown **250-1**
Dun na Cuaich (Inveraray) 232
Dunkeld 240, **241**
Dunkeld Bridge 241
Dunkeld Cathedral 241
Dunkery Beacon 53
Dunnottar Castle **252**, 253
Dunstaffnage Castle (Oban) 233
Dunstanburgh Castle 210, **211**
Dunster **52**
Dunster Castle 52
Durdle Door 56-7, 61

E

East Bergholt **117**
East Bergholt Place 117
East Neuk of Fife 221, 223
East Wittering 97
EasyJet 10
Ebbor Gorge (Mendip Hills) 72
Edale 170, **173**
Eden Project **36**
Edensor 174
Edimburgo 214, 215, **216-7**
Eduardo I, rei 152-3
Efford Down (Bude) 45
EHIC (European Health Insurance Card) 13
Eilean Donan Castle **235**
Electric Mountain Centre (Mount Snowdon) 152
eletricidade 15
Elgin 247, 248, **249**
Elgin Cathedral 249
Elgin Museum 249
Elgol **235**
Eliseg's Pillar (Llangollen) 165
Elizabeth, a rainha-mãe 240
English Heritage 15
Enjoy England 15
Erpingham Gate (Norwich) 122
Escócia
 Coração da Escócia, O **236-43**
 História e Romance nas Borders **212-9**
 Reino de Fife, O **220-7**
 Selvagem Litoral Oeste da Escócia, O **228-35**
 Trilha do Uísque das Highlands, Na **244-53**
Essex
 Rio Cam e a Terra de Constable, O **108-7**
estacionamento 19
Esthwaite Water 202-3
Esthwaite Water Trout Fishery (Hawkshead) 203
Eurolines 11
Eurostar 11
Eurotúnel 11
Exmoor 53
Eyam **174**
Eyam Hall 174
Eyam Museum 174

F

Fairfax House (York) 189
Falcon Hotel (Bude) 44
Falkland Palace **226-7**
farmácias 12-3
Farmer's Arms (St. Davids) 145
Farmers' Market (Bakewell) 175
farol de Lizard Point 34
Fashion Museum (Bath) 71
Feathers Hotel (Ludlow) 162
Fell Foot Park **204**
feriados 9
ferryboats **11**
ferryboats irlandeses 11
festivais 9
Festival Theatre (Chichester) 97
Fforwm Crefft Cymru (Machynlleth) 150
Fife **220-7**
Fife Folk Museum 226, 227
Finchcocks (Goudhurst) 106
Finchingfield **115**
Fishbourne Roman Palace 97
Fishguard **145**
Fishing Museum (Brighton) 93
Flatford Mill (East Bergholt) 117
Flood Memorial Hall (Lynmouth) 53
Floors Castle (Kelso) 218
Footprints of Steyning 95
forno de cal (Inveraray) 232
Fortingall Yew, The **242**, 243
Fountains Abbey 181
Fowey 31, **36-7**
Fowey Marine Adventures 37
fuso horário 15
Future World (Lizard Peninsula) 34

G

Gainsborough, Thomas 115
Gainsborough's House (Sudbury) 115
Gales
 Borderlands a Beacons, De **128-35**
 Maravilhas de Gales Ocidental **136-45**
 placas rodoviárias 17
 Snowdonia National Park **146-57**
Gallery deli (Horning) 123
Gatwick Airport 10
Geevor Tin Mine (Pendeen) 33
Georgian House (Edimburgo) 217
Gill, Eric 94
Gisborough Priory **192**
Glamis Castle **240**, 241
Glasgow International Airport 10
Glass Blowing Workshop (Ambleside) 202
Glastonbury **72**, **73**
Glastonbury Abbey 73
Glastonbury Tor 73
Glencoe **234**
 massacre de Glencoe, o (1692) **234**
Glencoe Visitor Centre 234
Glenelg Bay **228-9**
Glenfiddich Distillery (Dufftown) 250-1
Globe Inn (Wells-next-the-Sea) 126
Glorious Goodwood **96**
Gloucestershire
 Vilas de Cotswolds, As **74-81**
Gondola (Coniston Water) 205
Goodwood **96**
Goonhilly Satellite Earth Station 34
Gordon Russell Museum (Broadway) 81
Gospel Pass (Vale of Ewyas) 132-3
Goudhurst **106**, 107
Grammar School (Ashbourne) 172
Grampian Transport Museum **251**
Grant, Duncan 92
Grantchester 110, 112, **113**
Grasmere **201**
Grassmarket (Edimburgo) 216
Great Ayton **192**
Great Dixter **107**

Great Inns of Britain 23
Great Missenden **85**
Great Orme Mines (Llandudno) 157
Great Torrington **43**
Green Man & Black's Head Royal Hotel (Ashbourne) 172
Grizedale Forest Visitor Centre 203
Grosmont **190-1**
Grosmont Station 190
Guildhall (Thaxted) 114
Gweek Seal Sanctuary (Lizard Peninsula) 34-5
Gwynedd Snowdonia National Park **146-57**

H

Haddon Hall 168-9, 174, **175**
Hadrian's Wall 199
Hafod Eryri (Mount Snowdon) 152
Hardy, Thomas 58, 62
Harlech 150
Harlech Castle 149, **151**
Harrogate **180**, 181
Hartland Abbey 43
Hartland Peninsula 42, **43**
Hartland Quay 43
Harvey's Brewery (Lewes) 92
Hathersage **174**, 175
Haverthwaite & Lakeside Railway 204
Haverthwaite **204**
Hawes **183**
Hawkshead **202-3**
Hawkshead Grammar School 202
Hay-on-Wye 132, **133**
Haytor 36
Heacham **127**
Heathrow Airport 10
Heights of Abraham (Matlock) 171, 175
Heligan **35**
Hellfire Caves (West Wycombe) 86
Helmsley 192, **193**
Helmsley Castle 193
Helmsley Walled Garden 193
Henley-on-Thames 84, 86, **87**
Henrique VIII, rei 192
Hepworth, Barbara 32
Hereford 132
Hereford Cathedral 130, 132
Hereford Museum and Art Gallery (Hereford) 132
Herefordshire Borderlands a Beacons, De **128-35**
Hertz 20, 21
Hidcote Manor Garden 77, **81**
High Moorland Visitor Centre (Dartmoor) 36
Highland Games **224**
Highways Agency 18, 19
Hill Top 202, **203**
Hillside Animal and Shire Horse Sanctuary (West Runton) 124
Hobbs of Henley Boatyard (Henley-on-Thames) 87
Holiday Care Service 15
Holkham Hall Estate 126
Holst, Gustav 114-5
Holt 125
Holy Island **211**
Holy Trinity Church (Long Melford) 116
Holyroodhouse (Edimburgo) 216
Holywell 166, **167**
Honister Pass **200**
Honister Slate Mine 200
Honours of Scotland (joias da Coroa escocesa) **250**, 252
Hop Farm Country Park (Yalding) 103
Hope (Peak District) 173
horários de funcionamento 15, 24
Horning 122, **123**
Horseshoe Pass (Llangollen) 165
hospedarias **22**
Hughenden Manor **86**
Hulne Park (Alnwick) 210
Hunstanton 126, **127**
Hutton-le-Hole **190**
Hythe 102, **103**

I

Igreja da Inglaterra 192
Ilha de Skye 231, 234-5
Ilam **172-3**
Ilam Rock (Dovedale) 173
Ilamtops Farm (Dovedale) 172
Inchcailleach 243
Inchconnachan 243
Inchmahome Priory 242, **243**
informações turísticas **15**
internet **14**
Inveraray **232-3**
Inveraray Castle 232
Inverness 248, 249
Inverness Castle 248
Inverness Cathedral 248
Irish Rail 11
Isle of Portland 61
Itchenor 97

J

J. M. Barrie, terra natal de (Kirriemuir) 240
Jamaica Inn (Bodmin Moor) 47
Jane Austen Centre (Bath) 71
Jardim Botânico (Aberdeen) 253
Jarman, Derek 104
Jennings Brewery (Cockermouth) 199
Jervaulx Abbey **182**
John Knox House (Edimburgo) 216
John, Augustus 142
John, Gwen 142
Johnston, Edward 94
Johnston, major Lawrence 81
Jordan's Quaker Meeting House (Chalfont St. Giles) 85
Just Go 20, 21

K

Keep Military Museum (Dorchester) 63
Keith & Dufftown Railway 250
Keith Harding's World of Mechanical Music (Northleach) 78
Kellie Castle **226**, 227
Kelso **218**, 219
Kelso Abbey 218
Kennet and Avon Canal 67, 69
Kent & Sussex Light Railway 105
Kent
 Jardim da Inglaterra, O **98-107**
Kenton Theatre (Henley-on-Thames) 87
Kentwell Hall (Long Melford) 116
Keswick 200, **201**
Kettle's Yard (Cambridge) 112
Kidwelly Castle **141**
Kielder Water **209**
Killiecrankie, Pass of **242**
Kilpeck **132**
King Arthur's Great Halls (Tintagel) 45
King's Arms (Stow-on-the-Wold) 79
King's College (Cambridge) 108-9, 113
Kingsley, Charles 46
Kirriemuir **240**
Knox, John 216
Kylerhea Otter Hide **235**
Kynance Cove (Lizard Peninsula) 34

L

Lacock **70**, 71
Lacock Abbey 70
Iago Ness 248
Lake District **194-205**
Lakes Aquarium (Lakeside) 204
Lakeside 204
Lakeside Caravan & Camping Park (Llangorse Lake) 133
Land's End 33
Lanes, The (Brighton) 93
Lanhydrock **47**
Laugharne 138, 140, **141**

Laugharne Castle 141
lavanda, fazendas de
　Norfolk Lavender 127
　Yorkshire Lavender 189
Lawrence, T. E. (Lawrence da Arábia) 60
Leaplish Waterside Park (Kielder Water) 209
Leicester's Church (Denbigh) 166
Leith Hall 250, **251**
Leven, Loch **227**
Lewes **92**, 93
Leyburn 182, 183
Leyburn Shawl 182
Lime Kiln Cottage (Rye Harbour) 104
limites de velocidade e multas 16-7
Lindisfarne Island 210, 211
Litoral Jurássico 56-7, 61
Little John's Grave (Hathersage) 174
Lizard Peninsula 30, **34-5**, 37
Llanberis 152
Llanberis Lake Railway (Mount
　Snowdon) 152
Llandeilo **140**, 141
Llandovery **140**
Llandudno **157**
Llandudno Ski and Snowboard Centre 157
Llanfair PG (Llanfairpwllgwyngyllgogerychwyrnd-
　robwllllandysiliogogogoch)154, **155**
Llangollen **164-5**
Llangollen Canal **164-5**
Llangorse Crannog Centre (Llangorse Lake) 133
Llangorse Lake **133**
Llanthony Priory (Vale of Ewyas) 132
Lloyd, Christopher 107
Llyn Crafnant 156
Llyn Gwynant 148, 151
Loch Leven **227**
Loch Lomond 238, **243**
Loch Ness 248
　mistério de Loch Ness, O **248**
London City Airport 10
London Congestion Charge 16, 17
Long Bridge (Bideford) 42
Long Melford **116**, 117
Long Mynd 158-9
Lorna Doone 53
Lost Gardens of Heligan **35**
Lover's Leap (Dovedale) 173
Lover's Walk 171
Lower Largo 222
Ludlow 160, **162-3**
Ludlow Castle 162
Lulworth Cove 60, **61**
Lundy Island 42, 43
lúpulo (hop) de Kent 103
Luton Airport 10
Lutyens, Edwin 107
Lynmouth 52, **53**
Lynnau Cregennan (Cadair Idris) 151
Lynton 53

M
Macgregor, Rob Roy 242
Machynlleth **150**, 151
Magdalene College (Cambridge) 112
Maglocunus Stone (Nevern) 145
Maiden Castle 63
Manchester International Airport 10
Manderston House **217**
mapas 19
Maria Stuart, rainha 182, 198, 219, 224, 227, 252
Marischal College (Aberdeen) 253
Maritime Museum (Aberdeen) 253
Market Hall (Amersham) 85
Market Hall (Chipping Campden) 80
Market House (Taunton) 52
Market Sq (Cirencester) 78
Marquess of Anglesey's Column
　(Llanfair PG) 155
Martello Tower (Rye Harbour) 105
Mary King's Close (Edimburgo) 216
Mary Stanford Lifeboat House (Rye Harbour) 104

Mathematical Bridge (Cambridge) 112
Matlock **175**
Matlock Bath 171, 175
Maumbury Rings (Dorchester) 63
Maurier, Daphne du 37, 46
McCaig's Tower (Oban) 233
médicos 12, 13
Meigle Museum **240**, 241
Melford Hall (Long Melford) 116
Mellor, David 174
Mendip Hills **72-3**
Mercer Art Gallery (Harrogate) 180
Met Office 18, 19
Middleham **182**
Middleham Castle 178, 182
Midhurst **96**
Millennium Forest Path (Balmaha) 243
Millennium Gallery (Carlisle) 198
Milne, A. A. 102
Milton, John 85
Milton's Cottage (Chalfont St. Giles) 85
Minack Theatre (Porthcurno) 33
Minerva Theatre (Chichester) 97
Minions (Bodmin Moor) 47
Minster (York) 188
Mobilise 20, 21
Model Railway Exhibition (Bourton-on-the-
　-Water) 79
Model Village (Bourton-on-the-Water) 79
moeda corrente **14**, 15
Moelfre **154**, 155
MoMA Wales (Machynlleth) 150
Monkey Motion (Glastonbury) 73
Monmouthshire
　Borderlands a Beacons, De **128-35**
Montgomery Castle **163**
Monument to the Royal Charter (Moelfre) 154
Moorland Centre (Edale) 173
Moreton 60
Moretonhampstead 37
Moreton-in-Marsh 78, **79**
Morgan, William **166**
Morgew Park Farm (Tenterden) 105
Morris, William 81, 102
Morte Point 48-9, 54
Mortehoe **54**, 55
mosteiros **192**
motocicletas e motonetas 20
Motorhomes Direct 20, 21
Mount Snowdon 152, 153
Mousehole **34**, 35
Mousehole Bird Sanctuary 34
Muckleburgh Collection (Weybourne) 125
Mundesley 122, **123**
Mundesley Maritime Museum 123
Munnings, sir Alfred 117
Museum and Art Gallery (Perth) 240
Museum of Barnstaple and North Devon
　(Barnstaple) 50, 55
Museum of Cider (Hereford) 132
Museum of Somerset (Taunton) 52
Museum of Speed (Pendine) 142
Museum of the Isles (Armadale Castle Gardens)
　234
MV Barbara McLellan (Bradford-on-Avon) 70
Myddfai (Llandovery) 140
Myddfai Cycles (Llandovery) 140

N
Nantclwyd y Dre (Ruthin) 165
National Botanic Garden of Wales **140-1**
National Gallery of Scotland (Edimburgo) 216
National Slate Museum (Mount Snowdon) 152
National Trust 15
National Trust for Scotland 15
Natural History Centre (Ardnamurchan Peninsula)
　234
Ness, Loch 248
Nevern 145
New Brewery Arts (Cirencester) 78
New Castle (Sherborne) 63

New Romney **104**
Newbridge 36
Newport 144, **145**
NHS Direct 13
Nicholson, Adam 106
Nicholson, Harold 106
Nick Thorn Surf School (Woolacombe) 55
Norfolk
　Broads e o Litoral Norte de Norfolk **118-27**
Norfolk Coast Path 127
Norfolk Lavender (Heacham) 127
Norfolk Wildlife Trust Visitor Centre (Cley-next-
　-the-Sea) 125
Norfolkline 11
North Berwick 216, 217
North Berwick Law 214
North Devon Maritime Museum
　(Appledore) 42
North Laine (Brighton) 93
North Norfolk Railway Poppy Line (Sheringham)
　124-5
North York Moors Railway (Pickering) 190
Northleach **78**
Northumbria **206-11**
Norwich 120, **122-3**
Norwich Castle 122
Norwich Cathedral 122
Nº1 Royal Crescent (Bath) 71

O
Oare **53**
Oban 230, 232, **233**
Old Bull Inn (Long Melford) 116
Old Castle (Sherborne) 63
Old Course (St. Andrews) 224
Old Crown Court (Dorchester) 62
Old Grammar School (Dedham) 117
Old Granary (Henley-on-Thames) 87
Old House Museum (Bakewell) 175
Old Hunstanton 126
Old Lighthouse (New Romney) 104
Old Malton 187
Old Nag's Head (Edale) 173
Old Parliament House (Machynlleth) 150
Old Post Office (Tintagel) 45
Old Sarum **68**
Old Silk Mill (Chipping Campden) 80
Old Swan Hotel (Harrogate) 180
Old Town Hall (Carlisle) 198
Old Tullie House (Carlisle) 198
ônibus 11
Opera House (Buxton) 173
Oriel Mostyn (Llandudno) 157
Oriel Ty Gorsaf (Llanfair PG) 155
ovelhas Herdwick **201**

P
P&O Ferries 11
Padstow 38-9, **46**, 47
Palace of Holyroodhouse (Edimburgo) 216
Pallant House (Chichester) 97
Pannier Market (Barnstaple) 55
parque de diversões (Aberdeen) 253
Pass of Killiecrankie **242**
passaportes **12**, 13
Pavilion Gardens (Buxton) 173
Pavilion Theatre (Cromer) 124
Peak Cavern (Castleton) 173
Peak District **168-75**
Peddars Way **127**
Pelham House (Lewes) 92
Pembrokeshire Coast National Trail 139, **145**
Pencarrow **46**
Pendeen **33**
Pendine 139, **142**
Penmon Priory (Beaumaris) 153
Pennine Way 173
Penshurst **102**, 103
Penshurst Place 102
Pentre Ifan (Newport) 145
Perth 240, 241

Petworth 95
Petworth Cottage 95
Petworth House and Park 95
Peveril Castle (Castleton) 173
Pickering **190**, 191
Pickering Castle 190
pier (Brighton) 93
Piper, John 97
piqueniques **25**
Pittenween 220-1
placas rodoviárias 17
Plas Mawr (Conwy) 157
Plas Newydd (Anglesey) **155**
Plas Newydd (Llangollen) 164
Plockton 234, **235**
Pluckley **102-3**
Pluscarden Abbey **249**
Poetas dos Lagos **202**
polícia 13
Polperro **37**
Polruan 31
Ponsonby, Sarah 164
Pontcysyllte Aqueduct (Llangollen) 165
Pooh Corner (Ashdown Forest) 102
Poohsticks Bridge (Ashdown Forest) 102
portadores de deficiência, instalações para **15**, 20, 21
Porth Clais (St. Davids Coast) 145
Porthcurno 28-9, **33**
Porthcurno Telegraph Museum 33
Postbridge 36
postos de combustível 17
Potter, Beatrix 202, 203, 241
Potters Gallery, The (Conwy) 157
Powis Castle (Welshpool) 163
Powys
  Borderlands a Beacons, De **128-35**
praia de conchas (Anstruther) 225
Prideaux Place (Padstow) 46
Priest's House (Stratford St. Mary) 117
Prospect Cottage (New Romney) 104
pubs **24-5**
  Peak District **174**
Pulteney Bridge (Bath) 71
Purple Mountain Bike Centre (Pickering) 190

Q
quebras ou danos **16**, 18, 19
queijos
  Cotswolds 79
  Wensleydale **182**
Quicksilver (Laugharne) 141
Quincey, Thomas de 202

R
Rail Trail (Grosmont) 191
Railway Station (Carlisle) 198
Rambler Inn (Edale) 173
Ramsey Island 144
Ransome, Arthur 204
Raven, Sarah 106
Ravenys (Stratford St. Mary) 117
regras da estrada 17
Reino de Fife, O **220-7**
resorts **22**
restaurantes, como se vestir em 24
Reynard's Cave (Dovedale) 173
RHS Rosemoor Gardens 43
Richard III Museum (York) 188
Rievaulx Abbey **193**
Rievaulx Terrace and Temples 193
Riley Graves (Eyam) 174
Ripley 180, **181**
Ripley Castle 181
Ripon 180, **181**
Ripon Cathedral 181
River and Rowing Museum (Henley-on-Thames) 87
River Stour Trust 115
RNLI Henry Blogg Museum (Cromer) 124
RNLI Lifeboat Station (Moelfre) 154

Roald Dahl Museum and Story Centre (Great Missenden) 85
Rob Roy 242
Robin Hood Bay 191
Robinson Crusoé **226**
Robinson, Mary **200**
Rodd's Bridge (Bude) 45
rodovias 16
Roman Town House (Dorchester) 63
Roman Wall (Dorchester) 63
Romney-Hythe-Dungeness Miniature Railway 103
Rosedale 190
Rosemoor Gardens 43
Rosslyn Chapel **219**
Rough Tor (Bodmin Moor) 47
Round Building (Hathersage) 174
Roxburgh Hotel Golf Course (Kelso) 218
Royal Arcade (Norwich) 120, 122
Royal Automobile Club (RAC) 18, 19
Royal Baths (Harrogate) 180
Royal Mail 14, 15
Royal Military Canal 103
Royal Oak (Fishguard) 145
Royal Pump Room Museum (Harrogate) 180
Royal Society for the Protection of Birds Vane Farm (Loch Leven) 227
RSPB site (New Romney) 104
Ruskin, John 81, 205
Russell, Gordon 81
Ruthin 164, **165**
Ruthin Craft Centre 165
Ruthin Gaol 165
Ryanair 10
Rydal Mount **202**
Rye 104, 105
Rye Art Gallery 104
Rye Harbour 101, **104-5**
Rye Harbour Nature Reserve 104
Ryedale Folk Museum (Hutton-le-Hole) 190

S
Sackville-West, Vita 106
Saffron Walden **114**, 115
Saffron Walden Museum 114
Salisbury **68**, 69
Salisbury and South Wiltshire Museum 68
Salisbury Cathedral 68
Sandsend 186, 191
Sanna 230, 234
Sarn Helen (Brecon Beacons National Park) 134
saúde **12-3**
Scale Force (Buttermere) 200
Scone Palace 240
Scotch Whisky Experience (Edimburgo) 216
Scotland's Hotels of Distinction 23
Scotland's Secret Bunker **224**
Scotney Castle 106
Scott, sir Walter 216, 218-9, 224, 242, 250
Scottish Fisheries Museum (Anstruther) 225
Scottish Sea Life Sanctuary **233**
Scottish Seabird Centre (North Berwick) 217
Sea Life Centre (Brighton) 93
Sea Life Sanctuary (Hunstanton) 127
Seafrance 11
Seawatch Centre (Moelfre) 154
Segontium (Caernarfon) 153
segurança 13
segurança pessoal 13
seguro de viagem 12, 16, 21
Selkirk, Alexander **226**
Selworthy 51, **53**
serviços de emergência 13
serviços postais 14, 15
Seven Sisters Sheep Centre (Beachy Head) 92
Sezincote House and Garden 74-5, 79
Shakespeare, William 241, 248
Shambles (York) 188
Sherborne 62, **63**
Sherborne Abbey 63
Sheringham **124-5**

Sheringham Park 124
Ship Inn (Fowey) 37
Shipwreck Museum (Charlestown) 36
Shire Hall (Bodmin) 46
Shropshire
  Dique de Offa, No **158-67**
Silbury Hill 69
Sir Alfred Munnings Art Museum (Dedham) 117
Sissinghurst **106**
Sissinghurst Castle Garden 101, 106
sites 15
Skye, Ilha de 231, 234-5
Smallest House in Britain (Conwy) 157
Smallhythe Place (Tenterden) 105
Smeaton's Pier (St Ives) 32
Snowdon Mountain Railway 152
Snowdon, Mount **152**, 153
Snowdonia National Park **146-57**
Snowshill Manor (Broadway) 81
Soldier's Leap (Pass of Killiecrankie) 242
Solva **143**
Solva Boat Trips 143
Solva Woollen Mill 143
Somerset
  Jornada Espiritual, Uma **64-73**
  Litoral Norte de Devon e Exmoor **48-55**
South Downs **88-97**
South Downs Way **95**
South Wales Borderers Museum (Brecon) 133
South West Coast Path 48-9, 60
Southey, Robert 202
Speedferries 11
Speedwell Cavern (Castleton) 173
Speldhurst 102
Spey Bay 244-5, 250
Speyside Cooperage **250**
St. Abb's Head **217**
St. Abb's Head National Nature Reserve 217
St. Andrews **224**, 225
St. Andrews Castle 224
St. Andrews Cathedral 224
St. Andrews University 224
St. Ann's Well (Buxton) 173
St. Asaph **166-7**
St. Asaph Cathedral 166
St. Asaph Union Workhouse 166-7
St. Catherine (Chipping Campden) 80
St. Catherine's Chapel (Abbotsbury) 61
St. Davids **144**, 145
St. Davids Cathedral 144
St. Davids, litoral de **144-5**
St. Dyfnog's Church **165**
St. Edward (Stow-on-the-Wold) 79
St. Fimbarrus Church (Fowey) 37
St. Giles Cathedral (Edimburgo) 216
St. Govan's Chapel **143**
St. Hilary's Chapel (Denbigh) 166
St. Ia (St. Ives) 32
St. Ives **32**
St. Ives Museum 32
St. James (Chipping Campden) 80
St. John the Baptist (Cirencester) 78
St. John the Baptist (Thaxted) 114-5
St. John's College (Cambridge) 111, 112-3
St. John's Street Car Park (Hythe) 103
St. Just-in-Roseland 34, **35**
St. Laurence (Bradford-on-Avon) 70
St. Laurence (Ludlow) 162-3
St. Lawrence (West Wycombe) 86
St. Leonard (Hythe) 103
St. Machar's Cathedral (Aberdeen) 253
St. Mark (Brithdir) 150
St. Martin (Wareham) 60
St. Mary (Amersham) 85
St. Mary (Beaumaris) 153
St. Mary (Cerne Abbas) 63
St. Mary (Henley-on-Thames) 87
St. Mary (Mortehoe) 54
St. Mary (Stoke-by-Nayland) 116
St. Mary (Stratford St. Mary) 117
St. Mary (Tenby) 142

Índice

St. Mary (Whitby) 191
St. Mary and St. David (Kilpeck) 132
St. Mary Magdalene (Taunton) 52
St. Mary the Virgin (Dedham) 117
St. Mary the Virgin (East Bergholt) 117
St. Mary's Priory Church (Abergavenny) 135
St. Mary's Tower (Rye) 104
St. Mawes 34, **35**
St. Michael (Betws-y-Coed) 156
St. Michael and All Angels (Berwick) 92
St. Michael's Mount **34**
St. Nicholas (Worth Matravers) 60
St. Nicholas Chapel (St. Ives) 32
St. Non's Retreat (litoral de St. Davids) 144
St. Oswald (Ashbourne) 172
St. Oswald (Grasmere) 201
St. Peter (Dorchester) 62
St. Peter and St. Paul (Cromer) 124
St. Peter and St. Paul (Northleach) 78
St. Peter and St. Paul (Pickering) 190
St. Peter Mancroft (Norwich) 122
St. Petroc (Bodmin) 46
St. Senara (Zennor) 33
St. Simon and St. Jude (Norwich) 122
St. Teilo (Llandeilo) 140
St. Winefride's Well (Holywell) 167
Stables (Buxton) 173
Staithes **191**
Stanage Edge (Hathersage) 174
Stansted Airport 10
Stanton Drew Stone Circle **72**
Starida Sea Services (Beaumaris) 153
Stena Line 11
Stepping Stones (Dovedale) 173
Steyning 91, **94**, 95
Steyning Tea Rooms 94
Stiffkey Blue, amêijoas **126**
Stoke (Hartland Peninsula) 43
Stoke-by-Nayland **116**, 117
Stonehenge **68-9**
Stow-on-the-Wold 78, **79**
Stratford St. Mary **117**
Stray, The (Harrogate) 180
Studland Bay 60
Studley Royal 181
Study, The (Culross) 227
Sudbury **115**
Suffolk
    Rio Cam e a Terra de Constable, O **108-17**
    Tons rosados de Suffolk **114**
Sussex
    Explorando os South Downs **88-97**
    Jardim da Inglaterra, O **98-107**
Sussex Guild Shop (Lewes) 92
Sutcliffe Gallery (Whitby) 191
Sutcliffe, Frank 191
Sutton Park **193**
Swallow Falls (Betws-y-Coed) 156
Swanage 58, **60**, 61
Swanage Railway 60
Swanbourne Lake (Arundel) 95
Swannery (Abbotsbury) 61

T

Tabernacle, The (Machynlleth) 150
Tal-y-Llyn 150
Tarka Trail 42, 55
Tarn Hows 203, 205
Taste of Scotland (rede de restaurantes) 24, 25
Tate St. Ives Gallery (St Ives) 32
Taunton **52**, 53
Taunton Castle 52
Tavistock **37**
Teddy Bear Museum (Dorchester) 62
telefones **14**
Telford, Thomas 241
Tenby 136-7, **142**, 143
Tenby Museum and Art Gallery 142
Tenterden 104, **105**
termas romanas (Bath) 70-1

Terracotta Warriors Museum (Dorchester) 62
Terry, Ellen 105
Thaxted 111, **114-5**
Theatre by the Lake (Keswick) 201
Theatre Royal (Bath) 71
Thermae Bath Spa (Bath) 71
Thomas Cook 14, 15
Thomas, Dylan **141**
Thorpe Cloud (Dovedale) 173
Tintagel 40, 44, **45**
Tissington Trail (Ashbourne) 172
Tithe Barn (Bradford-on-Avon) 70
Tolsey, The (Ludlow) 162
Tons rosados de Suffolk 114
Tower Gate House (St Davids) 144
Tower Knowe Visitor Centre (Kielder Water) 209
Town Hall (Fishguard) 145
Town Hall (Swanage) 60
Toy and Model Museum (Brighton) 93
trailers 20, 21
Transmanche Ferries/LD Lines 11
Trappe Gallery (Abbey Dore) 132
Traquair House **219**
tratamento médico **12-3**
Travelex 14, 15
Treak Cliff Cavern (Castleton) 173
Treasurer's House and Garden (York) 188
Trebah Gardens 34, **35**
Trefiw Woollen Mills **156**, 157
trens **11**
Tretower Court and Castle **135**
Trevor Wharf Services (Llangollen) 165
Trilha do Uísque das Highlands, Na **244-53**
Trinity Church (Harrogate) 180
Trinity College (Cambridge) 113
Tudor House (Henley-on-Thames) 87
Tudor Merchants House (Tenby) 142
Turner Dumbrell Workshops (Ditchling) 94
Turpin, Dick 115
Turville 84
Tutankhamun Exhibition (Dorchester) 62
Twelve Apostles (Dovedale) 173
Twyford Bridge (Yalding) 102
Twyn y Gaer (Brecon Beacons National Park) 134
Tynycornel Hotel (Machynlleth) 150

U

UK Caravan Parks and Campsites Directory 20, 21
Ullswater 196

V

Vale of Ewyas **132-3**
Valle Crucis Abbey (Llangollen) 165
Valley Gardens (Harrogate) 180
Vane Farm (Loch Leven) 227
veículos de recreação (VRs) **20**, 21
Vicars' Close (Wells) 73
Victorian Market Hall (Carlisle) 199
Virgin Atlantic 10
Visit Britain 15
Visit Scotland 15
Visit Wales 15
vistos **12**, 13
Vitalian Stone (Nevern) 145
Volks Electric Railway (Brighton) 93
Vom Fass (Chalfont St. Giles) 85

W

Wadworth Brewery (Devizes) 69
War Memorial (Mundesley) 123
Wareham **60-1**
Warkworth Castle 209
Washford **52**
Wayside Museum (Zennor) 33
WDCS Wildlife Centre (Spey Bay) 244-5, **250**
Weald and Downland Open Air Museum 88-9, **96**
Wells (Somerset) 72, **73**

Wells Deli (Wells-next-the-Sea) 126
Wells Harbour Railway (Wells-next-the-Sea) 126
Wells-next-the-Sea **126**, 127
Welsh Rarebits 23
Welshpool & Llanfair Light Railway 163
Welshpool 162, **163**
Wensleydale 176-7, **182**
Wensleydale Creamery (Hawes) 183
West Dean Estate Gardens 96
West Kennet Long Barrow 69
West Runton **124**
West Somerset Railway 52, 55
West Wales Gallery (Fishguard) 145
West Wittering 97
West Wycombe **86**, 87
West Wycombe Park 86
Westward Ho! **42**, 46
Weybourne 124, **125**
Weymouth 60, **61**
Whinlatter Forest Park **199**
Whitby 190, **191**
Whitby Abbey 191
Whitesands Bay 144
Widecombe-in-the-Moor 37
Wilfred Harrison Gallery (Tenby) 142
William Morgan, Bíblia de **166**
Williamson, Henry 46
Willy Lott's Cottage (East Bergholt) 117
Wiltshire
    Jornada Espiritual, Uma **64-73**
Wiltshire Heritage Museum (Devizes) 69
Winchelsea 105
Windermere, lago de 197, **204**
Windy Cove (Mortehoe) 54
Winnats Pass (Castleton) 173
Wookey Hole (Mendip Hills) 72
Woolacombe 51, **54**, **55**
Wordsworth House (Cockermouth) 199
Wordsworth, Dorothy 201, 202
Wordsworth, William 199, 201, 202
Worth Matravers **60**, 61

Y

Yalding **102**, 103
Yalding Organic Garden 102
Yarn Market (Dunster) 52
Yesterday's World (Battle) 107
Ynys Bwlc (Llangorse Lake) 133
Ynys Moelfre (Moelfre) 154
York **188-9**
York Art Gallery 188
York Minster 188
Yorkshire
    Litoral e Charnecas de North Yorkshire **184-93**
    Vales e Abadias de Yorkshire **176-83**
Yorkshire Lavender **189**

Z

Zennor **33**
Zennor Quoit 33

Agradecimentos

A Dorling Kindersley agradece a todas as pessoas que colaboraram na preparação deste guia.

Colaboradores

Patricia Aithie morou e trabalhou 25 anos no Oriente Médio. Lá, escreveu sobre viagens, cultura e fé, até voltar para Cardiff, sua terra natal. É autora de livros sobre Gales, como *Cardiff: Rebirth of a Capital* e *Cardiff and Beyond*.

Robert Andrews trabalhou 20 anos para guias de viagem, escrevendo para a DK, Rough Guides e Fodor's. É autor ou coautor de livros sobre Devon e a Cornualha, a Sicília e a Sardenha, e escreveu sobre todas as áreas da Itália e do sul da Inglaterra.

Rebecca Ford, premiada jornalista que escreve sobre viagens, mora em Londres. Colabora com jornais e revistas nacionais e aborda desde jornadas de trem até ecoturismo, e contribuiu para mais de 30 guias.

Nick Rider tem o título de doutor em história de Barcelona e escreveu livros de viagem sobre a Espanha, o México e a França. Colaborou em guias da DK, como os da França, do México, da Grã--Bretanha e da Polônia. Faz matérias regulares para o guia *Time Out London Eating & Drinking*.

Rose Shepherd iniciou a carreira como escritora e editora freelancer no *Good Food Guide*. Desde então, colabora regularmente em jornais e revistas, a exemplo de *Condé Nast Traveller*, o *Observer* e o *Sunday Times Magazine*. Tem romances publicados.

Gillian Thomas e **John Harrison**, casados e com três filhos adultos, escrevem sobre viagens e começaram a carreira na BBC. Membros da British Guild of Travel Writers, visitam o West Country desde as férias na infância. Colaboram com o *Good Holiday Cottage Guide*.

Roger Williams começou a carreira no jornalismo. Ex-subeditor-chefe da *Sunday Times Magazine*, atualmente é editor associado da *Cornucopia*. Publicou diversos romances (o último é *Burning Barcelona*) e obras não ficcionais, e colaborou em muitos guias de viagem.

Checagem
Mary Villabona

Revisão
Jane Ellis

Índice
Hilary Bird

Consultoria editorial
Donna Dailey

Participação epecial
Julia Brownsword, Zara Camble, Clare Currie, Donna Dailey, Ian Gardiner em National Trust for Scotland, Jude Henderson em Visit Scotland, Martin Jackson, Stuart James, Sarah Lee, Anna Richards, John Richards, Rupert Small, Jocelyn Waterfall, Christian Williams.

Fotografia
Charles e Pat Aithie, John Harrison, Alex Havret, Lynne McPeake, Robert Schweizer, Tony Souter, Linda Whitwam, Roger Williams.

Fotografias Adicionais
June Buck, Lucy Claxton, Joe Cornish, Andy Crawford, Bethany Dawn, Steve Gorton, John Heseltine, Rose Horridge, Bob Langrish, Gerald Lopez, Stephen Oliver, Rob Reichenfeld, Rough Guides/Tim Draper, Kim Sayer, Chris Stowers, Stephen Whitehorn, Paul Wilkinson.

Mapas
John Plumer, JP Map Graphics Ltd,
www.jpmapgraphics.co.uk
Os mapas das páginas 71, 80, 87, 93, 113, 123, 144, 180, 199, 210, 252 vieram da @ www.openstreetmap.org e colaboradores, com autorização de CC-BY-SA; para mais informações, veja: www.creativecommons.org

Créditos de imagens
Pedimos desculpas pela omissão não intencional dos proprietários de copyright não encontrados. Em edições subsequentes desta publicação serão inseridos os devidos créditos.

Os editores agradecem às seguintes pessoas, bancos de imagens e empresas pela autorização de reproduzir suas fotografias:

a=alto; ac = alto centro; ae=alto à esquerda; ad=alto à direita; c=centro; ce=centro à esquerda; cd=centro à direita; bc = embaixo centro; be=embaixo à esquerda; bd=embaixo à direita.

Alamy Images: AA World Travel Library 154al; Elmtree Images 15bc; **Corbis**: Macduff Everton 204bd; Angelo Hornak 189ad; Richard Klune 155c; **Dorling Kindersley**: Cass Sculpture Foundation *One of us on a Tricycle* 2006 Steven Gregory bronze 220 x 140 x 155cm edição de 9 96ac; o material com copyright de Andy Crawford Crown foi reproduzido com a permissão do Controller of HMSO e Queen's Printer for Scotland 13ae; **Ees Wyke**: 23be; **English Heritage**: 114bd, 178ce, 192ac, 198ae; **Flickr.com**: simone_brunozzi/3604939324/ 10be; **Getty Images**: Scott Barbour 17ad; Matt Cardy 16bd; Antony Edwards 194-195; Christopher Furlong 18bd, 152bd; Gavin Hellier 200ad; William S Helsel 189ae; David Hughes 10bd; Photonica/Martin Tothill 17be; The Image Bank/Chris Close 14bd; Travel Ink 11be, 13ac, 205ae; Jake Wyman 15ac; **iStockphoto.com**: Aliaksandr Kazlou 15ad; Timothy Large 12bd; Andy Medina 12ad; **The National Trust Photo Library ©NTPL**: 77ac, 78bd, 81bc, 86a, 101ae, 124cda, 209ae, 209ad, 211bc; Matthew Antrobus 164ae; Nick Meers 155bd; Brenda Norrish 106be; Kevin Richardson 163bd; David Sellman 106bd; **Photolibrary**: Jon Arnold Images 146-7; **Al Richardson**: 118-9; **von Essen Group**: 22bd.

Capa
Frente – **Getty Images**: Photographer's Choice/David C Tomlinson.
Lombada – **Getty Images**: Photographer's Choice/David C Tomlinson a.
Contracapa – **Dorling Kindersley**: Alex Harvet ad; Anthony Souter ac; Linda Whitwam ae.

Todas as outras imagens © Dorling Kindersley

Para informações adicionais, acesse: www.dkimages.com

Frases

EM EMERGÊNCIAS

Socorro	Help	rrélp
Pare	Stop	stóp
Chame um médico	Call a doctor	koladóktor
Chame uma ambulância	Call an ambulance	kol an émbiulens
Chame a polícia	Call the police	kol dê pólis
Chame os bombeiros	Call the fire department	kol dê fáier dépártment
Onde fica o telefone mais próximo?	Where is the nearest telephone?	ueriz dê nírest télefoun?
Onde fica o hospital mais próximo?	Where is the nearest hospital?	ueriz dê nírest rróspital?

COMUNICAÇÃO ESSENCIAL

Sim	Yes	iés
Não	No	nôu
Por favor	Please	plíz
Obrigado	Thank you	fênkiu
Desculpe	Sorry	sóri
Com licença	Excuse me	ekskíuzmi
Oi	Hello	rrélou
Adeus	Goodbye	gudbái
Manhã	Morning	mórnin
Tarde	Afternoon	afternún
Noite	Evening	ívinin
Noite (tarde)	Night	náit
Ontem	Yesterday	iéstêrdei
Hoje	Today	túdei
Amanhã	Tomorrow	tumórou
Aqui	Here	rriêr
Lá	There	dér
O quê?	What?	úat
Quando?	When?	úen
Por quê?	Why?	úai
Onde?	Where?	uér

FRASES ÚTEIS

Como vai?	How are you?	rrauáriu
Muito bem, obrigado	Very well, thank you	véri uél, fênkiu
Muito prazer em conhecer você	Pleased to meet you	plízd tu mítiu
Até logo	See you soon	siu sún
Está bem/bom	That's fine	déts fáin
Onde está/estão?	Where is/where are...?	uériz uérár
Quantos metros/quilômetros são até...?	How far is it to...	rrau farízit tu
Como se vai para...?	Which way to...?	úitch uei tu
Você fala português?	Do you speak portuguese?	du iu spík pôrtiuguíz?
Você fala espanhol?	Do you speak spanish?	du iu spík spênish?
Não entendo	I don't understand	ai dount anderzténd
Pode falar mais devagar, por favor	Could you speak more slowly, please?	kúdiu spík môr slôulí plíz?
Sinto muito	I'm sorry	áim ssóri

PALAVRAS ÚTEIS

grande	big	bêg
pequeno	small	smól
quente	hot	rót
frio	cold	kôuld
bom	good	gúd
ruim	bad	béd
suficiente	enough	indf
bem	well	uél
aberto	open	ôupen
fechado	closed	klôuzd
esquerda	left	léft
direita	right	ráit
direto	straight (on)	strêit (ón)
perto	near	níer
longe	far	fár
em cima	up	áp
abaixo	down	dáun
cedo	early	êrlí
tarde	late	léit
entrada	entrance	êntranss
saída	exit	égzêt
banheiros	toilettes	tóilétz
mais	more	môr
menos	less	léss

NAS COMPRAS

Quanto custa isto?	How much does this cost?	rrau mátch daz dês kóst?
Eu gostaria	I would like	ai uód laik
Vocês tem...?	Do you have...?	du iu rrév...?
Estou só olhando, ...obrigado	I'm just looking, ...thank you	aim djast lúkin, fênkiu
Vocês aceitam cartões de crédito?	Do you take credit cards?	du iu têik krédit kardz?
A que horas vocês abrem?	What time do you open?	uotáim du iu ôupén?
A que horas vocês fecham?	What time do you close?	uotáim du iu klôuz?
este	this one	déss uán
aquele	that one	dét uán
caro	expensive	ekspénssiv
barato	cheap	tchíp
tamanho (roupas e sapatos)	size	ssáiz
branco	white	úait
preto	black	blék
vermelho	red	réd
amarelo	yellow	iélou
verde	green	grín
azul	blue	blú
loja de antiguidades	antique shop	entík shóp
padaria	bakery	bêikeri
banco	bank	bênk
livraria	bookshop	bôkshop
açougue	butcher's	bôtcherz
farmácia	chemist's	kémists
peixaria	fishmonger's	fêshmônguerz
quitanda	greengrocer's	grín grôusserz
loja de alimentos	grocer's	grôusserz
cabeleireiro	hairdresser's	rrer drésserz
mercado, feira	market	márket
jornaleiro	newsagent's	niúzêidjentz
agência do correio	post office	pôustófiss
loja de calçados	shoe shop	shú shóp
supermercado	supermarket	supermárket
tabacaria	tobacconist	tbákounist
agência de viagens	travel agency	trévl êidjenssí

ATRAÇÕES TURÍSTICAS

galeria de arte	art gallery	art guélerí
catedral	cathedral	kfídral
igreja	church	tchêrtch
jardim	garden	gárden
biblioteca	library	láibreri
museu	museum	miuzíam
informação turística	tourist information	tôrist infôrmêishan
a prefeitura	townhall	táunról
fechado for férias/feriado	closed for holiday	klouzd for rrólidei
ponto de ônibus	bus stop	bástop
estação de trem	railway station	reiluei stêishan

NO HOTEL

Tem quarto disponível?	Do you have a vacant room?	du iu rev â vêikant rum?
quarto para dois	double room	dábô rúm
com cama de casal	with double bed	uêf dábô bed
quarto com duas camas	twin room	tuên rúm

quarto de solteiro/ individual	single room	cêngol rúm
quarto com banheiro	room with a bath	rúm uêf â bef
chuveiro	shower	sháuer
porteiro	porter	pôrter
chave	key	kí
Eu tenho uma reserva	I have a reservation	ai rrev â rezêrvêishan
seafood	sífud	frutos do mar
sirloin steak	sêrloin stêik	filé mignon
soup	súp	sopa
still/sparkling	stíl/spárklin	sem gás/com gás
sugar	shûgar	açúcar
vegetable stew	vêdjetabôu stú	cozido de vegetais
tea	tí	chá
toasts	tôusts	torradas
vinegar	vênagar	vinagre
white wine	úait úain	vinho branco

NO RESTAURANTE

Tem uma mesa para...?	Have you got a table for...?	rreviu gat a teibôu for..?
Quero reservar uma mesa	I want to reserve a table	ai uant tu rizêrv â teibôu
A conta, por favor	The bill, please	dê bêll, plíz
Sou vegetariano/a	I'm vegetarian	áim vedjetérian
garçonete	waitress	uêitress
garçom	waiter	uêiter
menu	menu	mêniu
menu do dia	fixed-price menu	fêkst-praiss mêniu
carta de vinhos	winelist	uáin lêst
copo	glass	gláss
garrafa	bottle	bátlôu
faca	knife	náif
garfo	fork	fórk
colher	spoon	spún
café da manhã	breakfast	brékfest
almoço	lunch	lântch
jantar	dinner	dêner
prato principal	main course	mêin kórs
entrada	starter	stárter
prato do dia	dish of the day	dêsh ov dê dêi
café	coffee	kófi
mal-passado	rare	rér
ao ponto	medium	mídium
bem-passado	well done	uél dán

NÚMEROS

0	zero	zírou
1	one	uán
2	two	tú
3	three	frí
4	four	fór
5	five	faiv
6	six	sêks
7	seven	sévên
8	eight	êit
9	nine	nain
10	ten	tên
11	eleven	ilévên
12	twelve	tuélv
13	thirteen	fêrtín
14	fourteen	fortín
15	fifteen	fêftín
16	sixteen	sêkstín
17	seventeen	seventín
18	eighteen	êitín
19	nineteen	naintín
20	twenty	tuentí
21	twenty-one	tuentí uán
22	twenty-two	tuentí tú
30	thirty	fêrtí
31	thirty-one	fêrti uán
40	forty	fórti
50	fifty	fêfti
60	sixty	sêksti
70	seventy	séventi
80	eithty	êiti
90	ninety	náinti
100	one hundred	uán rrándrêd
200	two hundred	tu rrándrêd
500	five hundred	faiv rrándrêd
1.000*	one thousand	uán fáuzand
1.001	one thousand one	uán fáuzand úan

INTERPRETANDO O CARDÁPIO

apple	âpôl	maçã
baked	bêikd	ao forno
banana	bnána	banana
beef	bif	carne de boi
beer	biêr	cerveja
bread	bréd	pão
butter	bátâr	manteiga
cake	kêik	bolo
cheese	tchíz	queijo
chicken	tchêken	frango
chocolate	tcháklat	chocolate
cold meat	kôuld mít	frios
dessert	dêzért	sobremesa
dry	drái	seco
egg	êg	ovo
fish	fêsh	peixe
fried	fráid	frito
fruit	frút	fruta
garlic	gárlek	alho
ham	rrem	presunto
icecream	áiss krím	sorvete
lamb	lêm	cordeiro
lemon	léman	limão
lemonade	lémanêid	limonada
lobster	lábster	lagosta
meat	mít	carne
milk	mêlk	leite
mineral water	mineral uáter	água mineral
nuts	nâts	nozes
oil	óill	azeite
olives	ólêvz	azeitonas
onion	ânian	cebola
orange	órandj	laranja
pepper	péper	pimenta
pie	pái	torta
pork	pórk	porco
potatoes	ptêitôuz	batatas
prawns	prónz	camarões
red wine	red úain	vinho tinto
rice	ráiss	arroz
roast	rôust	assado
rosé wine	rouzê úain	vinho rosé
salt	sólt	sal
sauce	sóss	o molho
sausages	sósêdj	linguiças

TEMPO

um minuto	one minute	uán mênat
uma hora	one hour	uán úuar
meia hora	half an hour	rráfen áuar
segunda-feira	Monday	mândei
terça-feira	Tuesday	túzdei
quarta-feira	Wednesday	uênizdêi
quinta-feira	Thursday	fêrzdêi
sexta-feira	Friday	fráidêi
sábado	Saturday	satêrdêi
domingo	Sunday	sândêi

Frases Úteis ao Dirigir

PLACAS COMUNS NAS ESTRADAS

A maioria das placas vistas na Grã-Bretanha segue as convenções internacionais, mas o visitante pode encontrar:

all directions	todas as direções
bends for … km	curvas a … km
caution	atenção
customs	alfândega
dangerous bend	curva perigosa
dangerous crossroads	cruzamento perigoso
diversion	desvio
end of motorway	final da autopista
falling rocks	desabamentos
first aid	primeiros socorros
heavy vehicles	veículos pesados
keep to the right	mantenha-se à direita
level crossing	passagem de nível
main road	via principal
motorway	autopista
motorway junction	cruzamento de vias
no entry	entrada proibida
no parking	proibido estacionar
no stopping	proibido parar
no through road	passagem proibida
one-way street	mão única
other directions	outras direções
parking on alternate sides	estacione em lados alternados
pedestrian precinct	exclusivo para pedestres
pedestrians	pedestres
priority road	preferencial
residents only	só para moradores
restricted parking	estacionamento restrito
risk of fog	sujeito a nevoeiro
road closed	estrada fechada
roadworks	obras
school	escola
secondary road	via secundária
slippery road surface	pista escorregadia
slow down	reduza a velocidade
slow lane	pista para veículos lentos
soft verge	acostamento irregular
toll	pedágio
toll motorway	via com pedágio
town centre	centro
uneven road surface	pista irregular

INDICAÇÕES DE DIREÇÃO

at the next crossroads	no próximo cruzamento
first on the right	primeira à direita
go forward	continue
go past …	passe …
left	esquerda
reverse	marcha à ré
right	direita
second on the left	segunda à esquerda
straight on	em frente
turn right/left	vire à direita/esquerda

OUTRAS INDICAÇÕES

air pressure	pressão do ar
car park	estacionamento
diesel	diesel
drive at walking pace	dirigir devagar
exit	saída
multistorey car park	estacionamento com andares
oil	óleo
parking area	estacionamento
parking meter	parquímetro
pay and display	parquímetro
paying car park	estacionamento pago
petrol	gasolina
petrol station	posto de gasolina
repairs	oficina
rest area	acostamento
service area	serviços
take a ticket	retire seu tíquete
turn off engine	desligue o motor
tyre pressure	pressão dos pneus
unleaded	sem chumbo
water	água
windscreen washer	limpador de para-brisa

FRASES COMUNS

Would you like an automatic or a manual?
O sr./sra. quer um carro automático ou manual?

May I see your licence?
Posso ver sua carteira de habilitação?

May I see your passport?
Posso ver seu passaporte?

FRASES ÚTEIS

Preciso de gasolina/óleo/água.
I would like some petrol/oil/water.
ai uôd laik sam pétrol/óil/uáter

Quero 35 litros sem chumbo.
I'd like 35 litres of unleaded.
aid laik fêrtí faiv óv anlíded

Vocês consertam?
Do you do repairs?
du iu du ripérs

Poderia consertar a embreagem?
Can you repair the clutch?
kên iu ripér dê klâtch

Quanto tempo vai demorar?
How long will it take?
rrau lon uiliteik

Fica pronto hoje?
Can you repair it today?
kên iu ripérit túdei

Tem algum problema com o motor.
There is something wrong with the engine.
dériz sanfin rón uif dê êndjin

O motor está aquecendo demais.
The engine is overheating.
dê êndjin iz ôuver rrítin

Preciso de um pneu novo.
I need a new tyre.
ai níd a níu táier

O sr. (a sra.) pode trocar isto?
Can you replace this?
kên iu riplêis díz

A seta não funciona.
The indicator is not working.
dê indikêitor iz nót uôrkin

Tem estacionamento aqui perto?
Is there a car park near here?
izdér a park níer rríer

Posso estacionar aqui?
Can I park here?
Kên ai park rríer

Gostaria de alugar um carro.
I'd like to hire a car.
aid laik tu rráier a kar

Quero um carro automático/manual.
I'd like an automatic/a manual car.
aid laik an ótométik/a meniuél kar

Qual o preço da diária?
How much is it for one day?
rrau mátchizit fór uán dei

Vocês cobram por quilômetro rodado?
Is there a mileage charge?
izdér a máilij tchárdj

Posso alugar uma cadeira para crianças?
Can we hire a baby/child seat?
kên uí rráier a bêibi/tcháild sit

Quando será preciso devolver?
When do I have to return it?
úen duai rrev tu ritêrnit

Onde fica a oficina mais próxima?
Where is the nearest garage?
ueriz dê nírest garadj

Como faço para chegar a ... ?
How do I get to ... ?
rrau duai gêtu

É esse o caminho para ... ?
Is this the road to ... ?
izdês dê rôud tu

PALAVRAS ÚTEIS

automático	**automatic**	*ótométik*
autopista	**motorway**	*mótoruei*
câmbio	**transmission**	*transmishan*
caminhão	**lorry**	*lóri*
capô	**bonnet**	*bônet*
carro	**car**	*kar*
carroceria	**boot**	*bút*
carteira de habilitação	**driving licence**	*draivin laissens*
correia do ventilador	**fanbelt**	*fénbelt*
cruzamento	**crossroads**	*krosrôuds*
cruzamento (entrada)	**junction motorway entry**	*djânkshan mótoruei éntri*
(saída)	**motorway exit**	*mótoruei égzêt*
derrapar	**skid**	*skid*
dirigir	**drive**	*draiv*
documentos do veículo	**vehicle registration**	*víicol redjistreishan*
embreagem	**clutch**	*klûtch*
escapamento	**exhaust**	*égzóst*
estacionamento	**car park**	*kar park*
estrada	**road**	*rôud*
faróis	**headlights**	*rrédlaits*
ferryboat	**car ferry**	*kar féri*
freio	**brakes**	*brêiks*
gasolina	**petrol**	*pétrol*
limite de velocidade	**speed limit**	*spíd límit*
limpador de para-brisa	**windscreen wiper**	*uindiscrin uáiper*
luzes traseiras	**rear lights**	*rir laits*
manual	**manual**	*meniuél*
marcha	**gear**	*guíer*
motocicleta	**motorcycle**	*mótorssaicol*
motor	**engine**	*êndjin*
oficina	**garage**	*garadj*
para-brisa	**windscreen**	*uindiscrin*
peças de reposição	**spare parts**	*spér parts*
placa	**number plate**	*nâmber plêit*
pneu	**tyre**	*táier*
retrovisor (espelho)	**mirror**	*míror*
roda	**wheel**	*uil*
semáforo	**traffic lights**	*tréfik laits*
seta	**indicator**	*indikêitor*
trailer	**trailer**	*treiler*
van	**van**	*van*
vela	**spark plug**	*spark plâg*
velocidade	**speed**	*spíd*
velocímetro	**speedometer**	*spidomíter*
volante	**steering wheel**	*stírin uil*

Sinalização

LIMITES DE VELOCIDADE E ORIENTAÇÕES GERAIS

Dê a preferência	Parada obrigatória	 Rotatória	 Preferência no próximo entroncamento	 Pedágio urbano de Londres
 Dê preferência ao fluxo	 Proibido ultrapassar	 Proibido virar à esquerda	Limite de altura	 Área com câmeras
Velocidade máxima permitida	 Área com limite de velocidade nacional	Velocidade mínima permitida	Zona com limite de velocidade específico	Fim da zona com limite de velocidade específico

SINAIS DE ALERTA

Perigo	 Sequência de curvas	 Risco de neve ou gelo ou pista escorregadia	 Risco de ventos laterais	 Risco de desmoronamento
 Saliência ou lombada	 Estreitamento de pista no centro	 Estreitamento de pista à esquerda	 Passagem de nível com barreira	 Passagem de nível sem barreira
Declive acentuado	 Animais selvagens	 Passagem de escolares ou de crianças	 Passagem de pedestres	 Obras